Eugen Ehrlich

Das zwingende und nichtzwingende Recht im BGB für das deutsche Reich

Eugen Ehrlich

Das zwingende und nichtzwingende Recht im BGB für das deutsche Reich

ISBN/EAN: 9783743654419

Hergestellt in Europa, USA, Kanada, Australien, Japan

Cover: Foto ©Suzi / pixelio.de

Weitere Bücher finden Sie auf **www.hansebooks.com**

Das zwingende und nichtzwingende Recht im Bürgerlichen Gesetzbuch für das Deutsche Reich.

Von

Dr. Eugen Ehrlich,
Professor der Rechte an der Universität Czernowitz.

Jena,
Verlag von Gustav Fischer.
1899.

Die rechts- und staatswissenschaftliche Fakultät

der k. k. Franz-Josephs-Universität in Czernowitz

beglückwünscht

Seine Excellenz

den Herrn Präsidenten des Reichsgerichts, Minister a. D., Honorarprofessor an der k. k. Universität Wien

Dr. Joseph Unger

Seiner k. und k. apostolischen Majestät wirklichen Geheimen Rat, Großkreuz des St. Stephans-Ordens, Großkreuz des Leopolds-Ordens, Ritter des Ordens der Eisernen Krone I. Klasse, Besitzer des Ehrenzeichens für Kunst und Wissenschaft, Mitglied der kaiserlichen Akademie der Wissenschaften, Mitglied des Herrenhauses des Reichsrats ic. ic. ic.

zur Feier des siebzigsten Geburtstags

und überreicht

als Zeichen der Verehrung

die Abhandlung ihres Mitgliedes

Dr. Eugen Ehrlich

„Das zwingende und nichtzwingende Recht im Bürgerlichen Gesetzbuch für das deutsche Reich."

· ❀ ·

Czernowitz, am 2. Juli 1898.

Vorwort.

Den kaum flügge gewordenen Juristen veranlaßte kurz nach ihrem Erscheinen Stammlers Abhandlung über den Garantievertrag, wo der Unterschied zwischen Auslegungsregeln und ergänzendem Recht meines Wissens zum ersten mal dargelegt worden ist, der Frage der Widerstandskraft des Rechtssatzes gegenüber dem Parteiwillen näher zu treten. Zu einem gewissen Abschlusse gelangten die Untersuchungen aber erst, nachdem ihnen das BGB. für das deutsche Reich zu Grunde gelegt hat werden können. Wenn ich hier dieser geringfügigen Thatsachen gedenke, so liegt der Grund darin, weil sie dafür zu sprechen scheinen, daß die Befürchtung, das BGB. werde auf die wissenschaftliche Litteratur hemmend wirken, unbegründet war, daß vielmehr die Wissenschaft an eine Reihe von Aufgaben erst jetzt wird herantreten können, seitdem sie hierbei von einem wirklichen Gesetz, nicht von einer Sammlung von Exzerpten aus juristischen Schriften und Entscheidungen ausgehen kann.

Die vorliegende Schrift beruht auf dem Grundgedanken, die Natur des Rechtssatzes richte sich nicht nach der sogenannten Absicht des Gesetzgebers, sondern nach dem gesetzgebungspolitischen Charakter des Rechtsinstituts. Damit ist selbstverständlich nicht gesagt, das die Absicht des Gesetzgebers hierbei überhaupt nicht in Betracht komme, denn der gesetzgebungspolitische Charakter des

Rechtsinstituts hängt ja in erster Linie von der Absicht des Gesetzgebers ab. Aber wie jedes Rechtsinstitut einen gesetzgebungspolitischen Charakter hat, ohne daß dieser dem Gesetzgeber zum Bewußtsein hätte kommen müssen, so ist auch jeder Rechtssatz zwingend oder nichtzwingend, ohne daß das der Gesetzgeber dieses immer bewußt angeordnet oder sich auch nur die Frage darnach vorgelegt hätte. Diese Frage aber, nach der fingierten Absicht des Gesetzgebers, in Ermanglung einer wirklichen, zu entscheiden, dürfte kaum als Aufgabe der Wissenschaft bezeichnet werden können.

Grundsätzlich muß mit der Auffassung gebrochen werden, das Privatrecht sei im Allgemeinen dispositiv. Weder für die zwingende noch für die nichtzwingende Natur einer privatrechtlichen Norm spricht die Vermutung, die Frage ist in jedem einzelnen Falle besonders zu untersuchen und zu entscheiden.

Dem festlichen Anlaß zu Liebe mußte ein Teil der Schrift, — die sechs ersten Abschnitte — außerordentlich rasch gearbeitet und in einer vorläufigen Fassung gedruckt werden. Trotz aller nachträglichen Sorgfalt dürfte es mir kaum gelungen sein, die Spuren der hastigen Arbeit ganz zu verwischen, und ich sehe mich daher genötigt, aus diesem Grunde viel Nachsicht für den ersten Teil der Schrift in Anspruch zu nehmen. Wenn aber auch für das ganze Buch die Bitte um Nachsicht angebracht sein dürfte, so liegt dies vielleicht nicht ganz an den unzulänglichen Kräften des Verfassers, sondern wenigstens zum Teile an dem Gegenstande, dessen befriedigende Behandlung gewiß erst möglich sein wird, wenn eine ergiebige monographische Litteratur und eine reiche Spruchpraxis die Voraussetzungen dafür geschaffen haben wird. Immerhin scheinen mir aber manche in dieser Schrift aufgeworfene Fragen so wichtig zu sein, daß mir der Versuch, ihre Lösung schon in diesem Augenblicke wenigstens anzubahnen, wohl nicht zum Vorwurfe gereichen dürfte.

Die Litteratur des bürgerlichen Rechts in ihrem gegenwärtigen Bestande entstand zwischen dem Zeitpunkte, da die Feder für diese Schrift angesetzt worden ist, und dem Zeitpunkte, da der letzte Federstrich geschah: sie konnte daher nur in sehr beschränktem Maße verwertet werden. Die Mehrzahl der Lehr- und Handbücher — ich erwähne hier nur die von Dernburg, Enneccerus, Lehmann, Eck, zum Teile die von Cosack und Endemann — erschienen, als sich der größte Teil des Manuskripts bereits in der Druckerei befand.

Von dem Anteil, den man in Oesterreich an dem neuen bürgerlichen Recht Deutschlands nimmt, zeugt zur Genüge das Autorenverzeichnis der Sammlung, als deren Bestandteil diese Schrift erscheint. Es dürfte dieses sowohl in Oesterreich als auch in Deutschland als erfreuliche Erscheinung begrüßt werden, denn es begründet die Erwartung, daß das bürgerliche Recht auch in dieser Beziehung an Stelle des gemeinen Rechts treten, daß die deutsche Rechtswissenschaft auch in Zukunft eine einheitliche sein wird. Aber die Arbeit eines Oesterreichers über das deutsche bürgerliche Recht ist immer auch eine Vorarbeit für die Reform des österreichischen bürgerlichen Rechts, zu der es nunmehr, nach dem — man darf es heute wohl, nach dem Ergebnisse der praktischen Erprobung, bereits sagen — unbestreitbaren Erfolge der Civilprozeßreform, in absehbarer Zeit kommen dürfte.

Czernowitz, am 14. März 1899.

Der Verfasser.

Inhaltsverzeichnis.

I.

Der Gegensatz des zwingenden und nichtzwingenden Rechts im Privatrecht.

Ganz am Anfang des allgemeinen Teils, dort wo „vom Rechte und den Rechten im allgemeinen", „vom Rechte im objektiven und subjektiven Sinne" gehandelt wird, ist im Pandektenrechtssystem der althergebrachte Platz für die Lehre vom zwingenden und nichtzwingenden Rechtssatz: dort wird seit dem Durchbruche der modernen privatrechtlichen Systematik der Gegensatz erörtert, der nach Windscheids scharfer Formulierung zwischen den Rechtssätzen besteht, „die auch dann zur Anwendung kommen, wenn die Personen, für welche sie gegeben sind, erklären, daß sie nicht zur Anwendung kommen sollen" und Rechtssätzen, „die es sich gefallen lassen, daß das betreffende Rechtsverhältnis durch Privatwillkür anders geordnet werde"[1]. Aus dieser systematischen Stellung der Lehre ergiebt sich, daß es sich hier nach der herrschenden Auffassung um einen Gegensatz handelt, der sich bei allen Rechtssätzen geltend macht und nicht etwa blos bei einzelnen Kategorien hervortritt.

Und doch läge eine andere Auffassung mindestens ebenso nahe. Unger stellt schon in der ersten Auflage seines Systems den Gegensatz des zwingenden und nichtzwingenden Rechts darauf ab, daß das Privatrecht einerseits den Parteien in weitem Umfange die Befugnis einräume, zunächst selbst durch ihre Willkür ihre konkreten Rechtsverhältnisse zu normieren, und hierbei nur dafür sorge, daß eine feste Norm vorhanden sei, wonach die Verhältnisse zu beurteilen wären, soweit eine solche Regelung der Verhältnisse nicht getroffen worden wäre, — andrerseits dieser Befugnis der Parteien eine Grenze setze und mit Rücksicht auf das Allgemeine und Ganze manche gesetzliche Anordnungen treffe, gegen

[1]) Windscheid, Pand. I § 30.

die die Willkür der Parteien nicht aufzukommen vermöge. Er hat hier ziemlich klar angedeutet, daß es sich nicht um Eigenschaften der Rechtsnormen an sich, sondern um das Verhältnis des Rechtssatzes zum Rechtsgeschäft handelt [2]), und hält daran offenbar fest, wenn er an einer andern Stelle sagt, der Charakter der dispositiven Rechtssätze bestehe darin, daß sie den unbestimmten oder doch unausgesprochenen Willen der Parteien supplieren [3]). Ist der von Unger angedeutete Standpunkt richtig, so hätten wir es nicht mit einem Gegensatze zu thun, der auf alle Rechtssätze bezogen werden könnte, sondern blos mit einer Einteilung solcher Rechtssätze, die das Recht der Rechtsgeschäfte regeln.

Es handelt sich also zunächst um die Frage, ob es einen Sinn hat, die Einteilung der Rechtssätze in zwingende und nichtzwingende auch auf solche Rechtssätze zu beziehen, die nicht die Rechtsgeschäfte betreffen, wobei der Ausdruck Rechtsgeschäft im engsten Sinne zu nehmen, also blos auf die eigentlichen Verkehrsgeschäfte, — mit Ausschluß der prozessualen Geschäfte, Anträge von Behörden, der Niederlassung als Grundlage des Wohnsitzes, der Führung der Verwaltung als Grundlage für den Sitz des Vereins — zu beziehen wäre [3a]). Die Bestimmungen des BGB. nun, die nicht im Sinne dieser Bemerkungen das Rechtsgeschäft betreffen, lassen sich in drei Gruppen einteilen:

1) Zur ersten Gruppe gehören die Rechtssätze über die nicht durch Rechtsgeschäft begründete Rechtsfähigkeit, also mit Ausschluß des Rechts der rechtsfähigen Vereine, da diese dem Rechtsgeschäft der Vereinsgründung [4]) und des Rechts der Stiftung, die dem Stiftungsgeschäft ihr Dasein verdanken; nach römischem Recht müßte man auch das Recht der Freigelassenen ausschließen, da diese die Rechtsfähigkeit durch ein Rechtsgeschäft, die Freilassung, erlangten. Vom Inhalt des BGB. sind daher hierher nur zu beziehen: die Bestimmungen über Beginn [5]) und Ende [6]) der Rechtsfähigkeit des Menschen, über Verschollenheit und Todeserklärung, Familienstand [7]), über juristische Personen des öffentlichen Rechts [8])

[2]) Syst. 1. Aufl. Bd. I S. 53.
[3]) Syst. 1. Aufl. Bd. II S. 596.
[3a]) M. I, S. 127.
[4]) Planck zu § 25, Hachenburg, das BGB. für das d. R. S. 206.
[5]) § 1.
[6]) § 20.
[7]) § 13—19, 1353—1362, 1363—1431, 1564—1722, 1773—1921.
[8]) § 89.

und über die nähere Bestimmung, die die Rechtsfähigkeit durch Wohnsitz erhält[9]).

2) Zur zweiten Gruppe sind die Rechtssätze zu zählen, die an eine Thatsache, die nicht Rechtsgeschäft ist, unmittelbar einen Rechtserwerb oder eine Rechtsverwirkung knüpfen: die Vorschriften über die Entstehung persönlicher Ansprüche aus Eingriffen in das Namenrecht[10]), aus unerlaubten Handlungen[11]), aus der ungerechtfertigten Bereicherung[12]), aus der Nichtablehnung eines Auftrags trotz vorliegender Verpflichtung[13]), aus der Geschäftsführung ohne Auftrag[14]), aus der Gemeinschaft nach Bruchteilen[15]), aus dem Verkaufe im Wege der Zwangsvollstreckung[16]), auf Verlage von Sachen[17]), auf Gestattung der Wegnahme[18]), auf Finderlohn[19]), über den Erwerb des Besitzes durch Erlangung der thatsächlichen Gewalt, ohne Vermittlung eines Rechtsgeschäfts[20]), durch Erbgang[21]), Rechtserwerb infolge Ueberbaus[22]), Anspruch auf den Notweg[22a]), Eigentumserwerb durch Ersitzung[23]), Verbindung, Vermischung, Verarbeitung[24]), Aneignung[25]), Erwerb von Erzeugnissen und sonstigen Bestandteilen einer Sache[26]), des Fundes[27]), Erwerb des Nießbrauchs an beweglichen Sachen durch Ersitzung[28]), die Eigentümerhypothek[29]), die Rechtssätze über die Rechtswirkung der Vormerkung auf Grund einstweiliger Verfügung[30]), über die Verwirkung eines nicht durch Rechtsgeschäft begründeten Anspruchs durch Verjährung[31]), über den Verlust des Besitzes, soweit dieses nicht durch freiwilliges Aufgeben der thatsächlichen Gewalt geschieht[32]), Rechtsverwirkung durch Verschweigung im Aufgebotsverfahren[33]), Verwirkung eines dinglichen Rechts an beweglichen Sachen durch gutgläubigen Erwerb des Eigentums durch einen Dritten[33a]), durch öffentliche Versteigerung eines

---

9) § 7—10. 10) § 12.
11) § 31, 823—853. 12) § 516,2/2; 812—822.
13) § 663, 1049, 1057. 14) § 677—684, 1049, 1216.
15) § 741—758. 16) § 456.
17) § 809—811. 18) § 867, 1005.
19) § 971. 20) § 854, 855, 858,2, 868, 871.
21) § 857. 22) § 912, 914,1,2/1, 917,1.
22a) § 917, 918. 23) § 900, 927, 937—945.
24) § 946—951, 952,1/2,2. 25) § 958—964.
26) § 953—957. 27) § 965—976.
28) § 900/2, 1033, 1085. 29) § 1163, 1168.
30) § 883—885. 31) § 194, 227, 864, 865, 902, 924.
32) § 856. 33) § 887, 927, 1170, 1171, 1188.
33a) § 936, 1272.

Pfandes[33a]), Verwirkung der eintragungsfähigen aber nicht eingetragenen Rechte an unbeweglichen Sachen durch gutgläubigen Erwerb eines Rechts an dem Grundstücke durch Dritte[33b]), Erlöschen des Nießbrauchs und des Pfandrechts durch Vereinigung mit dem Eigentum, wenn diese nicht durch ein Rechtsgeschäft bewirkt wurde[34]), Erlöschen des Pfandrechts durch Rückgewähr des Pfandes[34a]). Von derselben Art sind Rechtssätze, die zur Beseitigung von Zweifeln erklären, daß eine gewisse Thatsache einen Rechtserwerb oder Rechtsverlust nicht zur Folge habe; daß das Recht an einem fremden Grundstücke durch Vereinigung mit dem Eigentum[35]), das Erbbaurecht durch Untergang des Bauwerks[36]) nicht untergehe, daß die Ansprüche aus dem Eigentum und den eingetragenen Rechten nicht der Verjährung unterliegen, endlich das gesetzliche Erbrecht und Pflichtteilrecht[37]).

3) Die dritte Gruppe wird durch Rechtssätze gebildet, die den Umfang, die Art der Ausübung und Geltendmachung solcher subjektiver Rechte bestimmen, die nicht durch Rechtsgeschäft begründet worden sind: insbesondere der Abschnitt über die Ausübung der Rechte, Selbsthilfe und Selbstverteidigung[38]) und über die Sicherheitsleistung[39]), wenn die Verpflichtung dazu nicht durch Rechtsgeschäft übernommen worden ist, die Verpflichtung zur Erfüllung einer nicht durch Rechtsgeschäft entstandenen Verbindlichkeit[40]), über die Mehrheit der Gläubiger und Schuldner, soweit es sich nicht um rechtsgeschäftliche Schuldverhältnisse handelt[41]), über die nicht durch Rechtsgeschäft entstandene Verpflichtung zur Leistung einer Leibrente[42]), über die Mehrheit der Gläubiger und Schuldner, soweit es sich nicht um rechtsgeschäftliche Verhältnisse handelt[43]), über die Rechte dessen, für den ein Recht im Grundbuche eingetragen[44]) oder vor=

[33b]) § 892.
[34]) § 1063, 1072, 1256.
[34a]) § 1253.
[35]) § 889, 1063, 1072, 1256, 1275, 1976, 2143, 2175, 2377.
[36]) § 924.
[37]) § 902, 924, 1922—1936, 1967—2043, 2045—2046, 2050, 2051. 2052—2063, 2303—2345, 2353—2370.
[38]) § 226—231.
[39]) § 232—240, 1051, 1052.
[40]) § 241—304, 362—396.
[41]) § 420—422.
[42]) § 759—761.
[43]) § 420—422.
[44]) § 879, 881, 882, 885, 886, 891, 894, 899, 1209.

gemerkt[45]) ist, vorausgesetzt, daß die Vormerkung oder Eintragung sich nicht auf ein Rechtsgeschäft gründen, über den rechtlichen Inhalt des Besitzes[46]), des Eigentums[47]), des Miteigentums[48]), des Nießbrauchs[49]), über den Eigentumsanspruch[50]), Anspruch aus dem Erbbaurecht[51]), aus den Grunddienstbarkeiten[52]), aus dem Nießbrauch[53]) und dem Pfandrecht[54]), über die Rangordnung dinglicher Rechte[54a]), die Verwirkung der Dienstbarkeiten durch usucapio libertatis[55]) und die Wirkung einer dem Eigentümer zustehenden Einrede, durch die die Geltendmachung der Hypothek dauernd ausgeschlossen ist[56]).

In dieser Aufzählung wurden solche Rechtsverhältnisse nicht berücksichtigt, die nur durch Rechtsgeschäft begründet werden können: dazu gehören nach dem Rechte des BGB. fast alle dinglichen Rechte an unbeweglichen Sachen. Ueberdies sind außer Betracht geblieben Rechtssätze, die selbständig gar nicht vorkommen, sondern nur als Elemente des Thatbestandes anderer Rechtssätze erscheinen: dazu gehören insbesondere die allgemeinen Regeln über die Sachen[57]), von denen die Bestimmungen über die Bestandteile[58]) den Thatbestand des Satzes näher ausführen, daß Bestandteile nicht Gegenstand besondrer Rechte sein können[59]), die Bestimmungen über Früchte und Nutzungen[60]), den Thatbestand der Rechtssätze über die Zugehörigkeit der Früchte und Nutzungen[61]), die Vorschriften über Zubehör den Thatbestand der vielen auf das Zubehör

---

45) § 883—885, 888.
46) § 858—863, 865—867, 869, 1006, 1007, 1029.
47) § 903—924, 926, 953.
48) § 954, 1009—1011.
49) § 1030, 1034—1037, 1039—1042, 1044—1047, 1049—1055, 1057—1061, 1063—1067, 1068—1070, 1073—1098.
50) § 985—1005, 1053, 1055.
51) § 1017,2.
52) § 1027, 1028.
53) § 1065.
54) § 227.
54a) § 879, 1208, 1209, 1232, 1261, 1024, 1060, 1090. Vergl. § 1261.
55) § 1028.
56) § 1169.
57) § 90—103.
58) § 94—96.
59) § 93.
60) § 99—102.
61) §§ 953 flg., 581 flg.

Bezug nehmenden Paragraphen [62]) bilden. Der ganze vierte Abschnitt des ersten Buches enthält nichts als „Auslegungsvorschriften für die in Gesetzen, gerichtlichen Verfügungen und Rechtsgeschäften enthaltenen Frist- und Terminsbestimmungen“ [63]). Dasselbe gilt von der Umschreibung der Schadenersatzpflicht [64]), der Begriffsbestimmung des Eigenbesitzes [65]), der Anordnung über die Vereinigung und Trennung von Grundstücken [66]), über die Legitimation dessen, für den ein Recht im Grundbuch eingetragen ist, zur Vornahme eines Geschäfts in Ansehung des Rechts oder Entgegennahme einer Leistung [67]).

Kann man nun von einem der den drei Gruppen angehörenden Rechtssätze behaupten, er sei zwingend oder nichtzwingend? Nimmt man sich die Mühe, sie einzeln auf diese Frage hin zu untersuchen, so stößt man zunächst auf die befremdende Thatsache, daß sie in einem gewissen Sinne alle nichtzwingend sind, da sie sich fast ausnahmslos „gefallen lassen, daß das betreffende Verhältnis anders geordnet werde“.

Bezweifeln ließe sich dies wohl nur in Betreff der gesetzlichen Regelung der Rechtsfähigkeit, die allgemein für einen Rechtssatz „zwingender Natur“ gehalten wird [68]). Allein was das römische Recht betrifft, so ist es bekannt, daß die Rechtsfähigkeit durch Rechtsgeschäft (Freilassung) erlangt und durch Rechtsgeschäft eingebüßt werden konnte (Verkauf trans Tiberim und pretii participandi causa). Nach kanonischem und gemeinen Rechte hatte der Eintritt in einen geistlichen Orden, zumal in einen vermögensunfähigen Orden, zum mindesten den Verlust der Vermögensfähigkeit zur Folge [69]). Das BGB. hat damit allerdings aufgeräumt, aber es wird vielleicht auch in Zukunft noch immer möglich sein, daß juristische Personen des öffentlichen Rechts statutarisch auf ihre Rechtsfähigkeit verzichten, durch Rechtsgeschäft ihr Aufgehen in einer anderen juristischen Person bewirken [70]).

---

62) z. B. § 314, 498, 926, 1031, 1062, 1093, 1096.

63) § 186.

64) § 249.

65) § 872.

66) § 890.

67) § 893.

68) So z. B. Regelsberger, Pandekten S. 235 flg.

69) Vergl. Singer, Die Behebung der für Ordenspersonen bestehenden Beschränkungen, S. 7 flg. Hellmann, Das gemeine Erbrecht der Religiosen, S. 11.

70) Art. 86, E. G. — Vergl. Brockhausen, Vereinigung und Trennung der Gemeinden. Wien 1893, S. 52 flg.

Nicht so einfach stellt sich die Sache bei den Rechtssätzen der zweiten Gruppe. Die Frage, ob die Rechtssätze, die an eine Thatsache unmittelbar einen Rechtserwerb oder Rechtsverlust knüpfen, es sich gefallen lassen, daß das betreffende Verhältnis anders geordnet werde, kann hier eine verschiedene Bedeutung haben. Man kann zunächst darnach fragen, ob Jemand durch ein Rechtsgeschäft die Wirkung der Rechtssätze über Erwerb und Verlust der Rechte für sich beeinflussen könne, ob er etwa erklären könne, er lehne jeden Erwerb von Todeswegen oder jeden Erwerb durch Alluvion ab. Es ist aber klar, daß eine solche Verwahrung einer teilweisen Beschränkung der Rechtsfähigkeit durch Rechtsgeschäft gleichkäme, also nur soweit wirksam wäre, als diese zulässig ist. In der That hat das feierliche Gelübde der Armut wohl schon nach gemeinem Rechte, in noch höherem Grade aber partikularrechtlich, nicht den vollständigen Verlust der Rechtsfähigkeit, sondern nur erhebliche Beschränkungen der Rechtsfähigkeit insbesondere in Bezug auf den Erwerb von Todeswegen zur Folge[71]). Eine Spur davon wird ja auch dem künftigen Recht Deutschlands erhalten bleiben, da die landesgesetzlichen Vorschriften, nach denen Mitglieder geistlicher Orden und ordensähnlicher Kongregationen nur mit staatlicher Genehmigung von Todeswegen erwerben können, unberührt bleiben sollen[72]).

Es ist jedoch auch eine engere Auffassung der hier in Betracht kommenden Frage möglich. Macht man wirklich ernst mit der Windscheid'schen Auffassung des nichtzwingenden Rechtssatzes als eines Rechtssatzes, der es sich gefallen läßt, daß das betreffende Verhältnis durch Privatwillkür anders geordnet werde, dann ist ein Rechtssatz, der den Erwerb oder Verlust von Rechten regelt, schon dann nichtzwingend, wenn er es zuläßt, daß jemand durch Rechtsgeschäft einen Erwerb ausschließt, der ihm sonst zufallen, einem Verluste vorbeugt, der ohne das Geschäft eintreten könnte: dann ist das gesetzliche Erbrecht nichtzwingend, weil es durch Erbverzicht ausgeschlossen, das Verjährungsrecht nichtzwingend, weil die Verjährung erleichtert, insbesondere die Verjährungsfrist abgekürzt werden kann. Faßt man die Frage so, so ist, wie ein Blick in das BGB. lehrt, fast das ganze hierher gehörende Recht nichtzwingend, denn fast jede Anwartschaft auf ein Recht, fast jede

[71]) Vergl. Singer und Hellmann, a. a. O.
[72]) Art. 87 § 9.

Möglichkeit einer Rechtsverwirkung kann angesichts des Grundsatzes der Vertragsfreiheit, der das bürgerliche Recht beherrscht, durch Rechtsgeschäft zwischen den Beteiligten ausgeschlossen werden: zum Mindesten kann man durch ein obligatorisches Geschäft stets die Verpflichtung übernehmen, einen Erwerb abzulehnen, von einer Rechtsverwirkung gegenüber dem Verwirkenden keinen Gebrauch zu machen. Beschränkungen dieses Rechts, wie bei der Verjährung, gehören zu den Ausnahmen[73].

Was endlich die Rechtssätze der dritten Gruppe betrifft, so ist es zweifellos in sehr weiten Grenzen möglich, durch Rechtsgeschäft den gesetzlichen Umfang eines Rechts anders zu bestimmen, sich in Bezug auf die Art der Geltendmachung, auf den Anspruch auf Sicherheitsleistung zu binden. Man kann vereinbaren, daß man sich mit einer andern oder geringern Sicherheit, als die gesetzliche, begnüge, die Teilhaber einer Gemeinschaft können beschließen, daß das Recht, die Aufhebung der Gemeinschaft zu verlangen für immer oder auf Zeit ausgeschlossen werde[74].

Wenn nun auch in allen diesen Fällen zweifellos Rechtssätze vorliegen, „die es sich gefallen lassen, daß das betreffende Verhältnis anders geordnet werde“, so kann man doch deswegen schwerlich von nichtzwingendem oder gar nachgiebigem Recht sprechen. Vor allem ist es klar, daß die Rechtsfolgen, die dann eintreten, wenn das betreffende Rechtsverhältnis anders geordnet wird, nicht infolge der Nachgiebigkeit, des nichtzwingenden Charakters des Rechts, sondern kraft Rechtens eintreten. Wenn ein Mensch, der das Gelübde der Armut abgelegt hat, nicht, oder nicht vollständig rechtsfähig ist, so ist nicht etwa der Rechtssatz, wonach jeder Mensch rechtsfähig ist, durch Parteiwillen außer Kraft gesetzt worden, sondern es äußert ein anderer Rechtssatz seine Wirkung, der Rechtssatz nämlich, der den Mitgliedern religiöser Orden die Rechtsfähigkeit ganz oder teilweise entzieht. Jeder Rechtssatz knüpft an einen gewissen Thatbestand bestimmte Rechtsfolgen: sobald der Thatbestand ein anderer ist, treten selbstverständlich auch andere Rechtsfolgen ein, nicht etwa weil der erste Rechtssatz zurückgetreten wäre, sondern weil der Thatbestand, an den er Rechtsfolgen knüpft, nicht

---

[73]) § 137 BGB.
[74]) § 749 Abs. 2.

gegeben ist, sondern ein Thatbestand, an den ein andrer Rechtssatz andre Rechtsfolgen knüpft[75].

Dies gilt auch dann, wenn der Thatbestand, an den vom Rechte andere Rechtsfolgen geknüpft werden, durch ein Rechtsgeschäft geschaffen werden kann. Man müßte sonst annehmen, der Satz, daß der Eigentümer mit seiner Sache nach Belieben verfahren und andere von jeder Einwirkung ausschließen könne, sei deswegen nichtzwingend, weil er dieses Recht nicht mehr habe, wenn er die Sache veräußert oder eine Dienstbarkeit bestellt habe. Da fast alle subjektiven Privatrechte veräußerlich sind, so gäbe es dann überhaupt kaum einen zwingenden Rechtssatz im BGB. Es liegt aber offenbar auch hier nicht ein Rechtssatz vor, der sich gegen Parteiwillkür nachgiebig zeigt, sondern die Wirkungen des Rechtssatzes werden durch Wirkungen eines anderen Rechtssatzes gekreuzt, gehemmt, gelähmt oder es werden durch einen anderen Rechtssatz Ausnahmen davon festgesetzt.

Hier überall handelt es sich daher gar nicht um die Frage des zwingenden und nichtzwingenden Rechtssatzes. Es handelt sich lediglich darum, ob gewisse Geschäfte, wie die Ablegung des Gelübdes der Armut, vertragsmäßige Abkürzung der Verjährungsfrist giltig sind, ob sie den Parteiwillen zur Geltung zu bringen vermögen, ob gewisse subjektive Rechte oder bloße Rechtsanwartschaften veräußerlich und verzichtbar seien. Durch den Erbverzicht werden nicht etwa Rechtssätze über das Erbrecht ab intestato abgeändert, sondern es wird die Anwartschaft auf einen Rechtserwerb veräußert.

Es ließe sich nun immerhin rechtfertigen, wenn man alle Rechtssätze durch die eine veräußerbare oder verzichtbare Rechtslage geschaffen wird, als nichtzwingend bezeichnen wollte. Man könnte sagen, ein Rechtssatz, der so beschaffen ist, daß die von ihm betroffene Person durch ein Rechtsgeschäft einen Thatbestand herstellen kann, an den das Recht andere Rechtsfolgen knüpft, als von ihm festgesetzt werden, sei nichtzwingend, ein Rechtssatz, bei dem das nicht zutrifft, sei zwingend. Dieses ist auch der Sinn der herrschenden Auffassung des Gegensatzes, der in der Windscheidschen Begriffsbestimmung so klaren Ausdruck gefunden hat; darauf beruht es, daß das gesetzliche Erbrecht von der herrschenden Lehre

---

[75]) Hier berührt sich die dieser Abhandlung zu Grunde liegende Auffassung, mit der Bülow's, auf die ich unten noch zurückkomme, und seiner Polemik gegen die „Mutationstheorie", Arch. f. civ. Pr., LXIV, S. 1 flg., bes. S. 39 flg.

als „ein großer dispositiver Rechtssatz“ bezeichnet wird. So gefaßt ist der Begriff des nichtzwingenden Rechtssatzes aber so weit, daß er so ziemlich das ganze Privatrecht in sich begreift, denn es liegt ja im Wesen des Privatrechts, daß es fast ausnahmslos eine veräußerliche und verzichtbare Rechtslage schafft. Wir müßten dann auch eine ganze Reihe von Rechtssätzen dem nichtzwingenden Rechte beizählen, an deren zwingendem Charakter bisher nie gezweifelt wurde, so die Bestimmungen über die Rechtsfähigkeit und die absoluten Folgen der Rechtsgeschäfte. Denn wenn auch jeder Dienstvertrag unter den mit § 617 BGB. angegebenen Voraussetzungen die dort bestimmten Folgen unabweislich nach sich zieht, so können die Parteien diese Rechtslage doch insofern beeinflussen, als es ihnen freisteht, einen Dienstvertrag, der den Voraussetzungen des § 617 BGB. entspricht, gar nicht abzuschließen. Insofern hängen daher die Rechtsfolgen doch von ihnen ab.

Ein so weiter, allumfassender Begriff, wie dieser Begriff des nichtzwingenden Rechtssatzes, ist wissenschaftlich offenbar unbrauchbar. Damit fällt aber auch die darauf beruhende Auffassung des Gegensatzes des zwingenden und nichtzwingenden Rechts. Es liegt dagegen nahe, dem Gegensatz des zwingenden und nichtzwingenden Rechts dadurch einen Wert für die Wissenschaft zu verleihen, daß man ihn an die, wie eingangs erwähnt, schon längst von Unger angedeutete Auffassung anknüpfend, nicht auf die Rechtssätze überhaupt, sondern nur auf das Verhältnis des Rechtssatzes zur Willenserklärung bezieht. So aufgefaßt gehört aber die Erörterung des Gegensatzes des zwingenden und nichtzwingenden Rechts nicht in den „allgemeinen Teil“, nicht in die vage Rubrik: „Gegensätze im Recht“, sondern in die Lehre vom Rechtsgeschäft.

II.

Die Voraussetzungen der rechtsgeschäftlichen Folgen.

Unter den Rechtssätzen, die sich auf Rechtsgeschäfte beziehen, sind zunächst zwei Gruppen zu unterscheiden: die eine, die in verschiedener Form den Satz zum Ausdruck bringt, das Geschäft sei geeignet, Rechtsfolgen nach sich zu ziehen, die den von den Parteien beabsichtigten Wirkungen entsprechen, die andere, die dies verneint, den Eintritt solcher Wirkungen ausschließt. Zur ersten Gruppe gehören die Rechtssätze, die ein Rechtsgeschäft als verbindlich, zur zweiten solche, die es als unverbindlich bezeichnen. Daß ein Rechtsgeschäft verbindlich ist, bedeutet daher nicht etwa blos, daß es Rechtsfolgen bewirke — auch das unverbindliche Geschäft kann solche Wirkungen hervorbringen [1]), sondern daß die Rechtsfolgen der erklärten Parteiabsicht dienen sollen [2]), daß der rechtliche Erfolg nach der Rechtsordnung deswegen eintritt, weil er dem gewollten Erfolg entspricht [3]).

Die Verbindlichkeit der Rechtsgeschäfte hängt vor allem davon ab, daß es zu den vom Rechte im allgemeinen als verbindlich bezeichneten Rechtsgeschäften gehöre, aber eine Reihe weiterer Voraussetzungen muß noch dazu kommen. Was nun die Zugehörigkeit zu den als verbindlich anerkannten Geschäften betrifft, so hat in dieser Beziehung das Verhältnis der beiden Gruppen von Rechtssätzen (der Gruppe der verbindlichen und der der unverbindlichen Geschäfte) im Laufe der Zeiten vielfache Wandlungen erfahren. In Rom waren bekanntlich nur höchst ausnahmsweise einseitige Geschäfte und gewisse Arten von Verträgen als verbindlich anerkannt. Man stellte

---

[1]) Enneccerus, Rechtsgeschäft S. 148 flg.
[2]) Lenel, Jahrb. für Dogm. XIX S. 163 flg. auch S. 250 f.
[3]) So Motive I S. 126 mit einer Anpassung an die Lenel'sche Theorie

dieses in der in Rom Gesetzesstelle vertretenden Litteratur so dar, daß man die etwa verbindlichen einseitigen Geschäfte fast mit Stillschweigen überging, die verbindlichen Verträge, contractus, taxativ aufzählte, und sie der unzählbaren Menge der unverbindlichen pacta ganz allgemein entgegensetzte. Dieses System wurde aber vielfach durchbrochen, und vor Abschluß der römischen Rechtsentwicklung auch in der Sache selbst, wenn auch nicht formell, aufgegeben; überdies hat das römische Recht einzelnen Verträgen, die an sich den verbindlichen beizuzählen wären, aus verschiedenen Gründen die Anerkennung verweigert. Das moderne Recht ordnet die Verbindlichkeit einseitiger Geschäfte in viel größerem Umfange als das römische und grundsätzlich die Verbindlichkeit der Verträge an. Die etwa unverbindlichen Verträge erscheinen demnach als Ausnahme. Das BGB. nimmt diesen Grundsatz des modernen Rechtsverkehrs auf und bringt ihn in der Weise zum Ausdruck, daß es die verbindlichen einseitigen Geschäfte erschöpfend aufzählen will, während es die allgemeine Verbindlichkeit der obligatorischen Verträge zwar nicht ausspricht, wohl aber voraussetzt[4]), dingliche und sonst weitergehende Wirkung damit aber nur unter gewissen Voraussetzungen verbindet.

Nach dem BGB. ist daher der Rechtszustand folgender:

1. Rechtsgeschäftliche[5]) obligatorische Wirkungen werden erzeugt:

a) durch die verbindlichen einseitigen Geschäfte: die Stiftung[6]), die Auslobung[7]), die Schuldverschreibung auf den Inhaber, Bestellung eines Pfandhalters[7a]) wohl auch das Schenkungsversprechen[8]), dessen obligatorische Wirksamkeit nicht von der Annahme, sondern blos von der Nichtablehnung abhängig gemacht wird, und den Vertragsantrag[9]),

---

[4]) § 305 bestimmt nicht, daß jeder Vertrag geeignet ist, obligatorische Wirkungen zu erzeugen, sondern nur, daß ein anderes Geschäft als ein Vertrag dazu nicht geeignet ist, soweit nicht das Gesetz ein anderes vorschreibt (vergl. Motive II S. 175).

[5]) Hierüber Enneccerus a. a. O. S. 140 flg.

[6]) § 80, 81, 85.

[7a]) § 793—808, 1189, 1270.

[7]) § 657.

[8]) § 516,2, 518. Dagegen allerdings die Motive: „Nach der Auffassung des Entwurfs schließt jede Schenkung einen Vertrag in sich.“ Doch lautete der § 438 des Entwurfs insofern anders, als im Falle des Stillschweigens des anderen die Annahme der Scheidung nur vermutet wurde. Die Abweichung ist aber in konstruktiver Beziehung ohne Bedeutung, vergl. Ehrlich, Stillschw. Willenserkl. S. 225 flg.

[9]) Siegel, das Versprechen als Verpflichtungsgrund S. 53 flg., 41 flg. Unger, Grünhuts Zeitschr. S. 363. Planck S. 143.

b) grundsätzlich durch Verträge. Obgleich Verträge im allgemeinen verbindlich sind, so werden doch einzelne Arten von Verträgen ausnahmsweise, aus bestimmten Gründen überdies ausdrücklich als verbindlich bezeichnet. So werden dafür erklärt die Verträge zu Gunsten Dritter[10]), die Konversion[11]), da ihre Verbindlichkeit mit Rücksicht auf den bisherigen Rechtszustand zweifelhaft sein konnte, die Erteilung von Sonderrechten an Vereinsmitglieder[12]), da die Vorschriften über die Rechte der Mitgliederversammlung es auszuschließen scheinen, daß es in der Satzung möglich wäre, Mitgliedern Rechte zuzugestehen, „die dem Einflusse der Körperschaft entzogen sind“, die Uebertragung der Anweisung, mit Rücksicht auf die in der Litteratur herrschende „vielfache Meinungsverschiedenheit über die einschlägigen Rechtsfragen“[13]), die vor Auflösung des Gesellschaftsverhältnisses getroffene Vereinbarung der Gesellschafter, daß falls einer der Gesellschafter oder ein einzelner bestimmter Gesellschafter kündige, sterbe oder über sein Vermögen der Konkurs eröffnet werde, die Gesellschaft unter den übrigen fortbestehen solle, „um einem unverkennbaren praktischen Bedürfnisse entgegenzukommen, zugleich zur Erhaltung der Uebereinstimmung mit dem Handelsgesetzbuche“[14]), bei gewissen Kreditanstalten die Vereinbarung, daß nicht behobene Zinsen von Einlagen als neue verzinsbare Einlagen gelten sollen und daß, wenn bei den von ihnen gewährten Darlehen verzinsliche Schuldverschreibungen auf den Inhaber ausgegeben wurden, die Verzinsung rückständiger Zinsen im Voraus versprochen werden könne[15]), daß der Satz, Kauf bricht nicht Miete auch dann Anwendung finde, wenn das Grundstück vor der Ueberlassung an den Mieter veräußert worden ist, der Erwerber aber dem Vermieter gegenüber die Erfüllung der sich aus dem Mietvertrage ergebenden Verpflichtungen übernommen hat[16]), da der Mieter sonst „nur durch Abschluß eines Vertrages zwischen dem Vermieter und Erwerber zu seinen Gunsten oder durch Vereinbarung einer Erfüllungsübernahme gesichert werden würde“[17]), die Bestimmung, daß die

---

[10]) § 328.
[11]) § 140.
[12]) § 35 dazu Planck.
[13]) § 692, KP. nach Halblen zu diesem §.
[14]) Motive S. 630.
[15]) § 248.
[16]) § 578.
[17]) KP. nach Halblen zu § 578.

Gewährfrist beim Kauf durch Vertrag abgekürzt oder verlängert werden könne und die vereinbarte Frist an Stelle der gesetzlichen Frist trete[18]), erscheint teils als Aenderung, teils als Präzisierung der Vorschrift, daß die Verjährung durch Vertrag erleichtert, nicht erschwert werden könne. Auch die Vereinssatzung und einzelne Bestimmungen derselben werden ausdrücklich als verbindlich anerkannt[19]). Ausdrücklich werden endlich die Anordnungen bei einer unentgeltlichen Zuwendung für verbindlich erklärt, womit der Zuwendende sie der Verfügung des Vaters, Gatten oder gesetzlichen Vertreters des Begünstigten entzieht, oder über deren Verwaltung oder Behandlung bestimmt[19a]).

2. Rechtsgeschäftliche dingliche Wirkungen werden nur von solchen Geschäften erzeugt, die inhaltlich darauf gerichtet sind, ein rechtlich ausdrücklich anerkanntes dingliches Recht oder einen dinglichen Anspruch zu begründen. Das Gesetz zählt die dinglichen Rechte, dinglichen Ansprüche und dinglichen Rechtsgeschäfte, die es zulassen will, erschöpfend auf: Eigentum, Miteigentum, Erbbaurecht, Grunddienstbarkeiten, Nießbrauch an Sachen, Nießbrauch an Rechten, Nießbrauch am ganzen Vermögen, beschränkt persönliche Dienstbarkeiten, Vorkaufsrecht, Reallasten, Hypotheken mit und ohne Hypothekenbrief, Eigentümerhypothek, Sicherungshypothek, Maximalhypothek, Grundschuld mit und ohne Grundschuldbrief, mit auf den Inhaber lautender Grundschuldbrief, Eigentümergrundschuld, Rentenschuld, Pfandrecht an beweglichen Sachen, Nutzungspfand, Pfandrecht an Rechten, nachträgliche Aenderung des Rangverhältnisses der Rechte an einem Grundstück, der Vorrangsvorbehalt für ein einzutragendes Recht, Bestimmung des Höchstbetrages des nach den Vorschriften über die Zwangsvollstreckung für Fälle des Erlöschens durch den Zuschlag dem Berechtigten zu leistenden Ersatzes, die Vormerkung zur Sicherung des Anspruchs auf Einräumung oder Aufhebung eines Rechts an einem Grundstück, einem das Grundstück belastenden Rechte oder Aenderung des Inhalts oder Ranges eines solchen Rechts, die Verfügung über einen Gegenstand unter einer aufschiebenden oder auflösenden Bedingung die Teilungserklärung des Gläubigers einer

---

18) § 486. So schon im gemeinen Recht: Hanausek, Haftung II, S. 434 flg.

19) § 25, 39, 41,2, 45,1.

19a) § 1369, 1638, 1639, 1640, 2/2, 1651, 3. 2, 1803,1, 1909, 1/2.

Gesamthypothek[20]). Ein Rechtsgeschäft hat daher nur dann dingliche Wirkungen, wenn nach der Absicht der Parteien eines dieser Rechte begründet oder aufgehoben werden sollte. Zur Begründung ist in der Regel Vertrag, Einigung des Berechtigten und des Verpflichteten über den Eintritt der Rechtsänderung erforderlich[21]), nur Eigentum kann auch durch einseitiges Geschäft (Aneignung) erworben werden[22]). Zur Aufhebung eines dinglichen Rechts genügt in der Regel einseitiges Geschäft[23]). Dingliche Wirkungen hat endlich auch die in einzelnen Fällen für zulässig erklärte Umwandlung eines dinglichen Rechts in ein anderes dingliches Recht durch Vertrag[24]). — Außer Betracht bleiben die landesgesetzlichen Vorschriften, die einzelne andere dingliche Rechte, dingliche Ansprüche und dingliche Rechtsgeschäfte zulassen, und die nach dem Einführungsgesetze unberührt bleiben.

3. Aehnlich wie mit den dinglichen Rechten verhält es sich mit der Begründung obligatorischer Rechtsverhältnisse, die dem Sondernachfolger gegenüber wirksam sind: mit Miete, Pacht und der Regelung der Benutzung und Verwaltung des gemeinschaftlichen Gegenstandes, der Aufhebung und Kündigung der Gemeinschaft[25]). Die Parteien können ein dem Sondernachfolger gegenüber wirksames Verhältnis nur in der Weise schaffen, daß sie ihm einen Inhalt geben, der nach ausdrücklicher gesetzlicher Bestimmung dem Sondernachfolger gegenüber wirksam ist.

4. Ein Rechtssubjekt kann nur durch zwei Rechtsgeschäfte geschaffen werden: die Vereinsgründung, die stets durch Vertrag erfolgt[26]) und das Stiftungsgeschäft[27]). Das Gesetz hat dabei allerdings nicht den Zweck verfolgt, die Privatautonomie zu beschränken: es geht vielmehr davon aus, daß damit die Anzahl der rechtsgeschäft-

---

[20]) § 903, 1008, 1012, 1013, 1014, 1018, 1030, 1068, 1085, 1090, 1094, 1096, 1105, 1106, 1109,2/2, 1113, 1114, 1116,2 2,3, 1163, 1164, 1067, 1084, 1132, 1184, 1190, 1191, 1195, 1196, 1199, 1204, 1213, 1273, 2033, 880, 884, 882, 161,1,2, 883—885, 1179.

[21]) § 873, 874, 914, 2,2, 925, 926, 956, 957 (dazu Motive III S. 367); 1031, 1032, 1067, 1068,2, 1085.

[22]) § 928,2, 958,2

[23]) § 875, 928,1, 959, 1062, 1064, 1072, 1183 (dazu die Kom. Prot. bei Haidlen).

[24]) § 1116,3, 1180, 1186, 1198, 1203.

[25]) § 571—577, 581,2 746, 751, 755, 756, vergl. hierüber Crome in Iherings Jahrb. XXXVII S. 1 flg.

[26]) Planck zu § 25, Hachenburg a. a. O. S. 206 flg.

[27]) § 80,1.

lichen Bildungen, die als juristische Personen erscheinen, erschöpft ist. „Wenn und soweit Bildungen vorkommen, welche infolge der engen Verbindung eines für einen gewissen Zweck bestimmten Vermögens mit einem korporativ angelegten Personenvereine zweifelhaft erscheinen lassen, ob sie der einen oder der andern der beiden Kategorien angehören, würde es Sache der rechtlichen Beurteilung sein, zu prüfen, ob nach Entwicklung und Gestaltung des Verhältnisses das korporative oder das Stiftungselement vorwiegt“ [28]). Es ist aber zweifellos, daß dadurch, wenigstens mittelbar, die Beschränkung des Parteiwillens bewirkt worden ist. Sollte die Schaffung eines Rechtssubjekts durch Rechtsgeschäft beabsichtigt sein, das sich weder unter die Vereine noch unter die Stiftung einreihen ließe — etwa eines bloßen Sondervermögens — so müßte dieses als unwirksam behandelt werden.

Außer der Zugehörigkeit zu den vom Rechte als verbindlich anerkannten Geschäften bestehen überall noch andere Voraussetzungen der Verbindlichkeit [29]). Diese Voraussetzungen lassen sich in zwei Gruppen einteilen: zur ersten gehören die allgemeinen Voraussetzungen der Wirksamkeit eines jeden Geschäfts: Geschäftsfähigkeit der Parteien [30]), die Willensübereinstimmung [31]), eine gewisse Art des Zustandekommens [32]), Vorhandensein der Verfügungsgewalt [33]), Zustimmung oder Genehmigung des Berechtigten [34]). Für einzelne Rechtsgeschäfte werden aber noch besondere Voraussetzungen aufgestellt, die zum

---

[28]) Motive I S. 30 und Planck, I S. 77, vergl. Bekker, System I, S. 209, Beil. I b.

[29]) Bekker, System II S. 49 unterscheidet den äußeren Vorgang und die Voraussetzung eines Rechtsgeschäfts. Enneccerus, Rechtsgeschäft S. 223 flg. Die Voraussetzungen des Einrichtungsaktes und der Wirksamkeit. Beide Unterscheidungen decken sich nicht mit der hier aufgestellten, berühren sich aber vielfach mit ihr. Vergl. noch Ihering, Geist III S. 143 flg., anders Zitelmann, Rechtsgeschäft im Entwurf I S. 30.

[30]) § 4—6, 104, 105, 111. Da bei juristischen Personen die Rechtsfähigkeit stets die Handlungsfähigkeit zur Folge hat (§ 54), so gehören hierher auch § 21—23, 43—45, 55—63, 73, 74, 84, 86.

[31]) § 116,2, 117,1, 118.

[32]) § 28,2, 130—132, 145—156, 177, 181.

[33]) Bekker, System II S. 51 flg. § 26,2, 27, 40, 48,2, 68, 70, 71, 86, 164—166, 169—174, 180, 370, 714, 715, 730, 412, 113, 482, 185,1, 674, 740,1, 1189, 1270, 1357, 1375, 1376, 1442,1, 1443, 1641, 1650, 1038, 1682, 1686, 1693, 1902—1904, 1915.

[34]) § 182, 184, 185,2, 477, 406, 108, 109, 114, 497,1, 505,1, 1379, 1380, 1395, 1396, 1398, 1401, 1402, 1405—1407, 1409, 1412, 1444—1449.

Teile zu den allgemeinen hinzutreten müssen, damit das Rechtsgeschäft wirksam sei, so eine gewisse Art des Zustandekommens[35]), die Zustimmung oder Genehmigung eines Dritten[36]), oder des Staats[37]), ein Verhalten eines Dritten[38]), Beobachtung einer Form[39]), Hinzutritt der Erfüllung[40]), Aufnahme gewisser Bestimmungen in der Willenserklärung[41]). Denselben Charakter hat die Vorschrift, daß ein an sich unwirksames Rechtsgeschäft wirksam sein solle, wenn bei der Vornahme auf die Geltendmachung der Unwirksamkeit ausdrücklich verzichtet wurde[42]). Die Aufnahme des Verzichts in das Geschäft erscheint als formelles Erfordernis des Geschäfts.

Die dingliche Wirksamkeit des Rechtsgeschäfts hängt zunächst von derselben allgemeinen Voraussetzung ab wie die obligatorische: es tritt aber noch eine Reihe besonderer, den dinglichen Geschäften eigner, Voraussetzungen hinzu. Vor allem ist das Erfordernis der Verfügungsmacht gesteigert. Das obligatorische Geschäft ist wirksam, wenn der, der es abschließt, handlungsfähig ist, oder eine wirksame Stellvertretung vorliegt. Dingliche Wirkungen erzeugt ein Rechtsgeschäft aber nur, wenn das dingliche Recht oder bei derivativem Erwerben, das Recht, von dem es abgeleitet wird, dem, der darüber verfügt, bei einer Stellvertretung dem, in dessen Namen verfügt wird, thatsächlich zusteht[43]), oder aber er kraft eigenen Rechts über ein fremdes Recht verfügen kann[44]). Der Mangel im Rechte wird bei Verträgen über Rechte an Grundstücken dadurch geheilt, daß der Verfügende nach dem Grundbuche zur Verfügung legitimiert erscheint und dem Erwerber die Unrichtigkeit des Grundbuchs nicht

---

35) § 28, 32, -34, 40, 41,2 333, -397, 398, 414 (durch Vortrag, 1403.

36) § 415, 1399, 1451, 1643, 1644, 1690, 1829—1832, 1873, 1915, 1902—1904.

37) § 80, 763, 796.

38) § 319,2.

39) § 126—129, 81,1, 561,1, 581,2, 700, 761, 760, 780, 781, 783, 784,2, 792, -311, 312 313, 1071, 518.

40) § 766, 313, 1017, 518.

41) § 661.

42) § 935 des österr. BGB. „Die Schadloshaltung wegen Verkürzung über die Hälfte findet nicht statt, wenn jemand ausdrücklich darauf Verzicht gethan“.

43) § 873, 875, 877, 878, 880,2/1, 885, 928, 931, 956, 959, 1010, 1017, 1032, 1064, 1180, 1188, 1189, 1196, 1255, 1292, 2112—2129, 2040. Nicht hervorgehoben ist die Berechtigung blos in § 914,2/2 und in einigen §§, die blos Verweisungen enthalten: 917,2, 925, 1031, 1067, (dazu M. III, S. 534 flg.), 1068, 1072, 1085, 1293.

44) § 956, 1242, 1244, 1376 Z. 1, 1379,3, 1443, 1447, 1450, 2140, 2205/1.

bekannt ist[45]), beim Erwerbe von Eigentum und Pfandrecht an Geld, Inhaberpapieren und Sachen die im Wege öffentlicher Versteigerung veräußert werden, durch den guten Glauben des Erwerbers[46]), bei anderen Sachen nur, wenn sie nicht dem Eigentümer gestohlen worden, verloren gegangen oder abhanden gekommen sind[47]). Wird durch das Rechtsgeschäft das Recht eines Dritten berührt, so ist dessen Zustimmung erforderlich[48]).

Außerdem wird zur Wirksamkeit eines dinglichen Rechtsgeschäfts gefordert, wenn es sich auf Rechte an Grundstücken oder das Zubehör eines Grundstücks bezieht, die Eintragung der Rechtsänderung ins Grundbuch[49]), bei Briefhypotheken und Briefgrundschulden auch die Uebergabe des Briefs[50]), nur die Uebertragung der Briefhypothek und Briefgrundschuld kann auch durch schriftliche Abtretungserklärung und Uebergabe des Briefes stattfinden[51]), — beim Erwerbe von Rechten an beweglichen Sachen, die nicht Zubehör eines Grundstücks sind, fast ausnahmslos die Uebergabe des Besitzes an den Erwerber[52]): wenn der Verfügende im Besitze der Sache ist, genügt die Vereinbarung eines Rechtsverhältnisses, vermöge dessen der Erwerber den mittelbaren Besitz erlangt[53]), wenn ein Dritter im Besitze der Sache ist, die Abtretung des Anspruchs auf Herausgabe der Sache[54]). Das Aufgeben eines Rechts an einer beweglichen Sache durch Rechtsgeschäft erfolgt durch die Erklärung des Berechtigten gegenüber dem Eigentümer oder Besteller, daß er das Recht aufgebe[55]), nur beim Eigentum wird das Aufgeben des

---

[45]) § 891, 892, 1138—1140, Ausnahme: 1155—1159, 1404.

[46]) § 932—934, 935,1/2, 1207, 1242, 1250.

[47]) § 932—935,1/1, 926,2, 957, 1058, 1067, 1068, 1084, 1085, 1121—1122, 1207, 1248, 1274, 2113,3, 2129,2/1, 2211,2. Vgl. aber § 1404, Ausn.: § 1250.

[48]) § 876, 877, 880,2/2,3, 1071, 1183, 1245, 1255,2/1, 1276,1/1, 2116,2.

[49]) § 873—875, 877, 880,2/1, 881—885, 914,2/2, 926, 928, 1010, 1017, 1031, 1062, 1069, 1072, 1085, 1116,2/2, 1160,2, 1180, 1188,1, 1183, 1186, 1188, 1189,1/2, 1192, 1196, 1198, 1203. Ausnahmen: 1164, 1174, 1163, 1168, 1170, 1173, 1175 u. a. m. Enthalten § 1075, 1287 Ausnahmen? Vergl. Fischer u. J. Henle zu diesen §§, Strecker, Rechte an Grundstücken, S. 49 flg., 53 flg. Hachenburg, das BGB., S. 227. KP. bei Haidlen zu 1287. — Auf das Schiffspfandrecht wird hier nicht eingegangen.

[50]) § 1117, 1192, 1195, 1200.

[51]) § 1154, 1192, 1195, 1200.

[52]) § 929, 956, 1032, 1067, 1069, 1084, 1085, 1207, 1279. Ausnahmen: 1260, 1381, 1382, 1438,2, 1473,1.

[53]) § 930, 1032,2, 1069, 1085, 1205/2, 1274.

[54]) § 931, 1032/2, 1069, 1085, 1206, 1274. Ausnahme: 1250, 1/1.

[55]) § 1064, 1072, 1255,1, 1276.

Besitzes „in der Absicht auf das Eigentum zu verzichten" gefordert[56]). Außer Betracht bleiben die Förmlichkeiten der anszustellenden Urkunden und die Vorschriften über die Personen, denen gegenüber Willenserklärungen vorzunehmen seien: sie sind Voraussetzungen für die Vornahme der Eintragung oder Uebergabe, nicht Voraussetzungen der dinglichen Wirksamkeit des Geschäfts.

Der Erwerb und Verlust des Besitzes, soweit sie durch Rechtsgeschäfte vor sich gehen, hängen von analogen rechtsgeschäftlichen Voraussetzungen, wie die Wirksamkeit dinglicher Rechtsgeschäfte ab:, zum rechtsgeschäftlichen Akt muß hier die Erlangung und das Aufgeben der thatsächlichen Gewalt hinzukommen. Der ursprüngliche[57]) und abgeleitete[58]) Besitzerwerb bildet ein Gegenstück des Eigentumserwerbes durch Aneignung und Uebergabe, der Verlust des Besitzes durch Aufgeben[59]) und Uebergabe[60]) ein Gegenstück des Verlustes des Eigentums durch Uebergabe und Aufgeben. Diese Geschäfte könnten als dingliche Geschäfte aufgefaßt werden, wenn man sich entschließen wollte, den Besitz als dingliches Recht zu betrachten[61]).

Die beiden Rechtsgeschäfte, die auf Schaffung eines rechtsfähigen Subjekts gerichtet sind, die Vereinsgründung und das Stiftungsgeschäft, verhalten sich zu den obligatorischen Geschäften durchaus in derselben Weise wie die dinglichen Geschäfte; wenn anders eine juristische Person thatsächlich entstehen soll, müssen sie nicht blos den allgemeinen Erfordernissen der obligatorischen Geschäfte, sondern überdies den besonderen für sie aufgestellten Erfordernissen entsprechen. Diese Erfordernisse sind für Vereine und für Stiftungen verschieden: die ersteren müssen den gesetzlichen Normativbestimmungen entsprechen und die Eintragung ins Vereinsregister erwirken oder die Rechtsfähigkeit durch staatliche Verleihung erhalten[62]); bei den Stiftungen muß außer einem wirksamen Stiftungsgeschäft auch staatliche Genehmigung vorliegen[63]).

Diese Rechtssätze sind es, die die Voraussetzungen enthalten, unter denen ein Rechtsgeschäft rechtsgeschäftliche Wirkungen hervor-

56) § 959.
57) § 854,1, 855 (?), 858,2.
58) § 854,2, 855 (?), 868, 870, 871.
59) § 856.
60) § 854,2.
61) Vergl. auch Otto Fischer, das Sachenrecht d. Entwurfs, S. 24 zu No. 5.
62) § 21—23, 55—79, 57,1.
63) § 80.

zubringen geeignet ist, Wirkungen, die dazu bestimmt sind, der erklärten Absicht der Parteien zu dienen. An sich könnte diese positive Charkterisierung genügen. Thatbestände, die diesen Erfordernissen nicht entsprechen, sind rechtsgeschäftliche Wirkungen zu erzeugen nicht geeignet; um ihnen die rechtsgeschäftliche Wirksamkeit abzusprechen, bedürfte es nicht erst einer besonderen Vorschrift. In der That war dieses die Technik des römischen Rechts; es gab Bestimmungen über die Wirksamkeit der Contractus, aber es gab keinen Rechtssatz, der den pacta die Wirksamkeit abspräche[64]); es ist Sache des Rechts anzugeben, welche Thatsachen für das Recht von Bedeutung sind, es ist aber nicht Sache des Rechts, sich mit Thatsachen zu beschäftigen, die für das Recht bedeutungslos sind. Soweit der Gegensatz der contractus und pacta auch dem modernen Rechte nicht fremd ist, haben instinktiv alle neuen Gesetzgebungen und auch das BGB. diese Technik beobachtet; so zweifellos es ist, daß es auch jetzt noch pacta giebt, Vereinbarungen, die das Recht nicht als Verträge anerkennt, die es nicht als wirksam anerkennen will, so ist doch davon nirgends die Rede. Die Technik ist die römische, aber der Erfolg ist ein anderer: denn während es in Rom nur eine bestimmte Anzahl rechtsverbindlicher contractus giebt, die sich von den außerhalb des Rechts stehenden pacta scharf abheben, sind heute die Verträge grundsätzlich verbindlich, und die Grenze gegen die unverbindlichen Vereinbarungen infolge dessen schwankend. Was pactum und was contractus ist, darüber muß Takt und Gefühl entscheiden. Die Absicht, sich rechtlich zu binden, macht ein pactum ebensowenig zu einem contractus[65]), wie die große Wichtigkeit der übernommenen Verbindlichkeit. Wenn jemand sich von einem guten Bekannten versprechen läßt, dieser werde bei einem in der Regel überfüllten Schnellzug für ihn einen Platz belegen, so kann er ihn nicht auf Schadenersatz klagen, wenn er seine Zusage nicht gehalten hat, und dadurch wichtige Geschäfte versäumt worden sind. Die pacta, die Verabredungen des gesellschaftlichen Lebens sind auch nicht etwa aus dem Grunde rechtlich unwirksam, „weil es gegen die guten Sitten verstößt, wenn sich jemand rechts-

[64]) Das Recht beschäftigte sich mit dem pacta nur insofern sie ausnahmsweise rechtliche Wirkungen erzeugten, so insbesondere später regelmäßig eine exceptio.

[65]) Laband, Archiv für Civ. Praxis XXIII S. 170 flg.; Hellwig, Arch. f. Civ. Pr. LXXXVI, S. 223 flg.; Kobler, Archiv für bürgerl. Recht XII, S. 17 flg.

geschäftlich versprechen läßt, was nach den Geboten der Sittlichkeit und des Anstandes nur auf Grund eines freien Entschlusses geschehen oder unterlassen werden soll"[66]): es dürfte kaum einem Zweifel unterliegen, daß der Richter täglich in die Lage kommt, Verträge als verbindlich anzuerkennen, die sich viel weiter von dem sittlich Gebotenen entfernen, als die hier in Rede stehenden Vereinbarungen. Es bedarf aber dieses Umweges gar nicht, um die Unwirksamkeit der Verabredungen des gesellschaftlichen Lebens zu begründen: sie sind unwirksam, weil das Recht Verträge dieser Art nicht kennt, weil sie, ganz wie die römischen pacta, an denen doch auch nichts Unsittliches war, sich außerhalb des Rechtsgebietes befinden. Es verschlägt dabei gar nicht, daß diese Unwirksamkeit im BGB. ebensowenig ausdrücklich ausgesprochen worden ist, wie sonst in einer modernen Kodifikation.

Aber nicht alle Geschäfte können dadurch, daß das Recht sie mit Stillschweigen übergeht, außerhalb der Rechtssphäre gestellt werden. Will das Recht Geschäften, die alle Merkmale verbindlicher Rechtsgeschäfte tragen, die Wirksamkeit in einem besondern Falle versagen, so muß es dieses ausdrücklich aussprechen. Daher steht den Rechtssätzen, die die Voraussetzungen der Verbindlichkeit der Rechtsgeschäfte bestimmen, eine Gruppe von Rechtssätzen gegenüber, die einzelnen, diesen Voraussetzungen entsprechenden Geschäften die rechtliche Wirksamkeit versagen.

Hierher gehören zunächst Geschäfte, die das BGB. für nichtig erklärt. Der Nichtigkeitsbegriff des BGB. ist allerdings ein weiterer: das BGB. bezeichnet als nichtig auch Rechtsgeschäfte, bei denen die Voraussetzungen der rechtlichen Verbindlichkeit gar nicht vorliegen, Rechtsgeschäfte, die von Geschäftsunfähigen oder im Zustande der Bewußtlosigkeit oder der vorübergehenden Störung der Geistesthätigkeit vorgenommen sind, oder bei denen es an der vorgeschriebenen Form fehlt, Verträge, die nicht zustande gekommen sind, mangels Willensübereinstimmung oder mangels des rechtsgeschäftlichen Willens[67]): überdies spricht das BGB. auch von der Nichtigkeit solcher Vereinbarungen, die gar keine selbständige Bedeutung haben und nur als Bestandteile eines andern Geschäfts vorkommen. Hier kommen jedoch nur Rechtsgeschäfte in Betracht, die allen Voraussetzungen eines verbindlichen Geschäfts entsprechen.

---

[66]) Planck, II S. 5. Dagg. mit Recht auch Hellwig a. a. O., S. 227.
[67]) § 105, 116, 117, 118, 125.

die vom Recht aber durch positive gesetzliche Vorschrift für nichtig erklärt werden, um sie so in ihrer rechtlichen Bedeutungslosigkeit dem Geschäfte gleich zu stellen, das gar nicht zustande gekommen ist; nichtig ist ein Geschäft, das in Ansehung der gewollten rechtlichen Wirkungen „so angesehen wird, wie wenn es nicht vorgenommen wäre[68])“. Es gehören hierher: Rechtsgeschäfte, die gegen gesetzliches Verbot oder die guten Sitten verstoßen, die bei Eingehung eines Schuldverhältnisses im Voraus getroffene Vereinbarung, daß fällige Zinsen wieder Zinsen tragen sollen, ein Vertrag über die Uebertragung oder Belastung des künftigen Vermögens oder eines Bruchteils desselben mit einem Nießbrauche, über den Nachlaß eines noch lebenden Dritten, über den Pflichtteil oder ein Vermächtnis aus dem Nachlasse eines noch lebenden Dritten, eine Vereinbarung, durch die mehrere Teilhaber eines Rechts, das Recht der Aufhebung der Gemeinschaft zu verlangen selbst für den Fall ausschließen oder beschränken, daß gewichtige Gründe vorliegen, endlich Verträge, die auf eine unmögliche Leistung gerichtet sind[69]). Den nichtigen gleichzustellen[70]) sind Geschäfte, die das Gesetz schlechthin als unwirksam bezeichnet[71]), unter Umständen wohl Geschäfte, von denen gesagt wird, daß sie nicht vorgenommen werden können: z. B. die Ausschließung oder Beschränkung der Befugnis über ein veräußerliches Recht zu verfügen durch Rechtsgeschäft[72]) und die anfechtbaren Rechtsgeschäfte, unter der Voraussetzung, daß sie angefochten werden[72a]).

Mit den Geschäften, denen das Recht die Eignung vollständig abspricht, rechtsgeschäftliche Folgen herbeizuführen, können in einem gewissen Sinne Geschäfte in eine Linie gestellt werden, die wohl rechtsgeschäftliche Folgen bewirken können, aber nur solche von verkümmerter oder hinfälliger Art. Hierher gehört zunächst die Veräußerung, die gegen ein gesetzliches Veräußerungsverbot verstößt, das nur zum Schutze bestimmter Personen besteht: ein solches Geschäft ist im allgemeinen wirksam, wird aber bestimmten Personen

---

[68]) § 108 des I. Entwurfs.

[69]) § 134, 138, 139, 248, 310, 312, 344, 749,3, 306, 2302.

[70]) Planck, I S. 145.

[71]) § 925,2, 344, 388.

[72]) § 38,40—137, 399, 400, 613,2, 664,2, 717, 719,1, 754, 792,2/2, 1059, 1069,2, 1092, 1111,2, 1408, 1427,2,3, 1585,1/2, 1614, (dazu M. IV S. 710), 1623,1, 1658.

[72a]) § 142, 119–123.

gegenüber so behandelt, als ob es nicht bestünde[73]). Verkümmerte Wirkungen haben Rechtsgeschäfte, die keine klagbaren Ansprüche erzeugen, wenn auch das, was auf Grund des Geschäfts geleistet wurde, nicht zurückgefordert werden kann[74]) oder die nur mit einer Einrede behaftete Ansprüche erzeugen die kündbaren und widerruflichen Geschäfte[75]).

Das Prinzip der Vertragsfreiheit, von dem, wie die Motive sagen, das Recht der Schuldverhältnisse beherrscht wird[76]) und dem nicht selten wichtige gesetzgebungs-politische Erwägungen zum Opfer gefallen sind, ist in Wirklichkeit nur ein Prinzip der Freiheit des obligatorischen Vertrages innerhalb gewisser, allerdings recht weiter Grenzen. Der Vertrag ist daher grundsätzlich insoweit frei, als die Absicht der Parteien durch obligatorische Folgen verwirklicht werden kann. Dingliche Folgen erzeugt ein Vertrag nur dann, wenn im Rechte dem Parteiwillen entsprechende dingliche Rechte anerkannt sind, und vollends die Schaffung eines rechtsfähigen Subjekts ist nur in den gesetzlichen Formen der Vereinsgründung und des Stiftungsgeschäfts möglich. Aber daraus darf nicht geschlossen werden, daß Verträge, die auf Bestellung rechtlich nicht anerkannter dinglicher Rechte oder Schaffung juristischer Personen auf anderm Wege als dem der Vereinsgründung oder Stiftung — die Möglichkeit vertragsmäßiger Stiftung vorausgesetzt — gerichtet sind, rechtlich wirkungslos seien: wenn auch die von den Parteien angestrebten Folgen nicht eintreten, so können sie immerhin obligatorische Folgen erzeugen, die dem den Parteien vorschwebenden Erfolge zum Mindesten so weit als es thunlich ist, nahe kommen. Ausdrücklich vorgeschrieben ist, daß die Vereinsgründung, die nicht geeignet ist, einen rechtsfähigen Verein zu schaffen, die obligatorischen Rechte und Verbindlichkeiten eines Gesellschaftsvertrages erzeuge[77]). Aber ebenso zweifellos dürfte es sein, und auch die Bestellung einer rechtlich unzulässigen Dienstbarkeit oder eines dinglichen Rechts an einem wesentlichen Bestandteil einer Sache nicht unter allen Umständen ungiltig ist: sie verpflichten obligatorisch zu der Leistung,

---

[73]) § 135, Planck zählt hierher die § 506, 883, 1124,2, 1126; vergl. überdies § 456—458.
[74]) § 656, 762—764.
[75]) § 321, 519, 528 u. die S. 61, Anm. 186 u. 187 aufgeführten Stellen.
[76]) II S. 2. Planck II S. 5.
[77]) § 54.

Duldung oder Unterlassung, die Inhalt des dinglichen Rechts sein sollte [78]).

Gehören nun alle diese Rechtssätze, die Gegenstand der Erörterung in diesem Abschnitte waren, dem zwingenden oder dem nichtzwingenden Rechte an? Da sie alle die Voraussetzungen der Wirksamkeit der Rechtsgeschäfte bestimmen, so ist es klar, daß das Rechtsgeschäft selbst sie unmöglich beeinflussen kann; es wäre ein Widerspruch, wenn man annehmen wollte, ein Rechtsgeschäft könnte die Voraussetzungen seiner eigenen Wirksamkeit schaffen. Allerdings kann ganz ausnahmsweise, kraft positiver Vorschrift, im Geschäft selbst auf die Geltendmachung der mangelnden Voraussetzungen der Wirksamkeit des Geschäfts verzichtet werden [79]); aber eine solche gesetzliche Bestimmung bedeutet doch nur eine Verschiebung der Voraussetzungen eines wirksamen Vertrages nach der formellen Seite hin; es ist dann nicht das Vorhandensein eines Umstandes, sondern die Aufnahme einer Bestimmung in das Geschäft, womit auf die Geltendmachung des Mangels verzichtet wird, formelle Voraussetzung für die Wirksamkeit des Geschäfts.

Eine andere Frage ist es, ob nach Vornahme des Rechtsgeschäfts darauf verzichtet werden kann, den Mangel der Voraussetzungen seiner Wirksamkeit geltend zu machen. Es handelt sich dann nicht um die Wirksamkeit des ersten, sondern des zweiten Geschäfts, die selbstverständlich von ihren eigenen Voraussetzungen abhängt. Hierauf hier näher einzugehen, liegt kein Anlaß vor, da die Voraussetzungen der Wirksamkeit eines Geschäfts, das die Behebung des Mangels eines andern Geschäfts bezweckt, keine andern sind, als die der Wirksamkeit eines andern Geschäfts [80]).

Es würde aber auch auf einem Mißverständnis beruhen, wenn man die Bestimmungen des BGB. über Vertragsabschluß [81]) so auffassen würde, als sei dem Antragenden ein Einfluß auf die Vor

---

[78]) Dieses dürfte der Hauptfall der Konversion sein, § 140. Vgl. auch KP. bei Haidlen zu § 914 (Verzicht auf die Ueberbaurente ohne Eintragung ins Grundbuch erzeugt obligatorische Wirkungen), ferner Planck § 93, Windscheid I § 209 No. 8. Motive II, S. 281.

[79]) § 1802, Vergl. Jakoby, das persönliche Eherecht des BGB., S. 59, über den Verzicht auf die exc. S. C. Vellejani; so wie oben S. 17, Note 42. Das BGB. kennt einen solchen Verzicht auch bei anfechtbaren (wie § 119 und 120) widerruflichen (§ 168, 610, 658) und kündbaren (§ 649, 721) Geschäften. Darüber an anderer Stelle.

[80]) § 141, 144.

[81]) § 145, 148, 149.

aussetzungen des Vertragsabschlusses eingeräumt. Man muß vielmehr beim Vertragsabschlusse unterscheiden: die Voraussetzungen eines wirksamen Vertragsantrages, die Rechtsfolgen eines wirksamen Vertragsantrages, die Voraussetzungen eines wirksamen Vertrages und die Rechtsfolgen eines wirksamen Vertrages. Die Voraussetzungen eines giltigen Antrages, etwa Handlungsfähigkeit des Antragstellers, Beobachtung der Form, sind selbstverständlich beim Vertragsantrage ebenso dem Einflusse der Partei entrückt, wie bei jedem andern Geschäfte: auf die Rechtsfolgen des Antrags dagegen, das Gebundensein an den Antrag[82]) kann die Partei, wie bei andern Geschäften auch, bis zu einem gewissen Grade Einfluß nehmen.

Aus dem Gesagten ergiebt sich, daß sämtliche Rechtssätze, die die Voraussetzungen eines wirksamen Rechtsgeschäfts enthalten, zwingendes Recht, ius cogens im Sinne der herrschenden Lehre sind; sie kommen auch dann zur Anwendung, wenn die Parteien, für welche sie gegeben sind, erklären, daß sie nicht zur Anwendung kommen sollen. Sie werden auch stets dem zwingenden Rechte beigezählt. Eine andere Frage ists, ob diese Rechtssätze, auf die die Parteien doch nur deswegen keinen Einfluß haben, weil es unmöglich ist, daß ein Rechtsgeschäft auch die Voraussetzungen seiner eigenen Wirksamkeit bestimmen solle, in der That als zwingendes Recht im technischen Sinne zu bezeichnen seien. Das ist im wesentlichen eine terminologische Frage, aber auch terminologische Fragen sollen nach sachlichen Gesichtspunkten entschieden werden. Empfiehlt es sich, Rechtssätze über die Handlungsfähigkeit, Verfügungsmacht, Zustandekommen des Rechtsgeschäfts terminologisch etwa mit der Vorschrift zusammenzufassen, daß der Dienstgeber verpflichtet sei, für die Krankheitskosten seines Dienstboten aufzukommen? Gewiß schadet auch ein schiefer Ausdruck nicht, wenn man die Sache stets vor Augen behält. Aber es ist ein billiges Verlangen, daß durch technische Ausdrücke nicht Zusammengehörendes getrennt und Verschiedenartiges zusammengewürfelt werde.

[82]) Siegel, das Versprechen als Verpflichtungsgrund, S. 53 flg. Unger, Grünhuts Zeitschrift I S. 364.

III.

Die Begriffsbestimmung obligatorischer Rechtsgeschäfte.

Daß die Begriffsbestimmung eines obligatorischen Rechtsgeschäfts, besonders eines contractus, im römischen Rechte einen Rechtssatz von gewisser praktischer Bedeutung enthalten konnte, liegt auf der Hand. Da nicht alle Rechtsgeschäfte, sondern nur gewisse Arten rechtsgeschäftliche Folgen bewirkten, so enthielt die Begriffsbestimmung eben die Bezeichnung des Rechtsgeschäfts, das verbindlich, also rechtsgeschäftliche Folgen zu bewirken geeignet war. Dazu kam, daß aus den verschiedenen Rechtsgeschäften verschiedene actiones und exceptiones entsprangen, die materielle und prozessuale Verschiedenheiten zeigten, und daß viel daran lag, sich in der Wahl der Formel bei Anstellung der Klage nicht zu vergreifen. Man wird es daher begreifen, daß in Rom die Frage, ob der Tausch als emptio venditio zu betrachten wäre, zu einem Schulstreit Anlaß geben konnte. Trotzdem gaben sich die römischen Juristen bekanntlich mit Begriffsbestimmungen, zumal der Rechtsgeschäfte, sehr wenig ab; wir finden nicht allzu viele in den wissenschaftlichen Werken, kaum welche in den Gesetzen, nicht einmal im Edikt, wo es doch so viel darauf ankam, was der Prätor unter einem Rechtsgeschäft verstand, worauf sich das Edikt oder die Formel bezog. Ihre Technik war einfach die, daß sie das Geschäft mit dem Namen bezeichneten, unter dem es im Leben bekannt war. In den Gesetzen, im Edikt, in den juristischen Schriften ist vom mutuum, vom mandatum, vom receptum die Rede; ob ein Geschäft aber im einzelnen Falle wirklich ein mutuum, ein mandatum, ein receptum war, ob es wirklich die diesen Geschäften entsprechenden actiones und condictiones erzeugte, darüber mußte sich jeder selbst klar werden, wenn die Frage an ihn herantrat, damit beschäftigte sich unter Umständen der Jurist: im Gesetze stand darüber nichts.

Nach allen diesen Richtungen hin hat die Bedeutung der Definition im modernen Rechte abgenommen. Da das erste und wichtigste Geschäft im Verkehre unter Lebenden, der Vertrag, grundsätzlich verbindlich ist, so erscheint eine Heraushebung der verbindlichen Geschäfte aus der Masse der unverbindlichen blos dort notwendig, wo es sich nicht um Verträge, sondern um die nur ausnahmsweise verbindlichen, einseitigen Geschäfte, oder um solche Verträge handelt, deren Verbindlichkeit aus was immer für einem Grunde nicht unzweifelhaft ist. Da ferner im heutigen Rechte die Klagen und Einreden, die zur Geltendmachung rechtsgeschäftlicher Ansprüche dienen, sich nur durch ihren Gegenstand aber weder prozessual noch materiell von einander unterscheiden, so entfällt auch dieser Grund, sich mit den Begriffsbestimmungen abzugeben.

Würde das Rechtsgeschäft immer keine anderen als rechtsgeschäftliche Wirkungen erzeugen, so ließe sich heute mit einer modernen Formulierung des römischen uti lingua nuncupassit ita ius esto, immerhin auskommen: in dem einen Satze, der nichts mehr anordnet, als daß jedes Geschäft die Rechtsfolgen erzeuge, die zur Verwirklichung der Parteiabsicht erforderlich sind, wäre das ganze Vertragsrecht enthalten [1]). Dies trifft aber aus dem Grunde nicht zu, weil die Rechtsgeschäfte außer solchen geschäftlichen Rechtsfolgen im engsten Sinne des Wortes (Willenserklärungen) noch Rechtsfolgen anderer Art (Gesetzeswirkungen) nach sich ziehen, die für verschiedene Verträge verschieden sind, so daß sich das Bedürfnis immerhin ergeben kann, durch eine Begriffsbestimmung festzustellen, wie der Vertrag beschaffen sein müsse, um gerade diese Rechtsfolgen zu bewirken.

Das ist der Grund, warum im neuen Rechte Begriffsbestimmungen vorkommen [2]). Sie spielen in neueren Kodifikationen sogar zum Teil eine große Rolle, insbesondere das österr. BGB. stellt, im Sinne der „Ramistischen Methode", der es huldigt, die Begriffsbestimmung eines jeden Geschäfts an die Spitze des von

---

[1]) Laband, Archiv f. Civ. Pr., LXXII S. 161 flg.
[2]) Bekker, System und Sprache des Entwurfs, S. 21, 46.

diesem Geschäfte handelnden Hauptstückes. Erst im Laufe dieses Jahrhunderts tritt eine rückläufige Bewegung ein; es bricht sich die Ansicht Bahn, daß Definitionen überhaupt nicht Sache des Gesetzes seien und sie hat am schärfsten Ausdruck gefunden im BGB. für das deutsche Reich, das Definitionen „thunlichst vermeidet“. So sind denn im BGB. nur einige wenige Geschäfte definiert: die Vollmacht, die Zustimmung, Einwilligung und Genehmigung, das Empfangsbekenntnis, Abtretung einer Forderung, Schuldübernahme, die Schenkung, der Auftrag, die Gesellschaft, der Bürgschaftsvertrag, der Vergleich, das Schuldversprechen, das Schuldanerkenntnis, die Schuldverschreibung auf den Inhaber[3]).

Das BGB. leitet jedoch die Abschnitte, die sich auf das Recht der Rechtsgeschäfte beziehen, fast ausnahmslos mit einer sehr auffallenden und, wie es scheint, nur ihm eigentümlichen Art von Rechtsregeln ein: es bestimmt, wozu sich die Partei, die ein Geschäft vornahm, verpflichtete; hierher gehören insbesondere die Bestimmungen über das vertragsmäßige Rücktrittsrecht, den Kauf, den Kauf nach Probe oder nach Muster, die Miete, die Pacht, den Leihvertrag, das Darlehen, den Dienstvertrag, den Werkvertrag, den Verwahrungsvertrag[4]). Hier und da ist die Bestimmung so gefaßt, daß sie die durch den Vertrag der Partei gewährten Rechte bezeichnet, so beim Kaufe auf Probe oder auf Besicht, dem Vorkaufe und der Anweisung[5]).

Alle diese Bestimmungen beziehen sich auf Verträge, und zwar Verträge, die einen typischen Charakter haben. Diese Verträge werden mit einem bestimmten Namen im Verkehre bezeichnet (Kauf, Miete) und jeder, der einen Vertrag dieser Art abschließt, übernimmt nach der Auffassung des Verkehrs gewisse Verpflichtungen, gewährt gewisse Rechte. Die Uebernahme solcher Verpflichtungen, Gewährung derartiger Rechte, gehört zum Typus des Vertrages, der im Verkehre mit dem in Rede stehenden Namen bezeichnet wird. Nun bestehen aber die soeben erwähnten Regeln im allgemeinen in der Anordnung, daß der Partei die Verpflichtungen, die sie nach dem typischen Inhalte des Vertrages übernimmt, indem sie den Vertrag abschließt, obliegen, daß ihr die ihr gewährten Rechte zustehen.

---

[3]) § 166,2, 182—184, 368, 398, 414, 516, 662, 705, 765, 779, 780, 781, 793.

[4]) § 346, 433, 494, 535, 581, 598, 607, 611, 631, 688.

[5]) § 495,1 1, 504, 783.

Welchen Zweck diese Bestimmungen haben, könnte an sich zweifelhaft erscheinen. Da das Prinzip der Vertragsfreiheit das Vertragsrecht des BGB. beherrscht, so ist es ohnehin klar, daß jedem, der einen Vertrag abschließt, die Verpflichtungen obliegen, die er übernimmt, die Rechte zustehen, die er sich ausbedingt, es ist also zum mindesten überflüssig, ihm diese Verpflichtungen noch durch einen besondern Rechtssatz aufzuerlegen, die Rechte noch besonders zu gewähren.

In der That scheint es kaum einem Zweifel zu unterliegen, daß das BGB. in diesen Rechtssätzen, trotz der dagegen sprechenden Fassung, nicht anordnen, sondern definieren will. Die Begriffsbestimmung eines Rechtsgeschäfts wird gemeiniglich gegeben, indem angegeben wird, welche Verpflichtungen der, der es vornimmt, übernimmt, welche Rechte er dem andern Teile gewährt. So definiert auch das BGB., wenn es überhaupt definiert; so ist z. B. die Gesellschaft und die Bürgschaft definiert. Da nun das BGB. Definitionen „thunlichst vermeidet“, so bestimmt es nicht, welche Verpflichtungen der, der einen Vertrag abschließt, übernimmt, sondern nur, welche Verpflichtungen ihm obliegen: da ihm aber keine andern Verpflichtungen obliegen als die, die er übernommen hat, so gelangt es auf diesem Umwege allerdings wieder zu den Definitionen, die es „thunlichst vermeidet“ [*]). Es genügt ja etwa, die Begriffsbestimmung des Auftrags mit dem einleitenden Paragraphen des Titels über den Verwahrungsvertrag als Repräsentanten der dem BGB. eigentümlichen Methode zu vergleichen, um sich zu überzeugen, daß der Unterschied in der That nicht groß ist.

In Wirklichkeit hat das BGB. die Begriffsbestimmungen, wenigstens der Rechtsgeschäfte, mit denen es sich eingehender beschäftigt, nur in wenigen Fällen der Wissenschaft überlassen; es ist dieses, soweit ich sehe, der Fall beim Erlaß, Tausch, beim Leibrentenvertrage und bei Spiel und Wette. Was die anderen Geschäfte betrifft, so finden sich im BGB. zwar keine Begriffsbestimmungen, aber ein vollwichtiger Ersatz dafür in den hier erörterten Anordnungen: eine Technik, die alle Vorteile der Legaldefinitionen mit allen Nachteilen derselben verbindet.

Es ist schon nach dem Gesagten klar, daß die Rechtssätze, die Begriffsbestimmungen in offener oder versteckter Form enthalten,

*) Planck, S. 23.

weder dem zwingenden noch dem nichtzwingenden Rechte angehören[7]). Sobald die Regeln, die das GBG. für eine bestimmte Art von Rechtsgeschäften aufstellt, auf ein konkretes Geschäft nur dann Anwendung finden sollen, wenn es die in der Begriffsbestimmung angegebenen Artmerkmale trägt, so werden auf ein Geschäft, bei dem dieses nicht zutrifft, nicht diese Regeln Anwendung finden, sondern die, welche für das Geschäft aufgestellt sind, dessen Begriffsbestimmung es entspricht; sollte es der Begriffsbestimmung eines Rechtsgeschäfts überhaupt nicht entsprechen, dann wird es nach den allgemeinen Regeln über Rechtsgeschäfte oder Verträge beurteilt[8]). Dabei macht es selbstverständlich keinen Unterschied, daß die Begriffsbestimmung etwa äußerlich die Form eines zwingenden Satzes annimmt, wie in der Marginalrubrik zu § 1055 des österr. BGB.: „Der Kaufpreis muß im baren Gelde bestehen". Das bedeutet selbstverständlich weder, daß der Kauf nichtig ist, wenn der Preis nicht in barem Gelde besteht, noch, daß der Kaufpreis, selbst wenn er nicht in barem Gelde bestehen sollte, vom Richter stets in barem Gelde veranschlagt wird: es bedeutet nur, daß ein Kauf nur dann, wenn der Kaufpreis im baren Gelde besteht, sonst aber ein anderer Vertrag vorliegt. Zur Bestimmung des BGB.: der Bürge könne die dem Hauptschuldner zustehenden Einreden geltend machen[9]), bemerken die Motive: „Leistet der Bürge im Bürgschaftsvertrage „ausdrücklich oder stillschweigend auf eine dem Hauptschuldner zu„stehende Einrede Verzicht, so liegt, soweit die Einrede dem Haupt„schuldner Schutz gewährt, kein Bürgschaftsversprechen, sondern ein „andersartiges, nach den allgemeinen Grundsätzen zu beurteilendes „Schuldversprechen, vor[10])". Mit andern Worten, die Motive betrachten es als wesentliches Merkmal der Bürgschaft, daß der Bürge nur dann bürgen will, wenn der Schuldner schuldet. Dieses Merkmal hat die Form einer gesetzlichen Anordnung angenommen. Auch die Bestimmung, daß die Unterlassung eines Vermögenserwerbes zum Vorteile eines Andern, Verzicht auf ein angefallenes, noch nicht endgültig erworbenes Recht und die Ausschlagung einer Erbschaft oder eines Vermächtnisses die Leistung einer angemessenen Ausstatt

---

[7]) Eisele, Unverbindl. Gesetzesinhalt im Arch. f. civ. Pr., LXIX, S. 275.

[8]) Danz, Iherings Jahrb. XXXVIII S. 481 flg. und das S. 482 Nr. 1 angeführte Urteil.

[9]) § 768,1.

[10]) Motive II S. 662.

ung keine Schenkung sei[11]), ist eine Ergänzung der Begriffsbestimmung der Schenkung, nicht eine Rechtsnorm[12]).

Man könnte immerhin diese Begriffsbestimmungen insofern als zwingend betrachten, als darin zugleich die Vorschrift enthalten wäre, daß ein Rechtsgeschäft, das Merkmale einer bestimmten Art von Rechtsgeschäften trage, nicht die gesetzlichen Wirkungen der Rechtsgeschäfte dieser Art, sondern die Wirkungen einer anderen Art von Rechtsgeschäften erzeugen solle. Eine solche Vorschrift enthält das BGB. über Vereine, die nicht rechtsfähig sind: auf sie sollen die Vorschriften über die Gesellschaft Anwendung finden[13]); über den Kreditauftrag: daß der Auftraggeber dem Beauftragten als Bürge hafte über die Ausstattung, die das den Umständen entsprechende Maß übersteigt: das sie als Schenkung gelte[14]). Dieselbe Bedeutung soll nach Ansicht Staubs[15]) die Bestimmung des Börsengesetzes haben, daß, wenn beide Teile im Börsenregister eingetragen waren, gegen Ansprüche aus Börsentermingeschäften der Einwand, daß die Erfüllung vertragsmäßig ausgeschlossen war, versagt sei. Ist diese Ansicht richtig, so bestimmt das Gesetz, daß bei einem Geschäft, das nach der Absicht der Parteien Spiel sein solle, die Rechtsfolgen des Kaufs- oder Kommissionsgeschäfts eintreten[16]). Aber in diesen Fällen ist nicht die Begriffsbestimmung zwingend, sondern eine Vorschrift ganz anderer Art, die in die Form einer Begriffsbestimmung gekleidet ist, und eine gewisse Verwandtschaft mit dem alten Hausmittel der Fiktion zeigt; der Inhalt dieser Vorschrift ist, daß ein Rechtsgeschäft, dem gewisse Merkmale zukommen oder mangeln, nicht die Rechtsfolgen des Geschäfts erzeugen solle, das die Parteien ins Auge faßten, nach dem es von ihnen benannt wurde, sondern die Rechtsfolgen einer anderen Geschäftsart, wenn dieses auch dem Willen der Parteien nicht entspricht[17]).

---

[11]) § 517, 1624.

[12]) Vergl. fr. 80 § 3 de contr emt. 18, 1. Nemo potest videri eam rem vendidisse, de cuius dominio id agitur, ne ad emptorem transeat, sed hoc aut locatio est aut aliud genus contractus.

[13]) § 54.

[14]) § 778, 1624,1.

[15]) Achtunddreißigster Jahresbericht über die Wirksamkeit der jurist. Gesellschaft zu Berlin in den Vereinsjahren 1896, 1897 S. 77.

[16]) Vergl. dageg. Freund, ebendaselbst S. 82 und Allgemeine Juristenzeit. I S. 215 flg., 465 flg.

[17]) § 651, 700.

Andererseits bestimmt das BGB., das an Stelle eines von den Parteien abgeschlossenen nichtigen Geschäfts ein wirksames Geschäft treten solle, dessen Erfordernissen das nichtige Geschäft entspricht, „wenn anzunehmen ist, daß dessen Geltung bei Kenntnis der Nichtigkeit gewollt sein würde“ [18]). Damit sind aber nicht etwa die Begriffsbestimmungen der Geschäfte als nicht zwingendes Recht hingestellt, sondern es wird nur eine Regel über die Auslegung der Geschäfte gegeben und dem Umstande Rechnung getragen, daß den Parteien nur um den wirtschaftlichen Erfolg des Geschäfts zu thun ist, und der Weg dazu gleichgiltig ist [19]).

[18]) § 140.

[19]) Ehrlich, die stillschw. Willenserkl., 1893 S. 8. — Planck, I zu 140.

IV.

Die Rechtsfolgen der obligatorischen Rechtsgeschäfte.

Es darf heute als herrschende Lehre bezeichnet werden, daß die rechtlichen Folgen eines obligatorischen Rechtsgeschäfts zwar dazu bestimmt sind, dem Parteiwillen zu dienen, aber nicht infolge dieses Parteiwillens, sondern infolge eines Rechtsbefehls eintreten, der anordnet, daß das Rechtsgeschäft Folgen herbeiführen solle, die dem Parteiwillen entsprechen. Dieser Rechtsbefehl ist der dispositive Rechtssatz im Bülow'schen Sinne, an dessen Lehre höchstens die Auffassung des dispositiven Rechtssatzes als einer Ermächtigung der Partei zur Vornahme des Rechtsgeschäfts anfechtbar erscheint, eine Auffassung, die in letzter Folgerung dazu führt, die im Rechtsgeschäfte selbst enthaltene Norm, wie es Danz thut[1]), dem staatlichen Gesetze als im Wesen gleichartig an die Seite zu stellen. Richtiger dürfte es sein, in dem dispositiven Rechtssatze mit Enneccerus[2]) zunächst die rechtliche Anerkennung zu erblicken, daß das Geschäft wirksam und geeignet sei, rechtsgeschäftliche Folgen zu erzeugen: diese Anerkennung enthält zugleich die Anordnung, daß die rechtsgeschäftlichen Folgen so eintreten mögen, wie es zur Verwirklichung der Absicht der Parteien erforderlich ist.

Der Grundsatz der Verbindlichkeit der Verträge, der sich in dieser Anordnung verkörpert, ist zwar im BGB. nicht ausgesprochen, aber er liegt allen jenen Bestimmungen offenbar zu Grunde, die den Richter anweisen, den wirklichen Willen der Parteien zu erforschen: denn die Erforschung soll doch nur zu dem Zwecke stattfinden, um

---

[1]) Auslegung S. 4 flg. Damit soll übrigens diesem vortrefflichen Buche nicht zu nahe getreten sein.

[2]) Rechtsgeschäft S. 152 flg.

festzustellen, welche Rechtsfolgen, dem erforschten Parteiwillen gemäß, eintreten sollen. So gehören hierher nicht blos die allgemeinen Bestimmungen über die Auslegung der Willenserklärungen[3]), sondern auch zahlreiche Vorschriften über die Auslegung einzelner Erklärungen nach dem Willen des Erklärenden[4]), sowie Vorschriften, die vom Wollen eines Erfolges das Eintreten entsprechender Folgen abhängig machen[5]). Dieselbe Bedeutung haben endlich die Begriffsbestimmungen des BGB., da sie die normierten Rechtsfolgen doch nur unter der Voraussetzung eintreten lassen wollen, daß der durch sie zu verwirklichende Erfolg gewollt ist[6]).

Von derselben Beschaffenheit ist eine ganze Reihe von Bestimmungen, die Normen von der Art enthalten, wie man sie bisher nicht selten aus der Natur der Sache, aus dem Begriffe[7]), abzuleiten oder als abgeleitet auszugeben pflegte. Die Parteien, die ein Rechtsgeschäft abschließen, beabsichtigen stets einen wirtschaftlichen (gesellschaftlichen) Erfolg herbeizuführen, die Rechtsfolgen sollen dieser wirtschaftlichen Absicht dienen[8]). Die Benennung, Einteilung und juristische Behandlung der Rechtsgeschäfte erfolgt nach der typischen wirtschaftlichen Absicht der Parteien: ein Rechtsgeschäft ist, wie bereits bemerkt wurde, Kauf, Miete oder Auftrag, je nachdem der von den Parteien ins Auge gefaßte wirtschaftliche Zweck der typische wirtschaftliche Zweck des Kaufs, der Miete oder des Auftrags ist[9]). Es ist daher wohl klar, daß auch die Rechtsfolgen, die der typischen wirtschaftlichen Parteiabsicht dienen, dieser Parteiabsicht entsprechend, bei gleichartigen Verträgen gleichartig, also in demselben Sinne typisch sind, wie die Absicht der Parteien selbst; und da die typische wirtschaftliche Absicht zum Begriffe des Ge-

[3]) § 133, 157 (?).

[4]) § 164 1·2 (Vollmacht) 139, 603, 612,1, 632,1, 653,1, 689.

[5]) § 36, 37,1 („in der Satzung bestimmt"), 140, 315 3/1, 418,1/2, 423, 468/1,1, 706,3, 710, 736, 1189, 1270. Danz, Auslegung, will auf Rechtssätze dieser Art die Bezeichnung Auslegungsregel einschränken: (er selbst führt übrigens nur § 133 und 140 an). Dagegen Danz in Iherings Jahrb. XXXVIII, S. 398 N. 2.

[6]) Vergl. oben S. 26 Note 2,3, ferner § 82, 164 1 1, 657, 793 1/1, 158, 159, 360, 496, 498, 525 1/1, 524 2/1 (als versprochen gilt eine fehlerlose Sache).

[7]) Hierüber besonders Unger, System I S. 60, Regner, Wesen u. Arten der Privatrechtsverh., neuerdings: Adickes, Zur Lehre von den Rechtsquellen S. 8 § 7, Bähr, Urteile des RG. S. 9.

[8]) Lenel, a. a. O., jetzt auch Planck zu § 140, Danz, Auslegung S. 42 flg.

[9]) Ueber Rechtsgeschäftstypen: Bekker, System II S. 117, 1121.

schäfts gehört und einen Bestandteil der Begriffsbestimmung bildet, so ergeben sich diese typischen Rechtsfolgen „aus dem Begriff“ [10]).

Hierher gehören zunächst die Rechtssätze, die, wie auszuführen versucht wurde, die Folgen eines Rechtsgeschäfts bestimmen, um auf diesem Umwege den Begriff des Rechtsgeschäfts zu bestimmen. Die typische Absicht der Parteien ist beim Kaufe auf den Umsatz einer Sache gegen Geld, bei der Miete und Pacht auf Umsatz der Nutzungen der Sache während eines gewissen Zeitraums gegen Geld gerichtet. Darin besteht „der Begriff“ des Kaufs und der Miete: es ergiebt sich daher aus dem Begriffe, daß beim Kaufe der Verkäufer zur Gewährung der Sache, der Käufer zur Zahlung des Preises, bei der Miete der Vermieter zur Gewährung der Nutzungen während der vereinbarten Zeit, der Mieter zur Bezahlung des Zinses verpflichtet ist [11]). Die wirtschaftliche Absicht bei der Stiftung besteht in der Widmung eines Vermögens für einen Zweck: der Stifter ist daher, sobald der Bestand der Stiftung außer Frage ist, verpflichtet, das im Stiftungsgeschäft zugesicherte Vermögen auf die Stiftung zu übertragen [12]). So wollen die Kommissionsprotokolle auch das höchst bedenkliche Verbot der Untermiete aus dem Wesen des Mietvertrags ableiten, wobei sie allerdings übersehen, daß das „Wesen“ nichts logisch notwendiges, sondern etwas thatsächlich gegebenes und mit dem herkömmlichen Inhalte des Vertrages identisch ist [13]).

Im Rechte der Schuldverhältnisse des BGB. kommt ein derartiges Ableiten einzelner Anordnungen „aus dem Begriffe“, also der typischen Parteiabsicht, außerordentlich häufig vor. Man setzt dabei eine gewisse Absicht der Parteien als dem ganzen Geschäfte wesentlich voraus [14]). Haben die Parteien nicht die vorausgesetzte, sondern eine andere Absicht, so fehlt ein wesentliches Merkmal des Geschäftes, es liegt nicht dieses, sondern ein anderes Geschäft vor.

---

[10]) Vergl. darüber Ehrlich: Ueber Lücken im Rechte, in den Wiener Jurist. Blättern, Jahrg. 1888 S. 281 flg.

[11]) § 433, 535, 525, die in Note 6 angeführten Paragraphen 158, 159, 346, 359, 360, 494, 504, 543, 549, 550, 556 1 2, 581, 598, 603, 604,1 2/1, 607, 620, 611, 631, 640 657, 688, 783, 799.

[12]) § 82 BGB.

[13]) K. P. zu § 549 bei Haidlen.

[14]) Die hergebrachte Terminologie spricht von essentialia negotii. Dieser Ausdruck wird vermieden nicht blos wegen seines scholastischen Charakters, sondern auch, weil er mißverständlich ist. Man versteht darunter oft auch Giltigkeitserfordernisse, z. B. die Bestimmtheit des Preises beim Kaufe. Dagegen besonders Bekker, System II, S. 131.

Aus der vorausgesetzten Parteiabsicht Folgerungen für die einzelnen Fälle ziehen, mag entbehrlich scheinen: aber es ist weder unmöglich, noch eigentlich irrationell. Jede Partei hat das zu leisten, wozu sie sich verpflichtet hat; die Antwort auf die Frage, wozu sie sich bei Geschäften dieser Art verpflichtet, giebt die Feststellung der einem Geschäfte dieser Art wesentlichen Parteiabsicht, also des Begriffs eines solchen Geschäfts[15]. Die Parteien, die eine Gesamtverbindlichkeit durch Rechtsgeschäft begründen, beabsichtigen ein Verhältnis zu schaffen, bei dem mehrere Personen Gläubiger oder Schuldner sein, aber durch materielle Befriedigung des Gläubigers oder eines Gläubigers alle Verbindlichkeiten erlöschen sollen; daraus ergiebt sich, daß der Gläubiger die Leistung nach seinem Belieben von jedem Schuldner ganz oder teilweise fordern[16] und daß bei Mehrheit der Gläubiger jeder Schuldner nach seinem Belieben an jeden der Gläubiger zahlen könne[17], daß die Forderung aller und die Schuld aller durch Erfüllung, Leistung an Erfüllungsstatt, Hinterlegung oder Aufrechnung[18], nicht aber durch Thatsachen getilgt werden könne, die keine materielle Befriedigung herbeiführen[19]. Beim Auftrag und der ihm gleichstehenden genehmigten Geschäftsführung ohne Auftrag wollen die Parteien das Verhältnis so einrichten, daß derjenige, der den Dienst zu leisten hat, weder einen Vermögensvorteil, noch einen Nachteil davon haben solle, daher ist er verpflichtet, alles, was er zur Ausführung der Leistung erhält, oder was er dabei erlangt hat, herauszugeben[20], dagegen ist er berechtigt, Ersatz aller Aufwendungen zu verlangen, „die er den Umständen nach für erforderlich halten darf“[21]. Da die Annahme der Anweisung eine selbständige Schuld dem Anweisungsempfänger und dem Erwerber gegenüber erzeugt, so ist der Angewiesene, wenn er die Anweisung annimmt, zur Leistung verpflichtet, ohne daß eine Einwendung aus dem Verhältnisse zwischen dem Anweisenden und Angewiesenen oder einem früheren Besitzer der Anweisung zu-

---

[15]) Laband, im Arch. f. civ. Pr. LXXIII S. 161 flg. § 241, 242, 548, 602, vergl. § 364, 591 (M. II, S. 440: „Es kann zweifelhaft sein, ob diese Auffassung nicht schon aus dem Wesen des Pachtvertrages abzuleiten sei.“)

[16]) § 421, vgl. 431, 432.

[17]) § 428. [18]) § 422, 429.

[19]) Daß die Vereinigung der Forderungen und der Schuld bei der Gesamtschuld anders beurteilt wird als bei der Gesamtforderung, erklärt sich aus § 426 und 429.

[20]) § 667, 684, 1001.

[21]) § 670, 684, 693, auch 694.

lässig wäre[22]). Aus demselben Grunde kann der Aussteller einer Schuldverschreibung auf den Inhaber dem Inhaber nur solche Einwendungen entgegensetzen, die die Giltigkeit der Ausstellung betreffen oder dem Aussteller unmittelbar gegen den Inhaber zustehen[23]: die Zulassung von Einreden aus dem Verhältnisse zu frühern Inhabern widerspräche der Selbständigkeit der Rechte des frühern Inhabers[24]). Die Bürgschaft ist akzessorischer Natur, sie besteht nur soweit, als die Hauptschuld besteht; das heißt: ein Geschäft, bei dem jemand die Haftung für eine fremde Schuld selbst für den Fall übernähme, daß diese durch Einrede entkräftet wäre, ist keine Bürgschaft. Aber auf die beschränkte Haftung des Erben des Schuldners kann sich der Bürge nicht berufen: denn diese beschränkte Haftung ist doch nur Folge der Unzulänglichkeit des schuldnerischen Vermögens, gegen die eben der Bürge den Gläubiger sichern soll[25]). Der Anspruch des Käufers beim Genuskaufe auf Lieferung einer mangelfreien Sache[26]) ist, da die Absicht der Parteien auf Lieferung einer Sache gerichtet ist, die dem Durchschnittstypus der Gattung entspricht, „nichts anderes als der Anspruch auf Erfüllung des Vertrages"[27]). In diesem Sinne folgt aus dem Zwecke der Gesellschaft, daß der ausscheidende Gesellschafter an dem Gewinne und Verluste der schwebenden Geschäfte zur Zeit seines Ausscheidens teilnimmt, und nach Verhältnis seines Anteils am Verlust für den Fehlbetrag aufzukommen hat, wenn das Gesellschaftsvermögen zur Deckung der gemeinschaftlichen Schulden und der Einlagen nicht ausreicht[28]).

Bei den Verträgen, „in denen für die Bewirkung der Leistung eine bestimmte Zeit dergestalt festgesetzt wird, daß nach der Intention der Vertragschließenden die pünktliche Einhaltung der Zeit ein wesentliches Moment der Vertragschließung bildet"[29]), soll der andere Teil zum Rücktritt berechtigt sein, wenn die Leistung nicht zu der bestimmten Zeit oder innerhalb der bestimmten Frist erfolgt[30]). Von der Bestimmung, daß bei der Pacht mit Inventar

---

[22]) § 784, 792,3.
[23]) § 796.
[24]) Motive II, S. 701.
[25]) § 768.
[26]) § 480,1; 491; ebenso 524,2.
[27]) Planck II zu § 480.
[28]) § 739, 740.
[29]) Motive II, S. 199.
[30]) § 361.

nach einer Taxe der Pächter die Gefahr des zufälligen Unterganges oder einer zufälligen Verschlechterung des Inventars trage, sagen die Motive: „wenngleich diese Bestimmung aus den nachfolgenden Bestimmungen" (die im wesentlichen nur den typischen Inhalt des Vertrages wiedergeben) „hergeleitet werden kann, so muß sie doch wegen ihrer außerordentlichen Wichtigkeit einen besonderen und klaren Ausdruck finden" [31]). Daß die Pächter bei einem Vertrage dieser Art das Recht haben, über einzelne Stücke innerhalb der Grenzen einer wirtschaftlichen Benutzung des Inventars zu verfügen, wird angeordnet, „weil eine solche freiere Bewegung des Pächters gerade der Hauptzweck der in Rede stehenden Uebereinkunft ist". — andrerseits liegt es im Sinne der fraglichen Uebereinkunft „dem Pächter die Verpflichtung aufzuerlegen, das Inventar in dem Zustande, in dem es ihm übergeben ist, wirtschaftlich zu erhalten" [32]). „Die Vorschrift des Entwurfs, daß der Bürge selbstverständlich vorausgesetzt, daß er sich ohne Beschränkung verbürgt hat — für die Erfüllung der Hauptverbindlichkeit in ihrem jeweiligen Bestande und Umfange hafte", „erscheint prinzipiell gemäß dem Wesen der Bürgschaft als das allein Richtige" [33]). Daraus ergeben sich als Folgerungen: daß der Bürge für alle Erweiterungen und Aenderungen der Hauptverbindlichkeit durch Verschulden und Verzug des Hauptschuldners, die Kosten der Rechtsverfolgung und Kündigung hafte, daß er andererseits nicht weiter hafte als der Hauptschuldner, daß er alle Einreden des Hauptschuldners geltend machen kann und daß ihm, so lange der Hauptschuldner ein Anfechtungsrecht hat und so lange der Gläubiger sich durch Aufrechnung gegen eine fällige Forderung des Hauptschuldners befriedigen kann, eine dilatorische Einrede bis zur Erledigung des Anfechtungsrechts oder Wegfall der Aufrechnung zustehe [34]). Der ins BGB. übergegangene römische Begriff der Verwahrung besteht darin, daß der Verwahrer die Sache nur so lange aufbewahren solle, als der Hinterleger keinen Platz dafür hat und die Sache nicht selbst hüten kann: die Motive sagen daher mit Recht, die Bestimmung, daß der Hinterleger die Sache zu jeder Zeit zurückfordern kann, „entspreche dem Wesen des Hinterlegungsvertrages" [35]). Hierher gehören endlich auch

[31]) § 588, Motive II, S. 434.
[32]) § 588, Motive II, S. 435 flg.
[33]) Motive II, S. 661.
[34]) § 767, I/1,2, 769, 770.
[35]) § 695, Motive II, S. 582.

alle Bestimmungen über die Gewährleistung wegen Mängel im Rechte oder Mängel der Sache, insofern sie sich aus der Verpflichtung einer Partei zur Verschaffung des Rechts oder einer zum Gebrauche tauglichen Sache ergiebt[36]).

Einzelne Bestimmungen dieser Art verfolgen blos den Zweck, Mißverständnissen vorzubeugen und zu verhindern, daß juristischen Bedenken zu Liebe dem Parteiwillen Zwang angethan werde. So sollte die Bestimmung, daß das Mietverhältnis mit dem Ablaufe der Zeit endige, für die es eingegangen ist, — die Gesellschaft, wenn der vereinbarte Zweck erreicht oder dessen Erreichung unmöglich geworden ist, daß der Entleiher verpflichtet ist, die geliehene Sache nach dem Ablaufe der für die Leihe bestimmten Zeit zurückzugeben, nur der Annahme entgegentreten, daß es in diesen Fällen noch einer Kündigung dieses Verhältnisses bedürfe[37]).

In allen diesen Fällen bringt das Recht nur den Parteiwillen zur Geltung: selbst wo Rechtsfolgen angeordnet werden, soll die Anordnung nur dann in Kraft treten, wenn, und nur soweit, als sie dem Parteiwillen entspricht. Es handelt sich also überall nur um den dispositiven Rechtssatz im Bülow'schen Sinne. Dem dispositiven Rechtssatz sind aber teils von der Natur, teils vom Rechte Schranken gesetzt.

Eine natürliche Schranke liegt zunächst in der Erkennbarkeit der Absicht der Parteien. Der Sinn des dispositiven Rechtssatzes kann nur der sein, daß solche Rechtsfolgen einzutreten hätten, durch die die erkennbare Absicht der Parteien verwirklicht wird: über die Erkennbarkeit hinaus auf die Parteiabsicht in Bezug auf die Rechtsfolgen zu verweisen, hieße ins Leere verweisen. Nicht weniger bedeutungslos ist die Verweisung auf die Parteiabsicht, wenn ein Fall eintritt, für den die Parteien bei Vornahme des Geschäfts

[36]) § 365; 434; 435; 437; 439,2—442; 499; 459; 536; 537; 539; 541; 633; 640; 787 vergl. § 2165. — Denkschrift, S. 87 flg., S. 89. Die dem Käufer wegen eines Mangels im Rechte zustehenden Befugnisse ergeben sich im Allgemeinen aus der Verpflichtung des Verkäufers zur Beschaffung des Rechts. — Vergl. auch § 346/2 a. E. Hierher gehört auch die Verpflichtung zum Ersatze des Wertes bei Bestellung des Nießbrauchs an verbrauchbaren Sachen § 1067, 1/1, 1084; an Forderungen: § 1068, 1073, 1074, 1,3.

[37]) § 564, 583, 604,7, 726. Zu § 604,1 bemerken die Motive: „Man könnte bezweifeln, ob die Vorschriften des § 554 nötig sind. Indessen ist ihre Aufnahme doch ratsam, da entsprechende Vorschriften auch für die Miete gegeben sind". Die Aufnahme „entsprechender" Bestimmungen über die Miete wurde nicht begründet. — Hierher gehört auch § 436.

deswegen keine Vorsorge getroffen haben, weil sie an ihn gar nicht gedacht haben. Die Ansicht, daß sich jede Frage nach den Folgen eines Rechtsgeschäfts durch Ermittlung der Parteiabsicht entscheiden lasse, beruht daher, wie schon die Römer gewußt haben[38]), auf einem Irrtum[39]). Die Fälle, an die die Parteien bei Vornahme des Geschäfts wirklich denken, werden von ihnen in der Regel auch in einer jeden Zweifel ausschließenden Weise geregelt. Die Unklarheiten liegen weniger am Ausdrucke, als an der Unvollständigkeit des Willensentschlusses.

Die zweite natürliche Schranke besteht in der dem Rechtsgeschäfte eigentümlichen Zwieschlächtigkeit. Das Rechtsgeschäft beruht auf einer Willenserklärung, unter Umständen auf mehreren Willenserklärungen, es soll aber nicht blos für den Erklärenden, sondern auch zu Gunsten oder zu Lasten Anderer Wirkungen erzeugen. Diese Wirkungen treffen den Andern nach modernem Rechte nie ohne Vermittlung seines Willens, sie treffen ihn nie ohne seine Einwilligung, die er entweder gleichzeitig als Vertragsgenosse, oder nachträglich durch selbständige Erklärung ausgedrückt hätte. Hierbei macht es gar keinen Unterschied, ob das Rechtsgeschäft als ein einseitiges oder als Vertrag im Gesetze konstruiert ist. Die Preisbewerbung bei einer Auslobung, das Nehmen einer Schuldverschreibung auf den Inhaber stehen für die hier in Betracht kommende Frage der Annahme eines Vertragsantrags gleich; die erbrechtlichen Geschäfte, für die dies übrigens ebenfalls in der Sache selbst zutrifft, sollen an dieser Stelle außer Betracht bleiben.

Bewirkt nun jedes Rechtsgeschäft die Rechtsfolgen nur dann, wenn der, auf den es wirken soll, damit einverstanden ist, so kann man offenbar dem Willen des Andern nicht jeden Einfluß auf die Rechtsfolgen absprechen. Soweit der Erklärende und der Andere übereinstimmen, ist selbstverständlich die Absicht beider für den Rechtserfolg maßgebend, gehen aber ihre Absichten auseinander, dann kann man offenbar nicht ohne Weiteres den Willen des Erklärenden als den entscheidenden betrachten. Es bleibt nichts übrig als entweder den Willen beider als gleich-

---

[38]) So früher Ehrlich, Stillschw. Willenserklärung, S. 27 flg., dagg. mit Recht Bolze, Zeitschr. für Zivilprozeß XIV S. 416, 422 flg., Danz, Auslegung S. 68 flg.

[39]) fr. 38 § 2, de actione emti vend. 19,1: si nihil de ea re neque emtor neque venditor cogitavarunt . . . .

wertig zu behandeln und, soweit sie nicht in Einklang zu bringen sind, jedem die Beachtung zu versagen, oder nach einer andern Norm zu suchen, die außerhalb der Erklärungen beider Parteien stünde[40]).

Wäre es aber selbst nicht ein für die Mehrzahl der Fälle unmögliches Beginnen, im Parteiwillen selbst die Entscheidung Alles dessen zu suchen, was da vorkommen mag, wäre dieses nicht der Fall, so müßte immerhin angenommen werden, daß der Richter, dem ein einzelner Fall vorliegt, eher darauf kommen wird, was die Parteien sich dabei gedacht haben mögen, als der Gesetzgeber, dem es obliegen würde, für eine unübersehbare Menge von Fällen, ohne jede Einsicht in deren konkrete Gestaltung, das erlösende Wort zu finden: das Bestreben, durch eine gesetzliche Auslegung der Willenserklärung dem Richter die Feststellung der wahren Absicht der Parteien zu erleichtern, wäre offenbar so verkehrt, daß es dem Gesetzgeber unmöglich angesonnen werden kann[41]).

Der Zweck der vielen Auslegungsregeln, Willensinterpretationen, die wir in privatrechtlichen Gesetzgebungen finden, ist auch in der That ein anderer; er ist selbstverständlich verschieden, je nach der Art der Kodifikation. Darauf kann hier jedoch nicht näher eingegangen werden. Nur ganz kurz soll bemerkt werden, daß die ins Corpus iuris aufgenommenen Regeln zum größten Teil den Schriften der römischen Juristen entnommen sind und sich dort auf bestimmte einzelne Fälle bezogen, die dem Juristen thatsächlich vorlagen oder zum mindesten vorschwebten. Die Stellen enthielten daher ursprünglich nicht eine Rechtsregel, sondern nur die Entscheidung eines einzelnen Falles und der Jurist berichtete darüber nur zu wissenschaftlichen oder Lehrzwecken. Durch die Aufnahme ins Corpus iuris, so verfehlt sie auch vom gesetzgeberischen Standpunkte gewesen ist, änderte sich wohl der Zweck, aber meist nicht der Charakter dieser Bestimmungen; erst die Kodifikationen des 18. und der ersten Hälfte des 19. Jahrhunderts, die in dieser Richtung fast nichts als eine Zusammenfassung des Rechtsstoffs des Corpus iuris enthalten, gaben den Regeln ein abstraktes, allgemeingültiges Gepräge. Das BGB. steht im allgemeinen auf demselben Standpunkte wie jene, obwohl man ihm immerhin zugeben kann,

---

[40]) Vergl. auch Stammler, Das Recht der Schuldverhältnisse, S. 36 flg., Danz, Auslegung, S. 44 flg., Bolze, a. a. O.

[41]) Gegen die bisher herrschend gewesene entgegengesetzte Ansicht Dernburg, Band. I § 32, Stammler, Recht der Schuldverh., S. 56 flg., Danz Auslegung, S. 85 flg. und Iherings Jahrb. XXXVIII S. 390 flg.

daß „in dieser Richtung sparsamer und vorsichtiger verfahren worden ist, als in andern Gesetzgebungen“ [42]).

Welchen Zweck haben nun alle diese Vorschriften, die auch das BGB. für unentbehrlich hält, im modernen Rechte? Es ist der ewige Zweck einer jeden staatlichen Gesetzgebung, als solcher viel älter als alle Bestrebungen, Gesetze mit politischer Tendenz zu schaffen: die richterliche Willkür zu binden, ein klares, von jedermann vorhersehbares, in gleichen Fällen gleichartiges Recht zu schaffen, endlich, den Interessen der Parteien den Schutz angedeihen zu lassen, den sie zu erwarten Grund haben. Man läßt sich von folgendem Gedankengang leiten: Soweit der Wille der Parteien mit Sicherheit festgestellt werden kann, hat sich der Richter daran zu halten, sowie ein Zweifel darüber auftaucht, soll ihm der Wortlaut des Gesetzes das Geleite geben, — andrerseits soll jeder sich durch bloßen Einblick in das Gesetzbuch darüber belehren können, wie er daran ist, und gleichartige Fälle sollen auch gleich entschieden werden; überdies will der Gesetzgeber auch auf gesellschaftliche Gestaltungen einigen Einfluß nehmen. Zweifellos haben alle diese Erwägungen im heutigen Rechte eine ganz andere Bedeutung wie einst in Rom oder auch bei uns vor hundert Jahren: aber sie haben die Tendenz geschaffen, die dem BGB. noch zu Grunde liegt, und wirken darin, wenn auch zum größten Teile dem Gesetzgeber selbst nicht bewußt, weiter fort.

Wenn daher neuerdings, im wesentlichen nach dem Vorgange von Stammler [43]), zwischen Auslegungsregeln und dem nachgiebigen Rechtssatze unterschieden wird, zwischen dem Rechtssatze, der sich auf den Fall bezieht, daß eine rechtsgeschäftliche Willenserklärung verschiedene Deutung zuläßt und dem Rechtssatze, der den Fall betrifft, daß die Parteien über den betreffenden Punkt geschwiegen haben, der Wortlaut somit keinen Anhalt für die Erforschung des Willens bietet [44]), so ist dagegen mit Recht eingewendet worden, daß es von diesem Standpunkte aus in der Regel kaum möglich ist „zu unterscheiden, ob die einzelne Rechtsvorschrift zu den auslegenden oder ergänzenden gehört“ [45]). Wie wenig diese Unterscheidung sich, trotz der Motive mit dem BGB. selbst in Einklang bringen läßt, lehrt die Bestimmung, die den Fall

[42]) Motive I S. 156.
[43]) Archiv für civ. Pr., LXIX S. 13 flg.
[44]) Motive II S. 17 flg.
[45]) Danz, Iher. Jahrb., XXXVIII S. 398 Note 2.

einer Bürgschaft „auf bestimmte Zeit" betrifft. Sie bezieht sich zweifellos auf eine rechtsgeschäftliche Willenserklärung die „verschiedene Deutung zuläßt" und man könnte meinen, daß es sich hier jedenfalls nur um eine Auslegungsregel handeln kann. Und dennoch konnte eine bloße Willensauslegung nicht in der Absicht des Gesetzgebers liegen, denn die Kommissionsprotokolle setzen ja selbst voraus, daß die Parteien in Fällen der fraglichen Art „sich über die Bedeutung der Abrede nicht klar zu werden pflegen" und daß dieses eine „ihren Willen ergänzende Vorschrift" nötig mache. Es liegt also ein ergänzender Rechtssatz vor, obwohl gewiß nicht behauptet werden kann, daß die Parteien über den betreffenden Punkt geschwiegen haben, der Wortlaut somit keinen Anhalt für die Erforschung des Willensinhalts biete[46]); wobei hier allerdings die an sich wahrscheinliche und jedenfalls im Sinne Stammlers gelegene Identität des ergänzenden Rechtssatzes mit dem dispositiven Rechtssatz der Motive vorausgesetzt wird. Ist aber auch die Stammlersche Unterscheidung nicht durchführbar, sobald man dabei vom Verhältnisse des Rechtssatzes zum Parteiwillen ausgeht, so ist sie doch an sich deswegen nicht abzuweisen, weil der Unterschied der Rechtssätze, auf dem sie beruht, thatsächlich besteht und durch die Verschiedenheit ihres gesetzgebungspolitischen Grundes veranlaßt wird. Der Charakter des Rechtssatzes ist offenbar verschieden, je nachdem der Gesetzgeber bei Feststellung der Rechtsfolgen sich blos davon leiten läßt, der Absicht der Parteien möglichst nahe zu kommen, oder nur ein klares, möglichst viel Fälle umfassendes, vorhersehbares Recht schaffen, oder endlich eine Entscheidung mit Rücksicht auf die Gestaltung gesellschaftlicher Verhältnisse bevorzugen will. Und da der Zweck des Gesetzes auch für die Art der Anwendung von entscheidender Bedeutung ist, so hat die Unterscheidung der auslegenden, ergänzenden und nachgiebigen Rechtssätze vollen Anspruch darauf, auch fernerhin berücksichtigt zu werden[47]).

Für die Frage, welchen dieser drei Gruppen ein Rechtssatz des BGB. beizuzählen ist, können die Motive und Kommissions-

---

[46]) Haidlen, K. P. zu 777. — Ebenso M. II, S. 313 zu § 608: „Ergänzende Bestimmung."

[47]) Vergl. fr. 2 § 14 de vered vel act. vend. 18,4: verisimile erit id actum. . . . Dageg. fr. 25 ibid. immo semper quaeritur, quid actum fuerit. si autem id non apparebit . . . Dann wieder fr. 2 § 13 ibid: si vero nihil expressim inter eos convenit sed tantummodo peculii mentio facta est . . . fr. 11 § 1 de act. erete vend. 19,1 quod si nihil convenit . . .

protokolle in weit größerem Umfange herangezogen werden, als dieses sich sonst empfiehlt. Zwar deckt sich die Unterscheidung der Motive zwischen Auslegungsregel und dispositivem Rechtssatz, nicht mit der hier festgehaltenen Unterscheidung — insbesondere ist es klar, daß die Auslegungsregel im Sinne der Motive, nämlich eine Rechtsregel, die einen Fall entscheiden will, in dem eine rechtsgeschäftliche Willenserklärung verschiedene Deutung zuläßt, und der auslegende Rechtssatz im Sinne dieser Ausführungen, nämlich eine Rechtsregel, die bei Feststellung der Folgen eines Rechtsgeschäfts dem Willen der Parteien möglichst nahe zu kommen sucht, nicht dasselbe sind; — aber man kann fast immer aus den Motiven entnehmen, warum der Gesetzgeber gerade diese Entscheidung getroffen hat, warum er ihr vor einer andern den Vorzug gab.

Zu den Auslegungsregeln zählen die Entscheidungen, daß Mehrere, die sich durch Vertrag gemeinschaftlich zu einer teilbaren Leistung verpflichten, im Zweifel als Gesamtschuldner haften[48], daß der Verkäufer einer Forderung, der die Haftung für die Zahlungsfähigkeit des Schuldners übernimmt, im Zweifel nur für die Zahlungsfähigkeit zur Zeit der Abtretung hafte[49], daß, wenn als Kaufpreis der Marktpreis bestimmt ist, im Zweifel der für den Erfüllungsort und die Erfüllungszeit maßgebende Marktpreis als vereinbart gilt[50], daß der Preis, zu welchem verkauft worden ist, im Zweifel auch für den Wiederkauf gelte[51], daß mit der Ausübung des Vorkaufsrechtes der Kauf zwischen dem Berechtigten und dem Verpflichteten unter den Bestimmungen zustande kommt, die der Verpflichtete mit dem Dritten vereinbart hat[51a], daß das Vorkaufsrecht sich im Zweifel nicht auf einen Verkauf erstreckt, der mit Rücksicht auf ein künftiges Erbrecht an einen gesetzlichen Erben

---

[48]) § 427 K.-P. bei Haidlen: „Auslegungsregel für Verträge, durch die mehrere Personen sich gemeinschaftlich verpflichtet haben." „Bei diesen spricht schon die Thatsache des gemeinsamen Eintretens für die Schuld dafür, daß sich nicht jeder von ihnen nur zu einer Teilleistung hat verpflichten wollen, sondern daß ihre Absicht auf die Vereinigung der Leistungen zu dem Ganzen der übernommenen Verbindlichkeit gerichtet, dieses Ganze also für jeden Gegenstand der Obligation ist."

[49]) § 438.

[50]) § 453, M. II, S. 322: „Die wichtige, im Zweifel der Intention der Parteien entsprechende Regel".

[51]) § 497,2.

[51a]) § 505,2.

erfolgt[52]), daß das Vorkaufsrecht, sofern nichts anderes bestimmt ist, nicht übertragbar ist und nicht auf die Erben des Berechtigten übergeht, dagegen vererblich ist, wenn es auf eine bestimmte Zeit beschränkt ist[53]), daß beim Auftrage, Dienst- und Verwahrungsvertrage der Beauftragte, Bedienstete und der Verwahrer die Vornahme der ihnen obliegenden Leistung im Zweifel nicht einem Dritten auftragen dürfen; daß der Beauftragte und Verwahrer, wenn ihnen gestattet ist, die Leistung einem Dritten aufzutragen, nur ein ihnen dabei zur Last fallendes Verschulden vertreten, daß beim Dienstvertrage auch der Anspruch auf die Dienste und Ausführung des Auftrags nicht übertragbar ist[54]); daß der Pächter nicht berechtigt ist, zu kündigen, wenn ihm die Unterpacht verweigert wird[55]); daß bei der Auslobung in der Bestimmung einer Frist für die Vornahme der Handlung im Zweifel ein Verzicht auf Widerruflichkeit der Auslobung liege[56]); daß bei einer Preisausschreibung die Entscheidung darüber, welche von mehreren Bewerbungen den Vorzug

---

[52]) § 511.

[53]) § 514, M. II, S. 351: „Die Bestimmung, daß das Vorkaufsrecht auf einen andern nicht übertragen werden kann, entspricht der in der Theorie und Praxis herrschenden, auch in der Gesetzgebung angenommenen und mit der Erfahrung des Verkehrs übereinstimmenden Auffassung, daß das Vorkaufsrecht nur persönlichen Interessen des Berechtigten zu dienen bestimmt ist". — K. P. bei Haidlen: „Hinsichtlich der Vererblichkeit des Vorkaufsrechts wird man zu verschiedenen Ergebnissen gelangen, je nachdem für die Ausübung des Vorkaufsrechts eine Frist bestimmt ist, oder nicht. Erstenfalls gelangt in der Fristbestimmung der Wille zum Ausdruck, da die Ausübung des Vorkaufsrechts nicht mit dem Ablauf der Frist ausgeschlossen sein soll; es bedarf einer besonderen Vereinbarung, wenn schon vor Ablauf der Frist das Recht durch den Tod des Berechtigten erlöschen soll. Ist dagegen eine Frist nicht vereinbart, so muß man zu der Regel der Unvererblichkeit aus denselben Gründen gelangen, welche für die Regel der Unübertragbarkeit entscheidend sind."

[54]) § 613, 664, 691. K. P. (bei Haidlen, zu § 613, 1) . . . „die in der Mehrzahl der Fälle der Parteiabsicht entsprechende Regel." M. II, 531: „Die meisten Aufträge werden nicht ohne Rücksicht auf das persönliche Vertrauen erteilt. Hierdurch rechtfertigt sich für die Regel die Versagung der Substitutionsbefugnis. Der Entwurf stellt aber um die freie Beurteilung des . . . Falles . . . nicht zu beengen, nur eine Auslegungsregel auf . . . M. II, S. 574. „Aehnlich wie das Mandat beruht der Hinterlegungsvertrag regelmäßig auf einem dem Verwahrer geschenkten besonderen Vertrauen . . ." K. P. „Ebenso erscheint es der durch den Dienstvertrag geschaffenen persönlichen Beziehung entsprechend, den Anspruch auf die Dienste für regelmäßig nicht übertragbar zu erklären." Ebenso K. P. bei Haidlen zu § 664.

[55]) Denkschrift S. 106. „Bei der Pacht ist die Persönlichkeit des Pächters von noch größerer Bedeutung als die des Mieters bei der Miete."

[56]) § 658.

verdient, durch die in der Auslobung bezeichnete Person in Ermanglung einer solchen durch den Auslobenden zu treffen sei[57]); daß, wenn die Anteile der Gesellschafter am Gewinn oder am Verlust bestimmt sind, die Bestimmung im Zweifel für Gewinn und Verlust gilt[58]); daß die Leibrente im Zweifel für die Lebensdauer des Gläubigers vereinbart ist[58a]); daß mehrere Gesamtbürgen als Gesamtschuldner haften[59]); daß der Erwerber eines vermieteten Grundstücks, wenn er dem Vermieter gegenüber die Erfüllung der aus dem Mietverhältnisse sich ergebenden Verpflichtungen übernommen hat, selbst wenn das Grundstück dem Mieter noch nicht überlassen wäre, dieselben Rechte und Verpflichtungen gegenüber dem Mieter hat, wie wenn der Mieter sich im Zeitpunkte der Veräußerung bereits im Besitze des Grundstücks befunden hätte[60]). Die Anordnung, daß eine schenkweise versprochene Unterstützung in wiederkehrenden Leistungen im Zweifel mit dem Tode des Schenkers erlischt, ist bestimmt, große Härten zu verhindern, da, wie die Motive betonen, nicht selten eine solche Beschränkung beabsichtigt ist und doch nicht besonders hervorgehoben wird[61]).

Aus dem was bisher angeführt wurde, ergiebt sich, daß die Auslegungsregeln des BGB. sich fast ausschließlich auf sehr spe-

[57]) § 659,1. M. II, S. 524: „Die Uebertragung der Entscheidung auf Sachverständige im letzteren Falle involvierte eine positive, dem vermutlichen Willen des Auslobenden widersprechende Bestimmung."

[58]) § 722,2. M. II, S. 617: „Die Sachgemäßheit der im zweiten Absatze aufgestellten Auslegungsregel, welche überdies im wesentlichen geltendes Recht reproduziert, wird sich nicht beanstanden lassen."

[58a]) § 759,1. M. II. 683. „Dem Begriffe der Leibrente entspricht es, daß sie so lange, aber nur so lange zu entrichten ist, als der Berechtigte lebt." Es ist dieses eine Auslegungsregel, wird aber in den Motiven als dispositiver Rechtssatz bezeichnet. — Dagegen § 331

[59]) § 769. M. II, 667. „Bei der gemeinsamen Verbürgung wird meist der Parteiwille gerade dahingehen, jeder Bürge habe dem Gläubiger gegenüber in gleicher Weise für das Ganze einzustehen, wie im Falle der getrennten Uebernahmen der Bürgschaft".

[60]) § 578 K. P. „In Ermanglung einer besonderen Vorschrift würde der Mieter nur durch Vereinbarung einer Erfüllungsübernahme oder durch Abschluß des Vertrages zu seinem Gunsten zwischen dem Erwerber und dem Mieter gesichert werden. Damit wird jedoch dem praktischen Bedürfnis und der regelmäßigen Parteiabsicht nicht genügt; dazu ist vielmehr die Bestimmung erforderlich . . . Selbstverständlich kommt der Bestimmung nur dispositive Bedeutung zu." In Wirklichkeit handelt es sich um eine Auslegungsregel, wie die Protokolle in den gesperrt gedruckten Worten selbst anerkennen.

[61]) § 520, M. II, S. 298, 335. M. II, 270. „Auslegungsregel" 401, 495,1/2, 706,2, 759,2.

zielle Fälle, teilweise ziemlich weltfremde Verträge, die von den Franzosen petits contrats genannt werden, beziehen; ihr eigentliches Gebiet ist der besondere Teil des Obligationsrechts. Der Grund liegt auf der Hand: wo es sich ums Erraten handelt — und die Feststellung des vermutlichen Willens durch den Gesetzgeber, dem weder die handelnden Personen bekannt sind noch der Fall selbst vorliegt, ist ein Erraten besonders schwieriger Art — da muß eine Reihe von Anhaltspunkten gegeben sein; diese sind um so eher zu haben, je konkreter das Verhältnis im Gesetze selbst ausgestaltet ist. Das besondere Vertragsrecht, neben dem Erbrecht vielleicht der konkreteste Teil des Privatrechts, bietet dazu am meisten Gelegenheit. Dieses äußert sich auch darin, daß die wenigen Auslegungsregeln, die dem allgemeinen Teile des Obligationenrechts angehören, ebenfalls recht spezielle, teilweise erkünstelte Voraussetzungen aufweisen. Zwei von ihnen beziehen sich auf den Fall, daß die Bestimmung der Leistung in einem Vertrage einem Dritten überlassen wurde. Sie schreiben vor, daß, wenn mehrere Dritte bestimmen sollen, die Uebereinstimmung derselben erforderlich sei[62]), und, wenn der Dritte die Leistung nach billigem Ermessen zu bestimmen habe, die Bestimmung bei offenbarer Unbilligkeit für die Vertragsschließenden nicht verbindlich sei und durch Urteil erfolge; ebenso in dem Falle, wenn der Dritte die Bestimmung nicht treffen kann oder will oder wenn er sie verzögert[63]). Eine betrifft das Versprechen einer Vertragsstrafe, wenn die geschuldete Leistung in einem Unterlassen besteht. Die Verwirkung soll mit der Zuwiderhandlung eintreten, ohne daß es auf die Voraussetzungen des Verzuges ankäme[64]).

Ganz anders verhält es sich mit dem ergänzenden Rechte. Es sollen für Fälle, an die die Parteien bei Vornahme des Geschäfts in der Regel gar nicht denken, aus allgemeinen Grundsätzen Entscheidungsnormen abgeleitet werden, oder es sollen die allgemeinen Prinzipien angegeben werden, aus denen man in solchen Fällen die Entscheidungsnorm ableiten könnte. Das eigentliche Gebiet des ergänzenden Rechts ist daher der allgemeine Teil des Systems

---

[62]) § 317, 2 1.

[63]) § 319,1. K. P. „Die persönliche Entscheidung des Dritten zur Bedingung der Giltigkeit zu machen, ist nicht die Absicht der Parteien."

[64]) § 339,2. — M., S. 278: „Die Annahme, daß eine Garantieüber nahme des Schuldners bei Verbindlichkeiten zu einem Unterlassen der mutmaßlichen Absicht der Vertragschließenden entspreche, rechtfertigt die abweichende Behandlung dieses Falles."

und der allgemeine Teil des Obligationenrechts, wo die umfassendsten allgemeinsten Grundsätze für das Recht der Rechtsgeschäfte aufgestellt werden.

Ein typisches Beispiel ergänzender Rechtsnormen der hier erörterten Art sind die Bestimmungen des vierten Abschnitts des ersten Buches, über „Fristen, Termine“[65]. Sie werden in den Motiven Auslegungsregeln genannt und sollen „auf Zeitbestimmungen, welche durch Gesetz, richterliche Verfügung oder Rechtsgeschäft festgesetzt sind, gleichmäßig Anwendung“ finden[66]. Schon dieses weite Anwendungsgebiet beweist, daß sie möglicherweise im Sinne der Motive, gewiß aber nicht im Sinne der in dieser Schrift beobachteten Terminologie Auslegungsregeln sein können: der Gesetzgeber kann unmöglich der Ansicht gewesen sein, daß es ihm gelingen könnte, den vermutlichen Willen der Parteien bei allen Arten von Rechtsgeschäften, die Absicht eines Gesetzgebers bei Gesetzen, des Richters bei richterlichen Verfügungen durch gleichartige Regeln festzulegen: ganz abgesehen davon, daß eine Regel für Gesetzesauslegung selbstverständlich etwas ganz anderes ist, als eine Auslegungsregel für Rechtsgeschäfte. Die Motive deuten auch einen andern Zweck dieser Vorschriften, wenn auch keineswegs mit genügender Klarheit an: sie sollen nicht etwa den Sinn der Ausdrücke angeben, sondern festlegen, „um Bestimmtheit und Einfachheit der Sprache zu ermöglichen“; die Festlegung schließt sich allerdings an den Sprachgebrauch an, und man kann, soweit sie auf Rechtsgeschäfte Anwendung finden sollen, — nur in dieser Beziehung kommen sie hier in Betracht — immerhin zugeben, daß sie eine Gewähr dafür bieten, „daß Ausdrucksweisen, die einer mehrfachen Deutung empfänglich sind, so verstanden werden, wie dieses der aus der Regel des Lebens geschöpften mutmaßlichen Absicht des Verfügenden entspricht“[67].

Aehnlich verhält es sich mit den Bestimmungen über die Sicherheitsleistung[68]. Sie „beschränken sich auf die Feststellung, wie Sicherheit zu leisten ist, wenn die Verpflichtung dazu durch Gesetz oder Rechtsgeschäft begründet ist und besondere Bestimmungen über die Art und Höhe derselben nicht getroffen sind, auch deren Feststellung nicht dem Ermessen des Gerichts überlassen

---

65) § 186—193.
66) Motive I, S. 282.
67) Motive I, S. 282.
68) § 232—240.

ist". Es ist selbstverständlich, daß bei Vorschriften von so weitem Anwendungsgebiete, die hierher nur insofern gehören, als sie die durch Rechtsgeschäft begründete Verpflichtung zur Sicherheitsleistung betreffen, von einer Auslegung des Parteiwillens nicht die Rede sein kann. Nach den Motiven schließen sie sich demjenigen an, was den Bedürfnissen des Verkehrs entspricht. „Auch hier dürfte es übrigens in der Regel richtig sein, daß eine den Bedürfnissen des Verkehrs gerecht werdende Sicherheitsleistung voraussichtlich in der Absicht des die Verpflichtung dazu Setzenden liege" [69]).

Mit besonderer Sorgfalt sind im BGB. die Bestimmungen ausgearbeitet, die für den Fall gelten sollen, daß der Leistungsgegenstand eine Aenderung erleiden würde durch ein von den Parteien bei Vornahme des Geschäfts nicht ins Auge gefaßtes Ereignis: Verschulden [70]), Verzug und ähnliche Säumnisse [71]) oder sonst ein von einem der beiden Teile zu vertretenden oder nicht zu vertretenden Umstand [72]), Zufall [73]), Zuwachs [74]), Aufwendungen und Verwendungen [75]), wesentliche Verschlechterung der Verhältnisse des andern Teils [76]). Die Bestimmungen, die das BGB. für alle diese Fälle enthält, über Tragung der Gefahr und Nutzungen [77]), Verpflichtung zur Leistung von Schadenersatz [78]), zur Wiederherstellung des vorigen Standes, über das Recht zur selbständigen Beseitigung der Mängel [79]), Verpflichtung zur Leistung von Zinsen [80]), zur Herausgabe des Ersatzes oder Abtretung des Ersatzanspruchs gegen dritte [81]), über Einrechnung des Erhaltenen oder Behaltenen in den Er-

[69]) Motive II, S. 387.

[70]) § 160; 162; 163; 254; 276—279; 287; 300; 312; 347; 351; 521; 523; 524; 542; 599; 600; 690; 708.

[71]) § 264,2; 283—290; 324,2; 326; 354; 455; 527,1; 538,2; 542—553; 554; 557; 597; 615; 625; 633,3; 636; 642—644 2.

[72]) § 245; 265/2; 267; 275; 278; 280; 323; 324; 325; 351—353; 440,2; 447/2; 499; 501; 507; 508; 543,2; 635; 267; 699,2; 738—263,2.

[73]) § 350; 446; 644.

[74]) § 99—102; 302; 347.

[75]) § 256; 257; 301; 347; 450; 500; 547; 581; 592; 601; 669; 698.

[76]) § 321; 610.

[77]) § 275; 280; 300,2; 447; 644,1/1,2.

[78]) § 160 vergl. 162; 249—253; 280; 286,1,2; 288,2; 289; 290; 291; 325,1; 326; 440,2—4; 463; 538; 557; 597; 615 1; 628,2; 635 vergl. 507.

[79]) § 249—250; 538; 633,3.

[80]) § 246; 256; 288; 289—291; 301; 347 3; 452; 522; 555; 641,2; 668.

[81]) § 255; 281,1; 323,2.

satzanspruch[82]), über das Recht zum Aufgeben des Besitzes[83]), Verlust des Wahlrechts[84]), Beschränkung der Leistungspflicht[85]), Rückforderung nach den Vorschriften über die Herausgabe der ungerechtfertigten Bereicherung[86]), über den Ersatzanspruch nach den Vorschriften, die für das Verhältnis zwischen Eigentümer und Besitzer gelten[87]), über das Recht zur Wegnahme einer Einrichtung[88]), Rücktritts[89]), Widerrufs[90]) und Kündigungsrecht[91]), das Recht auf Ersatz der Verwendungen[92]), auf Herabsetzung der Gegenleistung bei verminderter Leistung[93]) mit Einschluß der besondern Ausgestaltung die der Rücktritts- und Schadenersatzanspruch beim Wandlungs-[94]) und Minderungsanspruch[95]) erfahren hat, beim Kauf-, Miet- und Werkvertrage, enthalten sammt und sonders ergänzendes Recht. Der Anspruch auf vertragsmäßige Leistung gründet sich zweifellos unmittelbar auf die Willenserklärung, ist „gewollt“, darüber aber, was zu geschehen hat, wenn die Leistung unterbleibt oder unmöglich wird, wen die Gefahr trifft, wer den Nutzen haben soll, wie und in welchem Umfange Ersatz zu leisten sei, darüber enthält die Erklärung in der Regel nichts, es ist Sache des Rechts, dafür Vorsorge zu treffen. Die Bestimmungen, die das BGB. darüber enthält, und von denen, wie ausdrücklich bemerkt werden soll, die obige Aufzählung nur ein geordnetes Verzeichnis, nicht etwa eine systematische Zusammenstellung geben wollte — lassen sich auf sehr einfache Grundsätze zurückführen, wie dieses von **Stammler** bereits zum Teil in vorzüglicher tabellarischer Darstellung dargelegt worden ist[96]).

---

[82]) § 281; 323,2; 324; 552/2; 615,2; 616/2; 649.
[83]) § 303.
[84]) § 264.
[85]) § 265.
[86]) § 323,3; 327/2; 527; 628,1.
[87]) § 292; 347/1.
[88]) § 258; 500; 547,2/2; 601,2/2.
[89]) § 325—327, 346—350.
[90]) § 610.
[91]) § 542; 553; 554; 605; 627; 649; 650; 723,1; 724.
[92]) § 292,2; 304; 347/2; 547; 581; 601.
[93]) § 280; 281,2; 471—473; 537; 552/2; 581,2; 628; 641,1; 645; 649; 650.
[94]) § 462; 467—471; 474; 475; 476; 482; 487—489; 492; 493; 542; 543; 581; 634—636.
[95]) § 462; 472—475; 493; 634—636.
[96]) Das Recht der Schuldverhältnisse, S. 84 flg.

Neben dem ergänzenden Rechte, das fast den ganzen allgemeinen Teil des Obligationenrechts füllt, giebt es noch im Rechte der einzelnen Verträge einzelne ergänzende Rechtsvorschriften. Sie sind viel weniger zahlreich als jene. Von dieser Art sind die Bestimmungen bei der Miete, der Pacht, der Leihe, dem Auftrage, der Gesellschaft und bei dem Vertrage über den Ausschluß der Gemeinschaftsteilung, welche an den Tod[97]), (bei der Gesellschaft auch an den Konkurs) einer Partei[98]), das Kündigungsrecht knüpfen, oder für diese Fälle die Auflösung des Vertrages, mittelbar eine nicht vertragsmäßige Pflicht zur Fürsorge[99]) sowie das Recht der Partei, die ihr nicht bekannt gewordene Vertragsauflösung gegen sich gelten zu lassen, anordnen[100]).

Dem ergänzenden Rechte gehört auch der Satz über die stillschweigende Verlängerung der Miete und Pacht[101]), der Satz: Kauf bricht nicht Miete und Pacht, an, insoweit er blos das Verhältnis zwischen Vermieter und Mieter betrifft[102]), und die Bestimmung, daß bei Vorbehalt des Wiederkaufs und des Vorkaufs der Wiederkauf und der Vorkauf mit der Erklärung des Berechtigten, gegenüber dem Verpflichteten zu stande komme, daß er sein Recht ausübe[102a]). Wenn das BGB. den Gesellschaftern, die vereinbart haben, daß die Gesellschaft unter den übrigen fortbestehen soll, sobald einer von ihnen kündigt, gestattet, einen Gesellschafter, in dessen Person ein die übrigen Gesellschafter nach dem Gesetze zur Kündigung berechtigender Umstand eintritt, aus der Gesellschaft auszuschließen, und bestimmt, wie dabei vorzugehen sei, so mögen sich die Motive immerhin auf den „Sinn einer solchen Vereinbarung" berufen, dem die Vorschrift entspräche: zu Grunde liegt ihr die Erwägung, daß „eine Vereinbarung über die Voraussetzungen, unter welchen die Ausschließung eines Gesellschafters zulässig sein soll, naturgemäß kaum jemals getroffen wird", daß daher mit der Möglichkeit einer solchen Vereinbarung dem Bedürfnisse nicht genug geschieht[103]). Hierher gehören auch die bereits erwähnten Bestimmungen, über die Zeit

---

[97]) § 569; 596,2; 605, Z. 3; 673/1; 727; 750; vgl. auch § 331,2.

[98]) § 728.

[99]) § 672/2; 673,2; 727.

[100]) § 169; 674; 675; 729.

[101]) § 568; 581,2.

[102]) § 571—578; 581,2.

[102a]) § 497; 505,1/1,2.

[103]) § 737, K. P. bei Haidlen.

der Entrichtung der bedungenen Darlehnszinsen, und über die Tragweite der Bürgschaftsübernahme „für eine bestimmte Zeit" und das Verfahren, das der Gläubiger in einem solchen Falle zur Wahrung seiner Rechte zu beobachten habe: es wird in den Kommissionsprotokollen selbst nicht als Ergänzung des Ausdruckes, sondern als Ergänzung des Willens aufgefaßt [104]).

Einen ergänzenden Rechtssatz von großer Bedeutung enthält die Bestimmung über den Erwerb der Erzeugnisse oder sonstiger Bestandteile einer Sache durch den, dem der Eigentümer oder derjenige, dem die Erzeugnisse oder sonstige Bestandteile nach der Trennung gehören, dieses gestattet hat, mit der Trennung, wenn ihm der Besitz der Sache überlassen wurde, andernfalls mit der Besitzergreifung [104a]). Es handelt sich darum, die Rechtsfolgen von Rechtsgeschäften festzustellen, die das Recht zur Aneignung von Erzeugnissen oder Bestandteilen einräumen, insbesondere der Pacht, der Gesellschaft, Gemeinschaft und Leihe (falls man eine Nutzleihe anerkennen will). Die Motive bemerken hierzu, der Umfang der Sachen, an denen hernach Eigentum erworben wird, werde nicht durch den gesetzlichen Fruchtbegriff begrenzt, sondern ergebe sich aus der Willenserklärung; die Besonderheit daß die Ueberlassung der Innhabung der fruchtbringenden Sache als eine Vertragsofferte zu behandeln sei, die weder ausdrücklich noch durch eine gegenüber dem anderen Teile abzugebende Erklärung angenommen werden müsse, sondern auch durch eine stillschweigende, nicht dem anderen Teile gegenüber abgegebene Willenserklärung angenommen werden könne und daß schon die Fortsetzung der Innhabung zur Zeit der Trennung als stillschweigende Annahme zu gelten habe, werde durch einen dispositiven Rechtssatz bestimmt [104b]). Es ist daher zulässig, den Eigentumserwerb anders zu gestalten, ihn ganz auszuschließen, oder von einer Bedingung, vom Ablaufe einer Frist abhängig zu machen.

Hierzu kommen noch eine Anzahl von ins BGB. aufgenommenen Folgerungen aus gewissen, dem ergänzenden Rechte angehörenden allgemeinen Grundsätzen, die als solche im BGB. keinen Ausdruck gefunden haben [105]). Es sind dies folgende:

---

[104]) § 608 M. II S. 312, § 777, K. P. bei Haidlen.

[104a]) § 956.

[104b]) M. III, S. 368.

[105]) Die dem ergänzenden Rechte des Corpus iuris zu Grunde liegenden Grundsätze sind zusammengestellt bei Brinz Lotmar, S. 291 flg.

1. Aus dem Grundsatze, daß jedes Recht, wenn keine Zeit und keine Frist für seine Geltendmachung gesetzt ist, jederzeit geltend gemacht werden könne, wird gefolgert, daß der Gläubiger, wenn sich die Zeit für die Leistung nicht feststellen läßt, sie sofort verlangen, der Schuldner sie sofort bewirken könne[106].

2. Quidquid adstringendae obligationis est, id, nisi palam verbis exprimatur, omissum intelligendum est[107]. Damit hängt es zusammen, daß als Leistungsort der Wohnsitz oder die gewerbliche Niederlassung des Schuldners[108], daß der Fälligkeitstag nur als zu Gunsten des Schuldners beigesetzt gilt[109], daß bei der Wahlobligation der Schuldner im Zweifel das Wahlrecht hat[110], daß die Rückgabe der hinterlegten Sache nur an dem Orte zu erfolgen habe, wo sie aufzubewahren war[111], daß der Verzug des Gläubigers gegenüber einem Gesamtschuldner auch für die übrigen Gesamtschuldner, der Verzug eines Gesamtgläubigers auch gegen die übrigen Gläubiger wirkt, daß dagegen der Verzug eines Gesamtschuldners den übrigen Schuldnern nicht schadet[112]. Dasselbe Bestreben, die Schuldner zu begünstigen, liegt der Festsetzung des gesetzlichen Zinsfußes mit 4% zu Grunde[113].

3. Ebenso gilt in Vollmachtsverhältnissen im Zweifel die geringere Macht als übertragen: die Wahl des Vereinsvorstandes ist Sache der Mitgliederversammlung[114], nicht eines anderen Vereinsorgans, weil die Vollmacht dazu überhaupt niemand übertragen werden kann, die Angelegenheiten des Vereins werden grundsätzlich von der Mitgliederversammlung, von anderen Organen nur soweit besorgt, als sie ihnen zugewiesen werden[115], die Führung der Geschäfte der Gesellschaft steht, wenn nichts anderes bestimmt wurde, den Mitgliedern der Gesellschaft gemeinschaftlich zu, für jedes Geschäft ist die Zustimmung aller Gesellschafter erforderlich und selbst

---

106) § 271; 604,3. — Derselbe Grundsatz § 272.
107) fr. 99 des V. O. 45,1.
108) § 269.
109) § 271,2.
110) § 262.
111) § 697.
112) § 424; 429,1; 425,1.
113) § 246, vergl. auch § 2073; 2153,2 1.
114) § 27,1.
115) § 32,1.

der nach dem Gesellschaftsvertrage geschäftsführende Gesellschafter muß das Geschäft unterlassen, wenn ein anderer Gesellschafter widerspricht[116].

4. Das Verhalten des Gläubigers, das den Leistungsinhalt verändert, kann dem Schuldner nicht zum Nachteile gereichen. Das gilt auch dann, wenn dem Gläubiger dieses Verhalten nicht als Verschulden angerechnet werden kann: insbesondere auch im Falle der Veräußerung, Verarbeitung oder Umbildung des auf Grund eines gegenseitigen Vertrages empfangenen Gegenstandes durch den rücktrittsberechtigten Teil[117] und der Verlegung des Wohnsitzes oder der gewerblichen Niederlassung des Gläubigers[118].

5. Bei der Entscheidung von Fällen des Zusammentreffens der Rechte und Verbindlichkeiten geht das BGB. vom Grundsatze der Gleichheit der Anteile aus: so ist bei der Forderung oder Schuld Mehrerer, wenn es sich um eine teilbare Leistung handelt, jeder Schuldner im Zweifel nur zu einem gleichen Anteile verpflichtet, jeder Gläubiger nur zu einem gleichen Anteile berechtigt[119], die Gesamtgläubiger und Gesamtschuldner sind, wenn nichts anderes bestimmt ist, im Verhältnis zu einander zu gleichen Anteilen verpflichtet und berechtigt[120]; jedem von Mehreren, die gleichzeitig eine Handlung vorgenommen haben, für die durch Auslobung eine Belohnung ausgesetzt wurde, gebührt ein gleicher Teil der Belohnung[121], die Gesellschafter haben in Ermangelung einer anderen Vereinbarung gleiche Beiträge zu leisten[122] und sie haben gleichen Anteil an Gewinn und Verlust, wenn der Gesellschaftsvertrag nichts darüber enthält[123].

6. Endlich gehört hierher der im BGB. folgerichtig durchgeführte Grundsatz der Unteilbarkeit des Rücktrittsrechts[124].

Von den ergänzenden Rechtssätzen, die, ohne jede gesetzgebungspolitische Tendenz, blos den Zweck verfolgen, für Fälle, an die die Parteien bei der Vornahme des Rechtsgeschäfts in der Regel nicht denken, eine feste und billige Entscheidung zu geben, sind

---

116) § 709, 710/2, 711.
117) § 352; 353; 327; 467.
118) § 270,3.
119) § 420.
120) § § 420; 426,1/1; 430.
121) § 659,2/1.
122) § 706,1.
123) § 722,1.
124) § 356; 467; 470; vergl. 502; 513.

Rechtssätze zu unterscheiden, die in der Fürsorge des Rechts für eine am Rechtsgeschäfte beteiligte Partei ihren Grund haben (Fürsorgerechtssätze). Es ist bekanntlich eine der schwierigsten Aufgaben der Kautelar-Jurisprudenz, bei der Fassung des Wortlauts einer juristischen Willenserklärung das alles zum Ausdruck zu bringen, was den Parteien vorschwebte, ihren Interessen den erforderlichen Schutz angedeihen zu lassen. Jeder Mangel in der Fassung bedeutet die Schädigung einer Partei. Das Recht kann aber den Parteien in der Weise zu Hilfe kommen, daß es die Regelung, die ihren Interessen entspricht, die Fassung, die sie der Willenserklärung bei einiger Umsicht und Erfahrung ohnehin selbst gegeben hätten, als ergänzende Norm ins Gesetz aufnimmt. Dadurch ist die Partei vor ihrer eigenen Unerfahrenheit, aber auch gegen die geschäftliche Ueberlegenheit des andern Teils geschützt: denn um dies ergänzende Recht außer Kraft zu setzen, müßten die Parteien dieses vereinbaren, und darauf wird auch die geschäftsunerfahrene Partei nur dann eingehen, wenn es ihr nach der Lage der Umstände vorteilhaft scheint.

In dieser Weise werden vom BGB. wahrgenommen: die Interessen des Schuldners im allgemeinen, indem angeordnet wird, daß die Bestimmung einer durch einen Vertragschließenden oder einen Dritten zu bestimmenden Leistung nach Billigkeit erfolgen soll; die Interessen des Schuldners, der einen Schuldübernahmevertrag abgeschlossen hatte: bis der Gläubiger die Genehmigung erteilt, oder wenn er sie verweigert hat, ist im Zweifel der Uebernehmer dem Schuldner verpflichtet, den Gläubiger rechtzeitig zu befriedigen[125]. Den Interessen des Käufers, der die Sache bereits erhalten hat und mit der Entrichtung des Kaufpreises im Verzuge ist, wird Rechnung getragen, indem das Rücktrittsrecht des Verkäufers ausgeschlossen wird[126]. Beim Kaufe auf Probe werden die Interessen des Verkäufers, beim vereinbarten Rücktrittsrechte die der Mitkontrahenten berücksichtigt, denen in Ermanglung einer vereinbarten Frist zur Billigung oder Ausübung des Rücktrittsrechts gestattet wird, dem

[125]) § 415,3, 315, 317, ähnlich 660.

[126]) § 454 K. P. bei *Haidlen*: „Der Käufer erwirbt die Sache, um sie zu seinen Zwecken zu verwenden. Die Verwendung besteht häufig im Verbrauch oder Weiterveräußerung, in einer Umgestaltung: in den meisten Fällen bringt sie eine Wertsminderung mit sich. In solchen Fällen den Käufer zu verpflichten, seine thatsächlichen oder rechtlichen Verfügungen rückgängig zu machen oder Schadenersatz wegen derselben zu leisten, wäre eine *unbillige Belästigung des Käufers*."

andern Teile eine angemessene Frist zur Billigung zu bestimmen[127]. Der Rücksicht auf die Interessen des Verleihers entspricht es, daß ihm anheim gegeben wird, die Sache zurückzufordern, bevor der Entleiher Gebrauch davon gemacht hat, wenn so viel Zeit verstrichen ist, daß der Entleiher den Gebrauch hätte machen können[128]. Die Bestimmung, daß die von der Frau kraft ihrer Schlüsselgewalt vorgenommenen Rechtsgeschäfte als im Namen des Mannes vorgenommen gelten, wenn nicht aus den Umständen sich ein anderes ergiebt, bezeichnen die Motive als eine den realen Verhältnissen in den meisten Fällen entsprechende, und die Frau gegen materiell ungerechte oder doch unbillige Ansprüche schützende Auslegungsregel: es ergiebt sich schon aus dieser Begründung, daß nicht eine Auslegungsregel, sondern ein fürsorgender Rechtssatz vorliegt[128a].

Zahlreich sind die Bestimmungen des BGB., wonach einzelne geschäftliche Rechtsverhältnisse vor Ablauf der Zeit, für die sie eingegangen sind, gekündigt werden können: so die Leihe, die Verwahrung, bei der das BGB. übrigens den Ausdruck Kündigung vermeidet[129]; ganz allgemein aus wichtigen Gründen die Miete, wenn der Mieter sich vertragswidrig verhält oder mit der Entrichtung des Mietzinses oder eines Teiles des Mietzinses durch zwei Termine im Verzuge ist, ohne Einhaltung einer Kündigungsfrist[130], die Leihe vom Verleiher, wenn der Entleiher einen vertragswidrigen Gebrauch von der Sache macht[131]. Eingehende Bestimmungen bestehen für den Dienstvertrag. Der Teil, der durch sein vertragswidriges Verhalten die Kündigung des Dienstverhältnisses veranlaßt, ist zum Ersatze des durch die Aufhebung des Dienstverhältnisses entstehenden Schadens verpflichtet. Ist es der Dienstverpflichtete, oder kündigt er selbst, ohne durch vertragswidriges Verhalten des anderen Teils dazu veranlaßt zu sein, so steht ihm ein Anspruch auf Vergütung nicht zu, wenn seine bisherigen Leistungen infolge der Kündigung für den andern Teil kein Interesse mehr haben[132]. Als Fürsorgenormen stellen sich dar: vom

---

127) § 355; 496; M. II, S. 335. „In Ermangelung einer vereinbarten Frist muß dem Verkäufer geholfen werden." Von derselben Art ist § 509, 526.

128) § 604, 2,2.

128a) § 1347, M. IV, S. 189.

129) § 605; 696; 712,1.

130) § 553, 554.

131) § 605, Z. 2.

132) § 628, I 2, 2.

Rechte des Auftrags und der Gesellschaft die Vorschriften, die eine wirksame Beaufsichtigung des Beauftragten und des geschäftsführenden Gesellschafters ermöglichen sollten, das Recht auf Rechnungslegung, auf die „erforderlichen Nachrichten“ auf Auskunft über den Stand des Geschäfts, und auf Einsicht der Bücher und Papiere[133]; vom Rechte der Forderungsübertragung, die ähnliche Verpflichtung zur Erteilung der „nötigen Auskunft und Auslieferung der zum Beweise der Forderung dienenden Urkunden[134].“ Besonders reich an Fürsorgenormen war schon in Rom aus naheliegenden Gründen das Bürgschaftsrecht. Das BGB. hat die Einrede der Vorausklage aufgenommen und neu ausgestaltet[135] und für das mandatum qualificatum eine Anzahl neuer Fürsorgenormen aufgestellt[136].

In demselben Sinne ist auch die Festsetzung der Kündigungsfristen beim Darlehen der Zahlungsfristen bei der Leibrente, als fürsorgender Rechtssatz aufzufassen[137]. Der im BGB. in verschiedenen Anwendungen ausgesprochene Satz, daß, wer für eine ihm materiell fremde Verbindlichkeit aufkommen mußte, berechtigt ist, von dem, den die Verbindlichkeit materiell anging, Ersatz zu verlangen[138], gehört hierher, insofern jener infolge einer Vereinbarung mit dem, den die Verbindlichkeit materiell anging oder mit seinem Einverständnis für die Verbindlichkeit aufgekommen ist. Dem Bestreben, dem berechtigten Interesse der Parteien durch fürsorgende Rechtssätze Rechnung zu tragen, entsprechen endlich zahlreiche Bestimmungen in denen das Verbot der Chikane auf dem Gebiete des Rechts und des rechtsgeschäftlichen Verkehrs Ausdruck fand, insbesondere die Gleichstellung der Aufrechnung und der sofortigen Erfüllung mit der bereits vor sich gegangenen Erfüllung[139], die Ignorierung unbedeutender Mängel der Erfüllung[140].

Eine Art fürsorgender Normen, die im BGB. eine verhältnismäßig große Rolle spielen, und ihm wohl wenigstens in dieser Form eigentümlich sind, sind die in gewissen Fällen erforderlichen Anzeigen,

[133] § 666, 716, 721, 740,2.
[134] § 402.
[135] § 771—773.
[136] § 775.
[137] § 609, 760.
[138] § 426,2; 774; 778.
[139] § 357, 359/2, 554, 1/2, 2.
[140] § 320, 459, 1/2, 542,2.

Androhungen, Fristbestimmungen[141]): von ähnlicher Art sind Normen, die die Parteien verpflichten, bei Erlöschung und Uebertragung von Rechten die Beweismittel über den Vorgang und eine gewisse Unterstützung zu gewähren[142]). An sich sollen die betreffenden Vorschriften eine Maßregel zum Schutze der Interessen des anderen Teils sein, wie sie bei umsichtiger Fassung der Erklärung von der Partei selbst hätten angeordnet werden können: ihr mehr formeller Inhalt benimmt ihnen nicht den Charakter ergänzenden Rechts. Zahlreiche fürsorgende Rechtssätze enthält die Regelung des Verhältnisses zwischen Gläubiger, Schuldner und Nießbraucher beim Nießbrauch an Forderungen, zwischen Pfandgläubiger, Gläubiger und Schuldner beim Pfandrechte an Forderungen[142a]).

Eine sehr eigentümliche Mittelstellung zwischen Auslegungs- und ergänzenden Rechtsregeln nehmen die Rechtssätze ein, die mittelbar oder unmittelbar dem Verkehrsgebrauch (der Usance) entnommen sind. Die gegenwärtig herrschende Ansicht, durch die Laband'sche Abhandlung über die Handelsusance begründet, erblickt in der Handelsusance ein Ausdrucksmittel des rechtsgeschäftlichen Willens: der Sinn einer Willenserklärung sei der, der ihr zufolge der Handelsusance beizulegen sei. Im Sinne dieser Auffassung habe ich früher die Handelsusance vollständig in eine Linie mit dem Sprachgebrauch gestellt.

Diese Auffassung, für sehr einfache Gebräuche, die blos einzelnen Ausdrücken und Wendungen in gewissen geschlossenen gewerblichen Kreisen eine eigentümliche Bedeutung beilegen, zweifellos richtig, trifft um so weniger zu, je zusammengesetzter und komplizierter ein Gebrauch ist. Wer in einer geschäftlichen Willenserklärung einen Ausdruck gebraucht, erklärt das, was derselbe nach dem Zusammenhange, nach den begleitenden Umständen bedeutet; aber wer ein Rechtsgeschäft vornimmt, erklärt nicht immer das mit, was bei Rechtsgeschäften dieser Art, nach der in gewissen Zweigen des Handels oder Gewerbes herrschenden Verkehrssitte als selbstverständlich gilt. Ob er das thut, das hängt von einer ganzen

---

[141]) § 250, 374,2, 416,3, 510,1, 545. 665/2, 692/2, 789, 303/2, 384/1, — Erschöpfende Aufzählung bei Bernhardi: Handwörterbuch zum BGB; Anzeige (S. 16). Fristsetzung (S. 106), Erklärung (S. 89). —

[142]) § 175, 368, 369, 371, 402, 362, 403, 407, 410, 444, 495,2, 785, 797, 1074/2, 1076—1079, 1280—1291.

[142a]) § 1074/2, 1077—1084, 1281—1286, 1288, 1289/1, 1291, 1294.

Reihe von Umständen, vor allem aber davon ab, ob ihm diese Verkehrssitte bekannt war. Wenn für ihn trotzdem in einem solchen Falle die Verkehrssitte als verbindlich erklärt wird, so geschieht dieses zweifellos nicht mehr auf Grund einer Willensauslegung sondern einer Ergänzung des Willens. Die Verkehrssitte ist hier offenbar eine über dem Parteiwillen stehende Regel, nicht der Parteiwille selbst[143]). Der Uebergang von der Verkehrssitte, die blos auslegt, zur Verkehrssitte, die ergänzt oder gar der Verkehrssitte, die aufgedrungen wird[144]), mag im einzelnen Falle kaum merklich sein; aber auf die Gleichartigkeit ihres Charakters darf daraus nicht geschlossen werden, denn schließlich schlägt auch hier der Quantitätsunterschied in einen Qualitätsunterschied um.

Das BGB. verweist für die Auslegung von Willenserklärungen ausdrücklich auf die Verkehrssitte[145]) und schreibt deren Berücksichtigung bei der Auslegung überdies an mehreren Stellen ausdrücklich vor[146]). Es giebt aber auch zahlreiche Bestimmungen im BGB. die sich ganz als Kodifikationen der Verkehrssitte, als in Paragraphen gefaßte Usance geben. Als bei der Regelung des Kaufvertrages das Eviktionsprinzip durch das Verschaffungsprinzip ersetzt wurde[147]), geschah dies mit Rücksicht darauf, daß dieses, wie die Motive hervorheben, „allein der in der Gegenwart vorherrschenden Auffassung über Bedeutung und Wesen des Veräußerungsgeschäfts gerecht werden kann“[148]). Auf der Verkehrssitte beruhen die Vorschriften, daß zur Wahrung der durch Rechtsgeschäft bestimmten schriftlichen Form, soweit nicht ein anderer Wille anzunehmen ist, telegraphische Uebermittlung und bei Verträgen Briefwechsel genügt[149]), daß der Verkäufer eines Grundstücks eine Hypothek, eine Grundschuld, eine Rentenschuld oder ein Pfandrecht sowie eine Vormerkung zur Sicherung des Anspruchs auf Bestellung eines dieser Rechte auch dann zu beseitigen hat, wenn der Käufer die

---

[143]) Vergl. Danz, Auslegung S. 159 flg.

[144]) Karl Adler, Die Umgestaltung des Handelsrechts, § 7, in der Monatsschrift für Handelsrecht und Bankwesen vom Jahre 1897.

[145]) § 157.

[146]) „Uebliche Vergütigung“, § 612,2, 632,2, 635,2 „zu dem gewöhnlichen Gebrauche“, § 459,1, 633, „im Verkehre nicht als Zubehör angesehen wird“, § 97,1/2 „im Verkehre als wesentlich angesehen wird“, § 119,2, wohl auch 244,1.

[147]) § 433.

[148]) Motive II, S. 213.

[149]) § 127/2.

Belastung kennt[150], daß die Bestimmung der für eine Leistung versprochenen, dem Umfange nach unsichern Gegenleistung im Zweifel dem Teile zusteht, der die Gegenleistung zu fordern hat[151], daß beim Dienstvertrage die Vergütung nach der Leistung der Dienste, bei der Verwahrung nach Beendigung der Verwahrung und wenn sie nach Zeitabschnitten bemessen ist, nach dem Ablaufe der einzelnen Zeitabschnitte[152], ebenso beim Werkvertrage bei Abnahme des Werkes, und wenn das Werk in einzelnen Teilen abzunehmen war, und die Vergütung für die einzelnen Teile bestimmt ist, für jeden Teil bei dessen Abnahme zu entrichten sei[153], daß der Mäkler den Mäklerlohn nur verlangen kann, wenn der Vertrag infolge des Nachweises oder der Vermittlung des Mäklers zustande kommt[154], daß die Fütterungskosten eines vermieteten oder verliehenen Tieres den Mieter oder Entlehner, die gewöhnlichen Erhaltungskosten der geliehenen Sache den Entlehner treffen[155]; auf den Anschauungen des Verkehrs beruht endlich auch der so wichtige, nach hartem, Jahrzehnte langem Kampfe zum Durchbruche gelangte und ins BGB. aufgenommene Grundsatz der Haftung des Schuldners für die Personen, deren er sich zur Erfüllung der Verbindlichkeit bedient[156] und die Bestimmung über Zahlung der Geldschulden[156a].

Das BGB. hat sich jedoch in der Regel damit nicht begnügt, die Verkehrssitte zu kodifizieren; es macht darüber hinaus den Versuch, sie zu redigieren, sie bestimmter zu fassen, mit den sonstigen

---

[150]) § 439,2 M. II, S. 216. „Die Vorschrift des zweiten Absatzes weicht zwar vom gemeinen Rechte ab, entspricht aber der heutzutage herrschenden Verkehrssitte, wonach die Rechte des Erwerbers durch die Kenntnis von Hypotheken, Grundschulden und Pfandrechten nicht berührt werden".

[151]) § 316 M. II, S. 192. „Der Verkehrssitte entsprechende Interpretationsregel."

[152]) § 614, 699,1. Die Motive berufen sich allerdings nur auf die Analogie der Miete.

[153]) § 641.

[154]) § 652 M. II, S. 512. „Daß dieser Grundsatz auch den Anschauungen des bürgerlichen Verkehrs entspricht, wird durch die gemeinrechtliche Praxis bestätigt."

[155]) § 547, 601.

[156]) § 278 M. II, S. 30: „Wenn der Schuldner eine Leistung versprochen hat, so erblickt der heutige Verkehr in diesem Versprechen auch die Uebernahme einer Garantie für das ordnungsmäßige Verhalten derjenigen, deren Mitwirkung bei der Leistung sich zu bedienen dem Schuldner ausdrücklich, aber stillschweigend gestattet ist". Leonhard in den Verhandlungen des XVII. deutschen Juristentages, S. 348 flg.

[156a]) § 270.

Rechtsvorschriften in Einklang zu bringen, Lücken, die sie enthält, auszufüllen, aus Zweckmäßigkeitsgründen einzelne Anordnungen zu ändern. So sehr auch die Bestimmungen über die Verteilung der Kosten des Vermögensumsatzes beim Kaufe[157]) den Anschauungen des Verkehres entsprechen, in der präzisen Fassung des Gesetzes waren sie selbstverständlich dem Verkehre bisher unbekannt. Die Vorschrift, daß bei Lebensversicherungs- und Leibrentenverträgen bei unentgeltlichen Zuwendungen, bei Vermögens- und Gutsübernahmen, wenn dem Bedachten oder dem Uebernehmer eine Leistung an einen Dritten auferlegt wird, der Dritte, zu dessen Gunsten diese Geschäfte vorgenommen wurden, unmittelbar das Recht erwirbt, eine Leistung zu fordern[158]), bringt in der That eine Tendenz zum Ausdrucke, die sich im modernen Verkehre vielfach geltend macht; anerkannter Grundsatz war dies aber kaum im Versicherungsrechte und der Gutsübernahme, bei der donatio sub modo war es geltendes Recht[159]). Auch das Recht der Draufgabe ist nur eine Kodifikation der Verkehrssitte[160]), obwohl die Motive darauf nur einmal verweisen.

Mit welcher Freiheit das BGB. die Verkehrssitte behandelt, auch dort, wo es sich ihr grundsätzlich anschließt, lehrt die Regelung der Kündigungsfristen beim Miet-, Pacht-, Dienst- und Darlehensvertrage[161]). Neues wollte und sollte nicht eingeführt werden; überall wird betont, daß das, was vorgeschrieben wird, im wesentlichen schon bisher Verkehrssitte war[162]). Aber diese Verkehrssitte war bisher örtlich verschieden, nun wird sie uniformiert[163]); sie be-

---

[157]) § 448, 449. § 448 stimmt mit Art. 351 HGB. wörtlich überein.

[158]) § 330.

[159]) Vergl. Laband, Archiv für civ. Pr. LXXIV, S. 42. Lewis, Lehrb. des Versicherungsrechts, S. 131 flg. Ehrenberg, Versicherungsrecht, S. 175 flg. unbestimmt. Ehrenzweig, Zweigliedrige Verträge, S. 120 flg.

[160]) § 336—338 Motive II, S. 27. „Dieses ist im wesentlichen bisher geltendes Recht und entspricht der Verkehrssitte."

[161]) § 565, 595, 609, 621—623.

[162]) Motive II, S. 411 flg., S. 427, S. 313, 464, M. P. bei Haidlen zu 621, 622.

[163]) Motive II, S. 411 mit Hinweis auf S. 399. Die zweiwöchentliche Kündigung bei Grundstücken, wenn der Mietzins nach Monaten bemessen ist, hat sich, wie die Motive anerkennen, nur im Bereiche des preußischen Rechts „bewährt und eingelebt."

stand manchmal, wie beim Darlehensvertrage[164]) nur in thatsächlichen Uebungen ohne Rechtsverbindlichkeit, nun wird das, was bisher geübt wurde, durch das Recht vorgeschrieben: sie wies zahlreiche Lücken auf, nun erscheinen diese ausgefüllt[165]), sie war oft hart und unzweckmäßig, nun sind diese Mängel beseitigt. Es genügt ja, darauf hinzuweisen, welche praktische Bedeutung nur die gleichförmige Feststellung der regelmäßigen Kündigungsfrist bei der Miete und beim Dienstvertrage für ganz Deutschland auf den Schluß des Kalendervierteljahres, bei der Pacht auf den Schluß der Pachtzeit hat; gerade diese Frist war aber bisher nur beim Dienstvertrage der Handlungsangestellten eingeführt und ihre Ausdehnung erfolgte aus Zweckmäßigkeitsgründen[166]).

In einem besonders weiten Umfange wird in solcher selbständiger Neufassung die Verkehrssitte bei der Regelung der Miete und Pacht verwertet: das wird in den Motiven zum Teil ausdrücklich hervorgehoben, es kann aber in der Regel auch dort nicht zweifelhaft sein, wo es nicht hervorgehoben wird[166a]). Die Bestimmungen über die Entrichtungszeit des Miet- und Pachtzinses, über die dem Pächter obliegende Verpflichtung zu Ausbesserungen, über die Verpachtung des Grundstückes mit Inventar, über die Rückgewähr bei Uebernahme nach Schätzung, erscheinen schon äußerlich als kodifizierte Verkehrssitte[167]). Einen allerdings höchst bedenklichen Bruch mit einer fast überall geltenden Verkehrssitte bedeutet dagegen das Verbot der Untermiete[168]), das nicht blos zu zahllosen fast unerträglichen Härten und Chikanen führen muß, sondern auch, wenn es nicht, was allerdings wahrscheinlich ist, im großen und ganzen wirkungslos bleiben sollte, in den Haushalt zahlreicher Familien des niederen Mittel- und Arbeiterstandes, die so häufig durch Untermiete ihr spärliches Einkommen ergänzen, tief eingreifen, und die Wohnungsnot der großen Städte bis ins Ungemessene steigern dürfte.

---

[164]) Motive II, S. 313. „In der Gegenwart bildet das auf Kündigung stehende Darlehen weitaus die Regel." Dennoch wird kein Darlehen als auf Kündigung stehend betrachtet, wenn eine Kündigungsfrist nicht vereinbart wurde. Dieses wird erst vom BGB. angeordnet.

[165]) Die Verkehrssitte gab nach den Motiven keinen Anhaltspunkt für die Kündigungsfristen bei der Miete von Grundstücken, wenn der Mietzins nach Wochen bemessen war und bei der Miete beweglicher Sachen.

[166]) M. II, S. 399: „Da die Begründung eines einheitlichen Rechts schon zur Erleichterung des Umzuges von Ort zu Ort als nötig sich erweist".

[166a]) Z. B. § 546.

[167]) § 551, 582, 586—589, 594. [168]) § 549.

Zahlreiche Bestimmungen des BGB. endlich sind zwar nicht Kodifikation einer gegenwärtig thatsächlich herrschenden Verkehrssitte, stehen aber den hier erörterten Bestimmungen insofern nahe, als sie Neufassungen der bereits im Corpus iuris kodifizierten römischen Verkehrssitte oder altdeutscher Rechtsauffassungen sind, die sich in Deutschland teils als gemeines Recht oder durch Vermittlung der Partikularrechte bewährt und eingelebt haben. Hierher gehören insbesondere die Pflicht zur Leistung Zug um Zug bei gegenseitigen Verträgen, das Recht der Gewährleistung wegen Mängel und das Pfandrecht des Vermieters und Verpächters die auf römischer, der Satz Anweisung ist keine Zahlung, das Gewährleistungsrecht wegen Viehmängel und das Recht des Gesellschaftsvermögens, die auf deutscher Grundlage beruhen. Der fürsorgenden Bestimmung über das Pfandrecht des Unternehmers liegt die Anaolgie der römischen Usance über das Pfandrecht des Vermieters zu Grunde[169]).

Es ist klar, daß die Verkehrssitte durch die bloße Aufnahme ins Gesetz von ihrer ursprünglichen Natur vieles einbüßte, insbesondere eine Starrheit und Festigkeit annimmt, die mit ihrem früheren flüssigen und biegsamen Charakter einigermaßen im Widerspruche steht. Aber noch ganz andere Veränderungen haben sich an ihr vollzogen. Als Verkehrssitte war sie notwendig örtlich und gesellschaftlich auf gewerbliche und berufliche Kreise beschränkt, eine allgemeingiltige Verkehrssitte wäre nicht mehr Verkehrssitte, sondern Gewohnheitsrecht. Die Allgemeingiltigkeit jedoch, die ihr bisher abging, verleiht ihr das Gesetz. Dadurch wird aber wieder eine Aenderung veranlaßt: während sie bisher mehr das Gepräge einer Auslegungsregel hatte, weil sie doch nur für Kreise galt, deren Bedürfnissen, Gepflogenheiten und Anschauungen sie entsprach und die sie in der Regel auch gekannt haben, wird sie schon durch ihre bloße Kodifizierung und Allgemeingiltigkeit nicht selten zu einem ergänzenden Rechtssatze; zumal wenn sie, wie die römischen Usancen in Deutschland, auf einen ganz andern Boden verpflanzt wird. Dazu kommt aber noch, daß die Verkehrssitte, wie schon Laband bemerkt hat, ihre Wurzel in Vereinbarungen hat, die in gewissen Kreisen regelmäßig getroffen werden und durch die die Parteien selbst ihre Interessen wahrzunehmen pflegen. Das

169) § 320, 322, 348, 459—493, 559—563, 585, 647, 704, 718, 749, 788, dazu Schollmeyer, das Recht der einzelnen Schuldverhältnisse, S. 72.

steht zum mindesten für die römischen Usancen der duplae stipulatio, des tacitum pignus fest: auch die Regelung der Kündigungsfristen beim Darlehen beruht auf einer „in dem modernen Verkehr sich so klar und bestimmt aussprechenden Ueblichkeit“[170]). Nach der Richtung behält die Verkehrssitte auch nach Aufnahme ins Gesetz ihre ursprüngliche Bedeutung: sie wird zu einer Fürsorgenorm, durch die das Gesetz gewisse Parteiinteressen so zu schützen sucht, wie sie sie selbst bei umsichtiger Fassung des Vertrages zu schützen pflegen[171]).

Zum Schlusse mögen noch die Regeln zusammenhängend besprochen werden, die das BGB. über die Vertragsstrafe enthält und die allen Gruppen von Rechtssätzen angehören, die bisher erörtert worden sind. Den Ausgangspunkt bildet das Bestreben, den im Strafgedinge verkörperten Parteiwillen nach Möglichkeit Rechnung zu tragen; die Rechtsfolgen sollen sich dem anschmiegen, was die Parteien wollten. Dem wird durch mehrere Auslegungsregeln und ergänzende Vorschriften Rechnung getragen[172]). Daneben schimmert aber überall das Bestreben durch, einerseits die Straffolgen möglichst milde zu gestalten, andrerseits dem Gläubiger jedenfalls zum vollen Schadenersatze zu verhelfen. Das letztere Bestreben kommt darin zum Ausdrucke, daß dem Gläubiger, wenn nur die Strafe in einer Geldsumme besteht, die Geltendmachung eines die Strafe übersteigenden Schadens vorbehalten bleibt[173]). Auf das erste Bestreben dürften vielleicht auch die vielen Schattierungen des Strafgedinges, die sich im BGB. finden, zurückzuführen sein. Da die beabsichtigten Milderungen nicht auf alle Fälle paßten, so mußte man die Fälle ausscheiden, auf die sie nicht anwendbar waren. Die milde Tendenz führte ferner zur Aufstellung des Grundsatzes, von dem nur eine Ausnahme gemacht wird, daß die Verwirkung der Strafe den Verzug des Schuldners voraussetzt[174]), daß wenigstens, wenn sie für den Fall versprochen wurde, daß der Schuldner die Verbindlichkeit nicht erfüllt, oder wenn als Strafe eine andere Leistung als die Zahlung einer Geldsumme versprochen

[170]) Motive II, S. 313.

[171]) Diese Normen sind rein positiver Natur: das englische Recht kennt keine Gewährleistung für Mängel im Sinne der ädilizischen Rechtsmittel, sondern stellt den Satz auf: caveat emptor.

[172]) § 340, 341.

[173]) § 340, 341.

[174]) § 339.

würde, Erfüllung und Schadenersatz nicht neben einander gefordert werden dürfen[175]), daß durch die Erklärung des Gläubigers, daß er Strafe verlange, Anspruch auf Schadenersatz oder Erfüllung verwirkt werden[176]), es sei denn, daß die Strafe gerade für den Fall der nicht gehörigen Erfüllung versprochen worden ist[177]), endlich, daß durch Annahme der Erfüllung, oder zum mindesten durch vorbehaltlose Annahme der Strafanspruch ausgeschlossen wird[178]).

Alle diese bisher besprochenen Folgen der Rechtsgeschäfte erscheinen als das, was von Enneccerus als „Willenswirkung der Rechtsgeschäfte" bezeichnet wird[179]). Es wäre gewiß nicht richtig, wenn man annehmen wollte, daß alle diese Folgen von den Parteien gewollt sind: aber ihr Endzweck ist doch, das zu verwirklichen, was den Parteien vorgeschwebt hat, „der erklärten Parteiabsicht zu dienen". Der Willenswirkung steht die Gesetzeswirkung gegenüber, eine Wirkung, „welche also lediglich kraft gesetzlicher Bestimmung an die Willensäußerung geknüpft ist"[180]). Die Gründe, aus welcher das Gesetz eine Gesetzeswirkung anordnet, sind verschieden und ebenso verschieden können die Gesetzeswirkungen ihrer Art nach sein.

Die Gesetzeswirkung bezweckt vor allem Schutz der am Rechtsgeschäft beteiligten Parteien vor wirtschaftlicher Abhängigkeit, vor Uebervorteilungen und wirtschaftlicher Ausbeutung: sie bringt gegenüber den von der Partei gewollten Wirkungen des Rechtsgeschäfts, die von ihr gewünschten zur Geltung. Es giebt aber auch, wie schon von Dernburg hervorgehoben wurde[180a]), Gesetzeswirkungen, die weder auf dem Willen noch auf den Wunsch der Parteien oder einer Partei beruhen, sondern ohne Rücksicht darauf, zum Teil im Widerspruche damit, das Interesse des Staats oder der Allgemeinheit wahren.

Als Gesetzeswirkung erscheinen zunächst alle Bestimmungen, die gewisse Vereinbarungen als unwirksam oder nichtig bezeichnen.

---

175) § 340, 342.

176) § 340, 342.

177) § 341.

178) § 340, 342.

179) Rechtsgesch., S. 145 flg. Vergl. Pfaff, Die Klausel: Rebus sic stantibus, S. 60, N. 4, 100, N. 4.

180) Enneccerus a. a. O., S. 147.

180a) Pand. I § 32: was der Gesetzgeber für das dem Verhältnis Entsprechende und dem öffentlichen Nutzen Förderliche hielt. . . .

Sie sind in ihrer juristischen Tragweite mit denen keineswegs zu verwechseln, die das ganze Geschäft für unwirksam oder nichtig erklären. Jene bedeuten, daß das Recht das Geschäft nicht als geeignet erachtet, rechtliche Folgen nach sich zu ziehen: hier wird das Geschäft als durchaus wirksam und nur eine einzige Vereinbarung als unwirksam behandelt. Das Geschäft erzeugt die rechtlichen Wirkungen so, wie wenn diese Vereinbarung gar nicht getroffen wäre, es sei denn, daß nicht anzunehmen ist, daß das Geschäft auch ohne den nichtigen Teil vorgenommen sein würde[181]. Von diesen Vorschriften haben die, die den Ausschluß der Haftung für Vorsatz und Arglist, für nichtig erklären, in erster Linie den Zweck, die Parteien vor Uebervorteilung zu schützen[182]. Dasselbe gilt wohl auch von der Bestimmung, daß eine Vereinbarung, die das Recht des Gesellschafters auf Kenntnis der Gesellschaftsangelegenheiten und Einsichtnahme der Bücher und Papiere ausschließt oder beschränkt, der Geltendmachung dieses Rechts nicht entgegenstehe, wenn der Verdacht einer unredlichen Geschäftsführung begründet ist[183]. Von wirtschaftlicher Ausbeutung sollen die Parteien durch die Bestimmungen geschützt werden, die bei unverhältnißmäßig hoher Vertragsstrafe und bei unverhältnismäßig hohem Mäklerlohn für den Nachweis der Gelegenheit zum Abschlusse eines Dienstvertrages oder für die Vermittlung eines solchen Vertrages die Herabsetzung durch Urteil gestatten[184]. Rücksichten auf das Allgemeine liegen dem Ausschluß des Vorkaufsrechts gegenüber dem Verkauf im Wege der Zwangsvollstreckung oder durch den Konkursverwalter zu Grunde[185], alles deckt die Regel, daß das Strafgedinge unwirksam sei, wenn das Versprechen der Leistung unwirksam ist[186].

Auf die Gesetzeswirkung ist es auch zurückzuführen, wenn das Recht zwar die Willenswirkung eintreten, aber nicht zur vollen Entfaltung gelangen läßt. Dies ist der Fall bei den anfecht-

---

[181]) § 139, 344. Mit Unrecht nimmt Cosack an, bei Nichtigkeit des Teils werde *regelmäßig* das ganze Geschäft nichtig sein. § 139 ist positiv, nicht negativ gefaßt und für das Gegenteil dürfte auch die Rücksicht auf den Parteiwillen sprechen.

[182]) § 276,2, 443, 460,2,2, 476, 540, 637, 654, vergl. 242, 524, 600.

[183]) § 716.

[184]) § 343, 655.

[185]) § 512.

[186]) § 344, besondere Anwendung, § 1297,2.

baren[187], widerruflichen[188], kündbaren[189]) Geschäften, freilich nur dann, wenn diese Einschränkung nicht im Sinne der Vereinbarung der Parteien, oder um ihren Willen zu ergänzen, sondern zu dem Zwecke erfolgt um dem Bedürfnisse, den Schwächeren oder Unerfahrenen zu schützen, öffentlichen Rücksichten Rechnung zu tragen. Diese Geschäfte erzeugen neben der Willenswirkung noch eine Gesetzeswirkung, die die Willenswirkung unter Umständen abzuschwächen und zu verkümmern bestimmt ist: die Anfechtbarkeit, die Kündbarkeit, die Widerruflichkeit. Verwandt in den Gründen und der Wirkung ist die Verjährung rechtsgeschäftlicher Ansprüche, so wie die anderen Arten der Verwirkung derselben durch Zeitablauf[190], oder durch Kraftloserklärung.

In allen diesen Fällen ist die Gesetzeswirkung negativ. Sie besteht darin, daß gewisse Willenswirkungen vom Gesetze ausgeschlossen oder abgeschwächt werden. Das BGB. kennt aber auch zahlreiche positive Gesetzeswirkungen. Auf öffentlichen Rücksichten beruht die Bestimmung über das Recht, jede in ausländischer Währung ausgedrückte Geldschuld in Reichswährung zu bezahlen, wenn nicht die Zahlung in ausländischer Währung ausdrücklich bedungen ist — die Motive berufen sich auf den gesetzlichen Annahmezwang, aus dem von selbst die Annahmepflicht zum Nennwerte folge[191]) — ferner die Erstreckung der auf einen Sonntag oder einen am Erklärungs- oder Leistungsorte staatlich anerkannten allgemeinen Feiertag fallenden Erklärungs- oder Leistungsfrist auf den nächstfolgenden Werktag[192]). „Aus Gründen volkswirtschaftlichen Interesses, um dem Verpächter nach Beendigung der Pacht die ordnungsmäßige Fortführung der

---

[187]) § 119, 120, 123.

[188]) § 27, 81, 109, 178, 530—533, 658,1, 671,1, 712,1, 790, 1830.

[189]) § 247, 544, 549,1,2, 570, 581, 624, 626, 627, 649, 650, 671, 712,2, 723, 724, 549,1/2, 570, 1368. Die Bestimmungen der §§ 605 und 610 werden an andrer Stelle erörtert. Hier tritt Kündbarkeit an Stelle sofortiger Rückforderbarkeit, erscheint also nicht als Verkümmerung der Rechtsfolgen. — Die Bestimmungen über die Kündbarkeit sind also: 1) ergänzendes Recht, wenn sie Vorsorge treffen für die Fälle, an die die Parteien bei Vornahme des Geschäfts in der Regel nicht denken, 2) Fürsorgerecht, wenn die Interessen einer der Parteien wahrgenommen werden; 3) Gesetzeswirkung, wenn sie die Parteien vor übermäßiger Belastung oder Ausbeutung der wirtschaftlichen Stellung schützen.

[190]) § 51, 121, 124, 176, 194—228, 318,2, 477—479, 482, 485, 490—492, 503,2, 510,2, 529, 532, 558, 581, 606, 638, 639, 786, 801—804.

[191]) § 244, II, Motive, S. 12.

[192]) § 193.

Wirtschaft zu ermöglichen[193])", wird dem Pächter eines Landguts aufgetragen, nach Beendigung der Pacht eine solche Menge von den vorhandenen landwirtschaftlichen Erzeugnissen, als man zur Wirtschaft bis zu dem Zeitpunkte bedarf, da gleiche oder ähnliche Erzeugnisse voraussichtlich gewonnen werden, und den ganzen auf dem Gute gewonnenen Dünger, zurückzulassen, wobei er nur insofern Ersatz des Wertes verlangen darf, als er mehr zurücklassen muß, als er beim Antritt übernommen hat[194]). Im Interesse des Vereinswesens und der Gesamtheit der Vereinsmitglieder schreibt das BGB. vor, daß jeder Verein einen Vorstand haben müsse[195]), regelt den Vereinssitz, die Wahl des Vorstandes, die Berufung der Mitgliederversammlung und Ersetzung der fehlenden Vorstandsmitglieder in dringenden Fällen durch ein vom Amtsgericht zu bestellendes Mitglied[196]), ohne Rücksicht auf einen etwa entgegenstehenden Inhalt der Satzung.

Schutz der Unerfahrenen und wirtschaftlich Schwächeren haben ins Auge gefaßt die Bestimmungen über den Pfandrechtstitel der Bauhandwerker[197]), über die Verpflichtung des Dienstberechtigten zu einer den Anforderungen der Gesundheit, Sittlichkeit und Religion entsprechenden Behandlung des Dienstverpflichteten und zur Gewährung der vereinbarten Vergütung, selbst wenn der Dienstverpflichtete für eine verhältnismäßig nicht erhebliche Zeit durch einen in seiner Person liegenden Grund ohne sein Verschulden an der Dienstleistung verhindert wird, nach der Kündigung eines dauernden Dienstverhältnisses zur Gewährung einer angemessenen Zeit zum Aufsuchen eines andern Dienstverhältnisses und nach Beendigung eines dauernden Dienstverhältnisses zur Erteilung eines Zeugnisses[198]). Die strenge Haftung der Gastwirte soll der Ausbeutung der thatsächlichen Monopolstellung entgegentreten und dem Fremden in seiner natürlichen Wehrlosigkeit zu Hilfe kommen[199]). Die Uebertragung der durch eine Hypothek gesicherten Forderung zieht den Uebergang der Hypothek, die Uebertragung der durch ein Pfandrecht an einer beweglichen Sache gesicherten Forderung zieht den Ueber-

[193]) M. II, S. 441.
[194]) § 593.
[195]) § 26,1.
[196]) § 24, 37, 29.
[197]) § 648.
[198]) § 616, 618, 629, 630.
[199]) § 701—703.

gang des Pfandrechts nach sich; dieser wird im BGB. offenbar nicht auf den Parteiwillen zurückgeführt, obwohl er ihm in der Regel entsprechen wird, sondern aus der akzessorischen Natur der Hypothek und des Mobiliarpfandes abgeleitet und mit Zweckmäßigkeitserwägungen gerechtfertigt[199a]. Es liegt daher vom Standpunkte des Gesetzes eine Gesetzeswirkung des Uebertragungsgeschäfts vor.

Einer eigentümlichen Verbindung von Rechtswirkungen entspringen die gegen dritte Personen wirksamen rechtsgeschäftlichen Ansprüche. Solche sind: der Anspruch aus der Miete und Pacht eines Grundstücks[200], der auf jeden Erwerber des Grundstücks aktiv und passiv übergeht (und wenn der Vertrag mit dem Nießbraucher abgeschlossen wurde, auch gegen den Eigentümer wirkt[201]), die Vereinbarung unter den Teilhabern einer Gemeinschaft, wodurch das Recht, die Aufhebung der Gemeinschaft zu verlangen, ausgeschlossen oder eine Kündigungsfrist bestimmt wird, die auch für und gegen den Sondernachfolger wirkt[202]), der Anspruch des Vermieters und Verleihers auf Rückgabe der Sache, die unmittelbar gegen den geltend gemacht werden kann, dem der Mieter und Entleiher den Gebrauch der Sache überlassen hat[203]). Endlich gehören hierher die Ansprüche des Verpfänders aus dem contractus pigneraticius gegen den, der vom früheren Pfandgläubiger die Forderung und das Mobiliarpfandrecht erworben hatte und die rechtliche Stellung des debitor cessus bei Vertragsschulden[203a]).

Es liegen hier zwei Rechtsgeschäfte vor: das Rechtsgeschäft, das der Vermieter und Verpächter mit dem Mieter und Pächter, der Teilhaber einer Gemeinschaft mit seinen Genossen, der Vermieter oder Verleiher mit dem Mieter oder Entleiher, der frühere Pfandgläubiger mit dem Verpfänder, der frühere Gläubiger mit dem debitor cessus, vorgenommen hat, dann ein Vertrag, den der Sondernachfolger des Vermieters, Verpächters, Teilhabers einer Gemeinschaft, derjenige, dem der Mieter oder Entleiher den Gebrauch der Sache überlassen hat, Pfandgläubiger oder der Zessionär

---

[199a]) § 1153,1, 1252,2.

[200]) § 571—577, 579, 1056, dazu Crome in Iherings Jahrbücher XXXVII, S. 30 flg.

[201]) § 1056, 1423.

[202]) § 751.

[203]) § 556,3, 604. Andre Konstruktion dieser Verfangenschaft beim Nießbrauch an einem Vermögen, § 1086—1089.

[203a]) § 1251,1, 409, 411.

mit dem Vermieter, Verpächter, Teilhaber einer Gemeinschaft, Mieter, Entleiher, Zedenten oder früheren Verpfänder über die Sache, den Anteil oder den Gebrauch der Sache abgeschlossen hat. So weit es sich nur um das erste Geschäft handelt, beruhen die Wirkungen gegenüber Dritten auf ergänzenden Rechtssätzen; gegenüber dem zweiten Vertrage erscheinen sie als Gesetzeswirkung. Ebenso ist die Wirksamkeit der Vermietung und Verpachtung durch den Nießbraucher (Vorerben) gegenüber dem Eigentümer des durch den Nießbrauch belastenden Grundstückes (Nacherben) auf einen Rechtssatz zurückzuführen, der eine Gesetzeswirkung der Nießbrauchsbestellung (Anordnung einer Nacherbschaft) bestimmt, und eine Fürsorge für den Nießbraucher (Vorerben) sowie den Mieter und Pächter enthält[203b].

In mehreren Fällen spricht das BGB. den selbstverständlichen Satz aus, daß ein Uebereinkommen Rechte dritter nicht berühren, zumal dritte um ihre Einwendungen nicht bringen kann[204]. Das BGB. bestimmt jedoch darüber hinaus, indem es in einem gewissen Sinne das ganze Vermögen des Schuldners dessen Gläubigern für verfangen erklärt, daß eine Uebertragung oder Belastung des Vermögens mit dem Nießbrauch die Rechte dritter ebenfalls nicht berühre: der Vermögensübernehmer und Nießbraucher hafte neben dem bisherigen Schuldner[205]. Auch diese Haftung ist Gesetzeswirkung. Nicht minder erscheint die Haftung des Schuldners der über seine Schuld eine Urkunde ausgestellt hat, ausschließlich nach Maßgabe der Urkunde gegenüber dem Gläubiger, an den die Forderung übertragen wurde, sobald derselbe gutgläubig ist, vom Standpunkte des Systems des BGB. als Gesetzeswirkung des mit der Ausstellung der Urkunde vorgenommenen Rechtsgeschäfts[206].

Während nun die Gesetzeswirkung in diesen Fällen immerhin mit dem Parteiwillen mehr oder weniger zusammenhängt, giebt es noch eine Anzahl von Rechtsfolgen der Rechtsgeschäfte, die eines jeden auch nur äußerlichen Zusammenhanges mit der Absicht der Parteien entbehren, Rechtsfolgen, die das Recht nicht anders an die Thatsache des vorgenommenen Geschäfts knüpft, wie etwa sonst

---

[203b]) § 1056, (R. P. bei Haidlen) 1663, 2135.

[204]) § 404, 406, 408, 425,11, 417, 419,3, 420,3 2, 720, 767, 1 2,3, 768,2, 776. — Vergl. § 268, 409, 411, 418, 725, 767.

[205]) § 419, vergl. § 2382.

[206]) § 405.

Rechtsfolgen an nicht rechtsgeschäftliche Thatbestände geknüpft werden. Es mag gestattet sein, an die Gebührenpflicht gewisser Rechtsgeschäfte zu erinnern, oder an die Versicherungspflicht der Arbeiter und Unternehmer als Folge des gewerblichen Arbeitsvertrages, beide Rechtsfolgen allerdings nicht privatrechtlicher Natur. Aber auch das BGB. erkennt die Verpflichtung des Dienstberechtigten an, dem erkrankten Dienstverpflichteten sechs Wochen Verpflegung und ärztliche Behandlung zu gewähren[207]), auch nach dem BGB. ist ein Verein für den Schaden verantwortlich, den der Vorstand, ein Mitglied des Vorstandes oder ein anderer verfassungsmäßig berufener Vertreter durch eine in Ausführung der ihm zustehenden Verrichtungen begangene, zum Schadenersatze verpflichtende Handlung einem Dritten zufügt[208]), eine Verantwortlichkeit, die den Verein teils infolge der Vereinsgründung, teils infolge der Einsetzung des Vorstandes und anderer verfassungsmäßiger Vertreter, also jedenfalls infolge von Rechtsgeschäften, trifft. Auch die Verpflichtung zum Ersatze des negativen Vertragsinteresses und die alternative Verbindlichkeit des falsus procurator, gehört hierher[209]). Zwar ist der Vertrag, der die Verpflichtung erzeugt, in zwei Fällen nichtig; aber auch ein nichtiger Vertrag ist ein Rechtsgeschäft: und wer dieses bestreiten wollte, wird zum mindesten zugeben, daß diese Verpflichtung die Partei als Folge des Vertragsantrags oder der Annahme trifft, deren rechtsgeschäftliche Natur nicht bestritten wird.

Alle diese Rechtssätze, so verschieden sie auch sein mögen, enthalten doch nur materielles Recht. Was Otto Fischer aber seinerzeit am I. Entwurf ausgesetzt hatte[210]), gilt, wenn auch in geringerem Maße vom BGB.: es enthält sehr viel formelles Recht und Prozeßrecht. Vom Standpunkte dieser Schrift wird hierzu alles gezählt, was sich auf die Rechtsverfolgung bezieht. Insofern es sich hierbei um die Ausübung oder Geltendmachung rechtsgeschäftlicher Ansprüche handelt, werden auch in den formellrechtlichen Bestimmungen Rechtsfolgen von Rechtsgeschäften festgesetzt. Es müssen daher hier erwähnt werden die Vorschriften über die Ausübung der Rechte, Selbstverteidigung und Selbsthilfe[211]), die

[207]) § 617.

[208]) § 31.

[209]) § 122, 179, 307.

[210]) Recht und Rechtsschutz, S. 11 in den Beiträgen zur Erläuterung und Sammlung des Entwurfs eines BGB., Heft VI.

[211]) § 226—231, 273, 274.

Bestimmungen über Offenbarungseid[212]), Sicherheitsleistung und Hinterlegung[213]), Aufrechnung[214]), über das Verfahren bei Entziehung der Rechtsfähigkeit, die Regelung der Liquidation des Vereinsvermögens[215]) und der Gesellschaft[216]) über die Anrechnung der Erfüllung auf verschiedene gleichartige Forderungen[217]), endlich zahlreiche Beweisregeln[218]).

Es mag zum Schlusse noch hervorgehoben werden, daß mehrere Bestimmungen des BGB., die blos Mißverständnisse abweisen[219]), zu denen insbesondere der bisherige Zustand oder in der Theorie vertretene Meinungen Anlaß geben könnten, oder die nur Hinweise auf andere Bestimmungen enthalten[220]), nicht berücksichtigt wurden.

Die vorstehende Erörterung ergiebt wohl zur Genüge, daß die Rechtssätze, welche Rechtsfolgen der Rechtsgeschäfte bestimmen, außerordentlich verschiedenartig sind. Die herkömmliche Unterscheidung zwischen zwingendem und nichtzwingendem, absolutem oder imperativem und dispositivem, zwingendem und nachgiebigem Rechte, die nur ein einziges, äußerliches Moment herausgreift, kann selbstverständlich dieser Verschiedenartigkeit nicht gerecht werden. Das fühlte zuerst Stammler, als er vom ergänzenden Rechte die Auslegungsregeln absonderte[221]), ihm folgen im wesentlichen die Motive, die den dispositiven Rechtssatz ganz anders behandeln als die Auslegungsregel; die Kommissionsprotokolle erwähnen gelegentlich auch die „ergänzende Vorschrift“[222]). Aber weder damit, noch auch mit der Differenzierung von Rechtssätzen, „bei denen es sich blos um die Auslegung des Parteiwillens“ handelt und solchen, die bestimmen, „was der Gesetzgeber für das dem Verhältnis entsprechende und der öffentlichen Nutzen förderliche hält“[223]), kommt man aus,

---

[212]) § 259—261.

[213]) § 372—386.

[214]) § 387—396.

[215]) § 42—44, 47—53, 72—78.

[216]) § 730—735.

[217]) § 366, 367.

[218]) § 282, 345, 358, 363, 442, 542,3, 636,2. Außerdem unzählige Beweisregeln, die nur aus der Ausdrucksweise des BGB. zu entnehmen sind (Planck I, S. 16). Formellrechtlich sind ferner: 263,1, 318,1, 334, 349, 713.

[219]) § 266, 440,1, 552/1, 707, 719,1 782, 791, a. E. 2.

[220]) z. B.: § 412, 413, 441, 445, 515, 455, 580, 590, 596, 646.

[221]) Im Archiv f. civ. Pr. LXIX, S. 13 flg.

[222]) Motive I, S. 17 flg., 154 flg. K. P. bei Haidlen zu § 777.

[223]) Dernburg, Pandekten I, § 32.

nichteinmal, wenn man mit Regelsberger[224]) das „ermächtigende Recht“, im wesentlichen den Bülow'schen dispositiven Rechtssatz, dazu nimmt, so viel Richtiges diese Einteilungen auch an sich enthalten.

Andrerseits soll nicht geleugnet werden, daß die von mir versuchte Einteilung der Rechtssätze in verschiedene Gruppen im Einzelnen manche Willkürlichkeit aufweist. Das ist aber in diesem Augenblick wohl nicht anders möglich. Eine gründliche Feststellung der Natur eines jeden Rechtssatzes des BGB. wird Sache der Litteratur des BGB. sein, die uns die Zukunft erst bringen soll: sie kann heute angebahnt, aber nicht ersetzt werden. Aber eine gewisse Willkürlichkeit liegt schon in der Natur der Aufgabe, denn es giebt nicht viele Rechtssätze im BGB., denen nicht die verschiedensten Erwägungen zu Grunde lägen. Es genügt ein Blick in die Motive. Wie häufig heißt es da, ein Rechtssatz ergebe sich ohnehin aus der Natur der Sache, entspreche aber auch dem vermutlichen Parteiwillen und stimme mit der Verkehrssitte überein; im übrigen sei es klar, daß er sich durch seine Billigkeit empfehle und dem öffentlichen Interesse diene. In solchen Fällen wurde in dieser Schrift sein überwiegender Charakter berücksichtigt, oder er wurde, wenn es nicht anders anging, in mehrere Gruppen eingeteilt. Es handelt sich ja vor allem nur darum, festzustellen, welche Grundtypen sich unter den Rechtssätzen unterscheiden lassen, die die Rechtsfolgen der Willenserklärungen regeln.

---

[224]) Regelsberger, Pandekten, § 32. Die Einteilung der Rechtsfolgen in essentialia naturalia und accidentalia negotii hat einen anderen, äußerlichen Charakter. Tiefer wird das Problem von Bekker, System I, S. 117 flg., 127 flg. gefaßt. Doch berühren sich seine Ausführungen nicht mit dem Gegenstande dieser Abhandlung.

V.

Willenswirkung und Gesetzeswirkung bei obligatorischen Rechtsgeschäften.

Vielleicht noch mehr als auf jedem andern Rechtsgebiete ist es gerade hier, wo es sich um das Verhältnis des Rechtsgeschäfts zu seiner Rechtswirkung handelt, vom Grundproblem einer jeden wissenschaftlichen Behandlung des Rechts, dem „Zweck im Rechte", der ratio legis, auszugehen. Aus diesem Grunde wurden im vorigen Kapitel alle Rechtssätze des BGB., die sich auf Rechtsfolgen der Rechtsgeschäfte beziehen, auf ihren „Grund" untersucht und die verschiedenen im BGB. vertretenen Typen wenigstens in allgemeinen Umrissen zu charakterisieren versucht. Es mag gestattet sein, das Ergebnis kurz zusammenzufassen:

Das Gesetz läßt die Rechtsfolgen eintreten,

1. weil sie der von den Parteien gewollten Rechtswirkung entsprechen, weil sie also dem entsprechen, was die Parteien ausdrücklich erklärt haben oder was sich aus dem Begriffe, „dem Wesen" des Rechtsgeschäfts ergiebt, (dispositiver Rechtssatz im Bülow'schen Sinne),

2. weil nicht festgestellt werden kann, was die Parteien für den Fall, der vorgekommen ist, gewollt haben oder festgestellt ist, daß sie an diesen Fall gar nicht gedacht haben, aber

a) der Gesetzgeber annimmt, daß die von ihm festgesetzten Rechtsfolgen dem vermutlichen Parteiwillen entsprechen, die Parteien selbst den Fall so geordnet hätten, wenn sie eine Bestimmung für nötig gehalten hätten (Auslegungsregel),

b) der Gesetzgeber für diesen Fall, an den die Parteien gar nicht gedacht oder den sie wenigstens nicht in feststellbarer Weise geordnet haben, eine klare, im vorhinein erkennbare, den Richter bindende Entscheidung geben will (ergänzende Vorschrift),

c) der Gesetzgeber eine der am Geschäft beteiligten Parteien vor den Nachteilen bewahren will, die für sie daraus entstehen könnten, daß sie an den Fall bei Vornahme des Geschäfts nicht gedacht hat oder unterlassen hat, dafür in genügender Weise vorzusorgen (fürsorgender Rechtssatz).

d) der Gesetzgeber die Rechtsfolgen anordnen will, die sich dadurch empfehlen, daß sie der Verkehrssitte entsprechen (kodificierte Verkehrssitte) —

3. weil ohne Rücksicht auf die Absicht der Parteien durch Festsetzung der Rechtsfolgen im öffentlichen Interesse,

a) eine Partei vor der Ausbeutung ihres Leichtsinns, ihrer Unerfahrenheit, ihrer wirtschaftlichen Abhängigkeit geschützt werden (Schutzmaßregel),

b) das Interesse des Staats, der Allgemeinheit gewahrt werden soll (auf Rücksichten des allgemeinen Wohls gegründete Maßregel),

4. ohne jeden Zusammenhang mit dem Parteiwillen, weil die Verknüpfung gewisser Rechtsfolgen mit der Thatsache der Vornahme eines Rechtsgeschäfts im Interesse der Oeffentlichkeit für geboten erscheint,

5. um die Ausübung oder Geltendmachung rechtsgeschäftlicher Ansprüche zu regeln.

Es ist klar, daß Rechtssätze von so verschiedenem Gepräge dem Parteiwillen gegenüber auch eine verschiedene Widerstandskraft beweisen müssen. Es ist eine naheliegende und an sich gewiß nicht unrichtige Annahme, daß die Rechtsfolgen vom Parteiwillen umso unabhängiger sind, je weniger der Gesetzgeber bei Anordnung derselben auf die Absicht der Parteien Rücksicht nahm. Dieser Satz giebt jedoch keinen Anhaltspunkt für Einzelentscheidungen. Man überzeugt sich vielmehr bei näherer Untersuchung, daß in einem gewissen Sinne jeder Rechtssatz und jedes Rechtsgeschäft ein Individuum ist, daß sie das Material für eine verwandte Gruppen zusammenfassende, das Gemeinsame hervorhebende Einteilung, aber nicht für eine allgemeingiltige Formel abgeben.

Stammler, der unter Auslegungsregeln im wesentlichen das versteht, was soeben in der Gruppe 1 und 2a und unter ergänzenden Rechtssätzen das, was in der Gruppe 2b und c zusammengefaßt worden ist, muß, um einen praktischen Unterschied zwischen Auslegungsregel und ergänzendem Rechtssatze zu finden, auf Fälle hinweisen, die gewiß nicht häufig vorkommen dürften, daß die Parteien ausdrücklich erklärt oder sonstwie an den Tag gelegt haben, daß sie über einen Punkt überhaupt nichts bestimmen wollen: in einem solchen Falle könnten wohl die ergänzenden Rechtssätze, nicht aber die Auslegungsregeln zur Anwendung kommen, da ein Wille, der nicht vorhanden ist, nicht ausgelegt, sondern nur ergänzt werden könne[1]). Allein, es ist kaum anzunehmen, daß man in einem solchen Falle davon absehen würde, die Bestimmungen des BGB. über Fristen, Termine, die die Motive ausdrücklich als Auslegungsregeln bezeichnen[2]) und die es im Sinne Stammlers und der Motive zweifellos auch sind, anzuwenden[3]).

Wählt man, wie billig, den Zweck des Gesetzes zur Grundlage der Entscheidung, so gelangt man zu folgendem Ergebnisse:

1. Sollen gewisse Rechtsfolgen nur dann eintreten, wenn sie dem Parteiwillen entsprechen oder nur dann, wenn ein Geschäft abgeschlossen wurde, aus dessen Wesen oder Begriff sie sich ergeben (Gruppe 1), so treten sie in der That nur dann ein, wenn sie von der Partei gewollt wurden, wenn die Partei ein Geschäft, das diese Rechtsfolgen bewirkt, abschließen wollte. Ein zwischen dem Gläubiger und einem Gesamtschuldner vereinbarter Erlaß wird daher nur dann auf die übrigen Schuldner wirken, wenn es sich nachweisen ließe, daß die Vertragschließenden das ganze Schuldverhältnis aufheben wollten[4]) und der Leihbibliothekar wird das seinem Kunden vermietete Buch nicht zurückfordern dürfen, weil er seiner infolge eines nicht vorhergesehenen Umstandes bedarf[5]); denn der Vertrag, den sie abgeschlossen haben, erscheint nicht als Leihe sondern als Sachmiete, wenn die Parteien ihn auch als Leihe bezeichneten und wirklich eine Leihe abzuschließen glaubten[6]).

2. Die in Auslegungsregeln (Gruppe 2a) angeordneten Rechtsfolgen, die der Gesetzgeber des vermutlichen Parteiwillens wegen eintreten läßt, werden ausgeschlossen, sobald es sich nachweisen ließe, daß die Parteien sie nicht gewollt haben. Der Preis zu dem verkauft worden ist, wird daher gewiß nicht für den Wiederkauf gelten[7]), wenn es sich zeigen sollte, daß die Parteien beim Ab

---

[1]) Recht der Schuldverh., S. 66.
[2]) Motive I, S. 282.
[3]) A. a. O., S. 61.
[4]) § 423.
[5]) § 605.
[6]) Danz in Iherings Jahrb. XXXVIII, S. 480 flg., besonders S. 481, N. 1.
[7]) § 497.

schluß des Vertrags geglaubt haben, er könnte auch höher oder niedriger sein.

3. Zum Ausschluß der Rechtsfolgen, die der Gesetzgeber angeordnet hat, um für die Fälle vorzusorgen, an die die Parteien bei Vornahme des Rechtsgeschäfts nicht zu denken pflegen (Gruppe 1 b), genügt es nicht, daß nachgewiesen werde, daß sie dem Parteiwillen im konkreten Falle nicht entsprächen, daß sie an den Fall bei Vornahme des Geschäfts gedacht und ihn anders geregelt wissen wollten als es der Gesetzgeber thut; es müßte überdies festgestellt werden, was die Parteien für diesen Fall bestimmen wollten. Stammler nimmt daher mit Recht an, daß ein ergänzender Rechtssatz schwerer beseitigt wird, als eine Auslegungsvorschrift[8]). Denn diese fällt schon ganz dahin, sobald es feststeht, daß die Parteien etwas anders gewollt haben als das Gesetz vorschreibt, der ergänzende Rechtssatz, erst wenn feststeht, was die Parteien an seine Stelle setzen wollten.

4. Damit die Fürsorgevorschriften (Gruppe 1 c) außer Anwendbarkeit gesetzt werden, muß vorliegen, daß die Partei, deren Interesse sie wahrnehmen, den ernsten Willen gehabt habe, auf den ihnen vom Gesetze zugedachten Vorteil zu verzichten. Nicht etwa, wie Planck anzunehmen scheint[9]), ein Uebereinkommen der Parteien ist erforderlich, sondern blos die ganz einseitige Willensrichtung dessen, den das Gesetz in Schutz nehmen will. Zum Ausschlusse der Gewährleistung genügt nach dem BGG. fast überall[10]), daß der Erwerber des mangelhaften Gegenstandes bei Abschluß des Vertrags oder beim Empfang der Leistung den Mangel gekannt und sich die Rechtsmittel nicht vorbehalten hat; ebenso wird ein erklärter oder aus den Unständen zu entnehmender Verzicht des Gesamtschuldners bei Vereinbarung des Gesamtschuldverhältnisses notwendig sein um ihm das Recht zu nehmen, von seinen Mitschuldnern den Ersatz des auf sie entfallenden Betrags der von ihm berichtigten Gesamtschuld zu verlangen.

Auf so einfache Grundsätze lassen sich allerdings die Regeln über die Rechtssätze nicht zurückführen, die die Gesetzeswirkung normieren. Nicht blos sind die verschiedenen Gruppen verschieden zu behandeln, sondern es treten auch innerhalb der einzelnen Gruppen verschiedene Strömungen hervor.

---

[8]) A. a. O., S. 69.
[9]) Bd. 1, S. 21.
[10]) Vergl. § 544. (Dieses ist jedoch kein fürsorgender Rechtssatz.)

Am einheitlichsten ist die Gesetzeswirkung dort geregelt, wo das Gesetz eine Vereinbarung für nichtig oder unwirksam erklärt. Solche Vereinbarungen werden, wenn nicht das ganze Geschäft infolgedessen nichtig ist, so behandelt, wie wenn sie nicht getroffen wären. Diese Rechtsfolgen sind jedem Einfluß der Parteien vollständig entrückt. Dasselbe gilt vom richterlichen Mäßigungsrechte gegenüber unverhältnismäßig hoher Vertragsstrafe und unverhältnismäßig hohem Mäklerlohn, vom Ausschluß des Vorkaufsrechts gegenüber dem Verkauf im Wege der Zwangsvollstreckung und durch den Konkursverwalter [11]). Das BGB. thut daher nur ein übriges, indem es auch die Vereinbarung eines Strafgedinges für unwirksam erklärt, wenn das Versprechen der Leistung unwirksam ist [12]).

Anders schon bei anfechtbaren, widerruflichen, kündbaren Geschäften. Daß der Antragsteller in seinem Antrage auf die Anfechtung wegen Irrtums und auf die Anfechtung des zustandekommenden Vertrags wegen unrichtiger Uebermittelung verzichten kann, ergiebt sich wohl schon daraus, daß es den bei einem Vertrage Beteiligten frei stehen muß, die Eigenschaften der Person oder Sache zu bezeichnen, die sie als „wesentlich“ angesehen wissen wollen [13]). Aus dem Verzicht ist allerdings nicht zu entnehmen, daß die Parteien „bei Kenntnis der Sachlage“ die Erklärung abgegeben hätten; es ist möglich, daß sie den Vertrag bei Kenntnis der Sachlage nicht abgeschlossen hätten, daß sie jedoch die Gefahr eines Irrtums, oder um einen hier besonders passenden versicherungstechnischen Ausdruck zu gebrauchen, das Risiko, mit in den Kauf nehmen wollen. Die „unanfechtbare Polizze“ wird daher auch nach dem neuen deutschen Recht unanfechtbar bleiben. Dagegen ist es wohl zweifellos, daß bei Vornahme eines Rechtsgeschäfts auf die Anfechtung desselben wegen arglistiger Täuschung oder Drohung nicht verzichtet werden kann [14]).

Inwieweit eine Vereinbarung zulässig ist, die den Verzicht auf die Kündigung oder den Widerruf ausschlösse, ist aus dem Gesetze fast überall leicht zu entnehmen. Der Ausschluß der Kündbarkeit ist ausdrücklich und unbedingt für unwirksam erklärt worden im Falle der Vereinbarung höherer als 6 prozentiger

[11]) § 276,2, 443, 460,2 2, 476, 340, 600, 637, 654, 343, 655, 512.

[12]) § 344, 1297,2.

[13]) § 119,1, 120. Das BGB. macht eben die Frage der Anfechtbarkeit wegen Irrtums oder unrichtiger Uebermittlung zur Auslegungsfrage.

[14]) § 123.

Zinsen und der Miete einer gesundheitsschädlichen Wohnung[15]). Der Ausschluß der Kündigung nach dreißig Jahren ist zweifellos nicht zulässig bei einer Miete oder Pacht, die nicht für Lebenszeit einer der Parteien, aber für längere Zeit als dreißig Jahre, der Ausschluß der Kündigung nach fünf Jahren bei Dienstverhältnissen die für Lebenszeit oder für mehr als fünf Jahre eingegangen werden[16]). Der Verzicht auf den Widerruf und die Kündigung ist selbstverständlich in den Fällen zulässig, wo das Gesetz ausdrücklich vorschreibt, das Geschäft werde unwiderruflich oder unkündbar, wenn der zum Widerrufen oder zur Kündigung Berechtigte die die Widerruflichkeit oder Kündbarkeit begründende Thatsache gekannt hat, und trotzdem dem Vertragabschluß oder der Vornahme des Geschäftes zustimmte[16a]).

Für unzulässig halte ich den Ausschluß des Kündigungsrechts, das für den Fall gewährt wird, daß der Vermieter und Verpächter die Zustimmung zur Untermiete und Unterpacht verweigert[17]). Dieses Kündigungsrecht ist ja nicht nur der einzige, nichtsweniger als vollwertige Ersatz für das bisher überall anerkannte Recht der Untermiete und Unterpacht, sondern auch das einzige Mittel, das Verbot derselben überhaupt erträglich zu machen. Man setze einen Beamten mit großem Vermögen und geringem Diensteinkommen, der eine teure Wohnung für zehn Jahre mietet und nachträglich das Vermögen verliert. Bisher konnte er sich dadurch helfen, daß er die Wohnung in Untermiete gab: das ist ihm jetzt verwehrt. Wenn man nun auch den Ausschluß des Kündigungsrechts gestattet, so stellt man es offenbar dem Hauseigentümer anheim, ihn und seine Familie an den Bettelstab zu bringen, oder ihn zu zwingen, die Auflösung des in besseren Zeiten abgeschlossenen Mietvertrages durch Aufopferung des letzten Restes seiner Habe zu erkaufen. Ebenso traurig könnten sich die Verhältnisse gestalten, wenn ein Mann, der etwa aus geschäftlichen Gründen eine große Wohnung oder große Geschäftsräume mietete, lange vor Ablauf der Mietzeit arbeitsunfähig wird, oder ein Pächter lange vor Ablauf der Pachtzeit stirbt und eine Frau und unmündige Kinder zurückläßt, die die Pacht nicht fortsetzen können, sobald, was zweifellos möglich ist, die Kündigung für den Todesfall ausgeschlossen wurde. Das

[15]) § 247, 544.
[16]) § 567, 624, Cosack, S. 476.
[16a]) § 109,2, 178, 180,2, 1358,1,2,1, 1397,2. 1830.
[17]) § 549,1,2, 581, a. M. wohl Cosack, S. 476.

sind keineswegs ausgeklügelte Fälle, sondern tägliche Vorkommnisse. Es ist aber doch nicht wahrscheinlich, daß der Gesetzgeber durch den Ausschluß der Unterpacht und der Untermiete ganze Familien und Existenzen zu Grunde richten wollte, es ist vielmehr anzunehmen, daß er ihnen durch Einräumung des Kündigungsrechts einen Ersatz für das Verbot geben wollte, der sie wenigstens vor dem Aeußersten bewahrt. Kann ja zweifellos auch das auf ganz ähnlichen Gründen beruhende, der Konkursmasse eingeräumte Kündigungsrecht durch Vereinbarung der Parteien nicht ausgeschlossen werden[17a]). Auch der Ausschluß des den Beamten, Militärpersonen und Lehrern für den Fall ihrer Versetzung nach einem anderen Ort gewährten Kündigungsrechts[18]), dürfte eher als unzulässig zu bezeichnen sein. Dafür sprechen wohl dieselben Gründe des allgemeinen Wohls und der Billigkeit, wie für diese Vorschrift überhaupt.

Der Ausschluß der Kündigung ist an sich zulässig bei der Gesellschaft, die für eine bestimmte Zeit oder für die Lebenszeit eines Gesellschafters eingegangen ist, sowie bei der Vereinbarung, wodurch das Recht, die Aufhebung der Gemeinschaft zu verlangen, aufgehoben oder beschränkt wird[19]) beim Auftrag der Ausschluß der Kündigung seitens des Auftraggebers, bei der Geschäftsführung eines Gesellschafters, seitens des geschäftsführenden Gesellschafters[19]); das Kündigungsrecht tritt jedoch wieder in Kraft und zwar zweifellos trotz entgegenstehender Vereinbarung, sobald ein wichtiger Grund vorliegt. Unwirksam ist auch der Ausschluß des Rechts zur Kündigung des Dienstverhältnisses ohne Einhaltung einer Kündigungsfrist, „wenn ein wichtiger Grund vorliegt“[20]). Das ist wohl unabweislich, weil es dem rücksichtsloseren oder brutalen Vertragsteile nicht gestattet werden kann, das Dienstverhältnis in Sklaverei umzugestalten[21]).

Der Verzicht auf den Widerruf ist ausdrücklich für zulässig erklärt worden bei der Auslobung[22]), ausdrücklich für unzulässig bei der Schenkung[23]) und in einem gewissen Sinne bei der An-

17a) Konkurs-Ordnung, § 17, S. 1.

18) § 570.

19) § 723, 724, 671,2, 712, 749.

20) § 626.

21) Pland II, S. 365, Cosack, S. 516 und wohl auch Schollmeyer, das Recht der einzelnen Schuldverh. S. 58, N. 3.

22) § 658.

23) § 530—533.

weisung[24]). Die an sich zulässige Ausschließung des Widerrufs der Bestellung eines Vereinsvorstandes und der Geschäftsführung eines Gesellschafters verliert die rechtliche Wirkung, wenn wichtige Gründe für den Widerruf vorliegen[25]). Unzulässig ist wohl auch der Verzicht auf den Widerruf der Stiftung und des Auftrags[26]). Das letztere könnte allerdings mit Rücksicht auf den Wortlaut der gesetzlichen Bestimmung mit guten Gründen bestritten werden: allein dafür spricht die Analogie der Bestellung des Vorstandes eines Vereins und der Geschäftsführung eines Gesellschafters. Sprechen doch die Motive dem Auftraggeber das Widerrufsrecht „gemäß dem Wesen des Auftragsvertrages" zu[27]).

Der Verzicht des Gesellschafters auf das Recht der persönlichen Kenntnisnahme der Gesellschaftsangelegenheiten und der Büchereinsicht ist nur von bedingter Rechtswirkung, er verliert die Wirkung, „wenn Grund zur Annahme unredlicher Geschäftsführung besteht"[28]). Er wird daher ähnlich behandelt, wie der Verzicht auf das Recht, den Auftrag oder die Gesellschaft zu kündigen. Dem ausgeschiedenen Gesellschafter und dem Auftraggeber ist der Verzicht auf das Recht der Information und selbst auf Rechenschaft ohne jede Einschränkung gestattet[29]), ein Unterschied in der Behandlung, der sich kaum rechtfertigen läßt.

Schwierig gestaltet sich die Beantwortung von Fragen, zu denen die Vorschriften über die Verjährung, Verwirkung der Ansprüche durch Zeitablauf und Kraftloserklärung Anlaß geben. Das BGB. enthält allgemeingiltige Bestimmungen überhaupt nur über den Einfluß der Parteien auf die Verjährung, indem es den Ausschluß und die Erschwerung der Verjährungsfrist als unwirksam, die Erleichterung der Verjährung, insbesondere die Abkürzung der Verjährungsfrist als wirksam behandelt. Die Verjährungsfrist des Anspruchs auf Gewährleistung sowohl wegen Mangels einer zugesicherten Eigenschaft beim Kaufe und andern Verträgen über Veräußerung und Belastung der Sache gegen Entgelt, als auch beim Werkvertrage, kann auch verlängert werden[30]). Man wird daraus den Schluß ziehen dürfen, daß andere Aenderungen in den

---

[24]) § 790, Motive II, S. 560.
[25]) § 27,1, 712.
[26]) § 81, 617, a. M., Schollmeyer a. a. O., S. 70.
[27]) § 597. [28]) § 716.
[29]) Motive II, S. 632.
[30]) § 225, 477,1/2, 480,1/2, 490,1,2, 493, 638,1.

Voraussetzungen und Wirkungen der Verjährung als die gesetzlich anerkannten wirkungslos sind, daß insbesondere nicht nur Ansprüche, die nach einer ausdrücklichen gesetzlichen Bestimmung unverjährbar sind[31]), rechtsgeschäftlichen Ursprungs können davon nur die Ansprüche aus ins Grundbuch eingetragenen Rechten oder der Anspruch auf Aufhebung einer durch Rechtsgeschäft begründeten Gemeinschaft sein[32]) — sondern auch Ansprüche, für die sich im Gesetze keine Verjährung angeordnet findet, nicht als verjährbar begründet werden können[32a]).

Was die Fristen betrifft, so bestimmt das BGB. über die Vorlegungsfrist bei Schuldverschreibung auf den Inhaber, daß ihre Dauer und ihr Beginn „von dem Aussteller in der Urkunde anders bestimmt werden können", über die Frist zur Ausübung des Vorkaufs- und Wiederkaufsrechts, daß an Stelle der gesetzlichen eine andere gesetzt werden kann[33]). Ueber andere gesetzliche Fristen findet sich keine Vorschrift. Cosack will diese Fristen daher[34]) als ganz starre zeitliche Begrenzung behandeln und sie namentlich jedem Einflusse der Parteien entziehen. Es fragt sich, ob es sich nicht eher empfehlen würde, die Grundsätze über die Verjährung, insbesondere auch die Bestimmungen über Hemmung und Unterbrechung, aber auch über die Möglichkeit der Erleichterung und Unzulässigkeit der Erschwerung auf sie anzuwenden. Der Grund, warum das BGB. einer Verjährungsfrist eine Präklusivfrist vorzog, ist nicht selten ein rein äußerlicher: weil es sich nicht um einen Anspruch handle und eine Verjährung der Klagen dem BGB. unbekannt sei[35]). Dieses kann jedoch die jede Billigkeitserwägung und jede Berücksichtigung des Parteiwillens ausschließende Starrheit nicht rechtfertigen. Selbstverständlich kann dieses nicht von den Fristen gelten, die nicht blos unter den Parteien wirken sollen: auf die sind Parteivereinbarungen und persönliche Verhältnisse der Parteien ohne Einfluß[36]).

In Betreff der positiven Gesetzeswirkungen bestimmt das BGB.:

1. über das Recht des Schuldners jede im Inlande zahlbare Geldschuld in Reichswährung zu berichtigen: es werde dadurch

---

[31]) Motive I, S. 345, Planck I, zu 225.

[32]) § 758, 902 vergl. darüber Cosack, Lehrb. d. d. bürgerl. Rechts, S. 253 flg.

[32a]) Vergl. KP. bei Haidlen zu § 1024.

[33]) § 503,2, 510,2/2, 801,3.   [34]) Cosack, a. a. O., S. 265.

[35]) Motive I, S. 209, II, 304. K. P. bei Haidlen zu § 561.

[36]) § 51, 176.

ausgeschlossen, daß die Zahlung in ausländischer Währung ausdrücklich bedungen ist;

2. über die strenge Haftung der Gastwirte, daß ein Anschlag, durch den der Gastwirt die Haftung ablehne, ohne Wirkung sei; eine Ablehnung durch ausdrückliche Vereinbarung mit dem Gaste ist daher wirksam;

3. über die Verpflichtung des Dienstberechtigten zur Fürsorge in Betreff des Lebens und der Gesundheit, die religiösen und sittlichen Bedürfnisse des Verpflichteten, daß die Bestimmungen durch Vertrag weder aufgehoben noch beschränkt werden können[37].

Die Anordnung, daß das akzessorische Pfandrecht (Hypothek und Mobiliarpfand, nur mit der Forderung übertragen werden könne, hat eine verschiedene Bedeutung bei der Hypothek und beim Mobiliarpfandrechte: sollte die Uebertragung der Forderung ohne Hypothek beabsichtigt sein, so ist das Geschäft ungiltig[37a]), sollte die Uebertragung der Forderung ohne Mobiliarpfandrecht beabsichtigt sein, so erlischt das Pfandrecht[37b]). Der Grund der verschiedenen Behandlung liegt darin, daß die Aufhebung der Hypothek durch Rechtsgeschäft die Löschung derselben voraussetzt[37c]). Die Parteien können daher bei der Hypothek denselben Erfolg wie beim Mobiliarpfande erreichen, wenn sie die Hypothek löschen lassen; es handelt sich nur um die Einhaltung der Form. Die Uebertragung der Hypothek oder des Pfandrechts ohne Forderung ist immer ungiltig[37d]).

Die andern hierher gehörenden Bestimmungen geben in ihrem Wortlaute keinen Aufschluß darüber, wie weit die darin enthaltene Anordnung dem Parteiwillen weicht. Es ist daher Sache der Wissenschaft, der Aufgabe, die das Gesetz ihr überwiesen hat[38]), gerecht zu werden. Man muß dabei davon ausgehen, daß das Gesetz dort, wo es die Interessen der Allgemeinheit ins Auge faßt, es der Willkür der Parteien im Zweifel nicht zugleich anheimstellen will, wie weit sie bei Vornahme des Geschäfts diesen Interessen Rechnung tragen, und daß der Schutz des Schwachen vor Uebervorteilung und Ausbeutung durch den Starken recht kümmerlich ausfällt, wenn

---

37) § 244, 701,3 618, 619.

37a) M. III, S. 706 flg.

37b) § 1250,2.

37c) M. IV, S. 860 flg.

37d) § 1153,2, 1250,1.

38) Motive I, S. 17.

es dem Starken freisteht, den Schwachen zu zwingen oder zu veranlassen, auf diesen Schutz zu verzichten. Man könnte es allerdings für gewagt halten, die Entscheidung über den zwingenden oder nichtzwingenden Charakter des Rechtsatzes von so allgemeinen, dem subjektiven Ermessen unterliegenden, notwendigerweise schwankenden Erwägungen abhängig zu machen. Allein dafür, daß ein Rechtssatz zwingend oder nichtzwingend sei, spricht keine Vermutung, die Frage darnach aber, einmal aufwerfen, muß auch entschieden werden und zwar nach den allgemeinen Grundsätzen über die Auslegung der Gesetze, denen diese Gesichtspunkte entsprechen dürften.

Es ist daher anzunehmen, daß die Bestimmungen über die Einwirkung der Sonn- und Feiertage auf Termine und den Ablauf der Fristen „zwecks Herbeiführung einer verstärkten Sonntagsheiligung“ [39]), sowie über die Rückgewähr der zur Fortführung der Wirtschaft nötigen Früchte, die „aus Gründen des volkswirtschaftlichen Interesses“ ins Gesetz aufgenommen worden ist [40]), nicht durch eine andere Vereinbarung ersetzt werden können. Dasselbe läßt sich wohl auch von den Vorschriften behaupten, die den Dienstberechtigten verpflichten zur Gewährung der vereinbarten Vergütung, selbst wenn der Dienstverpflichtete für eine verhältnismäßig nicht erhebliche Zeit durch einen in seiner Person liegenden Grund ohne sein Verschulden an der Dienstleistung verhindert wird [41]), zur Gewährung einer angemessenen Zeit zur Aufsuchung eines anderen Dienstverhältnisses nach der Kündigung, zur Erteilung eines Zeugnisses nach Beendigung des Dienstverhältnisses; die erste beruht ja „auf sozialpolitischen Rücksichten und auf Gründen der Humanität“, deren Wahrung Sache des Gesetzes, nicht der Parteien ist. Die beiden letzteren haben öffentlich rechtlichen Charakter. Dagegen ist wohl die Auffassung richtiger, daß der Bauhandwerker auf den ihm vom Gesetze eingeräumten Pfandrechtstitel durch Vereinbarung mit dem Besteller verzichten kann [42]). Es spricht allerdings vieles dagegen, und die sozialpolitischen Erwägungen sind auch gewiß von großer Bedeutung, auf denen die Bewegung zu Gunsten einer bessern Sicherung der Bauhandwerker beruht: aber man kann nicht übersehen, daß sich die II. Reichskommission nur höchst widerwillig

---

[39]) § 193, Reichstags-Kommissionsbericht.

[40]) § 593, M. II, 441 andere Ansicht Planck II, zu § 593: „die ergänzende Vorschrift des § 593“ u. Cosack, S. 473.

[41]) § 616, 629, 636, so Planck zu § 630 u. A. Cosack, S. 511 flg. Motive II, S. 463, 468. [42]) § 648.

zu einer Konzession an diese Bewegung entschloß, daß diese einen beabsichtigten rein privatrechtlichen Charakter hat, und den Uebelständen, die die Bewegung hervorgerufen haben, und die die Reichsgesetzgebung seither zu viel weitergehenden Maßregeln veranlaßten, weder abhelfen will noch abhelfen kann. Es handelte sich nur darum, da man durchaus darnach verlangte, einen Anspruch anzuerkennen, der „dem im größten Teile Deutschlands (Preußen, Bayern, Württemberg) bisher geltenden Rechte“ entspricht[43]).

Die vereinsrechtlichen Vorschriften tragen ein eigentümliches Gepräge. Es handelt sich hier um die Bestimmungen, daß der Verein einen Vorstand haben müsse, daß das fehlende Vorstandsmitglied in dringenden Fällen durch ein vom Amtsgericht zu bestellendes ersetzt werden könne und daß die Mitgliederversammlung auf Verlangen des zehnten Teils der Mitglieder berufen werden müsse[44]). Die Bedeutung dieser Gesetzesstellen liegt andrerseits darin, daß sie auch dann zur Anwendung kommen, wenn die Satzung darüber nichts enthält, daß die Anmeldung des Vereins zur Eintragung ins Vereinsregister zurückzuweisen ist, wenn die Satzung dem Gesetze in dieser Beziehung zuwiderläuft, ohne daß aber die Eintragung ungiltig wäre, wenn sie trotzdem vorgenommen wurde; es könnte aber der Vorstand jedenfalls bestellt werden[45]), das Amtsgericht wäre befugt, fehlende Mitglieder des Vorstandes in dringenden Fällen zu ersetzen und auf ordnungsmäßiges Verlangen höchstens des zehnten Teils der Mitglieder, diese Mitglieder zur Berufung der Mitgliederversammlung zu ermächtigen, selbst wenn in der Satzung darüber nichts oder Abweichendes enthalten wäre.

Die rechtsgeschäftlichen Ansprüche, die gegen dritte Personen gehen, beruhen, wie bereits bemerkt wurde, auf Normen, die gegenüber dem einen Rechtsgeschäft als ergänzende Rechtssätze erscheinen, dem anderen Rechtsgeschäft gegenüber dagegen Gesetzeswirkungen sind. Im Verhältnisse der Parteien zu einander, können daher die Ansprüche gegen dritte unter ganz derselben Voraussetzung ausgeschlossen erscheinen, wie sonst die Wirkungen ergänzender Normen, nicht blos durch Erklärung der Parteien, sondern auch, wenn sich aus der Würdigung des Rechtsgeschäfts ergiebt, daß die im Gesetze angeordnete Wirkung der Parteiabsicht nicht entspricht. Es ist z. B. nicht ausgeschlossen, daß der Satz, Kauf bricht nicht Miete, außer Anwendung bleibt, wenn etwa

[43]) K. P. bei Haidlen zu § 648.

[44]) § 26,1, 29, 37.

[45]) nach § 27, vergl. Planck zu § 26.

der frühere Eigentümer die Wohnung, die er überhaupt nicht vermieten wollte, dem Mieter auf dessen Bitten halb als Almosen für einen besonders niedrigen Zins überlassen hat; denn in einem solchen Falle ging der Wille der Parteien schwerlich dahin, auch ein gegen Dritte widerstandsfähiges Rechtsverhältnis zu begründen. Daß der Schuldner mit seinem Gläubiger vereinbaren kann, daß der Uebernehmer seines Vermögens für die Schuld nicht werde aufzukommen haben, ergiebt sich aus dem Wortlaute der gesetzlichen Bestimmung [46]).

Wenn dagegen der Erwerber eines Hauses den Miet- oder Pachtvertrag, der Sondernachfolger des Teilhabers einer Gemeinschaft das von ihm getroffene Uebereinkommen über Verwaltung und Benutzung des gemeinschaftlichen Gegenstandes, über den Ausschluß des Rechts, die Aufhebung der Gemeinschaft zu verlangen oder über die Bestimmung einer Kündigungsfrist, der dritte, dem der Mieter, Pächter oder Entleiher den Gebrauch der Sache überlassen haben, den Rückforderungsanspruch des Vermieters oder Verleihers, der Uebernehmer und der Nießbraucher eines Vermögens die Schulden des Uebergebers und des Bestellers, derjenige, dem ein Pfandgläubiger die Forderung samt Mobiliarpfand übertragen hat, die mit dem Pfandrechte verbundenen Verpflichtungen gegen den Verpfänder, der Cessionär die Rechte des debitor cessus gegen sich gelten lassen müssen [47]), so kann diese Gesetzeswirkung des von ihnen mit dem Vermieter, Verpächter, dem Teilhaber der Gemeinschaft, dem Mieter, Pächter, Entleiher, früheren Pfandgläubiger abgeschlossenen Vertrages durch eine anderweitige Vereinbarung der Parteien nicht ausgeschlossen werden. Dieses ergiebt sich schon daraus, daß ein Eingriff in Rechte eines andern, am Rechtsgeschäfte nicht Beteiligten, geschehen würde. Das Gesetz thut ein Uebriges, wenn es bei der Schuldübernahme eine solche Vereinbarung ausdrücklich für unwirksam erklärt. Auch gegenüber dem Ablösungsrecht des beteiligten Dritten ist sie selbstverständlich unwirksam [48]).

Die Annahme läge wohl nahe, daß die Rechtsfolgen eines Rechtsgeschäfts, die ohne jeden Zusammenhang mit dem Parteiwillen eintreten, auch der Einwirkung der Parteien grundsätzlich entrückt sind; dies wäre aber voreilig. Was die Bestimmungen des BGB. betrifft, so sollen die Verpflichtungen des Dienstberechtigten, dem erkrankten Dienstverpflichteten ärztliche Hilfe und Verpflegung

[46]) § 571—578, 419,3.

[47]) § 419, 571—578, 550,3, 581, 604,4, 1086—1089, 1251,2. Vergl. § 1056. [48]) § 419,3, 268.

zu gewähren, durch Vertrag weder aufgehoben noch beschränkt werden können[49]), ebensowenig kann der Verein die Haftung für seine Organe ausschließen. Die Bestimmung über den Vereinssitz ist nicht zwingend[50]). Daß die Parteien jedoch die Haftung für das negative Vertragsinteresse ausschließen oder einschränken können, ist wohl zweifellos: die Schadenersatzpflicht soll ja doch nur den, der auf die Giltigkeit der Erklärung oder des Vertrages vertraut, vor Nachteil bewahren[51]) und durch den vertragsmäßigen Ausschluß der Haftung für das negative Interesse erklärt er, auf die Giltigkeit der Erklärung oder des Vertrages nicht zu vertrauen. Selbst durch einseitige Erklärung des Antragsstellers kann die Haftung ausgeschlossen werden; wer sich trotzdem mit dem Antragssteller einläßt, darf auf die Giltigkeit der Erklärung oder des Vertrages nicht mehr vertrauen.

Die eingehende Untersuchung, ob die Folgen der Rechtssätze, die die Ausübung, Sicherstellung oder Geltendmachung der rechtsgeschäftlichen Ansprüche betreffen, vom Parteiwillen irgendwie modificiert werden können, würde nur lose mit dem Gegenstande dieser Abhandlung zusammenhängen. Es handelt sich um ein Grenzgebiet zwischen Privatrecht und Civilprozeß, das überdies zum großen Teile mehr dem Prozeß als dem Privatrecht angehört. Es soll daher nur bemerkt werden, daß die Bestimmungen des BGB. über die Ausübung der Rechte, Selbstverteidigung und Selbsthilfe, Sicherheitsleistung und Hinterlegung, Offenbarungseid, über die Vorgänge bei der Eintragung der Vereine und Entziehung der Rechtsfähigkeit, Genehmigung und Umwandlung der Stiftung[52]), insofern sie blos das Verfahren und nicht auch die materiellen Grundlagen desselben betreffen, offenbar keine Modifikationen durch Privatwillkür vertragen. Ebenso zweifellos dürfte es sein, daß die Parteien über das Zurückbehaltungsrecht, die Erfüllung der Forderung und die Aufrechnung Vereinbarungen treffen können[53]). Vereinbarungen über die Liquidation einer Gesellschaft, sind nach ausdrücklicher Bestimmung giltig[54]), Bestimmungen der Satzung über die Liquidation des Vereinsvermögens, insoweit unverbindlich, als sie die Liquidatoren von ihrer

---

[49]) § 617, 619. [50]) § 24, 31. [51]) § 122, 307.

[52]) § 42—44, 72—77, 80, 87, 226—231, 232—240, 372—386 dazu Bülow im Archiv für civ. Pr. LXIV, S. 1 flg. und Wach, Handb. I, 188.

[53]) § 273, 274, 366, 367, 387—396, 263, 381,1, 334, 349.

[54]) § 731, 732—735.

gesetzlichen Haftung nicht loszählen können[55]. Die Beweisregeln des BGB. dürften jedenfalls durch Vertrag abgeändert werden können: es sprechen viel mehr Gründe für die Verbindlichkeit außergerichtlicher Beweisverträge als dagegen[56]. Insbesondre könnte bei der unübersehbaren Zahl der Beweisregeln des BGB. eine Beschränkung der Parteienautonomie in dieser Richtung geradezu zu einer Fessel des Verkehrs werden.

Eine bisher kaum untersuchte Frage ist es, ob es den Parteien gestattet ist, die Verfolgbarkeit eines Anspruchs einzuschränken oder abzuschwächen, ob sie etwa eine Verbindlichkeit im Vorhinein als natürliche begründen können. Es spricht nichts für eine Beschränkung der Vertragsfreiheit nach dieser Richtung, die Frage dürfte daher zu bejahen sein. Das österreichische BGB. bestimmt, der Richter habe, wozu die Erfüllung der Verbindlichkeit und nach Möglichkeit oder nach Thunlichkeit versprochen wurde, die Erfüllungszeit nach Billigkeit festzusetzen. Auf Grund dieser Bestimmung erblickt die Rechtsprechung in einer Vereinbarung dieser Art eine Abschwächung der Verfolgbarkeit: bei schlechter Vermögenslage des Schuldners wird die Klage „zur Zeit" abgewiesen oder es werden dem Schuldner Ratenzahlungen bewilligt[56a].

Aber auch wo Gesetzeswirkungen von den Parteien ausgeschlossen werden können, genügt dazu wohl nie, daß, wie bei den Willenswirkungen, ein dahin gerichteter Parteiwille festgestellt werden könne. Es setzt dies stets eine besondere rechtsgeschäftliche Bestimmung[57], bei Verträgen einen ausdrücklichen Verzicht auf den im Gesetz zugedachten Vorteil voraus; wie dies das Gesetz in Bezug auf den Verzicht, auf den Widerruf der Auslobung in der That bestimmt[58]. Für die Vereinbarung der Zahlung in ausländischer Währung und den Ausschluß der strengen Haftung der Gastwirte bestehen besondere Bestimmungen; der Verzicht auf die

---

[55]) § 50—52, 53.

[56]) § 282, 345, 358, 367, 442, 542, 636,2 und die aus der Fassung sich ergebenden Beweisregeln. Dagegen Bülow a. a. O., S. 62. Kohler, Prozeßrechtl. Verträge (in gesammelten Beitr. zum CPR. § 154 fl.). Pollak, Forum prorogatum (in Grünhuts Ztschr. XVII, S. 72). Doch immer mit Bezug auf den prozessualen Beweis, vergl. z. B. § 141, 533, 619.

[56a]) Vergl. die von v. Schey in seiner Ausgabe des A. BGB. zu § 904 angeführten Entscheidungen des OGH.

[57]) Planck, S. 21.

[58]) § 658,2.

Widerruflichkeit der Auslobung soll vermutet werden, wenn eine Frist für die Vornahme der Handlung bestimmt ist[59]).

Es mag nochmals daran erinnert werden, daß es sich hier immer nur um die Frage handelt, ob die Rechtsfolgen eines Geschäfts schon bei der Vornahme anders gestaltet werden können als das Gesetz vorschreibt. Inwiefern dies durch ein nachträglich abgeschlossenes Geschäft geschehen könne, ist eine Frage ganz anderer Art, die zum Teil ganz anders zu beantworten ist als die hier in Rede stehende[60]). Es kommt dann vor allem darauf an, ob das zweite Geschäft giltig, ob die damit gewährten Ansprüche veräußerlich und verzichtbar sind, was im wesentlichen nach allgemeinen Grundsätzen zu entscheiden ist.

Legt man nun an alle diese Rechtssätze, die Rechtsfolgen obligatorischer Geschäfte bestimmen, den Maßstab der herrschenden Auffassung des Gegensatzes des zwingenden und nichtzwingenden Rechts an, so gelangt man zu folgendem Ergebnisse:

Nichtzwingend sind alle Rechtssätze, die Willensfolgen von Rechtsgeschäften anordnen.

Von den Rechtssätzen, die Gesetzesfolgen der Rechtsgeschäfte festsetzen, sind zwingend:

1. die eine Vereinbarung als nichtig oder unwirksam bezeichnen[61]),

2. die Vorschrift, die sich auf die Anfechtbarkeit einer Erklärung wegen arglistiger Täuschung oder widerrechtlicher Drohung bezieht[62]),

3. zweifellos der Rechtssatz, der die Kündbarkeit der mit mehr als 6% verzinslichen Forderungen und einer gesundheitsschädlichen Wohnung, der nicht für Lebenszeit aber für mehr als 30 Jahre eingegangenen Miete und Pacht, des für mehr als fünf Jahre eingegangenen Dienstverhältnisses, nach der hier vertretenen Auffassung auch der die Kündbarkeit der Pacht und Miete wegen verweigerter Zustimmung zur Unterpacht und Untermiete, der Wohnungsmiete bei Beamten, Militärpersonen, Lehrern wegen Versetzung[63]) festsetzt,

4. der Rechtssatz über die Widerruflichkeit der Schenkung und der Anweisung, wohl auch der Stiftung und des Auftrages[64]),

---

[59]) § 658,2 2. [60]) Vergl. § 533.
[61]) § 276,2, 443, 460,2,2, 476, 340, 600, 637, 654, 343, 344, 655, 512.
[62]) § 123. [63]) § 247, 544, 567, 624, 549,1 2, 581.
[64]) § 530—533, 790, 81, 617.

5. die Rechtssätze über die Fristen, die Dritten gegenüber wirken sollen[64a]),

6. der Rechtssatz über die Verpflichtung des Dienstberechtigten zur Fürsorge in Betreff des Lebens und der Gesundheit, der religiösen und sittlichen Bedürfnisse des Dienstverpflichteten[65]), zur Gewährung einer Zeit zum Aufsuchen eines anderen Dienstverhältnisses und zur Erteilung eines Zeugnisses,

7. wohl auch der Rechtssatz über Sonntags- und Feiertagsruhe, über die Verpflichtung des Pächters zur Rückgewähr der zur Fortführung der Wirtschaft notwendigen Früchte nach Beendigung der Pacht, und die Verpflichtung des Dienstberechtigten zur Gewährung der vereinbarten Vergütung im Falle unverschuldeter kurzer Verhinderung des Dienstverpflichteten[66]),

8. die Vorschriften über das Vorhandensein des Vereinsvorstandes, über das Recht des Amtsgerichts in dringenden Fällen Vorstandsmitglieder zu ernennen und zur Berufung einer Mitgliederversammlung die Ermächtigung zu erteilen[67]),

9. die Bestimmungen über die Verpflichtung des Erwerbers einer vermieteten oder verpachteten Sache gegenüber dem Mieter und Pächter, des Sondernachfolgers des Teilhabers einer Gemeinschaft aus dem Uebereinkommen, das dieser über die Verwaltung und Benützung des gemeinsamen Gegenstandes oder Ausschluß oder Beschränkung des Rechts, die Aufhebung der Gemeinschaft zu verlangen getroffen hat, über die Haftung des Dritten, dem der Mieter oder Entleiher den Gebrauch der Sache überlassen hat, gegenüber dem Vermieter oder Verleiher für die Rückstellung, des Uebernehmers eines Vermögens gegenüber dem Gläubiger des Uebergebers, über das Ablösungsrecht des beteiligten Dritten[68]),

10. die Bestimmung, daß das Pfandrecht an einer beweglichen Sache erlischt, wenn die Forderung ohne Pfandrecht übertragen wird[68a]),

11. die Bestimmungen über die Verpflichtung des Dienstberechtigten zur Gewährung ärztlicher Hilfe und Verpflegung an den

---

[64a]) § 51, 176. [65]) § 618, 619, 629, 630.
[66]) § 193, 593, 616. [67]) § 26,1, 29, 37.
[68]) § 268, 419, 571—578, 556,3, 581, 604,4.
[68a]) § 1250,2.

erkrankten Dienstverpflichteten, über die Haftung des Vereins für seine Organe [69]).

12. endlich die Vorschriften über die Ausübung der Rechte, Selbsthilfe und Selbstverteidigung, Sicherheitsleistung und Hinterlegung, Offenbarungseid, Vorgang bei Eintragung der Vereine und Entziehung der Rechtsfähigkeit, Genehmigung und Umwandlung der Stiftung, Pflichten der Liquidatoren des Vereinsvermögens [70]).

Nichtzwingend im Sinne der herrschenden Terminologie sind folgende Rechtssätze, die sich auf Gesetzeswirkungen der Rechtssätze beziehen:

1. über Widerruflichkeit und Kündbarkeit eines ohne Kenntnis einer bestimmten Thatsache oder ohne Zustimmung des zum Widerrufe und Kündigung Berechtigten vorgenommenen Geschäfts [71]),

2. über die Widerruflichkeit der Auslobung [72]),

3. über den Pfandrechtstitel der Bauhandwerker [73]),

4. über die Verpflichtung zum Ersatze des negativen Interesses im Falle der Anfechtung der Willenserklärung wegen Irrtums oder unrichtiger Uebermittelung oder der Nichtigkeit wegen Unmöglichkeit der Leistung [74]),

5. über die Erfüllung von Forderungen, die Aufrechnung, das Zurückbehaltungsrecht, über die Liquidation einer Gesellschaft und die Beweisregeln des BGB. [75]).

Die Gesetzeswirkungen einzelner Rechtssätze können vom Parteiwillen wohl beeinflußt werden, aber nur in einer bestimmten Art und Weise; hierher gehören:

1. der Rechtssatz, daß jede im Inlande zahlbare Schuld in Reichswährung berichtigt werden kann, ist ohne Wirkung, wenn die Zahlung in ausländischer Währung ausdrücklich bedungen ist [76]).

---

[69]) § 31, 617, 619.

[70]) § 42—44, 72—77, 80, 87, 226—231, 232—240, 372—386, 50—52, 53.

[71]) § 109,2, 178, 180/2, 1358,1,1/2, 1397,2, 1830.

[72]) § 658.

[73]) § 648.

[74]) § 127, 307.

[75]) § 731—735, 360, 367, 387—396, 263, 273, 274, 481,1, 282, 345, 358, 363, 442, 542,2, 636,2.

[76]) § 244.

2. Die strenge Haftung der Gastwirte kann nicht ausgeschlossen werden durch einen Anschlag, womit der Gastwirt die Haftung ablehnet[77]).

Andere Gesetzeswirkungen können durch Vereinbarung der Parteien wohl ausgeschlossen werden, aber nur bis zu einem gewissen Grade, nur in gewisser Beziehung. Man könnte diese Rechtssätze als relativ zwingend oder relativ nicht zwingend bezeichnen. Es sind dieses folgende:

1. Die Bestimmungen über die Kündigung einer für eine bestimmte Zeit oder für Lebenszeit geschlossene Gesellschaft, über die Kündigungen der Geschäftsführung der Gesellschaft durch den geschäftsführenden Gesellschafter, über die Aufhebung einer Gemeinschaft, über die Kündigung eines Dienstverhältnisses und des Auftrags durch den Beauftragten, der Verzicht auf die persönliche Kenntnisnahme der Gesellschaftsangelegenheiten durch den Gesellschafter und Einsicht der Bücher und Papiere, über den Widerruf der Bestellung eines Vereinsvorstandes, über den Widerruf der Geschäftsführung eines Gesellschafters durch die anderen Gesellschafter wirken nicht, wenn die Parteien etwas anderes vereinbart haben: sie werden jedoch wieder wirksam, wenn „wichtige Gründe" vorliegen[78]).

2. Die Verjährung kann erleichtert, insbesondere die Verjährungsfrist abgekürzt, dagegen nicht erschwert werden, die Verjährungsfrist des Anspruchs auf Gewährleistung wegen Mangels einer zugesicherten Eigenschaft beim Kaufe, verwandten Verträgen und beim Wiederkaufe kann auch verlängert werden[79]). Andere Modifikationen sind unzulässig.

3. Die Dauer und der Beginn der Vorlegungsfrist einer Schuldverschreibung auf den Inhaber können vom Aussteller in der Urkunde anders bestimmt werden, die gesetzliche Frist zur Ausübung des Vorkaufs- und Wiederkaufsrechts kann durch eine andere ersetzt werden[80]). Andere Modifikationen sind unzulässig.

Eine Art von Rechtssätzen wurde bisher nicht berücksichtigt: die kodifizierte Verkehrssitte. Da sie, wie bereits erwähnt worden,

---

77) § 701,3.
78) § 570, 671, 712, 716, 723, 724, 749, 27,1.
79) § 225, 477,1/2, 480,1/2, 490,1/2, 493, 558, 638,1, 758, 902.
80) § 503/2, 520,2/2, 801,3.

durch die Kodifizierung einen zwischen Auslegungsregel, ergänzendem Rechtssatze und fürsorgendem Rechtssatze schwankenden Charakter erhält, so wäre die aufgeworfene Frage durch den Hinweis auf das über diese Arten von Rechtssätzen gesagte erledigt. Aber daran knüpft sich eine andere Frage: die Frage des Verhältnisses dieser der Verkehrssitte entnommenen Rechtssätze zu der lebenden, nicht kodifizierten Verkehrssitte und das Verhältnis der lebenden, nicht kodifizierten Verkehrssitte zu dem übrigen, die Rechtsfolgen der Rechtsgeschäfte regelnden Rechte.

Seitdem in der Laband'schen Abhandlung das Wesen der Usance dargelegt worden ist, wurde die Auffassung zur herrschenden, die in ihr nichts erblickt, als einen „stillschweigend vereinbarten Bestandteil" des Rechtsgeschäfts, insbesondere des Vertrages: diese Auffassung wird von sämtlichen Handelsrechtslehrern und für das allgemeine Privatrecht mit größtem Nachdrucke von Leonhard und neuerdings von Danz verteidigt[81]). Den schärfsten Ausdruck findet in der von den Handelsrechtslehrern allgemein vertretenen Ansicht, die, den „stillschweigend" erklärten Inhalt des Rechtsgeschäfts dem ausdrücklich erklärten vollkommen gleichstellend, den dispositiven Rechtssatz, also nach der herrschenden Terminologie jeden Rechtssatz, der durch den Willen der Parteien beeinflußt werden kann, durch die Usance zurückdrängen lassen will.

Es ist ein Verdienst Karl Adlers, daß er dieser Strömung entgegengetreten ist und eine bisher ganz unbeachtete Seite der Usance hervorgehoben hat[82]): Die Usance sei keineswegs so harmlos wie man bisher gewöhnlich annahm, sondern hatte nicht selten eine ausgesprochene antisoziale Tendenz und sei nicht immer ein vereinbarter, sondern ebenso häufig ein aufgedrungener Vertragsbestandteil; „den Arbeiter herrscht sie an der Eingangspforte seiner Arbeits- und Leidensstätte als Fabriksordnung an, der Käufer

---

[81]) So auch Ehrlich, Die stillschw. Willenserkl., S. 40 flg.

[82]) Zuerst in einem für weitere Kreise bestimmten Aufsatze in der Wiener Wochenschrift „die Zeit", — dann in seinen Artikeln: die Umgestaltung des deutschen Handelsrechts in der „Monatsschrift für Handelsrecht und Bankwesen." Leider ist der Sonderabzug des ersten Teils dieser Arbeit erschöpft und die Monatsschrift selbst mir unzugänglich. Ich beziehe mich darauf hier nach dem Gedächtnisse und führe nur den mir im Sonderabzuge vorliegenden den zweiten Teil einleitenden „Rückblick" an. Billigend: Georg Cohn im Archiv f. bürgerl. Recht XII, S. 249 und Burchard in Jur. Litteraturbl. 1896, S. 194.

eines wollnen Mantels findet sie als unechten Einschlag im Gewebe, dem Stammgast setzt sie der Kellner als tief unter der Aichlinie schäumende „Borte" im Bierhumpen auf den Tisch, der Kunde des Bankiers findet den Handelsgebrauch in den zierlichen Drucksachen, die ihm nach Eingehen der Verbindung auf den Schreibtisch flattern. Wenn die Gesetzgebung der Börse unbequem wird, wie in unseren Tagen, dann beginnen die Konferenzen der Juristen und Bankmänner, und das Resultat sind neue Geschäftsbedingungen und Usancen, die die Wirkung des Gesetzes ganz oder teilweise vereiteln. Die Entwicklung des deutschen Börsenrechts steht unter dem Zeichen eines unheilvollen Kampfes zwischen Gesetzgebung und Usance." „Die inneren Entwicklungstendenzen der Usance werden doch immer zu jener Ausbeutung im ökonomischen Kampfe führen, der eine soziale Gesetzgebung entgegentreten muß".

Diese Ausführungen enthalten neben einigen Einseitigkeiten und Uebertreibungen[*³]) sehr viel Wahres. Man darf eben nie übersehen, daß die Verkehrssitte immer nur von einem bestimmten Kreise, der zugleich eine Interessengruppe ist und auch innerhalb dieses Kreises von der darin maßgebenden, kleineren aber mächtigsten Interessengruppe gebildet wird. Die Abdikation der staatlichen Gesetzgebung zu Gunsten der Usancenbildung der Interessengruppen sollte nicht befürwortet werden: es ist Aufgabe der Wissenschaft und Rechtspflege, jedem Versuch nach dieser Richtung entgegenzutreten.

Es ist nicht hier der Ort, auf diese Fragen einzugehen. Mit dem Gegenstande dieser Abhandlung steht das Problem nur soweit im Zusammenhange, als es das Verhältnis des Rechtsgeschäfts zum Rechtssatze betrifft, und in dieser Beziehung dürfte Karl Adler vor allem deswegen zu weit gehen, weil er wohl mit Unrecht annimmt, daß das Reichsrecht der Rechtsprechung keine Handhabe giebt, gegen Uebergriffe von Seiten der „Verkehrssitte" anzukämpfen. Schon die bisher herrschende Meinung verlangte fast ausnahmslos, daß die Usancen ehrlich seien: es lag nicht an ihr, wenn die Rechtsprechung sich um die Qualität der Usancen wenig kümmerte und die Richter nicht selten so vorgingen, als ob sie gegenüber der Sachverständigenaussage über den Bestand der

[*³]) Insbesondere ist die Auffassung der Fabriksordnung als Usance ganz unrichtig. Diese hat einen anderen Charakter und die notwendige Ueberwachung ist hier von ganz anderer Art wie bei der Usance.

Verkehrssitte keine andere Aufgabe hätten als sie entgegenzunehmen. Darüber hinaus ging das BGB.; mit sehr charakteristischer Wendung will es die Verträge so ausgelegt wissen, wie Treu und Glauben mit Rücksicht auf die Verkehrssitte es erfordern, und es hat damit wohl alles gethan, was an ihm war, damit über der Rücksicht auf die Verkehrssitte Treu und Glauben nicht vergessen werde. Daß die Bestimmung auch in Handelssachen anzuwenden ist, dürfte kaum bezweifelt werden können[84]). Es handelt sich nur noch darum, daß die Rechtsprechung zum Bewußtsein der Vollmachten, die ihr erteilt wurden, komme, und nicht, wie bisher gewöhnlich, glaube, der Richter müsse schweigen, nachdem die Sachverständigen gesprochen haben.

Andrerseits muß genau darauf geachtet werden, daß die Usancen ihr Geltungsgebiet nicht überschreiten. Personen, die außerhalb des Kreises stehen, in dem die Usance herrscht, sind ihr nicht unterworfen, selbst wenn die dem Kreise angehörenden Sachverständigen aussagen sollten, daß eine solche Usance thatsächlich bestehe. Fraglich kann dann nur noch sein, ob jemand nicht dadurch, daß er ein Geschäft abschloß, auch schon in den Kreis getreten ist, für den die Usance gilt; es wird dies regelmäßig beim Händler, häufig beim Gewerbetreibenden und Produzenten, fast nie beim Konsumenten der Fall sein[85]).

Kann man aber mit der herrschenden Meinung die Wirkung der Verkehrssitte auch innerhalb ihres unbestrittenen Geltungsgebietes der der Vereinbarung der Parteien in einem einzelnen Falle vollständig gleichstellen? Kann man ihr insbesondere, — und darauf kommt es ja hier an — die Kraft einräumen, die in nichtzwingenden Rechtssätzen angeordneten Rechtsfolgen bei allen ins Herrschaftsgebiet der Usance fallenden Geschäften auszuschließen? Soll es etwa den Kaufleuten gestattet sein, die Gefahr beim Kaufe, die sie nach dem neuen Reichsrecht bis zur Uebergabe tragen sollen, durch eine Usance auf den Käufer abzuwälzen? Man wird diese Frage kaum mit der herrschenden Meinung bejahen können, wenn man bedenkt, daß zwischen dem einzelnen Vertrage und der Verkehrssitte, die auf Tausende von Verträgen wirken soll, ein Unterschied besteht; daß das Recht auf Massenerscheinungen zu

---

[84]) Vergl. Gareis, Handelsgesetzbuch vom 10. Mai 1897 zu § 346 (S. 608), der freilich nur § 242 anführt.

[85]) So auch Regelsberger, Pandekten, S. 102, Note 11. Danz, Auslegung, S. 159 flg.

reagieren pflegt, auch wo es sich der Einzelerscheinung gegenüber passiv verhält, daß der staatliche Gesetzgeber es dem Einzelnen ganz wohl überlassen kann, für seine individuellen Bedürfnisse selbst nach eigenem Ermessen vorzusorgen, aber deswegen noch nicht zu verzichten braucht auf das ganze Verkehrsleben, den ihm gebührenden Einfluß zu nehmen.

In der That, die Förderung der unehrlichen Verkehrssitte ist nicht die einzige Gefahr, die von dieser Seite droht: es handelt sich um die Wahrung der Autorität der staatlichen Gesetzgebung, der ihr zukommenden Macht über das Verkehrsleben. Man hat viel darüber gestritten, ob durch Zulassung des möglicherweise partikularen Gewohnheitsrechts die Rechtseinheit nicht gefährdet werde; wie es um die Rechtseinheit bestellt ist, wenn jede Börse und jeder Markt zum Gesetzgeber wird, diese Frage wurde merkwürdigerweise nicht aufgeworfen. Die Interessen, die der Staat für würdig hält, um sie durch Fürsorgenormen zu fördern, durch nachgiebiges Recht vor Nachteilen zu schützen, werden nicht selten der Usance unsympathisch sein: soll der Staat sie ihr preisgeben?[86a]) Das am 1. Jänner 1900 außer Kraft tretende allgemeine deutsche Handelsgesetzbuch stimmt nicht unbedingt zu der herrschenden Auffassung: es gestattet durch Vertrag eine längere oder kürzere Zeitdauer des Dienstverhältnisses der Handlungsgehilfen, eine längere oder kürzere Kündigungsfrist festzusetzen, spricht aber der Usance in dieser Beziehung jede Wirkung ab[86]).

Damit ist selbstverständlich der Verkehrssitte nicht jede Bedeutung einem nichtzwingenden Rechtssatze gegenüber abgesprochen: sie ist aber ihm gegenüber nichts mehr als ein bloßes Auslegungsmittel des einzelnen individuellen Rechtsgeschäfts. Man wird sich zweifellos auf die Verkehrssitte berufen dürfen, um zu erhärten, daß die Parteien das gar nicht gewollt haben, was das Gesetz mit Rücksicht auf den Parteiwillen anordnet, es wird gestattet sein, durch die Verkehrssitte den Beweis zu erbringen, daß die Parteien für den Fall, für den ein Rechtssatz in Ermangelung einer andern Uebereinkunft, etwas bestimmt, eine ganz andere Maßregel treffen

---

[86a]) Darauf weist schon Gerber, Jur. Abhandlungen S. 265, nachdrücklichst hin.

[86]) Art. 61, Abs. 1. Dieses ergiebt sich insbesondere aus dem Gegensatze zu Art. 61, Abs. 2, wo die Berücksichtigung örtlicher Verordnungen und des Ortsgebrauchs angeordnet ist, im Gegensatze zum 1. Absatze. Die Bestimmung ist jetzt durch § 67, Abs. 2 wohl mehr als ersetzt.

wollten, die Verkehrssitte wird immer als Beleg für die Behauptung dienen können, daß die Parteien den Vorteil, den ihnen das Gesetz zugedacht hat, gar nicht haben, daß die Parteien eine gewisse Rechtsfolge geradezu ausschließen wollten. Aber der Beweis eines solchen Parteiwillens ist dadurch selbstverständlich nicht erbracht, daß der Bestand der Verkehrssitte erwiesen wird, und der Richter wird sich die Ueberzeugung nicht leicht beibringen lassen dürfen, daß in diesem konkreten Falle in der That staatliches Recht durch Verkehrssitte gebrochen wurde. Freilich, haben die Parteien an eine Usance in der That gedacht, haben sie sie während der Unterhandlungen erwähnt, ist die ganze Vereinbarung nur mit Rücksicht auf die Usance überhaupt zu verstehen, dann kann sie immerhin auch gegenüber nichtzwingendem Rechte zur Geltung kommen[87].

Die Frage des Verhältnisses des Willens zum Rechte, das Grundproblem einer jeden Rechtswissenschaft, an dieser Stelle zu erschöpfen, kann nicht die Aufgabe dieser Zeilen sein. Nicht einmal in besonderer Anwendung auf den rechtsgeschäftlichen Willen und das Recht des BGB. wäre dieses möglich. Es mag jedoch gestattet sein, dem soeben in ganz allgemeinen Umrissen entworfenen Bilde mehrere Betrachtungen hinzuzufügen.

Es ist eine bisher zu wenig beachtete Thatsache, daß der Rechtssatz durch die bloße Aufnahme ins Gesetz, durch die bloße Macht dieser Fixierung, ein gewisses natürliches Gewicht erlangt, das selbst dort seinen Einfluß äußert, wo dies der Absicht des Gesetzgebers offenbar widerspricht. Bei den Rechtssätzen, die die Rechtsfolgen von Geschäften bestimmen, tritt dies in einer ganz auffallenden Tendenz nach Zunahme der Widerstandskraft gegenüber dem Parteiwillen zu Tage. Was man immer auch anfangen möge, man wird es nie hindern können, daß die Auslegungsregel in der Praxis wie ein ergänzender Rechtssatz, der ergänzende Rechtssatz wie nachgiebiges Recht behandelt wird, daß mit einem Worte, immer das Bestreben zu Tage trete, diese Rechtssätze, die nach dem Willen des Gesetzgebers nur dort gelten sollen, wo sie dem vermutlichen Parteiwillen entsprechen, oder wo es nicht klar ist,

---

[87]) Trotz der nunmehr fast 90jährigen Geltung des § 908 des österr. BGB. herrscht noch in Wien hie u. da die alte Uebung, wonach die Wohnungsmiete rückgängig gemacht werden könne, wenn man binnen 24 Stunden das Angeld zurückstellt. Die Berücksichtigung dieser Uebung wäre im konkreten Falle nicht im Vorhinein abzuweisen.

was die Parteien vereinbaren wollten, auch dort zur Anwendung zu bringen, wo sie dem Parteiwillen offenbar zuwiderlaufen, wenn dies nicht durch eine jeden Zweifel beseitigende Erklärung ausgeschlossen worden ist. So beobachtet der Oberste Gerichtshof in Wien seit jeher unverbrüchlich den Grundsatz, daß mehrere Gesamtschuldner einer teilbaren Leistung immer nur für ihren Anteil haften, sobald sie sich nicht ausdrücklich zur eingeteilten Hand verpflichteten: davon weicht er selbst dann nicht ab, wenn für die Absicht der Parteien, eine Gesamtverbindlichkeit zu begründen, alles, dagegen gar nichts spricht[88]). Und doch ist es zweifellos, daß das österr. BGB. in den betreffenden Bestimmungen nur eine Auslegungsregel geben wollte[89]), daß eine solche Rechtsübung daher den Willen des Gesetzgebers verzerrt und dem Verkehrsleben in unnützer Weise Zwang anthut: und sie ist um so verwerflicher, als sie, wie jeder unnütze Formalismus, Betrügereien begünstigt. Das ROHG. mußte einmal dem Versuche entgegentreten, die von einem rechtsunkundigen Schmied auf Probe gekauften Zigarren ihm als zur Probe gekauft aufzudrängen, weil er von dem gewandteren Verkäufer sich bewegen ließ, in einer über den Kauf ausgestellten Urkunde die Zigarren als zur Probe gekauft zu bezeichnen[90]). Der Betrugsversuch beruhte hier ausschließlich auf der, freilich in letzter Instanz getäuschten Erwartung, daß die Gerichte die Auslegungsregel, die das allgemeine deutsche Handelsgesetzbuch für den Ausdruck: Kauf zur Probe gab[91]), wie einen nachgiebigen Rechtssatz behandeln werden.

Die zweite Betrachtung, zu der diese Ausführung Anlaß giebt, ist, daß die reine Auslegungsregel durch ihre Aufnahme ins Gesetz, nur wenig von ihrem Charakter als bloße Anleitung zur Auslegung von Willenserklärung einbüßt und nie zu einer vollgiltigen Rechtsnorm wird. Dies tritt insbesondere in internationalen Rechtsfällen zu Tage: denn bei Auslegungsregeln tritt hier die Grundfrage des internationalen Privatrechts, welchem Rechte der Fall

---

[88]) Vgl. hier den Fall in der Glaser-Unger'schen Sammlung, Bd. XXVIII, No. 13256 (1890).

[89]) § 891: „Versprechen mehrere Personen ein und dasselbe Ganze zur ungeteilten Hand dergestalt, daß sich Einer für Alle und Alle für Einen ausdrücklich verbinden, so haftet jede einzelne Partei für das Ganze". § 888 und 889 enthalten ergänzende Rechtssätze.

[90]) Seuff. Arch. XXV, 263 (1871) und ROHG. II., S. 188.

[91]) Art. 341, HGB.

unterworfen sei, ganz hinter die Frage zurück, ob es wahrscheinlich sei, daß die Auslegungsregeln des anzuwendenden Rechts der Absicht der Parteien entsprechen. In zahlreichen gerichtlichen Entscheidungen wurde dies anerkannt. Das ROHG. erkannte, daß die Bestimmungen des HGB. über den Umfang der Handelsvollmacht[92]) unanwendbar seien auf einen im Auslande „abgeschlossenen Vollmachtsvertrag", selbst wenn es sich um die Wirksamkeit eines im Inlande auf Grund dieser Vollmacht vorgenommenen Rechtsgeschäfts handelt. Die Begründung ist insofern gewiß anfechtbar, als sie sich auf den äußersten Standpunkt der Willenstheorie stellt: hier kommt sie aber insofern in Betracht, als sie für die Auslegung einer solchen Vollmacht nicht die gesetzlichen Auslegungsregeln des deutschen Rechts, dem das im Inlande auf Grund der Vollmacht vorgenommene Rechtsgeschäft unterworfen ist, sondern den Sprachgebrauch und die Gewohnheit „des Ortes, wo die Vollmacht erteilt wird", für maßgebend erklärt, und darauf hinweist, daß nicht angenommen werden kann, daß, wer eine Vollmacht erteilt, von der in verschiedenen Ländern Gebrauch gemacht werden soll, „die *Absicht* habe, sich der mannigfachen, möglicherweise nicht zu übersehenden Gestaltung seines Rechtsverhältnisses zu unterwerfen, welche das geschriebene oder Gewohnheitsrecht des Rechtsgebiets mit sich bringt"[93]). Denselben Grundsatz brachte das ROHG. in einer Entscheidung zur Geltung über der Auslegung eines Vertrages, worin es darauf ankam, ob der Berechnung der nach dem Wortlaute des Vertrages in österr. Währung zu leistenden Zahlung die in Oesterreich damals geltende Währung oder die Goldwährung zu Grunde zu legen sei. Das ROHG. hat nur geprüft, „ob die Parteien für die Feststellung des Schuldbetrages die Metallwährung oder die Papierwährung haben zu Grunde legen wollen". Obwohl die Verbindlichkeit in Oesterreich erfüllt werden sollte, nach den Grundsätzen des internationalen Privatrechts also ausschließlich das letztere anzunehmen war[94]), wurde doch das letztere angenommen, mit Rücksicht auf die *aus der Vertragsauslegung* sich ergebende Absicht der Parteien: denn die Parteien gehörten dem österr. Staatsverbande nicht an, hatten auch in einem andern Lande den Wohnsitz, wo die österr.

---

[92]) Art. 47, 49, 50 allg. d. HGB. und § 54, 55, 56 HGB.
[93]) Seuff. XXVIII 48, ROHG. 872, ROHG. VIII 151.
[94]) *Bar*, Lehrb. des intern. Privat- und Strafrechts S. 114.

Währung nicht gebräuchlich, dagegen das Verhältnis, nach dem die Umrechnung der österr. Währung in Goldwährung stattfindet, allgemein bekannt war[95]). Auch das OAG. Lübeck scheint bei der Beurteilung eines Kaufs nach Probe, der in Hamburg mündlich zwischen dem Vertreter eines englischen Hauses und einem Hamburger abgeschlossen wurde und in Liverpool zu erfüllen war, denselben Standpunkt eingenommen zu haben. Es faßt das Geschäft als Kauf nach Probe im Sinne des allgemeinen deutschen Handelsgesetzbuchs, nicht im Sinne des englischen Kaufs auf, dem zufolge die Standardprobe weniger genau einzuhalten ist und in der Begründung schimmert die damals noch als solche nicht bekannte, aber von diesem Gerichte bei seinem feinen Gefühle für die Bedürfnisse des Verkehrs stets befolgte „Erklärungstheorie" durch, ohne daß die Frage des anzuwendenden Rechts auch nur gestreift wird: „Wer an einem gewissen Orte nach Muster verkauft, muß den dort bestehenden Begriff der Probe als maßgebend anerkennen, und die Folgen einer sich etwa zeigenden Probewidrigkeit in solcher Art tragen, wie solche nach dem Rechte und der Geschäftsweise des betreffenden Orts bestimmt werden"[96]).

Angesichts dessen könnte man immerhin die Frage aufwerfen, ob es sich nicht empfehlen würde, die Auslegungsregeln dorthin zu verweisen, wohin sie ihrer Natur nach viel eher, als ins Gesetz gehören, in die litterarischen Hilfsmittel der Rechtspflege. So wenig aber ein gewisses Mindestmaß von Auslegungsregeln in einem modernen Gesetze entbehrt werden zu können scheint, so darf wohl bezweifelt werden, ob dies auch dann der Fall gewesen wäre, wenn der Urquell aller modernen Gesetzbücher nicht eine Kodifikation gewesen wäre, die im wesentlichen aus Ausschnitten juristischer Schriften und Einzelentscheidungen besteht.

---

95) Seuff. XXVII 13 (820).

96) Kierulff, Sammlung der Entscheidungen des OAG. der vier freien Städte Deutschlands zu Lübeck, Bd. III S. 804, Hamburger Sache 867.

VI.

Die Rechtsfolgen der dinglichen Rechtsgeschäfte.

Als dingliches Rechtsgeschäft bezeichnet die herrschende Lehre ein Rechtsgeschäft, das auf Begründung, Aenderung, oder Aufhebung eines dinglichen Rechts gerichtet ist; nach der bekannten Exnerschen Formel[1]) ist der Wille der Parteien auf ein „Du sollst die Sache, die Servitut haben" (oder wohl auch „Du sollst nicht haben") gerichtet. Wie bereits hervorgehoben worden ist, setzt das dingliche Rechtsgeschäft nach dem BGB. fast ausnahmslos ein voluntäres und ein formales Element voraus: das erste besteht in der auf dingliche Rechtsfolgen gerichteten Willenserklärung, bei dinglichen Verträgen in der Einigung beider Teile über den Eintritt der Rechtsänderung, das zweite bei unbeweglichen Sachen regelmäßig in der Eintragung der Rechtsänderung ins Grundbuch, bei beweglichen Sachen in der Uebergabe des Besitzes unter Umständen auch in einer hinzutretenden rechtsgeschäftlichen Erklärung: (constitutum possessorium, traditio brevi manu, Abtretung des Anspruchs auf Herausgabe). Diese auf dingliche Rechtsfolgen gerichtete Willenserklärung wird vom BGB. zusammen mit den formalen Erfordernissen als besonderes, einheitliches Rechtsgeschäft aufgefaßt.

Aber ein Rechtsgeschäft, das keine anderen als, dingliche Rechtsfolgen nach sich zöge, kommt als solches im Leben, abgesehen von der Aneignung und der Aufgabe eines dinglichen Rechts, wohl auch dem Erwerbe und dem Aufgeben des Besitzes,

[1]) Exner, Tradition, S. 5; ebenso Brinz I, S. 468; IV 301 flg.

nicht vor[2]). Bis auf diese Fälle ist das, was man als „dingliches Rechtsgeschäft" betrachtet, ein künstliches Gebilde, nicht vom Leben, sondern von der Abstraktion geschaffen, ein Ergebnis rein juristischer Auffassung thatsächlicher Erscheinungen. Die Uebergabe, die Auflassung, die Uebertragung, Bestellung oder Aufhebung eines dinglichen Rechts sind in Wirklichkeit immer nur Bestandteile anderer Rechtsgeschäfte: des Kaufs, des Tausches, der Schenkung, des Darlehens, oder Erfüllung einer in anderer Weise entstandenen Verbindlichkeit; erst der Jurist gelangt zum Begriffe der „Uebergabe" oder der „Auflassung", indem er aus dem ganzen Rechtsverhältnis das dinglich Wirksame herausschält[3]). Dieses ganze Rechtsverhältnis begründet aber heutzutage fast ausnahmslos neben dinglichen auch obligatorische Folgen[4]); zum mindesten gewisse Haftungen[5]) obligatorischer Natur treten immer ein. Beim Handgeschenk dürfte allerdings die Absicht der Parteien in der Regel nur auf einen dinglichen Erfolg gerichtet sein; bei anderen Rechtsgeschäften, besonders Verträgen auf Umsatz, die Zug um Zug erfüllt werden, können sie jede Haftung und Gewährleistung ausdrücklich ausschließen; da jedoch die Haftung für Arglist nicht ausgeschlossen werden kann, so bleibt selbst in diesen Fällen eine obligatorische Rechtsfolge.

Es ergiebt sich daraus, daß die vom BGB. versuchte abstrakte Gestaltung des dinglichen Rechtsgeschäfts eigentlich nur für den Juristen besteht. Die Parteien selbst denken nicht daran, das Eigentum zu übergeben oder aufzulassen, sondern sie verkaufen, schenken, leihen es, tauschen es ein. Die Rechtsgeschäfte erzeugen dingliche und obligatorische Folgen, die miteinander auf das innigste

---

[2]) Vergl. hierzu insbesondere Wendt in Jher. Jahrb. XXIX, S. 31 flg. Vielleicht liefern die nachfolgenden Ausführungen den Beweis, daß sich, wenn auch nicht die „Dogmen", so doch die Rechtssätze des BGB. mit dem von Wendt vertretenen Standpunkte in Einklang bringen lassen.

[3]) Das ganze Rechtsgeschäft ist die causa des dinglichen Geschäfts. Loser fassen die Motive III, S. 8, das Verhältnis des dinglichen Vertrages zum obligatorischen Geschäfte auf.

[4]) Auf frühen Entwicklungsstufen des Rechts war allerdings das Gegenteil der Fall: der formlose Kauf oder Tausch bestand darin, daß die Gegenstände übergeben wurden, obligatorische Folgen traten nicht ein. Die Haftung für die Eviktion in Rom, der auctoritatis actio nachgebildet, entsteht offenbar sehr spät. Für das deutsche Recht jetzt Cosack, Lehrb. I, S. 419. Ins gemeine Recht ragt aus jener Zeit nur ein einziges Geschäft, das precarium, hinein. Dieses erzeugt in der That an sich heute noch keine obligatorischen (allerdings auch keine eigentlichen dinglichen) Folgen. Ist dieses auch nach dem BGB. der Fall?

[5]) Im Brinzschen Sinne, Pand., II. Aufl., Bd. II, § 314.

zusammenhängen, sich oft gegenseitig ergänzen. Beim Kaufe wollen die Parteien Eigentum übertragen und für den Eigentumsübergang obligatorisch haften. Wird die Sache beim Abschlusse des Vertrages übergeben, so geht das Eigentum im Sinne des Vertrages sofort über; geschieht dieses später, so bewirkt erst die Uebergabe thatsächlich den Eigentumsübergang. Sind aus Versehen Gegenstände übergeben worden, worauf sich der Vertrag gar nicht bezog, so entsteht mit der Einigung über den Eigentumsübergang die obligatorische Verpflichtung zur Rückstellung nach den Grundsätzen über die Herausgabe der ungerechtfertigten Bereicherung. Wenn aber die Parteien auch bei der Uebergabe nicht darüber einig waren, daß das Eigentum übergehen soll, entsteht in Betreff dieser Sachen keine Rechtsänderung[61]). Kann dagegen die Rechtsänderung im vereinbarten Umfange etwa aus dem Grunde nicht entstehen, weil einzelne Stücke der verkauften und übergebenen Sachgesamtheit gestohlen sind, so tritt die obligatorische Haftung bis zu dem Umfange ein, als die Rechtsänderung nicht eintreten konnte. Dasselbe gilt, wenn das zu begründende Recht nicht in dem Umfange entstehen konnte, wie es vereinbart wurde.

An den Juristen tritt die Aufgabe heran, aus dem Gesamtinhalte des Geschäfts das auszusondern, was nach der Absicht der Parteien dinglich wirken soll, und nach dem Gesetze dinglich zu wirken geeignet ist. Der Teil des Rechtsgeschäfts, in dem sich die auf dingliche Wirkungen gerichtete Absicht der Parteien verkörpert, ist die lex rei dicta: sie ist im modernen Rechte nicht mehr lex rei suae dicta, da dingliche Rechte in großem Umfange auch durch Verfügungen über fremde Sachen entstehen können. Sie soll in der Folge als **dingliche Willenserklärung** bezeichnet werden. Die dingliche Willenserklärung ist der Bestandteil des Rechtsgeschäfts, der das dingliche Recht gestaltet, für dessen Dasein und Inhalt maßgebend ist: begründet wird das dingliche Recht nach Maßgabe der dinglichen Willenserklärung dadurch, daß zu ihr die erforderlichen formalen Elemente hinzutreten: die dingliche Willenserklärung mit den formalen Elementen bildet das dingliche Rechtsgeschäft[62]). Als Ausdruck des rechtsgeschäftlichen Willens hat die dingliche Willenserklärung denselben Charakter wie die obligatorischen Teile des

---

[61]) § 929.

[62]) Dieses entspricht wohl auch im Wesentlichen dem römischen Sprachgebrauch. Vgl. Pernice Labeo, III, S. 19 flg., insb S. 20 zu Anm. 3–5.

Geschäfts. Dafür spricht der innige Zusammenhang, der zwischen ihr und dem letzteren besteht und der eine verschiedene Behandlung beider ausschließt. Anders aber, soweit sie als Quelle von Gesetzeswirkungen erscheint. Die abstrakte Natur des dinglichen Rechtsgeschäfts[6b]) besteht daher nur darin, daß, kraft positiver Vorschrift, die dinglichen Bestandteile eines Rechtsgeschäfts so beurteilt werden müssen, wie wenn sie ein Rechtsgeschäft für sich wären, so daß sie selbst von der Nichtigkeit der übrigen Teile des Geschäfts nicht berührt werden.

Allerdings kann ein dingliches Rechtsgeschäft auch zur Erfüllung einer Verbindlichkeit vorgenommen werden, die nicht durch Rechtsgeschäft begründet worden ist. Dann bildet die dingliche Willenserklärung einen Bestandteil der Einigung, daß die Leistung zur Erfüllung dieser Verbindlichkeit zu dienen habe. Infolge dieser Einigung ist für den Inhalt des zu begründenden dinglichen Rechts der Inhalt der zu erfüllenden Verbindlichkeit maßgebend. Wird etwa eine bewegliche Sache übergeben, um die nicht durch Rechtsgeschäft entstandene Verpflichtung zur Bestellung des Pfandrechts an der Sache zu erfüllen, so richtet sich die Art, das Maß und der Umfang des Pfandrechts nach dem Inhalt dieser Verbindlichkeit; dieser erscheint daher in die über die Uebergabe getroffene Einigung als dingliche Willenserklärung aufgenommen[6c]).

Wenn sich das Sachenrecht gegenüber dem Parteiwillen, der in der dinglichen Willenswirkung verkörpert erscheint, ganz anders verhält als das Obligationenrecht, so sind mehrere Momente dafür maßgebend. Zunächst faßt das Recht das obligatorische Rechtsverhältnis, das durch Parteiwillen begründet wird, ausschließlich als Werk der Parteien auf, die das Rechtsgeschäft vorgenommen haben: der Rechtserfolg soll dem Parteiwillen dienen. Dagegen wird weder vom BGB. noch von den Rechtssystemen, die dessen historische Grundlage bilden, dem römischen und dem deutschen, der Inhalt des Eigentums oder eines Rechts an fremder Sache, auf den Willen der Parteien zurückgeführt, die das rechtsbegründende Geschäft vorgenommen haben. Die dinglichen Rechte des BGB. sind Ergebnis der historischen Entwicklung und ein Element der gesellschaftlichen Organisation, sie sind nicht Erzeugnis

---

[6b]) Auf die hier vertretene an Wendt sich anschließende Auffassung des dinglichen Vertrages behalte ich mir vor, an andrer Stelle zurückzukommen.

[6c]) Vergl. § 1177,1/2.

des Parteiwillens, sondern stehen dem Parteiwillen als etwas Gegebenes gegenüber[7]). Schon daraus ergiebt sich, daß für die Gestaltung der dinglichen Rechtsverhältnisse gesellschaftliche Momente in viel höherem, der individuelle Parteiwille in viel geringerem Maße maßgebend sein müssen, als für die obligatorischen Rechtsverhältnisse. Das obligatorische Recht hat dem individuellen Bedürfnisse zu dienen, des dinglichen Rechts hat sich das Individuum so zu bedienen, wie es durch das gesellschaftliche Kollektivbedürfnis zurecht gehämmert worden ist.

Der Gegensatz des dinglichen und obligatorischen Rechtsgeschäfts wird ferner durch den ganz verschiedenen Charakter des dinglichen und obligatorischen Rechts beeinflußt. Das durch ein Rechtsgeschäft begründete obligatorische Rechtsverhältnis wird durch das begründende Geschäft gleichzeitig auch individualisiert; dieses ist für die juristische Natur und den Inhalt der Obligatio in erster Linie maßgebend. Der Anspruch aus der Miete ist ganz anders beschaffen, wie der aus der Gebrauchsleihe, die Darlehnsforderung trägt ein andres Gepräge, wie die Kaufschillingsforderung. Der Inhalt und der Gegenstand des dinglichen Rechts hängt aber nicht nur nicht von der Art des begründenden Rechtsgeschäfts ab, sondern ist auch im wesentlichen derselbe, das Recht mag infolge eines Rechtsgeschäfts oder infolge einer anderen Thatsache entstanden sein. Das Eigentum, das durch Ersitzung erworben wurde, unterscheidet sich kaum von dem Eigentum, das durch Aneignung oder durch Uebergabe erworben worden ist. Der Rechtserfolg aber, der derselbe bleibt, ob er auf den Parteiwillen zurückgeführt werden kann oder nicht, ist offenbar insoweit vom Parteiwillen unabhängig.

Endlich macht sich auch ein praktischer Gesichtspunkt geltend. Die obligatorischen Rechtsgeschäfte wirken im allgemeinen nur zwischen den Parteien, die sie vorgenommen haben, die dinglichen Rechtsgeschäfte sollen auch Dritten gegenüber wirken. Das BGB. trägt schon bei obligatorischen Rechtsverhältnissen der Möglichkeit der Rückwirkung auf Dritte vielfach Rechnung. Noch mehr muß dieses selbstverständlich bei dinglichen Rechtsverhältnissen der Fall sein. Der Dritte kann aber ein Interesse haben entweder an einer besonderen Gestaltung oder blos an der übersichtlichen Gestaltung des dinglichen Rechtsverhältnisses; nach beiden Richtungen kann daher nicht ausschließlich der individuelle Parteiwille, wie er in

[7]) Motive III, S. 3.

dem konkreten Rechtsgeschäfte Ausdruck findet, sondern es muß auch die Rücksicht auf Dritte als Grundlage für die gesetzliche Regelung dienen.

Alle diese Umstände bewirken, daß der Gegensatz der Willenswirkung und Gesetzeswirkung, der das ganze Recht des obligatorischen Rechtsgeschäfts durchzieht, beim dinglichen Rechtsgeschäfte einen ganz anderen Charakter annimmt. Willenswirkungen erzeugt der in der dinglichen Willenserklärung verkörperte Parteiwille im Allgemeinen nur nach zwei Richtungen hin: in Bezug auf den Gegenstand und die Art des dinglichen Rechts. Ein Rechtsgeschäft freilich, das andre Gegenstände ergriffe, ein anderes Recht begründete, als die Parteien wollten, wäre kein Rechtsgeschäft mehr, sondern eine juristische Thatsache, an die das Recht, vom Parteiwillen unabhängig, bestimmte Rechtsfolgen knüpfte.

In allen anderen Beziehungen erzeugt das dingliche Rechtsgeschäft sowohl dem Gegenstande als auch dem Inhalte des zu begründenden dinglichen Rechtes nach, nur Gesetzeswirkungen: die Parteien müssen das dingliche Recht so nehmen, wie es durch die historische Entwicklung und gesellschaftliche Organisation gegeben, wie es gesetzlich anerkannt und geregelt ist. Sobald das dingliche Recht begründet ist, bezieht es sich auf alle Gegenstände, auf die es sich nach dem Gesetze beziehen sollte, stehen dem Berechtigten alle Befugnisse zu, die ihm kraft des Gesetzes zustehen sollten*); sofern die Gesetzeswirkungen nicht in zwingender Weise angeordnet sind, müssen sie ebenso wie bei obligatorischen Geschäften, durch ausdrückliche Erklärung der Parteien ausgeschlossen werden.

Die allgemeinen Grundsätze über die Auslegung der Willenserklärung werden auf die dingliche Willenserklärung soweit angewendet, als sie Willenswirkungen zu erzeugen bestimmt ist, also insoweit, als der Gegenstand oder die Art des zu begründenden Rechts festgestellt werden soll. Hier kommen Auslegungsregeln, ergänzende, fürsorgende Rechtssätze vor, hier kommt auch die Verkehrssitte in Betracht. Die andern Rechtsfolgen sind Gesetzeswirkungen. Wie bei allen andern Rechtsnormen, die Gesetzeswirkungen erzeugen, so muß auch bei diesen zwischen zwingenden und nichtzwingenden unterschieden werden, je nachdem

*) Kohler in Jher. Jahrb. XVI, S. 106 flg. Das dort in allgemeiner Fassung Ausgeführte gilt vollinhaltlich für den in Betracht gezogenen Fall der Bestellung eines Nießbrauchs, der eben ein dingliches Recht ist.

sie durch den Parteiwillen ausgeschlossen oder anders gestaltet werden können oder nicht. Da es sich aber stets um Ausschließung und Aenderung von Gesetzeswirkungen handelt, so ist dazu ebenso eine ausdrückliche Erklärung erforderlich, wie zur Ausschließung von Gesetzeswirkungen bei obligatorischen Rechtsgeschäften. Der nichtzwingende Rechtssatz ist daher immer von gleicher Kraft: er hat dieselbe Wirkung wie ein Rechtssatz, der in nichtzwingender Weise Gesetzeswirkungen obligatorischer Rechtsgeschäfte bestimmt. Angesichts dessen hat die Unterscheidung von Auslegungsregeln, ergänzenden und fürsorgenden Rechtssätzen, und Rechtssätzen, die in nichtzwingender Weise Gesetzeswirkungen anordnen, bei der dinglichen Willenserklärung insofern keine praktische Bedeutung, als es sich nicht um den Gegenstand oder die Art des dinglichen Rechts handelt: die Unterscheidung behält aber den Wert, soweit es darum zu thun ist, den gesetzgebungspolitischen Zweck einer Rechtsregel anzugeben.

Man hat besonders die praktisch wichtige Seite der hier geschilderten Gestaltung der dinglichen Rechte auf ein dem Sachenrechte eigentümliches „Prinzip der Erkennbarkeit" zurückzuführen versucht: der Inhalt des dinglichen Rechts, das von jedem Beachtung erheischt, solle auch für jeden offen daliegen. Es mag dahingestellt bleiben, ob dieser Grundsatz für ein Recht, das dem Grundbuchswesen diese Ausbildung gegeben hat, wie das BGB. noch dieselbe Bedeutung hat, wie etwa für das römische oder gemeine Recht[9]). Gewiß ist es, daß er das Sachenrecht des BGB. entscheidend beeinflußt hat und in den Materialien vielfach zum Ausdruck kam. Insbesondere betonen die Motive sehr häufig, daß der Inhalt des dinglichen Rechts, der Dritten gegenüber wirksam ist, nicht durch Auslegungsregeln, sondern durch „dispositive Rechtssätze" bestimmt werden muß: darunter sind nach der unsicheren Terminologie des BGB., wie sich vor allem aus dem Zusammenhange ergiebt[10]), Rechtssätze zu verstehen, die durch ausdrückliche Erklärung der Parteien außer Kraft gesetzt werden müssen — nach der hier beobachteten Terminologie daher Rechtssätze, die Gesetzeswirkungen in nichtzwingender Weise anordnen. Am stärksten tritt dies hervor in der Begründung der Bestimmung, daß der Nießbraucher verpflichtet sei, die Hypotheken selbst zu verzinsen: „Diese Frage der Auslegung offen zu lassen, ist nicht angängig,

[9]) Vergl. darüber Eugen Fuchs, Das Wesen der Dinglichkeit, S. 58.
[10]) Vergl. dagegen allerdings M. 1, S. 17 flg.

da das Bestehen der bezeichneten Verpflichtung des Nießbrauchers von Einfluß für den Inhalt des Rechts desselben ist, und folglich auch den Einzelnachfolgern gegenüber Bedeutung hat. Bei der großen praktischen Bedeutung und dem häufigen Vorkommen der Frage ist mithin eine **dispositive Vorschrift** nicht zu entbehren.... Bei dem vertragsmäßigen Nießbrauche wird dagegen der Besteller **wenn er ein Andres will, reden müssen**"[11]). Ebenso begründen die Motive den dispositiven Charakter der Vorschrift, daß der Umfang der beschränkten persönlichen Dienstbarkeit sich nach den persönlichen Bedürfnissen des Berechtigten richtet, damit, daß eine bloße Auslegungsregel nicht genügen würde, „da durch eine solche der Inhalt des ins Grundbuch eingetragenen Rechts **dritten Personen nicht kundgemacht werden würde**"[12]). Die Vorschrift, daß das vertragsmäßige Rücktrittsrecht nicht dingliche sondern nur obligatorische Wirkungen erzeuge, wird in den Motiven durch die Ausführung erläutert: „Soll die Rücktrittserklärung als Resolutivbedingung wirken, so müßten dies die Parteien besonders festgesetzt haben. Die Sicherheit des Verkehrs gebietet, die Konsequenzen der Resolutivbedingung (ipso iure-Rückfall, dingliche Wirkung) fernzuhalten[13]). Dingliche Folgen sollen daher in beiden Fällen nur eintreten, wenn sie **ausdrücklich vereinbart, nicht schon, wenn sie gewollt sind**, da die Rücksicht auf den Dritten zwar nicht eine Beschränkung der Vertragsfreiheit, wohl aber die Berücksichtigung einer bloßen Auslegung der Willenserklärung verbietet"[14]).

Für die Würdigung der Rechtsfolgen des dinglichen Geschäfts in Bezug auf den Gegenstand muß der Sachbegriff den Ausgangspunkt bilden. Es ist jedoch dabei, wie gegenwärtig mit Recht allgemein anerkannt wird, zwischen der Auffassung des Sachbegriffs, die dem Verkehr eigen ist, und der des Sachenrechts genau zu unterscheiden. Für den ersteren handelt es sich darum, auf welche Gegenstände sich nach der Absicht der Parteien eine rechtsgeschäftliche Verfügung bezieht, für das zweite, welche Gegenstände von einem dinglichen Recht ergriffen werden. Das erste bestimmt die Bedeutung einer Willenserklärung, das zweite die Bedeutung der Grundsätze des objektiven Rechts.

---

[11]) M. III, S. 517.
[12]) § 1091, M. III, S. 567.
[13]) M. II, S. 281.
[14]) Vergl. auch KP. bei **Haidlen**, J., § 1284.

Bekanntlich spielt der Gegensatz im römischen Rechte nur eine geringe Rolle. Der Gegenstand des Verkehrs und der dinglichen Rechte ist im wesentlichen derselbe, die „Sache“, ein Körper, dessen Teile miteinander physisch zusammenhängen. Dieser Grundsatz wird ziemlich folgerichtig durchgeführt und beugt sich nicht vor der rechtsgeschäftlichen Autonomie der Parteien. Die Parteien können weder etwas zu einer Sache machen, was eine Sache nicht ist, noch einer Sache die Eigenschaft eines Gegenstandes dinglicher Rechte nehmen. Ein dingliches Recht kann nur an einem physisch zusammenhängenden Ganzen begründet werden; aus mehreren physisch nicht zusammenhängenden Körpern eine rechtliche Einheit nach wirtschaftlichen oder sozialen Gesichtspunkten zu schaffen versuchte in Rom weder das Recht noch die Willkür der Parteien. Insbesondere steht die römische und gemeinrechtliche Lehre vom Zubehör ganz unter der Herrschaft dieser „atomistischen“ Auffassung. Die Verfügung über eine Sache wird auf das Zubehör derselben nur auf Grund der Auslegung des Parteiwillens bezogen und wirkt im Betreff des Zubehörs nur obligatorisch, nicht dinglich, solange nicht auch in Betreff des Zubehörs die Voraussetzungen der Begründung eines dinglichen Rechts vorhanden sind.

Wenn aber auch das römische Recht seinen materialistischen Ausgangspunkt nie ganz überwunden hat, so finden sich darin doch einzelne Ansätze zur Weiterentwicklung. Es mag dahingestellt werden, in wiefern für die Herde und die universitates rerum distantium Ausnahmen von Grundprinzipien bestehen; die wichtigste und am folgerichtigsten durchgeführte enthält wohl das Recht der Grunddienstbarkeiten, die Verbindung eines Grundstückes mit dem Rechte an einem fremden Grundstück, das der wirtschaftlichen Verwertung des Grundstückes zu dienen hat, zu einer Einheit, zu einem untrennbaren, nur als Ganzes selbständigen Gegenstande des rechtlichen Verkehres.

Der moderne Verkehr hat die römischen Ansätze nicht nur entfaltet, sondern den Ausgangspunkt des römischen Rechts vielfach ganz aufgegeben. Es kann nicht mehr im Ernste behauptet werden, daß ein physischer Körper als solcher, ein Stück der unfreien Natur, im Sinne der Auffassung des modernen Verkehrs die sachenrechtliche Einheit wäre. Im Leben wird heutzutage als Sache betrachtet das vom Gesichtspunkte der wirtschaftlichen Verwertung und Verwendung zusammengefaßte Ganze; auf die physische Kohärenz kommt es hierbei gar nicht an. Da ausschließlich der wirtschaftliche Gesichtspunkt maßgebend ist, so geht diese Zusammenfassung von

Sachkörpern zu einem rechtlichen Ganzen in sehr verschiedener Weise nach der Verschiedenheit der Personen und Verhältnisse vor sich[15]. Für den Kleinhändler sind ein paar Schuhe oder ein Anzug, der aus mehreren Stücken besteht, eine einzige Sache, er erwirbt und veräußert nicht das Eigentum an den einzelnen Stücken, sondern am Ganzen. Der Schuhfabrikant und der Kleiderfabrikant bezieht dagegen vielleicht jeden einzelnen Bestandteil seiner Ware aus einer anderen Quelle, für ihn wird daher ein Bestandteil eine Sache für sich sein, der im Kleinhandel als zum Ganzen gehörend angesehen wird. Aber diese Bestandteile sind kaum je als solche Gegenstand des Verkehrs, sondern in größeren Mengen, nach Zahl, Maß und Gewicht abgeteilt und nicht selten in besonderen, dafür bestimmten Verpackungen, Umhüllungen, Umschlägen: sie bilden daher nur in dieser Form eine Sache als Gegenstand des rechtlichen Verkehrs. Für den Konsumenten kommt nur ein Schachbrett mit 32 Figuren, für den Fabrikanten nur 100 Dutzend Bestandteile in Betracht.

In ähnlicher Weise faßt der Verkehr die Hauptsache mit dem Zubehör zu einer Einheit zusammen. Auch durch diese Verbindung entsteht eine Gesamtsache, die als rechtliche Einheit gilt: der Unterschied besteht nur darin, daß das Zubehör in der Regel vom geringeren Werte und geringerer Wichtigkeit ist als die Hauptsache. Es ist jedoch klar, daß das, was der Verkehr als Einheit betrachtet, nicht unter allen Umständen auch eine sachenrechtliche Einheit sein muß. Jede der beiden Auffassungen hat ihr eigenes Gebiet. Die des Verkehrs gilt für die Auslegung der Willenserklärungen, die sachenrechtliche ist für den gegenständlichen Umfang dinglicher Rechte maßgebend[16].

Das BGB. stellt an die Spitze des Sachenrechts den Satz: Sachen im Sinne des Gesetzes sind nur körperliche Gegenstände[17]. Es läßt sich daher nicht bezweifeln, und wurde insbesondere dem übereinstimmenden I. Entwurf gegenüber von Gierke mit großem Nachdruck hervorgehoben, daß das BGB. in Bezug auf die sachenrechtliche Einheit grundsätzlich an dem atomistischen Standpunkte des römischen und gemeinen Rechts festhält. Für die Frage der sachenrechtlichen Einheit soll es nur auf den physischen Zusammenhang des „körperlichen Gegenstandes“ ankommen. Damit stimmt es überein, daß nur über die wesentlichen Bestandteile einer Sache,

---

[15]) Fischer und Henle, Anm. 1 zu § 93.

[16]) Kohler in Iher. Jahrb. XXVI, S. 1 flg. Verhandlg. des XX. d. Juristent., Bd. III. Gutachten von Hachenburg und Kohler. Referat von Hanausek. [17]) § 90.

„die von einander nicht getrennt werden können, ohne daß der eine oder der andere zerstört oder in seinem Wesen verändert wird“[18]), bestimmt wird, daß sie nicht Gegenstand besonderer Rechte sein können, daß dem Nießbrauch am Vermögen ausdrücklich die Anerkennung verweigert wird[19]), daß es an einer allgemeinen Bestimmung über die sachenrechtliche Verbindung des Zubehörs mit der Hauptsache vollständig mangelt[20]): denn die Vorschrift, daß die vertragsmäßige Verpflichtung zur Veräußerung und Belastung einer Sache sich im Zweifel auch auf das Zubehör der Sache erstreckt[21]), ist eine Auslegungsregel, die sich schon ihrem Wortlaute nach nur auf den obligatorischen Vertrag bezieht. Eine bewußte Fortbildung kann nur in den Bestimmungen erblickt werden, daß das dingliche Rechtsgeschäft sich auf die zur Zeit der Veräußerung vorhandenen Zubehörstücke erstreckt, die dem Veräußerer gehören[22]), in einem gewissen Sinne auch in den Bestimmungen über den Sachinbegriff[23]), über das Grundstück samt Inventar[24]).

Welche Bedeutung haben nun diese Bestimmungen? Es müssen zwei Fragen auseinander gehalten werden: die Frage nach der Bedeutung dieser Bestimmungen für die dingliche Willenserklärung als solche, und für das ganze dingliche Rechtsgeschäft, das die dingliche Willenserklärung und die formalen Elemente umfaßt. Im ersten Falle handelt es sich darum, ob die auf dingliche Wirkungen gerichtete Willenserklärung, allerdings unter der Voraussetzung, daß auch den formalen Erfordernissen entsprochen wird, geeignet ist, dingliche Wirkungen zu erzeugen, im zweiten Falle darum, wie die formalen Elemente beschaffen sein müssen, die zu einer Willenserklärung, die an sich dingliche Folgen zu erzeugen geeignet ist, hinzutreten müßten, damit thatsächlich dingliche Folgen entstehen.

Was zunächst die Bedeutung der Bestimmungen des BGB. für die dingliche Willenserklärung betrifft, so muß im Sinne des bereits Ausgeführten unterschieden werden, ob es sich nur um die Auslegung der Erklärung mit Bezug auf den Gegenstand des zu begründenden dinglichen Rechts, oder um den gegen-

[18]) § 93. Ueber und gegen diesen Begriff Fischer und Henle zu § 93 und Otto Fischer, das Problem der Identität und der Neuheit.

[19]) § 1085, M. III, S. 559.

[20]) Vergl. § 790, Entw. I und M. III, S. 65.

[21]) § 314.

[22]) § 926, 1031, 1062, 1093,1/2, 1096, 1120, 1135, 1265.

[23]) § 92,2, 1035.

[24]) § 1048, 588, besonders 588,2/2, dazu noch § 952.

ständlichen Umfang eines dinglichen Rechts handelt. Für die Auslegung der dinglichen Willenserklärung sind die allgemeinen Auslegungsgrundsätze maßgebend; der Verkehrssitte kommt hier die gewöhnliche Bedeutung zu: die gesetzlichen Bestimmungen über wesentliche und unwesentliche Bestandteile, über Zubehör sind daher nur als Auslegungsregeln zu betrachten, also nur dann und insofern anzuwenden, wenn anzunehmen ist, daß sie dem Parteiwillen entsprechen. Wenn es sich dagegen darum handelt, welche Gegenstände ein dingliches Recht ergreift, ob etwa das Eigentum an einem Landgut auch das Inventar ergriffen hat, so hängt die Entscheidung der Fragen davon ab, ob dieses nach den gesetzlichen Bestimmungen zum Zubehör des Gutes gehört. Die Bestimmungen über das Zubehör haben daher in diesem Falle nicht die Bedeutung von Auslegungsregeln, sondern von positiven Anordnungen. Wird einer Vertragsklage auf Uebergabe eines Landguts samt Zubehör stattgegeben, so wird als Zubehör alles zugesprochen, was nach Absicht der Parteien als mit der Sache verkauft, vertauscht zu betrachten ist; wird einer Eigentumsklage auf Uebergabe eines Landguts samt Zubehör stattgegeben, so gilt als Zubehör nur das, was nach den Bestimmungen des BGB. als Zubehör zu betrachten ist.

Für die Auslegung der dinglichen Willenserklärung ist nach allgemeinen Grundsätzen vor Allem die Verkehrssitte entscheidend. Die Parteien, die ein dingliches Recht begründen, bezeichnen den Gegenstand desselben, das Grundstück oder die bewegliche Sache, mit dem in der Gegend oder im Verkehr üblichen Namen: bei Grundstücken geschieht dies jetzt häufig auch durch die Grundbuchsbezeichnung. Das dingliche Recht soll dann alle die körperlichen Gegenstände ergreifen, die nach der Auffassung des Verkehrs die mit diesem Namen bezeichnete Einheit bilden. Eine solche ist zunächst jede Sache, mit allen ihren unwesentlichen Bestandteilen, mit allem Zubehör; wobei es allerdings nur darauf ankommt, was der Verkehr, nicht darauf, was das BGB. kraft des sachenrechtlichen Zusammenhanges als Bestandteil oder Zubehör auffaßt. Faßt der Verkehr mehrere körperliche Gegenstände zu einer Einheit zusammen (ein Paar Schuhe, ein Schachbrett mit 32 Figuren, 1000 Stück Schuhoberteile), so gelten sie auch nach der Absicht der Parteien als Einheit. Nur für die Veräußerung des Eigentums, Bestellung und Aufgabe des Nießbrauchs an Grundstücken und des Wohnungsrechts stellt das BGB. die Auslegungsregel auf, daß diese Geschäfte sich im Zweifel auf das im sachenrechtlichen Zusammenhange mit dem Grundstücke stehende Zubehör beziehen[25]), für das Vorkaufsrecht, daß es sich im Zweifel auf das mit dem Grundstücke im sachenrechtlichen Zusammenhange stehende Zubehör erstrecken solle, das mit dem Grundstücke verkauft wird[26]). Daraus darf aber nicht geschlossen werden, es bestehe eine Vermutung dafür, daß diese Geschäfte nicht Gegenstände umfassen, die zwar nach der Verkehrssitte, nicht aber nach dem BGB. als Zubehör gelten; sondern es ist im Gegenteil die Verkehrssitte in demselben Maße zur Auslegung der Parteierklärungen zu verwerten wie sonst.

Wenn es aber auch zweifellos ist, daß sich das dingliche Rechtsgeschäft wenigstens in der Hauptsache nie auf einen anderen Gegenstand beziehen kann, als den, an dem die Parteien das dingliche Recht begründen wollten, so ist doch dem Parteiwillen auch in dieser Beziehung die Anerkennung vielfach versagt: nicht jede von den Parteien gewollte Verfügung ist auch dinglich wirksam. Zunächst können die Parteien die sachenrechtlichen Eigenschaften des Gegenstandes der dinglichen Verfügung nicht beeinflussen. Sie können daher nicht einen Teil einer Sache oder einen unkörperlichen Gegenstand als Sache, können nicht einen wesentlichen Bestandteil als unwesentlich, einen unwesentlichen als wesentlich, einen Bestandteil als Zubehör, Zubehör als Bestandteil, Sachen, die nicht Zubehör oder Bestandteil sind als Zubehör oder Bestandteil, Sachgesamtheiten, die keine Sachinbegriffe sind als Sachinbegriffe, oder endlich etwas, was nicht ein Grundstück mit Inventar ist als Grundstück mit Inventar behandeln oder dafür erklären[27]). Ebensowenig können sie die Eigenschaft einer Sache dahin beeinflussen, daß sie rechtlich als Frucht oder nicht als Frucht betrachtet werde[28]). Alle diese Eigenschaften der Sachen hängen rechtlich von gewissen Voraussetzungen und nur von diesen ab; sie sind daher insofern dem Einflusse der Parteien entrückt, als die Voraussetzungen vom Parteiwillen unabhängig sind.

Zweitens ist die Begründung eines einheitlichen dinglichen Rechts an Sachgesamtheiten unmöglich. Es entstehen, selbst wenn die Parteien das Gegenteil wollten, so viele dingliche Rechte, als

---

[25]) § 926, 1031, 1062, 1093.

[26]) § 1096.

[27]) § 90—98, 1035, 1048, 588,2/2, 926, 1031, 1062, 1093,1/2, 1096, 1120—1122, 1135, 1265.

[28]) § 99—103.

körperliche Gegenstände da sind. Die Parteien können nicht willkürlich Sachen zu sachenrechtlichen Einheiten zusammenfassen[29]).

Endlich ist die Begründung besonderer dinglicher Rechte an wesentlichen Bestandteilen einer Sache, sowie die Begründung eines dinglichen Rechts an einer Sache mit Ausschluß eines wesentlichen Bestandteils unzulässig[30]). Wird daher an einer Sache ein dingliches Recht begründet, so ergreift es mit rechtlicher Notwendigkeit alle wesentlichen Bestandteile. Dasselbe gilt von den Grunddienstbarkeiten, die das Gesetz sonst, wie alle subjektiv dinglichen Rechte, als unwesentliche Bestandteile betrachtet[31]). Eine Ausnahme bestünde für den Besitzerwerb, wenn man ihn als Rechtserwerb gelten läßt, da der Besitz eines Teiles einer Sache möglich ist[32]).

Bei unbeweglichen Sachen ist durch die Technik des Grundbuchwesens eine Schranke anderer Art gegeben. Zwar fehlt es in den Reichsgesetzen an einer Bestimmung, ähnlich der der österr. Grundbuchsordnung[33]), wonach Eigentum nur am ganzen Grundbuchskörper oder an Anteilen eingetragen werden könne, die im Verhältnisse zum Ganzen bestimmt sind (an der Hälfte, am Drittel), nicht aber an räumlich abgegrenzten Teilen eines Grundbuchskörpers[34]). Nach deutschem bürgerlichen Rechte ist daher ein Vertrag, womit das Eigentum des Bestandteils eines Grundstückes übertragen wird, giltig. Dagegen gilt vom Vorkaufsrecht, den Reallasten, der Hypothek, Grundschuld und Rentenschuld, daß ein Bruchteil eines Grundstückes damit nur belastet werden kann, wenn er in dem Anteil eines Miteigentümers besteht[35]). Es dürfen also zur Bestellung dieser Rechte ideelle Anteile nicht gebildet werden[36]). Damit ist die Bestellung eines solchen Rechts an dem nicht abgetrennten Teile eines Grundstücks an sich nicht ausgeschlossen, aber es läßt sich daraus entnehmen, daß es durchaus nicht in der Absicht des Gesetzgebers lag, sie zuzulassen[37]). Von Dienstbarkeiten kann dies

[29]) § 90. [30]) § 93. [31]) Fischer und Henle, Anm. 2 zu § 1018.

[32]) § 865, Strohal in Jher. Jahrb. XXXVIII, S. 31 flg.

[33]) § 10, 13, österr. GO.

[34]) Der Entwurf I enthielt darüber eine Vorschrift in § 787, M. III, S. 55 flg. Werden landesgesetzliche Bestimmungen dieser Art aufrecht erhalten? Vergl. Art. 119,1 EG.

[35]) § 1095, 1106, 1114, 1192, 1200.

[36]) Vergl. Fischer und Henle zu 1095, Anm. 2.

[37]) Vergl. M. III, S. 55 flg. — doch gelten die Ausführungen der Motive nicht mehr für das BGB., da § 787, auf den sie sich beziehen, in dasselbe nicht aufgenommen wurde.

jedoch nicht gelten[38]). Nach österr. Rechte lasten diese stets auf dem ganzen Grundstück, selbst wenn die Ausübung nur in gewissen räumlichen Grenzen stattfinden darf[39]).

Ob an unwesentlichen Bestandteilen dingliche Rechte begründet werden können, ist bestritten. Die herrschende Meinung — soweit heute schon von einer herrschenden Meinung gesprochen werden kann[41]) — ist für die Bejahung der Frage, allein die Gründe, die Endemann dagegen anführt, sind immerhin beachtenswert[42]). Für die herrschende Ansicht spricht der Wortlaut des Gesetzes und die Motive, die über die Absicht des Gesetzgebers keinen Zweifel übrig lassen[43]). Als entscheidend muß gelten, daß die den unwesentlichen Bestandteilen gleichgestellten, subjektiv dinglichen Rechte zweifellos Gegenstand des Nießbrauchs sein können[44]).

Enthält ein Rechtsgeschäft eine diesen Bestimmungen zuwider laufende Vereinbarung, so erzeugt es jedenfalls keine dingliche Wirkung: es ist dann in der Regel entweder das Rechtsgeschäft, oder diese Vereinbarung nichtig. Das letztere ist der Fall, wenn anzunehmen ist, daß das Geschäft „auch ohne den nichtigen Teil vorgenommen sein würde"[45]). Es ist aber möglich, daß das Geschäft obligatorische Rechtsverhältnisse erzeugt, die den beabsichtigten dinglichen entsprechen: wenn anzunehmen ist, daß dies „bei Kenntnis der Nichtigkeit gewollt sein würde"[46]). Die Anwendung dieser Auslegungsregeln ist gerechtfertigt, da es sich um die Feststellung der Willenswirkung eines Rechtsgeschäfts handelt.

Würde nun das dingliche Rechtsgeschäft, wie nach dem Code Napoléon, auch nach dem BGB. genügen, um ein dingliches Recht zu begründen, so würde dieses durchaus nach Maßgabe der dinglichen Willenserklärung entstehen. Dieses ist jedoch bekanntlich nicht der Fall: nach deutschem Rechte muß zur Willenserklärung stets ein formales Element als Thatbestandsmoment hinzukommen. Die

---

[38]) Vergl. § 1036 u. M. III, S. 652.

[39]) § 6 GO.

[40]) § 12 österr. GO.

[41]) Eck, Sammlung von Vorträgen, Erstes Buch, allgemeiner Teil, S. 29 und Vorträge, S. 100, Anm. 2. Planck zu 93, N. 2. Cosack, Lehrb. I, S. 124.

[42]) Endemann, Einführung, S. 232, Anm. 1.

[43]) § 93, M. I, S. 40.

[44]) § 1069,2, 1274,2.

[45]) § 139.

[46]) § 140.

dingliche Willenserklärung kann daher nur soweit dingliche Wirkungen erzeugen, als die formalen Voraussetzungen vorhanden sind: soweit dieses nicht der Fall ist, wirkt die Erklärung, selbst wenn sie giltig ist, wie bereits erwähnt wurde, nur obligatorisch.

Es entsteht daher die bereits berührte Frage, welche Bedeutung die Bestimmungen des Gesetzes über das formale Element haben. Dabei ist bei beweglichen Sachen zunächst zu unterscheiden, ob das formale Element in dem Erwerbe des unmittelbaren Besitzes durch den Teil, auf den das Recht übertragen wird, oder in einer Erklärung des Uebertragenden besteht. Im letzteren Falle, bei der traditio brevi manu, beim constitutum possessorium, bei der Uebertragung durch Abtretung des Anspruchs auf Herausgabe[47]) wird der Umfang des Rechtsübergangs ausschließlich nach der Erklärung der Parteien beurteilt, und diese wird selbverständlich nach allgemeinen Grundsätzen ausgelegt. Es müssen zunächst bei allen Sachen, an denen ein dingliches Recht durch Erklärung begründet werden soll, die gesetzlichen Voraussetzungen, von denen die Zulässigkeit der Begründung eines Rechts durch Erklärung abhängt, vorliegen; es muß sich aber auch die formale Erklärung, durch die das dingliche Recht begründet wird, auf dieselben Sachen beziehen, an denen die Parteien nach Inhalt der dinglichen Willenserklärung das dingliche Recht begründen wollen. Wollen die Parteien Eigentum an einer Anzahl von Sachen übertragen, indem sie ein Rechtsverhältnis vereinbaren, vermöge dessen der Erwerber den mittelbaren Besitz erlangt, so ist das Eigentum mit der Einigung über den Uebergang des Eigentums übertragen, soweit der Eigentümer die Sachen besitzt; an den Sachen, die sich nicht im Besitze des Eigentümers befinden, tritt keine Rechtsänderung ein[48]). Haben sich die Parteien über den Uebergang des Eigentums an einer Mehrheit von Sachen geeinigt, die sich im Besitze eines Dritten befinden, und zugleich den Anspruch auf Herausgabe abgetreten, so geht das Eigentum doch nur soweit über, als die Abtretungserklärung mit der dinglichen Willenserklärung übereinstimmt[49]). Soll aber durch traditio brevi manu das Pfandrecht an einem Sachinbegriffe bestellt werden, der sich im Besitze des Pfandgläubigers befindet, so entsteht es an den Sachen nicht, die die Parteien davon ausnehmen wollten, es entsteht aber

[47]) § 929/2, 930, 931, 934, 1032, 1069, 1205—1207, 1274.
[48]) § 930. [49]) § 931.

auch an denen, bei denen der Pfandgläubiger, ohne den Besitz aufzugeben, die Zugehörigkeit zum Inbegriffe aufgehoben hat, wenn dieses dem Parteiwillen entspricht [50]).

Besteht das formale Element dagegen in der Uebertragung des Besitzes auf den Erwerber, so entsteht das dingliche Recht nur soweit als die Uebertragung thatsächlich stattgefunden hat und der dinglichen Willenserklärung entspricht. Auf den sachenrechtlichen Zusammenhang kommt es gar nicht an. Das Eigentum an einer Sache samt Zubehör wird an der Sache und an jedem einzelnen Zubehörstücke für sich durch Uebergabe derselben begründet. An unwesentlichen Bestandteilen entsteht das dingliche Recht, soweit die Besitzübergabe thunlich ist und wirklich vorgenommen worden ist [51]).

Die Eintragung ins Grundbuch bildet bei unbeweglichen Sachen in demselben Sinne das formale Element, wie bei beweglichen Sachen die Besitzübertragung. Die Rechtsänderung tritt daher nach Inhalt der dinglichen Willenserklärung nur in dem Maße ein, als auch die Eintragung vorgenommen wurde. Haben die Parteien in der Willenserklärung etwa mehrere Grundstücke durch eine landesübliche, gemeinsame Benennung zu einer Einheit zusammengefügt [52]), wie dieses bei Landgütern in der Regel geschieht, so geht das Eigentum an jedem einzelnen Grundstücke doch erst mit der Eintragung über. Da es dem Reichsrechte an einer Bestimmung fehlt, wie die der österreichischen Grundbuchordnung [53]), wonach Eigentum nur am ganzen Grundbuchskörper oder an solchen Anteilen eingetragen werden kann, die im Verhältnisse zum Ganzen bestimmt sind, so ist auch die Uebertragung des Eigentums und die Bestellung des dinglichen Rechts an Teilen eines Grundstückes, die das österreichische Recht ganz ausschließt, nach deutschem Rechte möglich: denn wenn die Grundbuchsordnung vorschreibt, daß bei Veräußerung eines Teils eines Grundstückes sowohl der veräußerte oder abgetrennte als auch der dem Veräußernden gehörende Teil ein besonderes Grundbuchblatt erhalten müsse, und daß ein Grundstück, das mit einem Rechte belastet werden soll, abzuschreiben und als selbständiges Grundstück einzutragen ist [54]), so sind dieses offenbar

50) § 929, 1205,2.
51) § 865.
52) Ehrlich, Die stillschw. Willenserklärung, S. 51.
53) § 10, 13 österr. GO.
54) § 3 und f. GO.

bloße Ordnungsvorschriften[55]), deren Außerachtlassung weder die Giltigkeit noch die dingliche Wirksamkeit der Eintragung hindert. Dagegen kann an einem ideellen Anteile eines Grundstückes, der nicht einem Miteigentümer gehört, ein Vorkaufsrecht, eine Reallast, eine Hypothek, Grundschuld oder Rentenschuld auch dann nicht begründet werden, wenn die Eintragung irrtümlich stattgefunden hätte, da schon die Willenserklärung nicht dinglich sondern höchstens obligatorisch zu wirken vermag[56]).

Die Uebertragung des Eigentums, Bestellung des Nießbrauchs und des Wohnungsrechts an Grundstücken erstrecken sich auch auf das Zubehör, das in das Eigentum des Veräußerers oder Bestellers gelangt ist, die Aufhebung des Nießbrauchs an einem Grundstück durch Rechtsgeschäft auf den Nießbrauch an dem Zubehör; das dingliche Vorkaufsrecht auf das Zubehör, das mit dem Grundstücke verkauft wird[57]), sobald dies dem Willen der Parteien entspricht. Bei der Hypothek und dem Schiffspfandrecht tritt diese Folge kraft rechtlicher Notwendigkeit ein[58]). Im ersten Falle handelt es sich um eine Auslegungsregel, im zweiten um eine zwingend angeordnete Gesetzeswirkung.

Steht es aber fest, daß das durch ein Rechtsgeschäft begründete dingliche Recht sich kraft Parteiwillens oder rechtlicher Notwendigkeit auf das Zubehör einer unbeweglichen Sache erstreckt, so tritt dieses immer nur soweit ein, als das Zubehör im sachenrechtlichen Zusammenhange mit der unbeweglichen Sache steht. Es kommt daher nicht auf die Auslegung der dinglichen Willenserklärung, sondern auf den sachenrechtlichen Begriff des Zubehörs an: es ist also leicht möglich, daß der Rechtserfolg dem Parteiwillen nicht entspricht. Wenn die Parteien ein dingliches Recht an einem Grundstück samt Zubehör begründen wollen, so verstehen sie unter Zubehör in der Regel das, was die Verkehrssitte darunter versteht. Auf den sachenrechtlichen Zubehörbegriff wirkt die Verkehrssitte dagegen nicht positiv, sondern negativ bestimmend ein: nicht das ist Zubehör, was die Verkehrssitte als Zubehör betrachtet, sondern das ist nicht Zubehör, was im Verkehre nicht als Zubehör angesehen wird[59]). Es kann also nicht etwas Zubehör sein, wenn es im Verkehre nicht

---

[55]) Vgl. Denkschrift zur GO.
[56]) § 1095, 1106, 1114, 1192, 1200.
[57]) § 926, 1031, 1062, 1093,1/2, 1096.
[58]) § 1020, 1135, 1265. Dernburg, Das bürgerl. Recht, III S. 25.
[59]) § 97,1/2.

als Zubehör gilt, aber nicht alles, was der Verkehr als Zubehör behandelt, ist sachenrechtlich Zubehör, und wird daher auch nicht vom dinglichen Rechte ergriffen. Es kann jedoch auch ein Widerstreit mit der erklärten Parteiabsicht vorliegen: so, wenn die Parteien das Eigentum an einem Landgut samt Zubehör übertragen und unter Zubehör nachweisbar, wie dieses häufig geschieht und nicht selten auch der Verkehrssitte entspricht, das ganze Inventar verstanden hätten. Der Erwerber wird mit dem Eigentum am Landgut Eigentum am Inventar nur soweit erlangen, als es zugleich im Sinne des Sachenrechts Zubehör, also dem wirtschaftlichen Zwecke der Hauptsache zu dienen bestimmt ist; in Betreff des übrigen Inventars wird die Willenserklärung, selbst wenn eine dingliche Wirkung beabsichtigt wäre, nur eine obligatorische Verpflichtung zur Eigentumsübertragung erzeugen.

Was nun das Verhältnis der dinglichen Willenserklärung zum Inhalte des zu begründenden dinglichen Rechts betrifft, so soll zunächst betont werden, daß, wenn das dingliche Recht mit der herrschenden Lehre als unmittelbare Herrschaft über die Sache bezeichnet wird, damit nicht in Abrede gestellt werden soll, daß es nicht ein Verhältnis des Menschen zur Sache, sondern, ebenso wie das obligatorische Recht, ein Verhältnis des Menschen zu Menschen ist. Aber die Befugnisse, die das dingliche Recht verleiht, ergreifen aus dem Grunde viel unmittelbarer die Sache als die Forderungen, weil ihre Ausübung nicht nur, wie bei diesen, von Niemand verhindert werden darf, sondern auch, wenigstens grundsätzlich, von Niemand durch rechtliche Verfügungen verhindert werden kann. In dieser Beziehung haben die dinglichen Rechte allerdings im Laufe der Zeit eine bedeutende Abschwächung erfahren. Ursprünglich drang man mit der dinglichen Klage gegen jeden durch; aber schon in Rom konnte man sich später gegen die dingliche Klage einwendungsweise auf ein Forderungsrecht, das das Behalten der Sache gestatte, berufen. Noch weiter geht man im modernen Rechte, wo das Publizitätsprinzip und der Satz: Hand muß Hand wahren, dem dinglichen Recht in den meisten Fällen die Spitze gegen den gutgläubigen Dritten abbricht. Aber auch heute gilt es, daß der Eigentümer den Mieter und Entlehner zwar in keiner Weise schädigen darf, aber ihnen ihr Recht durch Weiterveräußerung und Belastung der Sache empfindlich verkümmern kann; den Nießbraucher dagegen in rechtlich wirksamer Weise überhaupt nicht beeinträchtigen kann (es sei denn, daß dieser ihn durch sein eigenes Verhalten in die Lage versetzt hat, die bewegliche Sache an gutgläubige Dritte zu veräußern oder sonst darüber zu verfügen). In diesem Sinne kann mit Grund behauptet werden, daß das obligatorische Recht in dem Anspruch auf ein bestimmtes Verhalten, auf eine Leistung oder Unterlassung besteht, der notwendig gegen eine bestimmte Person gerichtet sein muß: das dingliche Recht dagegen, dessen Ausübung rechtlich von Niemand gehindert werden kann und Niemandes Hinzuthun voraussetzt, als unmittelbare Herrschaft über die Sache erscheint. Juristisch ist aber die unmittelbare Herrschaft über die Sache selbstverständlich nicht ein Verhältnis des Berechtigten zur Sache, sondern ein Verhältnis zu Menschen; die juristische Bedeutung der „unmittebaren Herrschaft" besteht darin, daß sie gegen Jedermann rechtlich geschützt ist.

Mit der Begründung dieser dinglichen Herrschaft sind jedoch die Rechtsfolgen des dinglichen Rechtsgeschäfts nicht immer erschöpft. Schon im römischen Rechte zog der Erwerb der possessio an einem Provinzialgrundstück die obligatorische Verpflichtung des Erwerbers zur Grundsteuerentrichtung wenigstens gegenüber dem Staatsschatz nach sich, an die servitus oneris ferendi war die Herstellungs- und Ausbesserungspflicht des Eigentümers geknüpft, der Nießbraucher war als solcher verpflichtet, nicht etwa dem Besteller des Nießbrauchs, sondern dem jeweiligen Eigentümer der Sache, mittels Stipulation zu versprechen, usurum se boni viri arbitratu et cum usus fructus ad eum pertinere desinet, restituturum quod inde exstabit[60]). Man nimmt daher mit Grund an, daß die Verpflichtungen, die nach römischen Rechte durch cautio usufructuaria übernommen werden mußten, dem Nießbraucher auch nach gemeinem Rechte nicht gegenüber dem Besteller, sondern gegenüber dem jeweiligen Eigentümer der Sache obliegen[60a]). In allen diesen Fällen bringt das dingliche Recht als solches den Berechtigten in obligatorische Beziehungen zu einem Dritten (dem Eigentümer der belasteten Sache, den Staat). Das BGB. geht weit über das römische Recht hinaus; insbesondere ist beim Nießbrauch die Zahl solcher obligatorischer Beziehungen, die in den Motiven als Legalschuldverhältnis bezeichnet werden, fast unübersehbar[61]), sie

[60]) Fr. 1 pr. usufr. quemadm. cav. 7, 9.

[60a]) Ueber das gemeine Recht: Windscheid, Pand. I § 204 bes. Anm. 1. Vgl. Hofmann, Die Entstehungsgründe der obligatio.

[61]) Vgl. die von Fischer und Henle zu § 1058 in Anm. 1 und zu § 1248 in Anm. 2 angeführten Paragraphen.

kommen jedoch auch bei den anderen dinglichen Rechten vor. Die obligatorischen Beziehungen bestehen nicht etwa in einer bloßen rei obligatio, sondern es liegt eine persönliche Verpflichtung des Eigentümers oder dinglich Berechtigten vor, und die Zwangsvollstreckung richtet sich, wie bei jeder anderen Forderung, gegen die Person, nicht wie bei Reallast und Pfandrecht, gegen die Sache. Aber diese obligatorischen Beziehungen erscheinen überall, wo das dingliche Recht da ist: sie sind mit ihm geradezu verwachsen, bilden gewissermaßen seine negativen und positiven Bestandteile. Sie wirken nicht blos für und gegen den Besteller des dinglichen Rechts, nicht blos für und gegen seinen Rechtsnachfolger, sondern jeder Eigentümer, selbst wenn er nicht Rechtsnachfolger des Bestellers ist, tritt in die durch die Bestellung geschaffenen obligatorischen Beziehungen ein[62]. Man kann daher immerhin von einer dinglichen Wirkung obligatorischer Verhältnisse sprechen, wie es die Motive thun[63]. Der Fiskus, der sich ein Grundstück angeeignet hat, dem die Dienstbarkeit zusteht, auf einer baulichen Anlage des belasteten Grundstückes eine bauliche Anlage zu halten, ist berechtigt, vom Eigentümer des dienenden Grundstückes zu verlangen, daß er die zur Ausübung der Dienstbarkeit gehörende Anlage, soweit es sein Interesse erfordert, unterhalte[64]; auch wer das Eigentum eines Grundstückes durch Enteignung oder Ausschließung des früheren Eigentümers erlangt, kann bei Beendigung des vor seinem Rechte entstandenen Nießbrauchs den Ersatz des Wertes der vom Nießbraucher im Uebermaße bezogenen Früchte von diesem ansprechen[65]. Aber nicht blos gegen den Eigentümer, auch gegen den Eigenbesitzer sind diese Forderungen begründet[66]: auch dieser ist verpflichtet, die Verlegung der Ausübung einer Dienstbarkeit, die dem von ihm besessenen Grundstücke zusteht, auf eine andere ebenso geeignete Stelle des dienenden Grundstücks zu gestatten, wenn die Ausübung an der bisherigen Stelle für den Eigentümer des letzteren besonders beschwerlich ist[67], auch der Eigenbesitzer hat beim Nießbrauch an einem Inbegriffe von Sachen bei der Aufnahme eines Verzeichnisses mitzuwirken[68]. Endlich wird der Berechtigte gegen die Be-

---

[62]) Darüber M. III S. 504 ff. AP. bei Heidlen zu 1058 u. 1248.
[63]) M. III S. 514.
[64]) § 928,2, 1021.
[65]) § 927, 1039.
[66]) § 1027, 1065, 1048, 1227; Gierke, Fahrnisbesitz, S. 31 ff.
[67]) § 1023. [68]) § 1035.

einträchtigung in der Ausübung der Ansprüche durch einen Dritten geschützt, der weder Eigentümer noch Eigenbesitzer ist[69].

In allen diesen Richtungen ist für das dingliche Recht in erster Linie die dingliche Willenserklärung maßgebend; sie bestimmt das Maß der dinglichen Herrschaft, den Inhalt der obligatorischen Beziehungen. Das dingliche Recht entsteht so, wie es die dingliche Willenserklärung gestaltet. Und gerade dieser Umstand, daß das dingliche Recht durch die dingliche Willenserklärung gestaltet wird, ist der Grund, warum die dingliche Willenswirkung, die an sich nur ein Bestandteil des vom Begründer des Rechts mit dem Erwerber abgeschlossenen Vertrages ist, Dritten gegenüber in Betracht kommt. Eigentlich wirkt nicht sie gegen den Dritten, sondern das dingliche Recht, das von ihr das Gepräge erhalten hat. Wenn der Eigentümer des berechtigten Grundstückes sich auf die von ihm mit dem Besteller der Dienstbarkeit getroffene Vereinbarung, daß der Eigentümer des belasteten Grundstücks die zur Ausübung der Dienstbarkeit gehörende Anlage zu unterhalten habe[70], nicht nur gegen den Besteller und seine Rechtsnachfolger, sondern auch gegen denjenigen geltend machen kann, der das Eigentum des Grundstückes gar nicht als Rechtsnachfolger des Bestellers, sondern etwa durch Enteignung erworben hat, so geschieht dies darum, weil dieser obligatorische Anspruch auf Unterhaltung der Anlage ebenso zum Inhalte der Dienstbarkeit gehört, weil er ebenso absoluten Charakter hat, wie der sonstige Inhalt der Dienstbarkeit und gegen jeden geltend gemacht werden kann, der die Dienstbarkeit anerkennen muß. Wer eine bewegliche Sache ersessen hat, muß die vom Pfandgläubiger mit dem früheren Eigentümer getroffene Vereinbarung einer von der gesetzlichen abweichenden Art des Pfandverkaufs gelten lassen, soweit er das Pfandrecht überhaupt gelten lassen muß[71]: denn diese Vereinbarung ist eine besondere Qualifikation des auf der Sache lastenden Rechts, die diesem wie ein Schatten folgt.

Wenn aber die dinglichen Rechte auch von der dinglichen Willenserklärung gestaltet werden, so stehen sie doch zu ihr nicht in demselben Verhältnisse wie Forderungsrechte zum obligatorischen Rechtsgeschäft,

---

[69]) § 1027, 1065, 1148, 1277. Andererseits gilt vom Rechtsbesitzer, was vom Eigentümer gesagt worden ist (§ 1006), bezieht sich auch auf die dem besessenen Grundstücke gehörenden Grunddienstbarkeiten. (Gierke a. a. O.) § 1029, 1065, 1227.

[70]) § 1021.

[71]) § 937, 945, 1245.

sondern sie sind in Gemäßheit des oben hervorgehobenen allgemeinen Charakters des Sachenrechts selbständiger, vom Parteiwillen unabhängiger, etwas Fertiges, historisch und gesellschaftlich Gegebenes. Die dingliche Willenserklärung kann nicht ein dingliches Recht nach Willkür oder dem individuellen Bedürfnis formen, es kann nur eines der gesetzlich anerkannten dinglichen Rechte begründet werden: die Zahl der dinglichen Rechte ist im BGB. wie in allen auf römischer Grundlage aufgebauten Rechtssystemen eine geschlossene. „Die Beteiligten können nur solche Rechte begründen, deren Begründung das Gesetz zuläßt", sagen die Motive[77]. Jedes dingliche Recht, das durch ein Rechtsgeschäft begründet wird, muß daher in allen wesentlichen Beziehungen mit einem gesetzlich anerkannten dinglichen Rechte übereinstimmen, muß im wesentlichen dieselben Befugnisse verleihen, wie ein gesetzlich anerkanntes dingliches Recht nach dem Gesetze verleiht und so verleihen, wie sie das Gesetz verleiht; würde es den Parteien freistehen nach freier Willkür zu bestimmen, welche Befugnisse dem dinglich Berechtigten zustehen sollen, so wäre der Grundsatz der geschlossenen Zahl der dinglichen Rechte damit offenbar beseitigt.

Die Begründung des dinglichen Rechts ist Willenswirkung des dinglichen Rechtsgeschäfts: welches dingliche Recht die Parteien beabsichtigten, ist eine Frage der Willensauslegung. Das dingliche Recht, das nach dem Gesetze dem Berechtigten im wesentlichen dieselben Befugnisse verleiht, die ihm nach der Absicht der Parteien zustehen sollen, ist das von den Parteien gewollte. Auf die von den Parteien gebrauchte Bezeichnung des dinglichen Rechts kommt es nicht an: die Parteien sprechen oft von einer Dienstbarkeit, wenn eine Reallast vorliegt, oder sie konstruieren das Pfandrecht als Eigentum unter einer Resolutivbedingung.

Steht es fest, welches Recht die Parteien begründen wollten, so steht es auch fest, daß es mit dem gesetzlichen Inhalte begründet worden ist: es ist Gesetzeswirkung der dinglichen Rechtsgeschäfte, daß dem Berechtigten die Befugnisse zustehen, und infolge etwaiger obligatorischer Beziehungen die Verpflichtungen obliegen, die den gesetzlichen Inhalt dieses dinglichen Rechts ausmachen. Aber ein gewisser Spielraum ist der Autonomie der Parteien auch hier gewahrt. Nur im wesentlichen muß der Inhalt des dinglichen Rechts mit dem gesetzlichen übereinstimmen: insbesondere soll das

[77]) M. III, S. 3.

begrenzte Recht durch Privatautonomie nicht über seinen Normal- und zugleich Maximalinhalt erweitert werden[73]), aber ein Teil des gesetzlichen Inhalts, gewisse darin enthaltene Befugnisse und Verpflichtungen können in der Regel ausgeschlossen und anders gestaltet werden, die Parteien können auch bis zu einem gewissen Grade Befugnisse und Verpflichtungen vereinbaren, die dem gesetzlichen Inhalte des dinglichen Rechts fremd sind. Der Teil des gesetzlichen Inhalts des dinglichen Rechts, der von den Parteien nicht geändert werden kann, wird als zum „Begriffe“ des dinglichen Rechts gehörend angesehen. Dagegen ist selbstverständlich nichts einzuwenden, wenn man nur stets daran festhält, daß dieser „Begriff“ kein logischer, sondern ein historischer und gesellschaftlicher ist, daher auch historisch sich entwickelt und gesellschaftlichen Einflüssen unterworfen ist. Der Begriff eines dinglichen Rechts ist etwas ganz anderes als der Begriff eines obligatorischen Rechtsgeschäfts. Wenn hier behauptet wird, gewisse Befugnisse ergäben sich aus dem Begriffe „des dinglichen Rechts“, so bedeutet dieses nicht, daß sie der typischen Absicht der Parteien entsprechen, die das dingliche Recht durch Rechtsgeschäft begründet haben, es bedeutet vielmehr, sie seien dem dinglichen Rechte nach seinem historischen und gesellschaftlichen Charakter so wesentlich, daß sie ihm unter keinen Umständen fehlen dürfen.

Die Rechtssätze, die die Begriffe der dinglichen Rechte bestimmen, haben eine zwieschlächtige Bedeutung. Sie enthalten zunächst die Voraussetzungen der dinglichen Wirksamkeit des Rechtsgeschäfts. Die Parteien können nicht ein dingliches Recht begründen, das nicht dem gesetzlichen Begriffe eines im Gesetze anerkannten dinglichen Rechts entspräche: ein Rechtsgeschäft, das auf die Begründung eines solchen unmöglichen dinglichen Rechts gerichtet wäre, wäre nichtig, oder es würde nur obligatorische, nicht dingliche Folgen erzeugen, wenn anzunehmen ist, daß dieses „bei Kenntnis der Nichtigkeit gewollt sein würde“[74]). In dieser Beziehung wurden diese Rechtssätze bereits gewürdigt[75]). Aber die gesetzlichen Begriffsbestimmungen der dinglichen Rechte ordnen auch in zwingender Weise die Rechtsfolgen der dinglichen Rechtsgeschäfte an: sobald feststeht, daß die Parteien ein dingliches Recht begründen wollen, erscheinen alle

---

[73]) M. III, S. 451, 534.

[74]) Vergl. § 140 und Ehrlich, Die stillschw. Willenserkl.

[75]) Oben S. 14 flg., 16, 22 flg.

„zum Begriffe des dinglichen Rechts gehörenden Befugnisse dem Berechtigten eingeräumt“; eine Vereinbarung, womit sie ausgeschlossen werden, wäre nichtig und würde das ganze Geschäft nichtig machen, „wenn nicht anzunehmen ist, daß es auch ohne den nichtigen Teil vorgenommen sein würde“ [76]).

Die Rechtssätze über die Rechtsfolgen dinglicher Geschäfte, die die Bestimmungen über den nicht zum Begriffe des dinglichen Rechts gehörenden Inhalt desselben enthalten, sind:

1) Zum Teil zwingend, und zwar in derselben Art und aus denselben Gründen, wie die Rechtssätze über die Rechtsfolgen obligatorischer Geschäfte [77]); sie sollen entweder die Interessen der Allgemeinheit wahrnehmen oder auch den wirtschaftlich Schwächeren oder geschäftlich Unerfahrenen vor Uebervorteilung, Ausbeutung und wirtschaftlicher Abhängigkeit schützen. Diese Rechtssätze bestimmen entweder, daß gewisse nach dem Gesetze dem Berechtigten zustehenden Befugnisse nicht ausgeschlossen oder anders gestaltet werden dürfen [78]), oder sie erklären eine Vereinbarung für ungiltig, ordnen also an, das dingliche Recht habe denselben Inhalt, ob sie getroffen sei oder nicht [79]). In beiden Fällen ist aber das ganze Rechtsgeschäft nichtig, wenn nicht anzunehmen ist, daß es ohne die nichtige oder unzulässige Vereinbarung „nicht vorgenommen sein würde“ [80]). Obligatorische Verpflichtungen erzeugt das Rechtsgeschäft in diesen Fällen jedenfalls soweit nicht, als es dingliche Verpflichtungen nicht zu erzeugen vermag, da der Grund der Nichtigkeit nicht in der Unzulässigkeit der dinglichen Wirkung des Rechtsgeschäfts, sondern in der Unzulässigkeit seines Inhalts gelegen ist.

2) Zum Teil nichtzwingend. Soweit es sich um nichtzwingend bestimmte Wirkungen eines dinglichen Rechtsgeschäfts handelt, kann der Inhalt des dinglichen Rechts von den Parteien beeinflußt werden, jedoch, da Gesetzeswirkungen abgeändert werden sollen, nur durch ausdrückliche Vereinbarung; ob der legislativpolitische Grund dieser Rechtssätze in der Willensauslegung, Ergänzung, Fürsorge oder Rücksicht auf die Allgemeinheit oder auf die Verkehrssitte gelegen ist, hat, wie bereits betont wurde, auf den Charakter und die Tragweite der Gesetzeswirkung keinen Einfluß.

---

[76]) § 139.
[77]) Vgl. oben S. 63, 79.
[78]) Z. B. § 1245,2.
[79]) Vergl. ob. Seite.
[80]) § 139.

Diese Wirkungen des dinglichen Rechtsgeschäfts sind in den Motiven in einer Ausführung sehr bezeichnend hervorgehoben worden, die sich nicht blos auf sie, sondern auf alle „Rechtsgeschäfte absoluten Charakters“ bezieht: man habe davon auszugehen, eine nähere Angabe nicht enthaltende Willenserklärung sei, sofern nur darin die charakteristische Bezeichnung des Rechtsgeschäfts enthalten ist, als auf die Herbeiführung der ausgedehntesten Wirkungen gerichtet anzusehen. Dem Erklärenden bleibe dann die Bestimmung von Beschränkungen überlassen, deren Grenze, ohne daß das Rechtsgeschäft in ein Rechtsgeschäft anderer Art übergeht, sich aus der besonderen Natur der zu begründenden Rechte ergiebt[80a]).

Für die Untersuchung der Frage, wie weit der Einfluß der Parteien auf den Inhalt eines dinglichen Rechts reicht, ist zunächst zwischen dem Eigentümer und den andern dinglichen Rechten zu unterscheiden. Nach der herrschenden Lehre des gemeinen Rechts, dessen Eigentumsbegriff ja mit dem des BGB. übereinstimmt, kann das Eigentum „der ihm an sich zukommenden Befugnisse mehr oder weniger entkleidet sein“, soweit, das die Eigentumsbefugnisse völlig paralysiert sind. „Gleichwohl verliert das Eigentum damit sein begriffliches Wesen nicht. Es ist in solchen Fällen gehemmt, aber nicht abgestorben. Denn die Vollgewalt des Eigentums tritt hervor, sowie die beschränkenden Befugnisse aus irgend einem Grunde erlöschen“[81]). Ist dieses richtig, so giebt es keine materielle Befugnis, die dem Eigentum so wesentlich wäre, daß das Eigentum aufhören würde, Eigentum zu sein, wenn sie dem Eigentümer entzogen werden sollte.

Die Parteien könnten daher dem Eigentum einen beliebigen Inhalt geben, indem sie die darin enthaltenen Befugnisse durch dingliche Rechtsgeschäfte ausscheiden. Aber in Wirklichkeit ist der Inhalt des Eigentums viel starrer als es demzufolge den Anschein haben könnte. Das BGB. giebt im Wesentlichen die Befugnisse, die dem Egentümer als solchem zustehen, in den beiden Abschnitten: Inhalt des Eigentums und Ansprüche aus dem Eigentum, an[82]). In welcher Weise könnte nun der Eigentümer rechtsgeschäftlich sein Eigentum, „der dem Eigentume an sich zukommenden Befugnisse mehr oder weniger entkleiden?“ Es ist ja

80a) M. V.

81) Dernburg, Pand. S. 192.

82) § 903—924, 985—1004, 1953.

zunächst klar, daß die vom Eigentümer übernommene obligatorische Verpflichtung, in einer gewissen Weise mit dem Eigentum zu verfahren, gewisse Befugnisse nicht auszuüben, jemand die Ausübung gewisser Handlungen oder Verrichtungen mit Bezug auf das Eigentum zu gestatten, den Inhalt des Eigentums nicht berührt. Nur dinglich wirkende Rechtsgeschäfte können in Betracht kommen. Es können aber nach dem BGB. nur folgende dinglich wirkende Rechtsgeschäfte mit Bezug auf das Eigentum vorgenommen werden:

1. die Begründung des Miteigentums oder eines der reichsgesetzlich oder landesgesetzlich als zulässig anerkannten dinglichen Rechte; dadurch werden Befugnisse aufgegeben, die im Eigentume an sich oder kraft gesetzlicher Bestimmung enthalten sind;

2. die Setzung einer Bedingung oder Befristung[83]), die jedoch bei der Auflassung unzulässig ist[84]);

3. die Vereinbarung und Vormerkung eines Anspruchs auf Einräumung oder Aufhebung eines Rechts an einem Grundstück oder an einem das Grundstück belastenden Rechte, oder auf Aenderung des Inhalts und Ranges eines solchen Rechtes;

4. die grundbücherlich eingetragene Vereinbarung des Verzichts oder der Feststellung einer Ueberbaurente oder einer Rente für den Notweg[85]);

5. die Vereinbarung über die Verteilung der Kosten der Abmarkung aneinander grenzender Grundstücke[86]);

6. die Vereinbarung mit dem Eigentümer eines Nachbargrundstückes über die Benutzung eines Zwischenraumes, eines Werkes, eines Grabens, einer Hecke, einer Planke oder einer andern Einrichtung, die beiden Grundstücken dient und über die Ueberfallskosten[87]).

Zieht man nun in Betracht, daß die Beschränkung des Eigentums durch Bedingung und Befristung, sowie die Vormerkung nur eine zeitliche ist, und die Modifikationen des Eigentums im Nachbarverhältnisse nur eine geringe Bedeutung haben, so ergiebt sich daraus, daß eine Aenderung des Eigentumsinhalts eigentlich

---

[83]) § 158, 161, 163.
[84]) § 925.
[85]) § 912—918.
[86]) § 919.
[87]) § 921, 922, 746, 749,2,3, 751.

nur durch Bestellung dinglicher Rechte in größerem Umfange stattfinden kann. Da die Zahl der dinglichen Rechte nach dem Rechte des BGB. eine geschlossene ist, so sind den Beeinflussungen des Eigentums auch in dieser Beziehung ziemlich enge Grenzen gezogen. Das Wesen des Eigentums besteht aber nicht darin, daß es bestimmte materielle Befugnisse unter allen Umständen verleiht, sondern darin, daß dem Eigentümer jede Befugnis in Bezug auf die Sache zusteht, die ihm nicht entzogen ist, daher auch jede Befugnis zuwächst, sobald die Entziehung hinfällig geworden ist. Nur wenn ein Recht begründet wird, bei dem auf diese Konsolidationsbefugnis verzichtet wird, wäre dies kein Eigentum.

Viel elastischer als das Eigentum selbst ist das Miteigentum. Es kann nicht nur das Miteigentum an der ganzen Sache in derselben Weise eingeschränkt werden, wie das Alleineigentum, und der Anteil jedes Miteigentümers mit dinglichen Rechten belastet, durch Bedingung, Befristung, Vormerkung, nachbarliches Uebereinkommen, beeinflußt werden, sondern es wird auch, soweit es durch Rechtsgeschäft begründet wird, durch die dingliche Willenserklärung die Größe der Anteile, Verteilung des Gewinnes und Verlustes, Verwaltung und Benützung des gemeinsamen Gegenstandes[88]) bestimmt. Endlich können die Miteigentümer zum mindesten mit Wirkung gegen den Sondernachfolger, wenn auch nicht mit dinglicher Wirkung[88a]), die Verwaltung und Benützung des Gegenstandes durch Uebereinkommen regeln und das Recht, die Aufhebung der Gemeinschaft zu verlangen, für immer oder für Zeit ausschließen[89]).

Zum Eigentum stehen die andern dinglichen Rechte in einem gewissen Gegensatze. Er besteht zunächst darin, daß dem Eigentümer die Sache, dem dinglich Berechtigten dagegen nicht die Sache selbst, sondern ein Recht an der Sache gehört: denn, daß auch der Eigentümer nicht die Sache, sondern nur das Eigentumsrecht an der Sache hat, ist eine künstliche, juristisch ausgeklügelte, dem Volksbewußtsein fremde Auffassung. Dem Eigentümer hat die Sache, mit der das Recht des Eigentümers identifiziert wird, alles zu leisten, was sie zu leisten im Stande ist, sein Recht hat keine andern Grenzen als die, die in der natürlichen Beschaffenheit der Sache selbst liegen. Solche natürliche Grenzen fehlen den andern ding-

88) § 742, 748, 1010.
88a) Vergl. Crome a. a. O.
89) § 751, 1010.

lichen Rechten, ihr Inhalt ist künstlich durch Gesetz oder Rechtsgeschäft bestimmt. Gegenüber der Fülle der dem Eigentümer zustehenden Befugnisse zeigen sie eine gewisse Beschränkung, sie beruhen für die natürliche Anschauung auf einer Ausscheidung einzelner Teile des Eigentumsinhalts zu Gunsten eines dinglich Berechtigten. Sie setzen daher in einem gewissen Sinne immer voraus, daß die Sache im Eigentume stehe. An einer herrenlosen Sache kann ein dingliches Recht kaum erworben werden. Der Fortbestand eines dinglichen Rechts an einem Grundstück, nachdem es herrenlos geworden ist, hat gegenüber dem ausschließlichen Aneignungsrecht des Fiskus einen Sinn.

Neben dem Eigentume kennt das BGB. noch Rechte an eigener Sache. Die Annahme solcher Rechte beruht auf der seit Hartmann[90]) und Bekker[91]) immer mehr Boden gewinnenden Ansicht, daß dem Eigentümer sein Eigentum einen, wenn auch nur negativ, begrenzten Kreis von Befugnissen gewährt und daß er ein Interesse daran haben kann, diesen Kreis von Befugnissen zu erweitern. Infolgedessen hat das BGB. den hergebrachten, aus dem Begriffe des dinglichen Rechts abgeleiteten Satz, als Rechte an fremder Sache erlöschen, wenn sich Berechtigung und Eigentum in einer Person vereinige, aufgegeben und den Satz aufgestellt: die Vereinigung bewirke blos, daß die Rechte an fremder Sache sich in Rechte an eigner Sache verwandeln.

Die Voraussetzung für die Annahme eines Rechts an eigener Sache ist aber jedenfalls in erster Linie die, daß der Eigentümer dadurch Vorteile erlange, die ihm das Eigentum als solches noch nicht bietet. Daran hält das BGB. in der That für das Mobiliarrecht fest; der Nießbrauch und das Pfandrecht an einer beweglichen Sache erlöschen infolge des Zusammentreffens mit dem Eigentum, es sei denn, daß der Eigentümer ein rechtliches Interesse am Fortbestehen des dinglichen Rechts hat[92]). Für Rechte an einem Grundstücke wird dagegen ganz allgemein die Regel aufgestellt, daß sie dadurch nicht erlöschen, daß der Eigentümer des Grundstücks das Recht oder der Berechtigte das Eigentum an dem Grundstück erwirbt[93]). Die Bedeutung dieser Bestimmung soll darin liegen,

---

[90]) Benützt ist die Veröffentlichung in Iherings Jahrb. XVII, S. 69 flg.

[91]) Zeitschrift für vergl. Rechtswissenschaft II, S. 36 flg.

[92]) § 1063, 1256/1.

[93]) § 889.

daß der Eigentümer, wenn das Grundstück veräußert wird, das ihm an demselben zustehende Recht vollinhaltlich ausüben und, wenn er das Grundstück behält, zu Gunsten eines Dritten darüber verfügen kann[94]). Allein der Eigentümer kann, auch wenn ihm nicht ein Recht an eigener Sache zusteht, praktisch denselben Erfolg erreichen, indem er für sich bei der Veräußerung des Grundstücks das dingliche Recht bestellt (es sich vorbehält) und, wenn er das Eigentum behält, das dingliche Recht zu Gunsten eines Dritten begründet. Der Unterschied besteht also nur darin, daß hier das als Uebertragung eines dinglichen Rechts ausgegeben wird, was in Wirklichkeit die Begründung eines dinglichen Rechts ist. Nur wenn inzwischen Lasten eingetragen worden sind, hat der Eigentümer einen Vorteil, den er ohne das Recht an eigener Sache nicht hätte: er kann das dingliche Recht in der alten Rangordnung begründen. Das Recht an eigener Sache besteht also in diesem Falle in dem Rechte, ein dingliches Recht in der Rangordnung eines erloschenen dinglichen Rechts zu begründen[95]). Es besteht daher in Wirklichkeit auch bei Grundstücken ein Recht an eigener Sache nur soweit, als es dem Eigentümer Vorteile gewährt, die im Eigentum nicht enthalten sind: diesen Satz konnte das BGB. dadurch, daß es an Stelle des Begriffs eines Rechts an fremder Sache den Begriff eines „begrenzten Rechts" setzte, deswegen nicht beseitigen, weil er überhaupt nicht auf dem Begriffe eines Rechts an fremder Sache, sondern auf dem ins BGB. übergegangenen gemeinrechtlichen Begriff des Eigentumes als eines blos negativ begrenzten Rechts beruht.

Aus dem Begriffe des begrenzten Rechts ergiebt sich jedoch eine Folgerung anderer Art. Wenn das begrenzte Recht an eigener Sache ein Gegenstück des begrenzten Rechts an fremder Sache sein soll, so kann es dem Eigentümer nicht als solchem, sondern nur, wie jedes subjektive Recht, auf Grund einer besondern Erwerbsthatsache gebühren; eine Befugnis, die der Eigentümer hat, ohne sie erst erwerben zu müssen, steht ihm nicht kraft eines besondern Rechts an eigener Sache, sondern kraft seines Eigentums zu, sie gehört zum Inhalte seines Eigentumsrechts und es macht dabei

---

[94]) M. III, S. 205, so auch Fischer u. Henle § 889, Anm. 1, Endemann II, S. 40 flg.

[95]) Auch das Wiederaufleben des dinglichen Rechts im Falle einer Zwangsversteigerung ist in Wirklichkeit die Entstehung eines neuen Rechts, die sich allerdings auf eine gesetzliche Vorschrift gründet.

keinen Unterschied, ob er diese Befugnis als Eigentümer unter allen Umständen oder nur unter gewissen Voraussetzungen ausüben kann.

Wenn daher der Eigentümer eines Grundstücks das Bergrecht oder Jagdrecht erwirbt, wenn dem Eigentümer das auf seiner Liegenschaft lastende Erbbaurecht verpfändet wird, in derartigen von Bekker und Hartmann in großer Anzahl zusammengestellten Fällen liegt allerdings ein Recht an eigener Sache vor. Dasselbe ist der Fall bei der sogenannten Hypothek des Eigentümers[96]), einer Hypothek, die der Eigentümer erwirbt, wenn die durch eine Hypothek auf seinem Grundstück gesicherte Forderung auf ihn übergeht, sei es, weil er, ohne persönlicher Schuldner zu sein, den Gläubiger befriedigt, sei es, weil er ihn beerbt, sei es, weil ihm die Forderung abgetreten (oder verpfändet) wird[97]).

Alles dieses trifft jedoch für die Eigentümerhypothek des BGB. (im engeren Sinne) nicht zu. Mit diesem Ausdruck bezeichnet das BGB. einen Komplex von Befugnissen, die vom Eigentümer nicht erworben werden, wie etwa das Bergrecht oder das Jagdrecht an seinem Grundstück, sondern die ihm infolge seines Eigentums zustehen, wenn die Forderung, für die eine Hypothek bestellt ist, nicht entsteht oder erlischt[98]). Alle diese Befugnisse ergeben sich aber unmittelbar aus dem ins BGB. aufgenommenen Grundsatze, daß nachstehende Hypotheken in die durch Wegfall einer Hypothek frei werdende Stelle nicht aufrücken. Wenn dem Eigentümer der auf die freibleibende Stelle fallende Teil des Erlöses für das Grundstück gehört, so bemerken die Kommissionsprotokolle mit Recht darüber, daß er dieses nicht als Befriedigung erhält, weil ihm nicht etwas geleistet wird, das bisher außerhalb seines Vermögens war, sondern weil lediglich ein Bestandteil seines Vermögens in Geld umgesetzt wurde[99]). Dieser Teil des Erlöses gebührt dem Eigentümer, gerade so wie ihm die Hyperocha gebührt, einfach als Eigentümer; er ist auch seiner ganzen Natur nach eine Art Hyperocha: unbewußt hat dieses Hachenburg anerkannt, indem er bemerkt, die

---

[96]) Darüber Hachenburg, Beiträge S. 7 flg., Endemann, Einführung Bd. II S. 459 flg.

[97]) Nur der erste Fall ist im BGB. ausdrücklich erwähnt (§ 1143 — dazu 1172,2). Vergl. Fischer und Henle, Anm. 3 zu § 1153, ferner die §§ 1087, 1173,1/2 des Entwurfs I. Der Fall ist jetzt durch § 1163 geregelt.

[98]) § 1163, 1168, 1196.

[99]) KP. bei Haidlen zu § 1177.

Eigentümerhypothek sei ohne praktischen Wert, wenn außer der dem Eigentümer zufallenden Hypothek keine Last eingetragen ist[100]. Sie geht dann eben in der Hyperocha auf. Das Recht, die frei werdende Stelle neuerdings mit Hypotheken zu belasten, die Sicherheit, welche die vorstehende Hypothek dem Gläubiger bot, bei einem neuen Gläubiger zu verwerten[101]), ist nichts anderes als die dem Eigentümer überhaupt zukommende Befugnis, jeden durch Hypotheken nicht aufgezehrten Wertteil des Grundstückes für seinen Realkredit auszubeuten: dieses kann er ganz allgemein thun durch Bestellung von Nachhypotheken, wenn aber die Hypotheken nicht aufrücken, selbstverständlich auch durch Bestellung von Hypotheken an den frei werdenden oder frei bleibenden Stellen. Wie der Eigentümer aber über den freien Wertteil zu Gunsten eines jeden Dritten, so kann er darüber auch zu Gunsten nachstehender Hypothekare durch Vorrangseinräumung[102]) und Uebernahme der Verpflichtung, die Eigentümerhypothek löschen zu lassen[103]), verfügen.

Der Eigentümerhypothekar hat daher in der That keine Befugnisse, die sich nicht schon aus seinem Eigentum ergäben, die ihm erst auf Grund einer besonderen Erwerbsthatsache zukommen würden. Die ihm zukommenden Befugnisse können nicht als ein besonderes Recht des Eigentümers an eigener Sache bezeichnet werden, sondern sie gehören zum Inhalte seines Eigentums. Für die Eigentümerhypothek des BGB. trifft daher die ältere, einst von v. d. Hagen[104]) vertretene, in der neuen Litteratur aber verschollene Ansicht zu, wonach die Eigentümerhypothek, wenigstens unter gewissen Voraussetzungen, in Wahrheit nur die Verfügungsgewalt des Eigentümers darstelle[104a]). Der Ausdruck Eigentümerhypothek beruht auf einer Legalfiktion: er schließt nur die An-

---

[100]) Hachenburg, Vorträge S. 242.

[101]) Denkschrift S. 146.

[102]) § 880.

[103]) § 1179, vgl. auch § 1183, Hachenburg. Vorträge, S. 234, bemerkt mit Recht, daß an einem solchen Faktum außer dem Hypothekar sonst Niemand ein Interesse hat.

[104]) Darüber Hartmann a. a. O. S. 72. v. Roth, Arch. f. civ. Pr., LXII S. 140, die Schrift selbst war mir leider unzugänglich.

[104a]) Nahe steht dieser Auffassung Bremer, Hypothek und Grundschuld, S. 50 flg. Was gegen ihn vorgebracht wird (vgl. Buchka, Hypothek des Eigentümers, S. 86), ist doch nur vom Standpunkte des römischen Pfandrechtsbegriffs richtig.

ordnung ein, der Eigentümer sei so zu behandeln, wie wenn er Hypothekar wäre. Daß ihm aber gerade das charakteristischeste Recht des Hypothekars fehlt, das Recht, die Zwangsvollstreckung zu seiner Befriedigung zu betreiben[105], zeigt, wie unnatürlich und überflüssig die Fiktion ist, die gerade dort versagt, wo sie sich bewähren sollte.

Aber diese Befugnisse, die dem Eigentümer unter der Bezeichnung „Eigentümerhypothek“ zustehen, sind nicht Rechtsfolge eines rechtbegründenden Rechtsgeschäfts, sondern sind mit seinem Eigentum selbst gegeben. Der Eigentümer kann darüber durch Rechtsgeschäfte verfügen, indem er die Eigentümerhypothek belastet, einem Nachhypothekar den Vorrang einräumt oder die Verpflichtung übernimmt, die Eigentümerhypothek löschen zu lassen[106], aber er kann sich ihrer ebensowenig, wie sonst eines Teils des Eigentumsinhalts, entäußern. Wirkliche Rechte an eigener Sache dagegen kann der Eigentümer erwerben, soweit sie ihm Vorteile bringen, die ihm nicht schon durch das Eigentum geboten werden: sie haben dann durchaus die Natur gleichartiger begrenzter Rechte an fremder Sache. Das Erlöschen eines dinglichen Rechts, wenn sich die Berechtigung mit dem Eigentum in einer Person vereinigt, können die Parteien, soweit sie das Gesetz anordnet, durch Vereinbarung nicht ausschließen, da die gesetzliche Vorschrift sich aus dem Begriffe des Eigentums ergiebt[107]. Der Fortbestand des Pfandrechts, das mit dem Rechte eines Dritten belastet ist, an einer beweglichen Sache, gehört nicht hierher: er hat nur die Bedeutung, daß das Recht des Dritten als Recht an fremder Sache in den Grenzen fortbesteht, die durch den Umfang des erloschenen Pfandrechts gegeben sind[108].

Von allen dinglichen Rechten steht dem Eigentum seiner inneren Beschaffenheit nach der Nießbrauch am nächsten. „Der charakteristische Willensinhalt bei der Begründung des Nießbrauchs geht dahin, daß dem Erwerber die Gesamtheit der Nutzungen gebühren soll. Eine Beschränkung hebt den charakteristischen Willensinhalt nicht auf: wohl aber liegt er nicht vor, wenn Benutzungsrechte nur insoweit gegeben werden sollten, als deren Inhalt positiv bestimmt ist, nicht aber insoweit, als das Recht zur ausschließlichen Benutzung nicht ver-

---

[105]) § 1197,1, Hachenburg a. a. O. S. 245 ff.
[106]) § 880, 1179, 1183.
[107]) § 1063, 1256.
[108]) § 1256,1,2; vergl. Exner, Kritik des Pfandrechtsbegriffs, S. 90 flg.

neint ist" [109]). Wie dem Eigentümer die ganze Sache, so gehören dem Nießbraucher sämtliche Nutzungen der Sache [110]), wie das Eigentum sich mit der Ausscheidung einzelner Befugnisse verträgt, so kann auch der Nießbrauch durch Ausschluß einzelner Nutzungen [111]) beschränkt werden. Zum Begriffe des Nießbrauchs gehört daher nur, daß die dem Nießbraucher verbleibenden Nutzungen nicht positiv, sondern nur negativ bestimmt seien; es gehört dazu nur, daß dem Berechtigten jede Nutzung zustehe, die durch Gesetz und Parteiwillen nicht ausgenommen ist: wäre der Wille der Parteien nicht darauf gerichtet, „die Gesamtheit der Sachnutzungen", sondern etwa einzelne positive, ihrem Inhalte nach bestimmte Gebrauchs- und Fruchtziehungsrechte zuzuwenden [112]), so wäre kein Nießbrauch begründet [113]).

Andererseits kann der Nießbrauch nicht zu einem Rechte auf die Substanz erweitert werden. Es kann dem Nießbraucher nicht die Befugnis eingeräumt werden, über die Sache selbst zu verfügen, es kann nicht auf die Rückgabe der Sache nach Beendigung des Nießbrauchs verzichtet [114]), oder dem Nießbraucher ein Recht auf den Schatz mit dinglicher Wirkung eingeräumt werden [115]).

Nach dem Charakter, den der Nießbrauch im römischen Rechte angenommen, im gemeinen Rechte und in dem Rechte des BGB. erhalten hat, ist er kein Institut des gewöhnlichen Güterverkehrs. Das Verhältnis des Nießbrauchers zum Eigentümer hat „ein familiäres Gepräge, das einer persönlichen Vertrauensstellung" [116]). Unter diesen Einflüssen entstand der historische „Begriff" des Nießbrauchs als einer lebenslänglichen Versorgung. Aus dem Begriffe ergeben sich dessen Unvererblichkeit und Unveräußerlichkeit [117]): sie sind nicht logische Schlüsse aus Prämissen, sondern Konsequenzen seines gesellschaftlichen Wesens [118]).

---

[109]) M. III S. 566.

[110]) § 1030, 1036, 1037, 1040, 1048, 1050, 1061 I, 1068; vgl. § 1073, 1071, 1076, 1081, 1085 — 1065 — 954.

[111]) § 1030,2, 1036, Fischer und Henle, Anm. 1.

[112]) M. III S. 493.

[113]) § 1060, M. III S. 566.

[114]) § 1055,1.

[115]) § 1040, M. III S. 504: „Diese Vorschrift ist zwar nur erläuternder Natur." Erläuternd bedeutet wohl: Begriffsentwickelnd.

[116]) KB. bei Haidlen zu § 1059.

[117]) § 1059, 1061.

[118]) KB. bei Haidlen zu § 1059.

Die übrigen im Nießbrauche nach dem Gesetze enthaltenen Befugnisse gehören nicht zum Begriffe des Nießbrauchs. Ihrem legislativpolitischen Grunde nach wollen die betreffenden gesetzlichen Bestimmungen entweder den Parteiwillen auslegen oder ergänzen, oder für eine Partei fürsorgen oder der Parteienautonomie gegenüber das öffentliche Interesse zur Geltung bringen: aber alle darauf beruhenden Rechtsfolgen haben sich, wie bereits angeführt wurde, zu Gesetzeswirkungen des dinglichen Rechtsgeschäfts verdichtet, die zum Teile zwingend, zum Teile nichtzwingend angeordnet sind. Man muß daher zwischen Gesetzeswirkungen, der Bestellung des Nießbrauchs, im engeren und im weiteren Sinne unterscheiden. Die letzteren sind in Anordnungen enthalten, die, wenn sie sich auf obligatorische Rechtsgeschäfte bezögen, als Auslegungsregeln, ergänzende oder fürsorgende Normen zu bezeichnen wären; Gesetzeswirkungen im engeren Sinne sind Rechtsfolgen, die auch bei einem obligatorischen Geschäfte als Gesetzeswirkungen gelten müßten, da sie überhaupt nicht mit Rücksicht auf den Parteiwillen angeordnet werden.

Für die Beurteilung des Charakters dieser Bestimmungen sind zunächst die allgemeinen Erwägungen maßgebend. Nichtzwingend sind die Anordnungen, die legislativpolitisch auf Auslegung, Ergänzung des Parteiwillens oder Fürsorge für eine Partei beruhen, also die Bestimmungen, die Gesetzeswirkungen im weiteren Sinne feststellen. Die Bestimmungen über Gesetzeswirkungen im engern Sinne, namentlich, wenn sie das öffentliche Interesse wahrnehmen, sind größtenteils zwingend.

Die besondere Natur des Nießbrauchs darf hierbei nicht übersehen werden. Der Nießbrauch begründet eines jener Rechtsverhältnisse, bei denen der nutzbare Inhalt des Eigentums auf mehrere Rechtssubjekte zeitlich verteilt erscheint. Alle diese Rechtsverhältnisse erzeugen eigentümliche volkswirtschaftliche Wirkungen. Während beim vollen, konsolidierten Eigentum der Eigentümer selbst ein klares Interesse an einer guten Verwaltung hat, da er durch Mißwirtschaft, insbesondere Raubbau, den Wert seines eigenen Vermögens mindern würde, so hat, wenn die Nutznießung, wie beim Nießbrauch, zeitlich beschränkt ist, der frühere Nutznießer sehr häufig gerade ein Interesse daran, Raubwirtschaft zu treiben, denn er treibt sie, nicht auf seine Kosten, sondern auf Kosten des späteren Nutznießers. Aber durch Raubwirtschaft wird nicht blos der spätere Nutznießer, sondern auch das Volksvermögen geschädigt: besonders unheilvoll wirkt Raubbau bei einer „auf Gewinnung von Bodenbestandteilen gerichteten Anlage“, bei Wald und Bergwerk. Wenn daher das Gesetz dem späteren Nutznießer das Recht giebt, den früheren zeitweiligen Nutznießer zu beaufsichtigen und sich gegen offenbar nachteilige Maßregeln zu schützen, so wird dadurch nicht blos sein Interesse, sondern auch das Interesse der Allgemeinheit wahrgenommen, indem dem Egoismus des späteren Nutznießers dieselbe Rolle zugewiesen wird, die sonst in der Volkswirtschaft dem Egoismus des Eigentümers zukommt. Es ist daher aller Grund zur Annahme, daß die Bestimmungen, die dem Eigentümer Mittel an die Hand geben, sich gegen die Mißwirtschaft des Nießbrauchers zu schützen, in zwingender Weise Gesetzeswirkungen anordnen[118a].

Aber es ist nicht zweifellos, daß diese gesetzgebungspolitische Auffassung thatsächlich den Anordnungen des BGB. über den Nießbrauch zu Grunde liegt. Zweifellos fremd ist sie dem Rechte der Miete und Pacht, die den zeitlich begrenzten Nutzungsrechten nahe stehen und den Bestimmungen über die Vorerbschaft, die für die Beurteilung des Nießbrauchs deswegen von großer Bedeutung sind, weil sich die gesetzliche Regelung der Vorerbschaft sehr enge an die des Nießbrauchs anschließt. Nun giebt das Gesetz hier die Beschränkungen und Verpflichtungen ausdrücklich an, von denen der Erblasser den Vorerben, dessen Stellung der des Nießbrauchers entspricht, befreien kann: es sind dieses aber zum Teile gerade solche, die dem Raubbau besonders wirksam steuern könnten. Eine analoge Anwendung dieser Vorschriften auf den Nießbrauch würde ergeben, daß bei Bestellung des Nießbrauchs der Nießbraucher von den entsprechenden Bestimmungen befreit werden kann, daß also dem Gesetzgeber die Absicht, dem Raubbau entgegenzutreten, ganz ferne lag. Doch ist eine solche Anwendung unzulässig. Es muß zunächst auffallen, daß sie nicht ausdrücklich angeordnet worden ist, obwohl dieses schon aus dem Grunde nahe lag, weil bei der Regelung der Vorerbschaft offenbar auf die Bestimmungen über den Nießbrauch fortwährend Rücksicht genommen worden ist. Entscheidend ist aber, daß die Bestimmung über die Beschränkungen und Verpflichtungen, von denen der Erblasser den Vorerben befreien kann, offenbar nur den Zweck hat, die „Einsetzung des Nacherben auf das, was von der Erbschaft bei dem Eintritte der Nacherbfolge übrig sein wird“,

---

118a) § 1034, 1036,2 (Halbsatz 2), 1038, 1039,1 3, 1042, 1044, 1051, 1054, 1055,2.

näher zu bestimmen. Gerade diese Form der Vorerbschaft aber, eine Nachbildung des fideicommissum eius quod superest, ist ein vom Nießbrauch grundsätzlich verschiedenes Rechtsverhältnis. Immerhin gewähren aber die Bestimmungen über die Vorerbschaft einen Anhaltspunkt für die Entscheidung von Fragen, die den Nießbrauch betreffen: wenn auch der Besteller des Nießbrauchs eine andere Stellung hat als der Erblasser, so darf man annehmen, daß Bestimmungen über den Nießbrauch, die zwingenden Bestimmungen über die Vorerbschaft entsprechen, zwingend sind und Bestimmungen über den Nießbrauch, die nichtzwingenden Bestimmungen über die Vorerbschaft entsprechen, nichtzwingend sind, soweit dieser nichtzwingende Charakter nicht blos in der Zulässigkeit der Einsetzung eines Nacherben auf den Ueberrest seinen Grund hat.

Die Auslegungsregeln und ergänzenden Normen des BGB. über den Nießbrauch beruhen auf der hergebrachten römischen Gestaltung des Nießbrauchs, sind daher im Allgemeinen eine Kodifikation der römischen Verkehrssitte: hierher gehören die Bestimmungen, die den Nießbraucher verpflichten, die bisherige wirtschaftliche Bestimmung der Sache aufrecht zu erhalten[119]), die Sache nicht umzugestalten oder wesentlich zu verändern, die auf der Sache ruhenden öffentlichen Lasten mit Ausschluß der auf den Stammwert der Sache gelegten außerordentlichen Lasten, sowie die zur Zeit der Bestellung auf der Sache vorhandenen privatrechtlichen Lasten zu tragen, endlich die Bestimmungen, die dem Nießbraucher das Recht einräumen, neue Anlagen zur Gewinnung von Bodenbestandteilen zu errichten und Ersatz der Verwendungen, zu denen er nicht verpflichtet ist, anzusprechen[120]). Auf moderner Verkehrssitte beruht die Regelung des Nießbrauchs an einem Grundstück samt Inventar[121]). Ebenso wird dem Nießbraucher die Verpflichtung zur Verzinsung der Hypotheken, abweichend vom gemeinen Recht, auferlegt, um „der regelmäßigen wirtschaftlichen Auffassung der Pfandlast bei Grundstücken Rechnung zu tragen"[122]).

Von den darüber hinausgehenden Gesetzeswirkungen sind zwei, die dem Nießbraucher den Beweis seiner Ansprüche sichern sollen, nach allgemeinen Grundsätzen zwingend: Das Recht des Nießbrauchers

---

[119]) § 1036,2, dazu Fischer und Henle, Anm. 1.

[120]) § 1037, 1041, 1043, 1044, 1047, 1049.

[121]) § 1048.

[122]) M. III S. 517. Die Vorschrift wird in den Motiven als „dispositiv" bezeichnet.

den Zustand der Sache auf eigene Kosten feststellen zu lassen, die Pflicht derselben, beim Nießbrauche an einem Inbegriffe von Sachen zur Aufnahme eines Verzeichnisses der Sachen mitzuwirken. Dagegen ist die Pflicht des Nießbrauchers zum Ersatze des Wertes der im Uebermaße gezogenen Früchte, und für Leistung Sicherheit für die Erfüllung dieser Verpflichtung, endlich die Pflicht des Eigentümers zum Ersatze der Kosten, die der Nießbraucher auf die noch nicht getrennten Früchte verwendet hat, offenbar nichtzwingend angeordnet [123]).

Die Bestimmungen, daß der Nießbraucher mit der Sache nach den Regeln der ordnungsmäßigen Wirtschaft zu verfahren, sie in ihrem wirtschaftlichen Bestande zu erhalten und für die zur gewöhnlichen Unterhaltung gehörenden Ausbesserungen und Erneuerungen zu sorgen habe, beruhen nicht blos auf der Fürsorge für den Eigentümer, sondern auch auf dem Bestreben, den Wert des dem Nießbrauche unterworfenen Vermögens unversehrt zu erhalten. Eine zuwiderlaufende Vereinbarung der Parteien erscheint daher insofern unzulässig, als sie eine Gefährdung dieses auf volkswirtschaftlichen Erwägungen beruhenden Gesetzeszweckes befürchten läßt. Mit derselben Beschränkung müssen als zwingend auch die Vorschriften betrachtet werden, die dem Eigentümer die Fürsorge für die Sache oder die Wahrung seiner Rechte auf den Sachwert selbst ermöglichen sollen: über die Pflicht des Nießbrauchers, dem Eigentümer die Zerstörung oder Beschädigung, die Notwendigkeit einer außergewöhnlichen Ausbesserung oder Erneuerung der Sache, oder einer Vorkehrung zum Schutze der Sache gegen eine nichtvorhergesehene Gefahr, die Anmaßung eines Rechts an der Sache von Seiten eines Dritten anzuzeigen, die wohl nur dann ausgeschlossen werden kann, wenn die Anzeige unthunlich ist. Wird aber die Pflicht zur gewöhnlichen Unterhaltung der Sache auf den Eigentümer überwälzt, so verlieren alle diese Vorschriften wohl den zwingenden Charakter. Unbedingt zwingend angeordnet ist die Pflicht des Nießbrauchers zur Rückgewähr eines landwirtschaftlichen Grundstückes in dem Zustande, der sich bei einer während des Nießbrauchs bis zur Rückgewähr fortgesetzten ordnungsmäßigen Bewirtschaftung ergiebt, und über das beim Nießbrauche an einem Inbegriffe von Sachen auf Verlangen des Eigentümers aufzunehmende Verzeichnis, über das Recht des Eigentümers bei übermäßigem Fruchterwerb, sowie bei einem die

---

[123]) § 1034, 1035, 1039. Vgl. die Ausführungen über die Nacherbschaft.

Rechte des Eigentümers erheblich gefährdendem Verhalten des Nießbrauchers und beim unbefugten Gebrauche der Sache Sicherstellung oder Verwaltung zu verlangen [124], sowie die im Falle unbefugten Gebrauchs dem Eigentümer zustehende Klage auf Unterlassung [125]. Wenn bei der Vorerbschaft dem Erblasser gestattet ist dem Nacherben das Recht auf Sicherheitsleistung und Verwaltung zu entziehen, so hängt dieses offenbar mit der Zulässigkeit der Einsetzung eines Nacherben auf das was von der Erbschaft übrig bleibt, zusammen, die ja keinen Sinn hätte, wenn der Nacherbe das Recht auf Sicherheitsleistung und Verwaltung behielte.

Zu den Gesetzeswirkungen im engeren Sinne, die die Bestellung des Nießbrauchs nach sich zieht, gehört zunächst die Verpflichtung des Nießbrauchers zur Versicherung der Sache und die Unterwerfung der Versicherungssumme unter den Nießbrauch [126], dann das Recht des Nießbrauchers und Eigentümers, beim Nießbrauch am Walde oder Bergwerke die Feststellung des Wirtschaftsplanes zu verlangen [127], endlich beim Nießbrauche an einem landwirtschaftlichen Grundstücke die Pflicht des Nießbrauchers, dem Eigentümer nach Beendigung des Nießbrauchs den ganzen auf dem Gute gewonnenen Dünger und so viel an landwirtschaftlichen Erzeugnissen zurückzulassen, als zur Fortführung der Wirtschaft bis zu der Zeit erforderlich ist, zu der gleiche oder ähnliche Erzeugnisse voraussichtlich werden gewonnen werden [128]. Diese Bestimmungen werden in den Materialien vorwiegend mit öffentlichen Rücksichten begründet: die Versicherungspflicht „durch das öffentliche Interesse an der Beförderung der Versicherungen", daneben auch „durch eine billige Rücksicht auf den Eigentümer" [129], das Recht, die Feststellung eines Wirtschaftsplanes zu verlangen durch die Erwägung, Wirtschaftspläne beständen für die Mehrzahl der Wälder, an denen ein Nießbrauch bestellt sei, wo dieses nicht der Fall sei, liege es sowohl im Interesse der Forstkultur als der Beteiligten, wenn jedem der Beteiligten das Recht gewährt werde, die Aufstellung eines Wirtschaftsplanes zu verlangen [130]. — die Pflicht zur Zurücklassung der landwirtschaftlichen Erzeugnisse und des Düngers durch den Hinweis auf die analoge Verpflichtung des Pächters —, die diesem

[124]) § 1034, 1039, 1051, 1052, 1054, 1055. [125]) § 1053.
[126]) § 1045, 1046. [127]) § 1038.
[129]) M. III S. 513. [128]) § 1055.
[130]) KP. bei Haidlen zu § 1038.

aus Gründen des volkswirtschaftlichen Interesses auferlegt sei, welche auch in dem gegenwärtigen Falle zuträfen[131].

Die Versicherungspflicht des Nießbrauchers, sowie die Unterwerfung der Versicherungssumme dem Nießbrauch, kann zweifellos durch anderweitige Vereinbarungen der Parteien ausgeschlossen werden: das öffentliche Interesse an der Beförderung der Versicherungen hat im BGB. sonst nirgends Ausdruck gefunden, ist also an sich wohl ein schwaches, ganz abgesehen davon, daß auch das Mittel kaum zum Ziele führen dürfte. Dagegen kann es den Parteien nicht gestattet werden, auf das Recht, die Feststellung eines Wirtschaftsplanes zu verlangen, zu verzichten, die Pflicht des Nießbrauchers zur Zurücklassung landwirtschaftlicher Erzeugnisse und des Düngers einzuschränken oder aufzuheben, da das öffentliche Interesse an der Waldwirtschaft und Landwirtschaft, die diese Bestimmungen wahrnehmen, immerhin ein beachtenswertes ist.

Die Verjährung der Ersatzansprüche des Eigentümers und Nießbrauchers kann, wie sonst, abgekürzt und erleichtert werden[132].

Der Nießbrauch an dem Anteile eines Miteigentümers ist in demselben Maße modifikationsfähiger als der gewöhnliche Nießbrauch, als das Miteigentum selbst, wie bereits dargethan wurde, modifikationsfähiger ist als das Eigentum. Auf das Recht, in Gemeinschaft mit dem Eigentümer die Aufhebung der Gemeinschaft zu verlangen, kann der Nießbraucher, auf das Recht, zusammen mit dem Nießbraucher die Aufhebung der Gemeinschaft zu verlangen, kann der Eigentümer zweifellos verzichten: in diesem Falle kann der andere für sich allein die Aufhebung der Gemeinschaft beantragen. Ebenso kann bei der Bestellung des Nießbrauchs bestimmt werden, daß dem Nießbraucher der Nießbrauch an den Gegenständen, die nach Aufhebung der Gemeinschaft an Stelle des Anteils treten, nicht zukomme[133].

Dem Nießbrauch, der ähnlich wie das Eigentum eine im wesentlichen nur negativ beschränkte Fülle von Befugnissen verleiht, stehen die übrigen dinglichen Rechte gegenüber, denen „ein bestimmter spezifischer Zweck“ eigentümlich ist, „der ihnen die Richtung giebt, der ihren Inhalt und Umfang noch besonders begrenzt“[134]. Unter ihnen nehmen wieder das Erbbaurecht und das Vorkaufsrecht eine besondere Stellung ein: die Grunddienstbarkeiten und die be-

---

[131]) M. III S. 521. [132]) § 1057. [133]) § 1066.
[134]) Hartmann in Iherings Jahrb. XVII S. 132.

schränkten persönlichen Dienstbarkeiten einerseits, die Reallasten und das Pfandrecht andererseits zeigen vielfach eine gewisse Verwandtschaft.

Ueber das Erbbaurecht enthält das BGB. im wesentlichen nur die Begriffsbestimmung: es bestehe in einem veräußerlichen und vererblichen Rechte, auf oder unter der Oberfläche eines Grundstücks ein Bauwerk zu haben, womit das Recht verbunden werden könne, einen für das Bauwerk nicht erforderlichen Teil des Grundstückes zu benützen, wenn dieses für die Benützung des Bauwerks Vorteile biete. Die Beschränkung des Erbbaurechts auf einen Teil eines Gebäudes, insbesondere ein Stockwerk, ist unzulässig[135]). Im übrigen wird im wesentlichen auf die Bestimmungen über die Rechte an Grundstücken und über das Eigentum verwiesen[136]).

Nur eine einzige über die Begriffsbestimmung hinausgehende den Inhalt des Erbbaurechts betreffende Bestimmung ist im BGB. enthalten: daß das Recht durch Untergang des Bauwerks nicht erlösche[137]). Diese Vorschrift wird damit begründet, daß „nicht zu vermuten ist, daß der Bestand des Erbbaurechts von dem Eintritte eines zufälligen Umstandes habe abhängig gemacht werden sollen“ [138]). Die Vorschrift gründet sich daher auf den „vermutlichen Parteiwillen“; da es sich jedoch um die Rechtsfolge eines dinglichen Geschäfts, daher um eine Gesetzeswirkung desselben handelt, so kann sie nur durch eine ausdrückliche Erklärung des abweichenden Parteiwillens beseitigt werden. Die Motive betrachten sie, wie sich aus dem Zusammenhang ergiebt, als eine „dispositive Vorschrift, die die Vertragserklärungen der Parteien in Ansehung des Inhalts des zu begründenden Erbbaurechts nach einzelnen Richtungen ergänzt“ [139]).

Von den übrigen dinglichen Rechten sind die Grunddienstbarkeiten notwendig, die Reallasten und das Vorkaufsrecht dann subjektiv-dinglich, wenn die Parteien dieses gewollt haben. Wenn ein Recht als subjektiv-dingliches begründet wird, bedeutet dieses im wesentlichen eine Beschränkung seiner Veräußerlichkeit: es kann nicht ohne das Grundstück und es muß immer veräußert werden, wenn das Grundstück veräußert wird[140]). Aus diesem Inhalte eines subjektiv-dinglichen Rechts ergiebt sich, daß es nicht vom Berechtigten allein vom Eigentum am Grundstück getrennt werden kann, „da hier nicht, wie im Falle der Abtretung nur ein Wechsel in der

---

135) § 1012—1014. 136) § 1065, 1067.
137) § 1016. 138) M. III S. 473.
139) M. III S. 473 erster Satz der Begründung des § 963.
140) § 1018, 1103,1, 1110, M. III.

Person des Berechtigten in Frage kommen, sondern das den Berechtigten bestimmende Merkmal und damit die Natur des Rechts selbst geändert werden würde“ [141]. Aus demselben Grunde kann ein subjektiv-persönliches Recht nicht in ein subjektiv-dingliches verwandelt werden [142]. Eine abweichende Vereinbarung ist zulässig, insofern das Recht überhaupt so begründet werden könnte.

Die Grunddienstbarkeit definiert das BGB. als Belastung eines Grundstücks zu Gunsten des jeweiligen Eigentümers eines andern Grundstücks in der Weise, daß dieser das Grundstück in einzelnen Beziehungen benützen darf, oder daß auf dem Grundstücke gewisse Handlungen nicht vorgenommen werden dürfen, oder daß die Ausübung eines Rechts ausgeschlossen ist, das sich aus dem Eigentum an dem belasteten Grundstücke dem andern Grundstücke gegenüber ergiebt. Diese Begriffsbestimmung wird in der Folge dahin ergänzt, das Recht müsse für die Benützung des Grundstückes des Berechtigten Vorteil bieten [143]. Als Grunddienstbarkeiten werden daher nur Rechte anerkannt, die diesen Merkmalen entsprechen: sie müssen sich in eine der erwähnten drei Gruppen einordnen lassen und dem Grundstück des Berechtigten Vorteil bieten [144]. Eine über dieses Maß hinausgehende Bestellung einer Grunddienstbarkeit besteht nicht zu Recht, begründet aber unter Umständen obligatorische Verpflichtungen [145].

Aus dem so gearteten Begriffe der Grunddienstbarkeit ergiebt sich, daß eine Teilung des Grundstückes des Berechtigten oder des belasteten Grundstücks an sich ohne Einfluß auf den Inhalt des Rechts ist [146]. Dieses erkennen auch die Motive an, „da der Naturalteilung ein Einfluß auf den Bestand der Grunddienstbarkeit durch das Gesetz besonders beigelegt werden müßte, wenn ein solcher Einfluß stattfinden sollte“ [147]. Andererseits soll aber — und das entspricht ebenfalls dem Begriffe — wenn die Dienstbarkeit nur einem Teile des Grundstücks des Berechtigten Vorteile bietet und dieses geteilt wird, die Grunddienstbarkeit nur für den Teil fortbestehen, dem sie zum Vorteile gereicht: wird das belastete

[141]) M. III S. 589. [142]) § 1103,2, 1110, M. III S. 592.

[143]) § 1018, 1019, 1027, 1029.

[144]) Endemann II S. 393flg.

[145]) M. III S. 482,3,5, Windscheid § 209 Anm. 8. Ueber das Erfordernis der Vicinität und der perpetua causa Kohler im Arch. f. civ. Pr. LXXXVII S. 157flg., 262flg., dagegen M. III S. 481.

[146]) § 1025. [147]) M. S. 487.

Grundstück geteilt, so sollen die Teile, die außerhalb des Bereichs der Ausübung liegen, von der Dienstbarkeit frei werden [148].

Die Verbindung obligatorischer Beziehungen mit der Grunddienstbarkeit wird nur in den Fällen mit dem Begriffe derselben vereinbar erachtet, daß zur Ausübung der Dienstbarkeit eine Anlage auf dem belasteten Grundstück gehört: es kann in diesem Falle bestimmt werden, daß der Eigentümer des belasteten Grundstücks und wenn dieser zur Mitbenutzung berechtigt ist, der Berechtigte, so weit es das Interesse des andern erfordert, zur Unterhaltung der Anlage verpflichtet ist. Bei einer Grunddienstbarkeit, die in dem Rechte besteht, auf einer baulichen Anlage des belasteten Grundstücks eine bauliche Anlage zu halten, ist die Pflicht des Eigentümers des belasteten Grundstücks zur Unterhaltung der Anlage Gesetzeswirkung, die nur durch ausdrückliche Erklärung der Parteien ausgeschlossen werden kann [149]. Andere obligatorische Beziehungen können dagegen mit den Grunddienstbarkeiten nicht verknüpft werden. Die Motive betonen insbesondere, daß die Verknüpfung einer Gegenleistung mit der Dienstbarkeit, sodaß diese Verbindlichkeit auf alle Rechtsnachfolger des dinglich Berechtigten übergeht, „durch das Wesen der Dienstbarkeit als eines dinglichen Rechts ausgeschlossen“ sei [150].

Innerhalb dieser Grenzen können die Parteien den Inhalt der Dienstbarkeit nach freier Willkür bestimmen; das BGB. hat die „Spezialisierung des Servitutinhalts“ der Privatautonomie überlassen [151]. Was die Parteien in dieser Richtung vereinbaren, ist dingliche Willenserklärung und erzeugt Willenswirkung nach den für das obligatorische Rechtsgeschäft geltenden Grundsätzen. Doch sind überdies mehrere Gesetzeswirkungen der Bestellung der Dienstbarkeit angeordnet:

1. Daß bei einer Teilung des Grundstückes des Berechtigten, die für die einzelnen Teile fortbestehende Grunddienstbarkeit im Zweifel nur in der Weise ausgeübt werden kann, daß sie für den Eigentümer des belasteten Grundstücks nicht beschwerlicher wird [152].

2. Daß der Berechtigte zur schonenden Ausübung der Dienstbarkeit und zur Erhaltung der Anlage, die er zur Ausübung der

---

[148] § 1025, 1026.

[149] § 1021, 1022.

[150] § 1018 M. III S. 481.

[151] § 1020.

[152] § 1023.

selben auf dem belasteten Grundstück hält, soweit das Interesse des Eigentümers es erfordert, verpflichtet ist[153];

3. Daß der Eigentümer des belasteten Grundstückes die Verlegung der auf einen Teil des belasteten Grundstückes beschränkten Ausübung der Grunddienstbarkeit auf eine andere für den Berechtigten ebenso geeignete Stelle auf seine Kosten verlangen kann, wenn die Ausübung an der bisherigen Stelle für ihn besonders beschwerlich ist[154];

4. Daß der Anspruch des Berechtigten auf Beseitigung einer Anlage, durch die die Grunddienstbarkeit beeinträchtigt wird, auch dann der Verjährung unterliegt, wenn die Dienstbarkeit im Grundbuch eingetragen ist, und daß mit der Verjährung des Anspruchs die Dienstbarkeit erlischt, soweit der Bestand der Anlage mit ihr im Widerspruch steht[155].

Die erste Bestimmung giebt sich ihrem Wortlaute nach als Auslegungsregel: die Motive und Kommissionsprotokolle bezeichnen sie als „interpretative Vorschrift“[156]. Es ist daher klar, daß sie durch abweichende Willenserklärung der Parteien außer Kraft gesetzt werden kann. Die Pflicht zur schonenden Ausübung der Dienstbarkeit ist zweifellos zwingend angeordnet: eine zuwiderlaufende Vereinbarung der Parteien wäre contra bonos mores. Dafür, daß die Verpflichtung zur Unterhaltung der Anlage auf dem belasteten Grundstücke auch durch Vereinbarung nicht beseitigt werden könne, könnte angeführt werden, daß sie mit der Verpflichtung zur schonenden Ausübung in Zusammenhang gebracht worden ist: zu gestatten, daß die Vorschrift außer Kraft gesetzt werde, wäre unwirtschaftlich, könnte zu „volkswirtschaftlichen Nachteilen“ führen[157]. Aber es kann die Verpflichtung zur Erhaltung der Anlage auf den Eigentümer des belasteten Grundstückes überwälzt werden[158]. Ueber das Recht des Eigentümers des belasteten Grundstücks, eine Verlegung der Dienstbarkeit zu verlangen, wird bestimmt, daß es nicht durch Rechtsgeschäft ausgeschlossen oder beschränkt werden

[153]) § 1020.
[154]) § 1023.
[155]) § 1028.
[156]) P. III, S. 488 K. P. bei Haidlen zu § 1025.
[157]) Vgl. P. III, S. 483, ferner Motive III, S. 480 a. E. (über „schädliche Servituten“).
[158]) § 1021, 1022.

kann[159]). Der Untergang der Dienstbarkeit infolge der Verjährung des Anspruchs auf Beseitigung einer Anlage, durch die die Grunddienstbarkeit beeinträchtigt wird, kann, da sie an die Verjährung dieses Anspruchs unmittelbar geknüpft ist, in demselben Maße erleichtert werden, wie nach allgemeinen Grundsätzen die Verjährung des Anspruchs selbst[160]).

Zum Begriffe der beschränkten persönlichen Dienstbarkeiten gehört:

1. Daß sie in dem einer Person eingeräumten Rechte bestehen, ein Grundstück in einzelnen Beziehungen, insbesondere auch ein Gebäude oder einen Teil eines Gebäudes unter Ausschluß des Eigentümers als Wohnung zu benutzen, oder in einer sonstigen Befugnis, die den Inhalt einer Grunddienstbarkeit bilden kann[161]).

2. Daß sie mit Ausnahme des Wohnungsrechts unvererblich und unübertragbar sind[162]).

Im Uebrigen soll das Wohnungsrecht, wie auch die Motive hervorheben, zu einem seinem Inhalte nach gesetzlich definierten Rechte nicht gemacht werden; wie immer die Parteien seinen Inhalt bestimmen, so fällt es deswegen nicht außerhalb des gesetzlichen Begriffs[163]).

In nichtzwingender Weise ist über die beschränkten persönlichen Dienstbarkeiten (mit Ausschluß des Wohnungsrechts) angeordnet, daß sich ihr Umfang nach dem persönlichen Bedürfnisse des Berechtigten bestimme und daß auch ihre Ausübung einem andern nicht überlassen werden dürfe. Nach beiden Richtungen können die Parteien etwas anderes vereinbaren[164]). Die erste Regel beruht auf Willensauslegung: die Motive bezeichnen sie als dispositive Vorschrift nur deswegen, weil es sich hier, wie bei allen nichtzwingend angeordneten Rechtsfolgen des dinglichen Rechtsgeschäfts, um Gesetzeswirkungen handelt, die durch ausdrückliche Willenserklärung ausgeschlossen werden müßten, denn „durch eine bloße Auslegungsregel würde der Inhalt des in das Grundbuch eingetragenen Rechts dritten Personen nicht kund gemacht werden“[165]). Ebenso dürfte die für den Fall, daß nichts anderes vereinbart wurde, an-

---

159) § 1023,2. 160) § 1028.

161) § 1090, 1093,1/1.

162) § 1090,2, 1092,1.

163) M. III, S. 570.

164) M. III, S. 567 flg., KP. bei Haidlen zu § 1092.

165) M. III, S. 567.

geordnete Unveräußerlichkeit der beschränkten persönlichen Dienstbarkeit auf eine Auslegung des Parteiwillens zurückzuführen sein[166]).

Das Wohnungsrecht giebt dem Berechtigten die Befugnis, seine Familie sowie die zur standesmäßigen Bedienung und zur Pflege erforderlichen Personen in die Wohnung aufzunehmen und wenn das Recht auf einen Teil des Gebäudes beschränkt ist, die zum gemeinschaftlichen Gebrauche der Bewohner bestimmten Anlagen zu benutzen[167]). Beide Gesetzesfolgen sind mit Rücksicht auf den vermutlichen Willen der Parteien und in nichtzwingender Weise angeordnet[168]).

Im Uebrigen sind die Gesetzesfolgen der Bestellung einer beschränkten persönlichen Dienstbarkeit oder eines Wohnungsrechts durch Hinweis auf die Bestimmungen über Grunddienstbarkeiten und Nießbrauch geregelt[169]).

Aus dem Begriffe des dinglichen Vorkaufsrechts ergiebt sich, daß es gegen jeden Dritten, also auch dem Konkursverwalter gegenüber wirkt, wenn dieser einen freihändigen Verkauf vornehmen wollte[170]). Kraft positiver Vorschrift wirkt es nicht gegenüber der Zwangsversteigerung[171]).

Beim dinglichen Vorkaufsrechte sind zwei Gruppen von Rechtsnormen zu unterscheiden: die sich auf das Verhältnis zwischen dem Vorkaufsberechtigten und dem Vorkaufsverpflichteten und die sich auf das Verhältnis dieser zum Dritten, zum Käufer oder Kauflustigen, beziehen. Das Verhältnis des Berechtigten zum Verpflichteten beruht zunächst auf dem Rechtsgeschäfte, wodurch das Vorkaufsrecht begründet wurde: aber dieses Rechtsgeschäft wirkt dinglich gegen jeden Eigentümer des Grundstücks, selbst wenn er nicht der ursprüngliche Verpflichtete und nicht der Rechtsnachfolger des ursprünglich Verpflichteten wäre. Die im Gesetze angeordneten Rechtsfolgen der Bestellung des dinglichen Vorkaufsrechts in Bezug auf das Verhältnis des Berechtigten und Verpflichteten sind fast ausnahmslos dieselben, wie die der Vereinbarung des obligatorischen Vorkaufsrechts: doch wird in den Motiven behauptet, daß sie, an sich dispositiv, hier eine absolute Natur gewännen[172]), daß die Rechts-

---

166) Vergl. M. III, S. 568.
167) § 1093.
168) M. III, S. 571.
169) § 1090 2, 1093,1/2.
170) § 1094, 1098,1/2. KP. bei Haidlen zu § 1098.
171) § 1098, 512. 172) M. III, S. 453.

norm, welche ihre Maßgeblichkeit für den Inhalt der Vorkaufslast bestimmt, eine absolute sei[173]), der Inhalt, der auf das Grundstück zu übernehmenden Verpflichtungen könne durch Rechtsgeschäft wohl in einzelnen Punkten ermäßigt, aber nicht über das, was aus dem Gesetze sich ergiebt, hinaus erweitert werden, so weit nicht eine solche Erweiterung besonders zugelassen wird; bei der absoluten Natur der Vorschriften über die dinglichen Rechtsgeschäfte sei damit zugleich der Privatautonomie eine Grenze gesetzt[174]).

Damit wollen die Motive insbesondere die Ansicht begründen, die Vorschrift: mit der Ausübung des Verkaufsrechts komme der Kauf zwischen dem Berechtigten und dem Verpflichteten unter den Bestimmungen zustande, die der Verpflichtete mit dem Dritten vereinbart habe[175]), die die Motive beim obligatorischen Vorkaufsrecht ausdrücklich als nichtzwingend bezeichnen[176]), sei in ihrer Anwendung auf das dingliche Vorkaufsrecht zwingend. Dafür werden überdies zahlreiche legislativpolitische Gründe angeführt: die Zulassung der Beschränkung des von den Berechtigten zu zahlenden Preises würde zu einer bedingten Einführung eines mit dinglicher Wirkung ausgestatteten Kaufrechts führen, und dem Berechtigten gestatten, bei steigenden Güterpreisen sich materielle Vorteile auf Kosten des Verpflichteten zu verschaffen; sie könnte den Besitzer des Grundstückes von Meliorationen abhalten, sollte aber außer dem Verkaufspreise noch Ersatz für die Meliorationen gefordert werden dürfen, Verwicklungen veranlassen; sie müßte endlich eine Sperrung des Grundbuchs oder einen auch gegen Dritte wirksamen Anspruch auf Beseitigung der Lasten erheischen und so den Realkredit des Vorkaufsverpflichteten schädigen und Dritte gefährden[177]).

Der Standpunkt der Motive, an sich weder klar zum Ausdrucke gebracht noch unanfechtbar, hatte im Wortlaut des Entwurfs I insofern eine Stütze, als dort Erweiterungen des Vorkaufsrechts ausdrücklich nur nach zwei Richtungen zugelassen wurden: als wiederholentliches und als subjektiv-dingliches Recht (§ 952). Eine Vorschrift dieser Art enthält das BGB. aber nicht, und daß jede Bestimmung über den Inhalt eines dinglichen Rechts ohne weiteres als „absolute" zu betrachten sei, kann man gewiß auch nicht be-

---

173) M. III, S. 451.
174) M. III, S. 451, ähnlich 452 a. E., so auch Endemann II, S. 434.
175) § 505,1. 176) M. II, 345, 377. 177) M. III, S. 451.

haupten. Insbesondere wäre es eine höchst bedenkliche Annahme, daß Bestimmungen, die meist schon ihrem Wortlaut nach, gewiß aber nach der Absicht des Gesetzgebers, als nichtzwingend zu gelten haben, sobald sie in einen anderen Zusammenhang gebracht werden, aus allgemeinen Gründen ohne weiteres als zwingend behandelt werden könnten. Wenn bei Regelung des dinglichen Vorkaufsrechts auf die Vorschriften über das obligatorische Vorkaufsrecht verwiesen wird, so haben diese für das dingliche Vorkaufsrecht so zu gelten, wie sie für das obligatorische Vorkaufsrecht gelten, insofern das Gegenteil nicht erwiesen werden kann.

Die Frage, ob eine Bestimmung zwingend sei, kann hier also nur nach allgemeinen Grundsätzen entschieden werden. Zweifellos ist nun vor allem, daß nach der Absicht des Gesetzgebers ein dingliches Vorkaufsrecht, bei dem der Kauf zwischen dem Berechtigten und Verpflichteten unter andern Bedingungen zustande kommen würde, als sie der Verpflichtete und der Dritte vereinbart haben, nicht zulässig sein sollte: dafür sprechen schon die in der That sehr ernsten gesetzgebungspolitischen Erwägungen der Motive. Nun ist eine derartige Vereinbarung beim obligatorischen Verkaufsrecht zweifellos giltig, beim dinglichen nicht für ungiltig erklärt. Die Motive meinen aber, sie sei hier deswegen ausgeschlossen, weil sie eine Erweiterung des Vorkaufsrechts bedeuten würde. Die Auffassung der Motive geht also dahin, ein dingliches Vorkaufsrecht, bei dem eine derartige Vereinbarung getroffen worden wäre, würde nicht mehr unter den Begriff des dinglichen Vorkaufsrechts fallen.

Dieser Standpunkt ist nicht abzuweisen: denn der Gesetzgeber darf den Begriff eines dinglichen Rechts, das, wie mehrmals hervorgehoben wurde, eine gesellschaftliche Kategorie ist, nach gesetzgebungspolitischen Erwägungen frei gestalten und die Wissenschaft hat seinen Absichten zu folgen, selbst wenn sie im Gesetze nur ungenügend Ausdruck gefunden hätten. Es muß daher angenommen werden, zum Begriffe des dinglichen Vorkaufsrechts gehöre, daß der Kauf zwischen dem Berechtigten und dem Verpflichteten unter den Bestimmungen zustande komme, die der Verpflichtete mit dem Dritten vereinbart hat. Würden die Parteien etwas anders vereinbaren, so läge kein dingliches Vorkaufsrecht, sondern etwa, wie in den Motiven bemerkt wird: „ein dinglich wirksames Kaufrecht“ [178]), vor, das Geschäft würde blos obligatorisch

---

[178]) M. III, S. 453.

wirken, oder ganz ungiltig sein[179]). Allerdings gilt für das obligatorische Vorkaufsrecht etwas anderes: aber der Begriff eines dinglichen Rechts ist eben etwas ganz anderes als der Begriff eines obligatorischen Rechtsgeschäfts. Andererseits wird das Sachenrecht nicht wie das Obligationenrecht vom Grundsatze der Vertragsfreiheit beherrscht, und daraus, daß eine Vereinbarung obligatorisch wirksam ist, folgt noch nicht, daß sie bei einem dinglichen Rechtsgeschäfte ebenfalls wirksam sei.

Die übrigen Bestimmungen über das obligatorische Vorkaufsrecht sind in ihrer Anwendung auf das dingliche Vorkaufsrecht nur dann zwingend, wenn sie auch in der Anwendung auf das obligatorische Vorkaufsrecht zwingend wären. Das gilt jedoch wohl nur vom Ausschluß des Vorkaufsrechts, wenn der Verkauf im Wege der Zwangsvollstreckung erfolgt[180]). Aber die nichtzwingenden Vorschriften über das obligatorische Vorkaufsrecht behalten in ihrer Anwendung auf das dingliche Vorkaufsrecht nicht ihre ursprüngliche Natur: was dort Willenswirkung war, ist hier Gesetzeswirkung, die nur durch ausdrückliche Erklärung der Parteien beseitigt werden kann.

Ueberdies wird als eine eigentümliche Gesetzesfolge der Bestellung des dinglichen Vorkaufsrechtes normiert, daß es sich nur auf den Fall des Verkaufs durch den Eigentümer, dem das Grundstück zur Zeit der Bestellung gehört, oder dessen Erben beschränkt: es kann jedoch ausdrücklich vereinbart werden, daß es für alle oder für mehrere Verkaufsfälle bestellt sei[181]).

Die Bestimmungen, die sich auf das Verhältnis zu Dritten beziehen[182]), schreiben Gesetzeswirkungen im Interesse Dritter in zwingender Weise vor: sie können durch eine Vereinbarung zwischen dem Berechtigten und dem Verpflichteten nicht außer Kraft gesetzt werden. Dagegen könnte eine Vereinbarung zwischen dem Berechtigten oder dem Verpflichteten und dem Dritten, durch die diese Gesetzesfolgen abgeändert werden würden, auch gegenüber der an der Vereinbarung nicht beteiligten Partei nach den Grundsätzen über Verträge zu Gunsten Dritter wirksam sein.

Die Reallast ist ein auf einem Grundstücke lastendes dingliches Recht auf wiederkehrende Leistungen, geschützt durch das Recht, im

---

[179]) Vgl. § 139, 140.
[180]) § 512.
[181]) § 1097.
[182]) § 1098,2, 1099—1102.

Falle der Nichtleistung durch Zwangsvollstreckung in das Grundstück Befriedigung zu suchen[153]).

Gesetzeswirkungen der Bestellung einer Reallast sind:

1. Die persönliche Haftung des Eigentümers des belasteten Grundstückes für die während der Dauer seines Eigentums fällig werdenden Leistungen — bei Teilung des Grundstückes: die persönliche Haftung der Eigentümer der einzelnen Teile als Gesamtschuldner. Die erste Disposition bestimmt eine Rechtsfolge, die nicht in zwingender Weise angeordnet ist und als regelmäßig der Parteiabsicht entsprechend angesehen werden muß[154]). Die zweite Bestimmung ist fürsorgender Natur: „Teilung nach Köpfen wäre gegenüber dem Berechtigten unbillig, ein anderer Teilungsmaßstab fehlt, es muß deshalb, um der Billigkeit zu genügen, die Solidarhaft der Teileigentümer vorgeschrieben werden"[155]).

2. Bei subjektiv dinglicher Reallast tritt im Falle der Teilung des Grundstückes des Berechtigten je nach Umständen ein: Teilung der Reallast, gemeinsame Berechtigung der Eigentümer der Grundstücksteile, Verbindung mit dem Teile, dem sie zum Vorteile gereicht, Bestimmungsrecht des Berechtigten[156]). Die Parteien können in allen diesen Beziehungen selbstverständlich bei Begründung der Reallast etwas anderes vereinbaren als gesetzlich angeordnet ist.

Im Uebrigen sind die Rechtsfolgen der Bestellung einer Reallast durch Hinweis auf die für Zinsen einer Hypothekarforderung geltenden Vorschriften geordnet[157]).

Der Inhalt der Dienstbarkeiten, des Vorkaufsrechts und der Reallasten kann von den Parteien noch beeinflußt werden:

1. Indem sie unter einer Bedingung oder Befristung bestellt werden[158]). Insofern sie veräußerlich sind, können sie auch unter einer Bedingung oder Befristung übertragen werden, und zwar mit Einschluß des Erbbaurechts[159]).

---

[153]) § 1105,1, vgl. Stobbe Lehmann, II 2 S. 63.
[154]) § 1108, KP. bei Haidlen zu diesem Paragraphen.
[155]) M. III S. 588.
[156]) § 1109.
[157]) § 1107.
[158]) § 161, 163.
[159]) § 925,2 gilt nur von der Auflassung zur Uebertragung des Eigentums. Vgl. M. III S. 472 ff., a. M. Strecker, Rechte an Grundstücken. S. 48.

2. Indem der Inhalt des Eigentums, auf dem sie lasten, durch Rechtsgeschäft in einer dem Berechtigten gegenüber wirksamen Weise modifiziert wird. Es ist klar, daß der Inhalt des Nießbrauchs sehr verschieden ist, je nachdem etwa das Grundstück, das ihm unterworfen ist, mit einem Erbbaurecht belastet ist oder nicht. Das BGB. enthält für den Fall, daß eine Grunddienstbarkeit mit einer Grunddienstbarkeit oder einem sonstigen Nutzungsrechte an dem Grundstück, oder daß der Nießbrauch mit einem Nießbrauch oder sonstigen Nutzungsrechte an der Sache von gleichem Range dergestalt zusammentrifft, daß die Rechte nebeneinander nicht oder nicht vollständig ausgeübt werden können, die Bestimmung, daß jeder Berechtigte eine den Interessen aller Berechtigten nach billigem Ermessen entsprechende Regelung der Ausübung verlangen kann[190]). Es handelt sich um eine zwingend angeordnete Gesetzeswirkung der Bestellung solcher Rechte.

Die Rechtssätze, die sich auf das **Pfandrecht** beziehen, enthalten vor allem die Begriffsbestimmungen der verschiedenen Arten des Pfandrechts: der Hypothek[191]), Grundschuld, Rentenschuld, Sicherungshypothek, Inhaber- und Ordrehypothek, Maximalhypothek, Gesamthypothek, der Inhabergrundschuld, der Rentenschuld, des Mobiliarpfandrechts, des Nutzpfandrechts, des Mobiliarpfandrechts an dem Anteil eines Miteigentümers einer beweglichen Sache, des Schiffspfandrechts, Pfandrechts an Rechten[192]).

Diese Begriffsbestimmungen des Gesetzes unterscheiden die Arten des Pfandrechts nach zwei Momenten: nach der wirtschaftlichen Willensrichtung der Parteien und nach dem Gegenstande. Wie bereits hervorgehoben worden ist, erzeugt auch das dingliche Rechtsgeschäft nach beiden Richtungen Willenswirkungen: sowohl für die Art des Pfandrechts als auch für den Gegenstand ist der Wille der Parteien maßgebend, er ist daher auch insofern maßgebend, als die Art des Pfandrechts vom Gegenstande abhängt.

Wie überall bei dinglichen Rechten enthalten auch die Begriffsbestimmungen der Pfandrechtsarten die Voraussetzungen der dinglichen Wirksamkeit der Bestellung: sie enthalten zugleich eine Bestimmung der zulässigen Pfandrechtsarten. Die Pfandbestellung ist nur wirksam, wenn der Parteiwille auf Begründung eines Pfand-

[190]) § 1024, 1060. [191]) § 1113.

[192]) § 1113, 1191 (dazu Stobbe-Lehmann II 2 S. 265), 1281, 1187, 1190, 1195, 1199, 1132,1, 1192, 1199, 1201, 1222, 1227 (vgl. § 1259 ff.), 1123,1, 1258, 1259, 1273, 1291.

rechts gerichtet ist, das zu den rechtlich anerkannten Arten des Pfandrechts gehört: ist dieses nicht der Fall, so ist die Pfandbestellung als solche unwirksam, erzeugt nur unter Umständen die obligatorische Verpflichtung zur Bestellung eines wirksamen Pfandrechts[193]. Es ist jedoch auch möglich, daß das unwirksame Pfandrecht als ein Pfandrecht der nächstverwandten gesetzlich anerkannten Art behandelt wird; sollte es sich von diesem blos durch die Vereinbarung einer Gestaltung unterscheiden, die über den Legalbegriff hinausgeht, so wird nur diese Vereinbarung als nichtig behandelt werden, wenn anzunehmen ist, daß die Bestellung auch ohne den nichtigen Teil vorgenommen sein würde[194]. Dies deuten die Motive bei der Erörterung der lex commissoria an, indem sie betonen, daß dieser Vertrag, selbst wenn er zulässig wäre, dingliche Wirkungen nicht haben könnte, da er den gesetzlichen Inhalt der Hypothek wesentlich verändern, eine besondere Kategorie von Hypotheken schaffen würde[195].

Von welcher Art das bestellte Pfandrecht sei, auf welche Gegenstände es sich beziehe, das ist daher ausschließlich Frage der Willensauslegung. Das BGB. giebt nur eine einzige Auslegungsregel: wenn eine von Natur fruchttragende Sache dem Pfandgläubiger zum Alleinbesitz übergeben wird, sei im Zweifel anzunehmen, daß der Pfandgläubiger zum Fruchtbezug berechtigt sein solle[196], das entspräche „dem beiderseitigen Interesse und deshalb dem zu vermutenden Willen der Parteien“[197].

Aus dem Begriffe der Hypothek und Grundschuld ergiebt sich die Regel, daß die Hypothek sich in eine Grundschuld über denselben Betrag und dieselben Nebenleistungen verwandelt, sobald der Eigentümer die Hypothek, nicht aber die Forderung erwirbt[198]. Dieses wurde bereits von Hachenburg erkannt: „Für beide Formen, für Hypothek und Grundschuld, ergiebt sich die gemeinsame Grundlage, die Belastung des Grundstücks mit der Zahlungspflicht. Fehlt in beiden Fällen derjenige, zu dessen Gunsten diese Belastung er-

---

[193]) Vgl. § 140 sowie § 1270,1,2. Nach Dernburg, Das bürgerliche Recht III S. 718 ff., hat das BGB. die Sicherungsübereignung nicht ausgeschlossen. Dieses kann man zugeben, da es sich hierbei um eine Eigentumsübertragung, verbunden mit einer Reihe obligatorischer Verpflichtungen, nicht um ein Pfandrecht sui generis handelt.

[194]) § 139.

[195]) M. III S. 680.

[196]) § 1214.

[197]) M. III S. 800.

[198]) § 1177.

folgt, ist der Eigentümer formell der Berechtigte, so müssen beide Formen dieselbe Erscheinung zeigen .... Das Gesetz zieht auch diese Konsequenz. Die Hypothek, sagt § 1084 [199]), verwandelt sich, wenn sich Hypothek und Eigentum in einer Person vereinigen, ohne daß dieser auch die Forderung zusteht, in eine Grundschuld" [200]). Wenn für den Fall, daß dem Eigentümer auch die Forderung zusteht, nicht die Verwandlung der Hypothek in eine Grundschuld angeordnet, sondern bestimmt wird, daß seine Rechte sich, solange die Vereinigung besteht, nach den für die Grundschuld des Eigentümers geltenden Vorschriften bestimmen [201]), so hat dieses nur den Zweck, dem Eigentümer, der aus mangelnder Geschäftskenntnis die Eintragung der Umwandlung der Hypothek in eine Grundschuld beim Grundbuch bereits beantragt hätte, im Falle der Wiederherstellung der Verbindung zwischen Hypothek und Forderung den Antrag auf Umwandlung der Grundschuld in die ursprüngliche Form der Hypothek zu ersparen [202]).

Ebenso beruht es auf dem Begriffe der Rentenschuld, daß das Recht der Ablösung der Rente nur dem Eigentümer, nicht auch dem Gläubiger zusteht, es sei denn, daß die Sicherheit des Grundpfandes gefährdet erscheint [203]). Freilich muß man hier mehr als je betonen, daß der „Begriff" eines dinglichen Rechts keine logische, sondern eine historische und soziale Kategorie bedeutet. Die Rentenschuld soll, an den freilich längst verschollenen mittelalterlichen Rentenkauf anknüpfend, wirklich eine neue Kreditform „schaffen", „deren Charakteristikum eben in der Belastung des Grundstücks mit einer seitens des Gläubigers absolut unkündbaren Rente liegt" [204]). Würden die Parteien Kündbarkeit vereinbaren, so wäre dieses nicht ungiltig: es würde nur keine Rente, sondern Hypothek oder Grundschuld vorliegen. Freilich würde es den Absichten des Gesetzgebers besser entsprechen, das Geschäft als giltige Bestellung einer Rentenschuld und nur die Vereinbarung der Unkündbarkeit als unwirksam

---

[199]) Des Entwurfs I (§ 1177).

[200]) Hachenburg a. a. O. S. 26 flg. Vgl. Dernburg, Das bürgerliche Recht III S. 600 Anm 3.

[201]) § 1177,2.

[202]) KP. bei Haidlen zu § 1177.

[203]) § 1201.

[204]) KP. bei Haidlen zu § 1201.

zu behandeln[205]). Aber kann man das, was ganz unter den Begriff einer Hypothek oder Grundschuld fällt, deswegen als Rentenschuld betrachten, weil die Parteien es mit dem Ausdruck Rentenschuld bezeichnet haben? Das würde allen Grundsätzen juristischer Konstruktion widersprechen.

Ueber die Bestimmung, bei einer Gesamthypothek könne der Gläubiger die Befriedigung nach seinem Belieben aus jedem Grundstücke ganz oder zum Teile suchen[206]), bemerken die Motive: „Es kann sich fragen, ob nicht der Grundsatz nach den bisherigen Paragraphen selbstverständlich ist. Bei der Wichtigkeit indessen, welche ihm beiwohnt, erscheint es zweckmäßig, den Grundsatz auszusprechen“[207]). Der Grundsatz ist allerdings zweifellos selbstverständlich, da er sich unmittelbar aus dem ins BGB. aufgenommenen Begriffe der Gesamthypothek ergiebt, als einer Art dinglicher Korrealobligation. Eine abweichende Vereinbarung der Parteien erzeugt keine dinglichen Wirkungen: der Gläubiger, der sich verpflichtet hätte, sich zunächst an eines der ihm haftenden Grundstücke zu halten, könnte zweifellos auf ein anderes oder auf alle greifen, wenn er auch dadurch ersatzpflichtig werden würde. Nur auf Umwegen, durch Bestellung von Maximalhypotheken für einen etwaigen Ausfall von Hypotheken unter der Bedingung, daß zunächst in ein anderes Grundstück Zwangsvollstreckung geführt wird, könnte das durch eine solche Vereinbarung angestrebte Ziel erreicht werden: dann läge aber auch keine Gesamthypothek vor.

Als eine aus dem Begriffe der Maximalhypothek sich ergebende Anordnung ist mit Hachenburg[208]) die Bestimmung zu betrachten, wonach der Uebergang der Hypothek ausgeschlossen sei, wenn die Forderung übertragen werde[209]). Die Bestimmung setzt offenbar den Fall voraus, daß zwischen dem Gläubiger und dem Eigentümer noch ein Verhältnis besteht, aus dem neue Ansprüche ent-

---

205) KP. a. a. O. „Ließe man die Möglichkeit offen, dieses Kündigungsrecht vertragsmäßig einzuführen, so würde die Rentenschuld fast vollständig ihren Wert verlieren, denn der Gläubiger, welcher regelmäßig bei der Hingabe des Darlehns der stärkere Teil ist, wird sich dann ganz regelmäßig ein Kündigungsrecht ausbedingen. Thatsächlich ist das Verhältnis dann durchaus wie bei der Hypothek und bei der Grundschuld.“ Es hängt aber auch vom Gläubiger ab, ob er sich überhaupt auf eine Rentenschuld einläßt.

206) § 1132,1 2, 1192, 1200.

207) M. III S. 668.

208) Vorträge S. 317, ebenso Endemann a. a. O. S. 525 Anm. 12.

209) § 1190,4.

stehen können: es ist selbstverständlich, daß der Gläubiger, der die Forderung abtritt, die Hypothek sich vorbehalten will, damit sie für die neu entstehenden Ansprüche hafte. Will er die Hypothek mit der Forderung abtreten, dann muß er vor allem die Forderung der Höhe nach feststellen; dadurch verwandelt sich die Hypothek, soweit sie für die Forderung haftet, in eine Verkehrshypothek und wird mit der Forderung nach allgemeinen Grundsätzen übertragen; sie scheidet für den Teil, der für die festgestellte Forderung haftet, aus dem unbestimmten Rechtsverhältnisse aus. Der Uebergang der Maximalhypothek auf den neuen Gläubiger ist daher mit dem Begriffe der Maximalhypothek nicht vereinbar; sie müßte zunächst in eine Verkehrshypothek umgewandelt werden. Sollte dagegen die Absicht bestehen, die Hypothek als Maximalhypothek, als Sicherung für etwaige beim neuen Gläubiger neu entstehenden Forderungen zu übertragen, dann wäre dies die Vereinbarung einer hypothekarischen Sukzession, zu der die Zustimmung des Eigentümers erforderlich wäre[210]).

Mit der Immobiliarhypothek können dinglich wirksame obligatorische Beziehungen nur in einem Falle durch den Willen der Parteien verbunden werden: nämlich mit der Ordre- und Inhaberhypothek die Bestellung eines Pfandhalters als Vertreters des jeweiligen Gläubigers, der die Befugnis haben soll, mit Wirkung auch gegen jeden späteren Gläubiger, bestimmte Verfügungen über die Hypothek zu treffen, und den Gläubiger bei der Geltendmachung der Hypothek zu vertreten[211]).

Mit der vermittelnden Stellung des Pfandrechts zwischen dem Obligationen- und dem Sachenrecht hängt es zusammen, daß bei ihm in viel höherem Maße als sonst die Willenswirkungen des dinglichen Rechtsgeschäfts zur Geltung kommen. Dieses gilt vor allem von der Haftung: für den Betrag der Hauptleistung, die Höhe der Verzinsung, Art und Höhe der Nebenleistungen ist der Inhalt der Willenserklärung maßgebend. Beim akzessorischen Pfandrecht, der Hypothek und dem Mobiliarpfandrecht richtet sich die Haftung nach der Forderung: die Willenswirkungen des dinglichen Rechtsgeschäfts sind gewissermaßen ein Reflex der Willenswirkungen des obligatorischen Rechtsgeschäfts. Beim nichtakzessorischen Pfandrechte, der Grundschuld und Rentenschuld, erzeugt dagegen das dingliche Rechtsgeschäft unmittelbare Willenswirkungen in Bezug

[210]) § 1183/1, 1198. [211]) § 1189,1/1.

auf die Art und Höhe der Haftung. Die Bestimmungen über die Kündigungsfristen bei der Grundschuld und Rentenschuld, über den Zahlungsort der Grundschuld sind teils ergänzende, teils fürsorgende Normen[212]. Die Motive führen die Vorschrift über die Kündigung der Grundschuld auf „die Absicht bei der Begründung des Rechts", die über den Zahlungsort auf die Natur der Grundschuld als eines dinglichen Rechts zurück[213].

Nach einer anderen Richtung noch erzeugt die Pfandbestellung Willenswirkungen, die Reflexwirkungen des Verhältnisses zur Forderung sind. Wenn auch das moderne Recht mit dem akzessorischen Charakter des Pfandrechts grundsätzlich gebrochen hat, darüber kann doch kein Recht hinwegkommen, daß das Pfandrecht wirtschaftlich nie etwas anderes ist als eine für einen Kredit eingeräumte Sicherheit: es ist nicht mehr ein akzessorisches, aber es ist immer noch ein subsidiäres Recht, es setzt voraus, daß eine Leistung nicht eingetreten ist, die in Aussicht genommen wurde; die Befriedigung aus dem Pfand ist geradezu bedingt durch das Nichteintreten der Leistung[214]. Es ist daher immer möglich, daß Sicherheit und Kredit auseinanderfallen, daß die Leistung infolge des Pfandrechts aus einem anderen Vermögen gewährt wird als dem, woraus sie stattfinden sollte. Das erzeugt nun einen durch eine Reihe fürsorgender Rechtsnormen geregelten Ersatzanspruch des Vermögens, das geleistet hat an das Vermögen, das der Kredit materiell anging[215]: mußte beim akzessorischen Pfandrecht der Eigentümer für den persönlichen Schuldner aufkommen, bei dem Gesamtgrundpfandrecht, es mag akzessorisch oder nichtakzessorisch sein, ein Eigentümer mehr bezahlen als auf seinen Anteil an der Schuld gekommen wäre, so geht auf ihn beim akzessorischen Pfandrecht die Forderung mit dem Pfandrecht, beim nichtakzessorischen Pfandrecht dieses allein soweit über, als er von dem andern Ersatz verlangen kann[216]; geht das Pfandrecht nur zum Teile über, weil nur zum Teile Ersatz zu leisten ist, so kann es, soweit es übergegangen ist, nicht zum Nachteile des verbleibenden Teiles geltend gemacht

---

[212]) § 1193, 1194, 1202.

[213]) M. III S. 788 ff., vgl. die Vorschrift, § 1177,1,2 und oben S. 55, über die Kündigungsfristen bei Darlehen.

[214]) Demelius, Das Pfandrecht an beweglichen Sachen, S. 91 flg.

[215]) Vgl. oben die Bemerkungen über die Bürgschaft S. 52.

[216]) § 1143, 1164, 1173,2, 1174, 1225, 1192, 1200.

werden[217]. Die Parteien können selbstverständlich diesen Rechtsübergang, der blos Folge des zwischen ihnen bestehenden materiellen Verhältnisses ist, ebenso beeinflussen, wie das Verhältnis selbst.

Die Bestimmungen des BGB. über die Stellung des persönlichen Schuldners bei der Hypothek[218] betreffen nicht das dingliche Rechtsverhältnis, sondern das Rechtsverhältnis des Gläubigers zum Schuldner, das Veranlassung zur Begründung des dinglichen Rechts der Hypothek gegeben hat. Die Anordnungen haben einen fürsorgenden Charakter: sie sollen den persönlichen Schuldner vor Benachteiligungen durch den Gläubiger schützen, und dieses kommt auch in den Materialien zum Ausdrucke[219].

Die Gesetzeswirkungen der Pfandbestellung sind sehr verschieden beim Grundpfande und dem Pfandrechte an beweglichen Sachen. Die Gesetzwirkungen der Bestellung eines Grundpfandes sind:

1. Das bei allen Arten des Grundpfandes mit Ausnahme der Sicherungshypothek dem Gläubiger eingeräumte Recht auf Erteilung eines Briefes, bei Teilung der Hypothek das Recht des Gläubigers, ohne Zustimmung des Eigentümers einen Teilbrief herstellen zu lassen, der für den Teil, auf den er sich bezieht, an Stelle des bisherigen Briefes tritt.

Die Erteilung des Briefes kann ausgeschlossen werden, und die Ausschließung läßt dann auch die Erteilung eines Teilbriefes unzulässig erscheinen. Ist die Erteilung des Briefes nicht ausgeschlossen, so hat ein Verzicht auf die Erteilung des Teilbriefes nur obligatorische Wirkung[220].

2. Haftung für die gesetzlichen Zinsen, Kosten der Kündigung und der die Befriedigung aus dem Grundstücke bezweckenden Rechtsverfolgung, Haftung für die Verzugszinsen, wenn dem Eigentümer gegenüber die Voraussetzungen vorliegen, unter denen der Schuldner in Verzug kommt, Haftung für nachträglich vereinbarte Zinsen bis zur Höhe von 5 Prozent[220a]. Diese Haftungen können zweifellos mit dinglicher Wirkung zu Gunsten nachstehender Gläubiger ausgeschlossen oder beschränkt werden[221].

---

[217]) § 1164, 1174,2, 1192, 1200. [218]) 1165, 1167.

[219]) KP. bei Haidlen zu § 1165, „die Billigkeit erfordert, daß der Schuldner soweit frei wird . . . . .“ Zu § 1166: „ein besonderer Schutz des Schuldners ist in den Fällen durch das praktische Bedürfnis geboten . . . . .“ M. III S. 731: „Vielmehr erheischt die Billigkeit . . . . .“

[220]) § 1116, 1152, 1192, 1200.

[220a]) § 1118, 1119, 1196, 1192, 1200.

[221]) Vgl. § 1190,2.

3. Erstreckung des Pfandrechts:

a) auf ein dem Grundstück im Grundbuch nachträglich zugeschriebenes Grundstück[222]),

b) auf die vom Grundstücke nachträglich getrennten Erzeugnisse und sonstigen Bestandteile, soweit sie nicht mit der Trennung in das Eigentum eines andern als des Eigentümers oder des Eigenbesitzers des Grundstücks gelangt sind, sowie auf das mit dem Grundstücke nachträglich verbundene Zubehör[223]), mit Ausnahme der Zubehörstücke, die nicht in das Eigentum des Eigentümers des Grundstücks gelangt sind[224]),

c) bei einem vermieteten und verpachteten Grundstück auf die Miet- und Pachtzinsforderung und die Ansprüche auf wiederkehrende Leistungen aus dem mit dem Eigentum an dem Grundstücke verbundenen Rechte auf solche Leistungen[225]),

d) bei Gegenständen, die für den Eigentümer oder Eigenbesitzer des Grundstücks unter Versicherung gebracht sind, auf die Forderung gegen den Versicherer[226]).

4. Erlöschen des Pfandrechts an Erzeugnissen, sonstigen Bestandteilen des Grundstücks und an Zubehörstücken, infolge der vor der Beschlagnahme erfolgten Entfernung dieser Gegenstände von dem Grundstücke und Veräußerung, Entfernung auch ohne Veräußerung oder Aufhebung der Zubehöreigenschaft in den Grenzen einer ordnungsmäßigen Wirtschaft. — Erlöschen des Pfandrechts an der Miet- und Pachtzinsforderung, dem Anspruch auf wiederkehrende Leistungen und der Forderung an den Versicherer, durch Ablauf einer bestimmten Zeit nach der Fälligkeit, eine über die Forderung vor der Beschlagnahme getroffene Verfügung, Einziehung oder Verwendung derselben[227]).

Den Bestimmungen über die Erstreckung des gegenständlichen Umfangs des Pfandrechts und über das Erlöschen des Pfandrechts an abgetrennten Teilen, entferntem Zubehör und Erzeugnissen sowie an Forderungen, liegt laut Zeugnisses der Motive vor allem das Bestreben zu Grunde, dem Pfandrechte

---

222) § 1131, 1192, 1200.

223) Auf das mit dem Grundstücke zur Zeit der Bestellung verbundene Zubehör erstreckt sich das Pfandrecht kraft seines gegenständlichen Umfangs.

224) § 1120, 1192, 1200.

225) § 1123,1, 1125, 1126,1, 1192, 1200.

226) § 1127, 1130, 1192, 1200.

227) § 1121—1127, 1192, 1200.

alles zu unterwerfen, was in Wirklichkeit Grundlage des Realkredits war: das Grundstück als wirtschaftliche Einheit samt allen Bestandteilen und Zubehör, dann auch das in den Grenzen der ordnungsmäßigen Wirtschaft gezogene Einkommen, und die an Stelle des vernichteten Pfandgegenstandes tretende Versicherungssumme[228]). Andererseits wollen sie der Notwendigkeit Rechnung tragen, dem Eigentümer soviel Freiheit in der Verfügung über die mithaftenden Sachen und Forderungen zu lassen, daß er die Wirtschaft unbehindert fortführen könne[229]). Aber es muß jedenfalls auch die Erwägung von Einfluß gewesen sein, daß der Gegenstand des Grundstückspfandrechtes möglichst einheitlich gefaßt werden muß, daß es zu vielen Verwirrungen, Verwicklungen und Erschwerungen des Zwangsversteigerungsverfahrens führen müßte, wenn in dieser Beziehung Ungleichheit oder gar Willkür herrschen würden. Aus diesen Gründen darf man wohl annehmen, daß die dinglichen Wirkungen der Bestimmungen über die Erstreckung und Erlöschen des Pfandrechts dem Einflusse der Privatautonomie entzogen sind: es würde in der That zu unleidlichen Ergebnissen führen, wenn man genötigt wäre, etwa nach vielen Jahren festzustellen, worauf sich die Vereinbarungen der Parteien über die Ausscheidung gewisser Gegenstände von der Pfandhaftung bezogen haben. Selbst die Zulassung derartiger Vereinbarungen mit obligatorischer Wirkung ist höchst bedenklich, umsomehr, als ein Bedürfnis darnach nicht einzusehen ist.

Am wenigsten treffen diese Gründe für die Bestimmungen über die Haftung der Versicherungssumme zu: doch dürften sie auch hier genügen, um die Annahme des zwingenden Charakters derselben zu rechtfertigen. Dafür spricht schon der Umstand, daß sie nach der Absicht des Gesetzgebers offenbar gleichartig sind den andern Bestimmungen über die Erstreckung des gegenständlichen Umfangs des Pfandrechts[230]). Für die zwingende Natur der Vorschrift über das Erlöschen der Haftung der Versicherungssumme, wenn der versicherte Gegenstand wieder hergestellt oder Ersatz dafür beschafft wurde, läßt sich überdies anführen, daß eine abweichende Bestimmung den Eigentümer von der Wiederherstellung der versicherten Gegenstände abhalten könnte[231]). Die Anzeigepflicht des Versicherers[232]) kann jedenfalls mit Zustimmung des Gläubigers aufgehoben werden.

---

[228]) M. III, S. 657, 661, 667.
[229]) M. III, S. 681, 661. [230]) Vgl. M. III, S. 659 flg.
[231]) § 1127,2. [232]) § 1128.

Weitere Gesetzesfolgen der Bestellung eines Grundpfandes sind:

5. Die dem Gläubiger im Falle der Gefährdung der Sicherheit des Pfandes zustehenden Rechtsmittel[233]). Ein Verzicht darauf kann nur obligatorische Wirkungen haben und muß einem arglistigen Handeln gegenüber ganz versagen.

6. Recht des Eigentümers, wenn die Forderung ihm gegenüber fällig und erfüllbar ist, und eines jeden, der Gefahr läuft, durch eine vom Gläubiger betriebene Zwangsvollstreckung ein Recht an dem Grundstücke oder den Besitz zu verlieren, den Gläubiger durch Erfüllung, Hinterlegung oder Aufrechnung zu befriedigen[234]). Dieses Recht kann dem Eigentümer oder Dritten durch keinerlei Vereinbarung genommen werden. Eine solche könnte nur den Zweck haben, diese Personen den Kollusionen des Gläubigers und Schuldners auszuliefern, oder wucherische Praktiken zu fördern: denn ein billigenswertes Interesse des Gläubigers, die Zahlung einer Geldschuld nicht vom Gläubiger oder Dritten zu erhalten, ist kaum je anzunehmen.

7. Uebergang der Forderung (des Grundpfandes) auf den Dritten, der den die Zwangsvollstreckung betreibenden Gläubiger befriedigt hat, da er Gefahr lief, durch die Zwangsvollstreckung ein Recht an dem Grundstück oder den Besitz zu verlieren[235]). Eine abweichende Vereinbarung bei der Bestellung des Pfandrechts ist aus demselben Grunde unzulässig, wie eine Vereinbarung, die das Ablösungsrecht des Eigentümers oder des Dritten außer Kraft setzen würde.

8. Anspruch dessen, der berechtigt war, den Gläubiger zu befriedigen und ihn befriedigt hat, auf die zur Löschung erforderliche Mitwirkung des Gläubigers[236]). Der Anspruch ist einer Modifikation durch Parteiwillen bei Bestellung des Pfandrechts offenbar nicht fähig.

9. Wenn die Forderung erlischt, Erwerb der Hypothek durch den Eigentümer[237]). Ein Verzicht erzeugt nur obligatorische Wirkungen[238]).

10. Bei Befriedigung aus dem Grundstücke Erlöschen der Forderung. Die Rechtswirkung ist der Parteiautonomie entrückt, da es sich hier um Rechte Dritter handelt[239]).

---

233) § 1133—1135, 1192, 1200. 234) § 1142, 1150, 1192, 1200.
235) § 1150, 1192, 1200. 236) § 1143—1145, 1150, 1192, 1200.
237) § 1163, 1168, 1173,I 1, 1175,I 2, 1192, 1200.
238) § 1179. 239) § 1181/1.

11. Bei Verzicht des Gläubigers auf die Gesamthypothek, Erwerb derselben durch die Eigentümer der belasteten Grundstücke[240]. Der Erwerb kann vom Gläubiger soweit beeinflußt werden, als dieser über die Hypothek verfügen kann. Eine bei der Pfandbestellung getroffene Vereinbarung wirkt nur obligatorisch[241].

12. Bei Befriedigung aus einem mit einer Gesamthypothek belasteten Grundstücke Freiwerden der übrigen Grundstücke[242]. Die Rechtswirkung kann von den Parteien in dem Maße beeinflußt werden, wie das materielle Verhältnis der Eigentümer der belasteten Grundstücke.

13. Bei teilweiser Befriedigung des Gläubigers und bei anderweitigem teilweisen Erlöschen der Forderung Verbot, die dem Eigentümer oder einem der Eigentümer oder dem persönlichen Schuldner zufallende Hypothek oder Grundschuld zum Nachteile der dem Gläubiger verbleibenden Hypothek oder Grundschuld geltend zu machen, und bei Befriedigung des Gläubigers aus einem mit einer Gesamthypothek belasteten Grundstück Verbot, die dem ersatzforderungsberechtigten Eigentümer an den anderen Grundstücken zufallende Hypothek oder Grundschuld zum Nachteile eines das Grundstück belastenden Rechts gleichen oder schlechteren Ranges geltend zu machen[243]. Eine bei der Bestellung der Hypothek (Grundschuld) oder nachträglich getroffene Vereinbarung der Parteien, die Rangordnung der infolge teilweiser Befriedigung oder der Ersatzansprüche entstandenen Hypotheken (Grundschulden) anders zu bestimmen, hätte nur obligatorische Wirkung: dingliche Wirkungen könnten nur durch thatsächliche Vorrangseinräumung erzeugt werden.

14. Das subsidiäre[244] Recht der Zwangsvollstreckung in das mit dem Grundpfande belastete Grundstück und die Gegenstände, auf die sich die Hypothek erstreckt[245]. Die Vereinbarung, daß die Veräußerung in anderer Weise erfolgen solle, ist ungiltig[246], dagegen ist der gänzliche Ausschluß der „zum Inhalte der Hypothek“[247] gehörenden Zwangsvollstreckung nicht unzulässig. Eine solche Vereinbarung würde dem Grundpfande keineswegs jeden Wert nehmen: es verbleibt noch immer dem Kredit die dingliche Sicherheit, und diese führt auch zur Befriedigung des Gläubigers, wenn der Eigentümer

[240] § 1175, I 1. [241] Vergl. § 1175, I 2.
[242] § 1181, 2. [243] § 1176, 1182 2.
[244] Vergl. Demelius a. a. O. [245] § 1147, 1194, 1200.
[246] § 1149, 1194, 1200. [247] M. III, S. 681.

willens oder genötigt ist, das Grundstück lastenfrei zu stellen oder von einem anderen Gläubiger Zwangsvollstreckung betrieben wird.

15. Recht des Gläubigers, bei der Verfolgung des Rechts aus dem Grundpfande den ins Grundbuch als Eigentümer Eingetragenen als Eigentümer zu behandeln, selbst wenn er den wahren Eigentümer kennt[248]): daß der Gläubiger eine dieser Regel zuwiderlaufende Verpflichtung übernehme, ist kaum denkbar, giltig wäre es immerhin.

16. Beschränkung der Wirksamkeit der Kündigung, von der die Fälligkeit der Forderung abhängt, für die Hypothek nur auf den Fall, daß sie vom Eigentümer dem Gläubiger oder vom Gläubiger dem Eigentümer erklärt wird, wobei zu Gunsten des Gläubigers, der ins Grundbuch als Eigentümer Eingetragene als Eigentümer gilt[249]). Diese Bestimmung ist offenbar nicht zwingend. Die Modalitäten der Kündigung können von den Parteien beliebig gestaltet, es kann auch vereinbart werden, daß sie an einen Dritten zu erfolgen habe[250]).

17. Recht des Eigentümers, dem eine die Geltendmachung der Hypothek dauernd ausschließende Einrede zusteht, zu verlangen, daß der Eigentümer auf die Hypothek verzichte[251]). Auf dieses Recht kann der Eigentümer jedenfalls bei der Bestellung des Grundpfandes verzichten, insofern er auf die Einrede selbst verzichten kann[252]).

18. Im Falle der Vereinigung der Hypothek mit dem Eigentum, Erlöschen der Hypothek für Rückstände von Zinsen und andere Nebenleistungen, die dem Gläubiger zu erstattenden Kosten, soweit nicht Rechte Dritter darauf lasten. Eine anderweitige Vereinbarung der Parteien wäre deswegen bedeutungslos, weil sie selbstverständlich die Hypothek des Eigentümers, deren Bedeutung sich darin erschöpft, daß sie die Rechte der nachstehenden Hypothekare zu seinen Gunsten einschränkt, nicht erweitern könnte[253]).

Die Vereinbarung, durch die der Eigentümer sich dem Gläubiger gegenüber verpflichtet, das Grundstück nicht zu veräußern oder nicht weiter zu belasten, ferner die Vereinbarung, womit der Eigen-

---

248) § 1148, 1194, 1200.
249) § 1141, 1194, 1200.
250) M. III, S. 687 flg.
251) § 1169.
252) Vgl. darüber Hachenburg, Vorträge zu S. 235 flg.
253) § 1178.

tümer, so lange die Forderung ihm gegenüber nicht fällig ist, dem Gläubiger das Recht einräumt, zum Zwecke der Befriedigung die Uebertragung des Eigentums von Grundstücken zu verlangen oder die Veräußerung des Grundstücks auf andere Weise als im Wege der Zwangsvollstreckung zu bewirken, erklärt das Gesetz für nichtig [254]). Sie erzeugt daher auch nicht obligatorische Verpflichtungen.

Der Hypothek eigentümlich ist die Verkümmerung durch Einreden, die dem persönlichen Schuldner gegen die Forderung zustehen: durch die Einrede der Anfechtbarkeit der Hauptverbindlichkeit und die Einrede der Aufrechnung gegen eine fällige Forderung des Hauptschuldners [255]). Dem Briefpfande eigentümlich ist die Verkümmerung des Grundpfandes Mangels Vorlegung des Briefes, wenn der Gläubiger nicht ins Grundbuch eingetragen ist, auch Mangels Vorlegung der Abtretungserklärungen [256]). Ein Verzicht auf diese Einreden erzeugt keine dinglichen Wirkungen, obligatorisch ist er selbstverständlich insoweit giltig, als er nach allgemeinen Grundsätzen als giltig behandelt werden könnte.

Bei den meisten Rechten an unbeweglichen Sachen, dem Vorkaufsrechte, den Reallasten, der Hypothek, Grundschuld und Rentenschuld, kann der Berechtigte durch das Aufgebotsverfahren ausgeschlossen werden [257]). Das Verfahren und die Fristen können jedenfalls bei der Bestellung des Rechts nicht anders geregelt werden, als es im Gesetze geschieht, da es sich um ganz formelle Anordnungen handelt, es sei denn durch Vereinbarung einer auflösenden Bedingung; nur bei der Inhaberhypothek kann die Vorlegungsfrist einer Schuldverschreibung auf den Inhaber vom Aussteller in der Urkunde anders bestimmt werden [258]).

Die Bestellung des Pfandrechts an einer beweglichen Sache erzeugt einerseits das dingliche Recht des Pfandrechts, andrerseits ein obligatorisches Verhältnis zwischen dem Verpfänder und dem Pfandgläubiger. Der Pfandbestellungsvertrag, der contractus pigneraticius, ist daher in diesem Falle nicht etwa blos, wie fast jedes dingliche Rechtsgeschäft, Bestandteil eines obligatorischen Rechtsgeschäfts oder Erfüllung einer Forderung, sondern er schließt

---

[254]) § 1136, 1149, 1192, 1200. [255]) § 1137.
[256]) § 1160—1162.
[257]) § 1104, 1112, 1170, 1171, 1188, 1192, 1200.
[258]) § 1188, 801,3.

stets ein obligatorisches Rechtsgeschäft in sich ein[259]), es sei denn, daß die Parteien ausdrücklich erklärt hätten, daß sie gar kein obligatorisches Verpflichtungsverhältnis begründen wollen. Dieses muß ihnen allerdings freistehen, da die obligatorischen Rechtsfolgen samt und sonders als nichtzwingend angeordnete Willenswirkungen der Pfandbestellung (— im Gegensatze zum Entwurfe I —) erscheinen.

Dagegen soll nach dem BGB. ein Legalschuldverhältnis zwischen dem Pfandgläubiger und dem Eigentümer der Sache durch die Pfandbestellung nicht begründet werden. Da der Pfandgläubiger sich aber auf sein Pfandrecht selbstverständlich auch gegenüber dem Eigentümer berufen kann, und der Inhalt des Pfandrechts im Wesentlichen durch den dinglichen Pfandbestellungsvertrag bestimmt wird, so wirkt der Pfandbestellungsvertrag gegenüber dem Eigentümer wie gegenüber jedem Dritten. Die Kommissionsprotokolle scheinen jedoch anzunehmen, daß sogar der obligatorische Inhalt des contractus pigneraticius dem Eigentümer gegenüber wirksam ist. „Man wird annehmen müssen, daß der Pfandgläubiger durch jede Ueberschreitung der durch sein obligatorisches Verhältnis zum Verpfänder bestimmten Grenzen seines Rechts zum Besitz des Pfandes zugleich eine objektive Verletzung des Eigentums begeht“ [260]); der Verpfänder hafte dem Eigentümer, Verschulden vorausgesetzt, für Untergang, Verschlechterung oder subjektives Unvermögen zur Rückgabe des Pfandes, dabei komme es darauf, ob er den Verpfänder für den Eigentümer hält, oder nach dem Erwerb des Pfandes dessen Rechtsmangel erfahren hat, „nur insoweit an, als es sich um die Frage handelt, ob eine mit Genehmigung des Verpfänders vorgenommene Verfügung über das Pfand ihm zum Verschulden zuzurechnen sei[261]). Es dürfte wohl zweifellos sein, daß hier eine Verwechselung des obligatorischen und des dinglichen Inhalts des contractus pigneraticius vorliegt. Der erste geht den Eigentümer ebensowenig an, wie etwa die Vermietung oder Verpachtung der Sache durch einen Dritten.

In den Bestimmungen über die dinglichen und obligatorischen Rechtsfolgen wird das Interesse des Verpfänders wahrgenommen, der nicht mit Unrecht bei diesem Vertrage als der schwächere Teil betrachtet wird: der contractus pigneraticius ist daher im Wesent-

---

[259]) K.O. bei Haidlen zu § 1215. Endemann II, S. 345.
[260]) K.O. bei Haidlen zu § 1215.
[261]) KP. a. a. O.

lichen durch fürsorgende Rechtssätze geregelt[262]). Die Parteien können sie, wie die durch fürsorgende Rechtssätze angeordneten Rechtsfolgen überhaupt, in weitestem Umfange beeinflussen. Durch blos obligatorisch wirkende Vereinbarungen werden aber selbstverständlich nicht nur die dinglichen Rechtsfolgen der Pfandbestellung, insbesondere das Verhältnis des Gläubigers zum Eigentümer[263]), sondern auch die auf allgemeinen Grundsätzen beruhenden Verpflichtungen des Gläubigers gegen den Eigentümer, selbst wenn dieser der Verpfänder wäre, nicht berührt.

Eine Gesetzeswirkung des contractus pigneraticius ist die Verjährung der von ihm erzeugten obligatorischen Ersatzansprüche und des Anspruchs auf Gestattung der Wegnahme. Sie unterliegt vor allem den Bestimmungen über Verjährung der Ersatzansprüche aus dem Mietvertrage, in zweiter Linie den allgemeinen Grundsätzen über die Verjährung und ist wie diese abänderlich[264]).

Was die dinglichen Wirkungen der Pfandbestellung betrifft, so erstrecken sie sich „auf die Erzeugnisse, die vom Pfande getrennt werden[265])“. Eine anderweitige Vereinbarung würde den Gläubiger nur obligatorisch zum Verzicht auf das Pfandrecht vom getrennten Erzeugnis verpflichten; sie kann aber an und für sich unmöglich genügen, um ihm das Recht zu nehmen, das er an dem Erzeugnis während der Verbindung mit der Hauptsache erworben hat[266]).

Als Gesetzeswirkung der Pfandbestellung ist ferner anzusehen: die Haftung des Pfandes für die Forderung in ihrem jeweiligen Bestande, also auch für alle Erweiterungen, die bei der Bestellung nicht in Aussicht genommen wurden, für die Kosten der Kündigung und der Rechtsverfolgung, des Pfandverkaufs sowie für den Anspruch des Gläubigers auf Ersatz der Verwendungen[267]). Diese Haftung kann eingeschränkt und ganz ausgeschlossen, auch durch Vereinbarung von Nebenleistungen und dadurch, daß selbständigen Ansprüchen der Charakter eines Anspruchs auf eine Nebenleistung beigelegt wird, erweitert werden.

Ebenso erscheint der Uebergang der Forderung auf jeden, der durch Veräußerung des Pfandes ein Recht an dem Pfande verlieren

---

[262]) § 1215, 1217, 1218, 1219,2, 1220, 1223—1225.

[263]) Vgl. § 1245, dazu auch § 1248. [264]) § 1226. [265]) § 1212.

[266]) § 93 a. A. Dernburg, das bürgerl. Recht III, S. 727 flg. mit Berufung auf Demelius, der den entgegengesetzten Standpunkt aus dem unzureichenden Grunde, Fruchtseparation sei keine Trennung, vertritt.

[267]) § 1210.

würde und sobald der Schuldner zur Leistung berechtigt ist, von seinem Rechte, den Gläubiger zu befriedigen, Gebrauch macht als Gesetzeswirkung der Pfandbestellung[268]). Dieser Uebergang, der sich im allgemeinen nach dem zwischen dem Zahlenden, dem Gläubiger und Verpfänder bestehenden materiellen Verhältnis richtet, kann von den Parteien in dem Maße beeinflußt werden, wie das materielle Verhältnis selbst. Das Ablösungsrecht des Dritten selbst kann dagegen von den Parteien nicht ausgeschlossen werden, auch nicht durch Uebereinkommen mit dem Dritten, da das Uebereinkommen, womit sich jemand verpflichtet, eine Schuld für einen Andern nicht zu bezahlen, unverbindlich wäre. Ein rechtliches Interesse der Parteien an einer solchen Vereinbarung ist nicht denkbar; sie könnte nur zur Beförderung von Kollusionen oder wucherischer Ausbeutung dienen.

Eine Verkümmerung des Pfandrechts tritt als Gesetzeswirkung der Behaftung der Forderung gegen den persönlichen Schuldner mit einer Einrede oder dadurch ein, daß eine Einrede entsteht, die der Bürge geltend machen könnte[269]). Die Parteien können die Verkümmerung beeinflussen durch Schaffung, Ausgestaltung oder Verzicht auf Einreden dieser Art, doch wirkt der Verzicht des persönlichen Schuldners nicht gegen den Verpfänder.

Die Bestimmungen über das Erlöschen des Pfandrechts infolge Erlöschens der Forderung, Rückgabe des Pfandes, Zusammentreffen mit dem Eigentum[270]) sind offenbar jedem Einflusse der Parteien entrückt.

Die wichtigste Gesetzeswirkung des Pfandrechts ist das Verkaufsrecht des Gläubigers. Es tritt in zwei Fällen ein: 1. wenn durch den drohenden Verderb des Pfandes oder durch eine zu besorgende wesentliche Minderung des Werts seine Sicherheit gefährdet wird[271]), 2. sobald die Forderung ganz oder zum Teile fällig ist, wobei dieselbe jedoch, wenn sie nicht Geld zum Gegenstande hat, in eine Geldforderung übergegangen sein muß[272]). In beiden Fällen ist die thatsächliche Voraussetzung der Ausübung des Verkaufsrechts, daß der Gläubiger das Pfand besitze; beim Sicherungsverkaufe ist dieses zwar nicht ausdrücklich gesagt, allein das Gesetz setzt es offenbar voraus, ganz abgesehen von der Frage der that-

---

268) § 1225, 1249.
269) § 1211, 1254. 270) § 1252, 1253, 1256.
271) § 1219. 272) § 1228.

sächlichen Möglichkeit des Verkaufs ohne Besitz, denn die Formvorschriften des Sicherungsverkaufs sind von der Art, daß sie keinen Sinn hätten bei einem nichtbesitzenden Pfandgläubiger oder einem besitzenden Verpfänder. Zum Zwecke des Vollstreckungsverkaufs giebt dem Gläubiger das Gesetz einen klagbaren Anspruch auf Herausgabe des Alleinbesitzes an ihn oder, auf Verlangen des Verpfänders, an einen gemeinschaftlichen Verwahrer[273]), abgesehen vom dinglichen Anspruch gegen jeden, der sein Recht beeinträchtigt.

Der Gläubiger kann umsoweniger auf das Recht, das Pfand zu besitzen, verzichten, als die Besitzerlangung Voraussetzung für die Entstehung des Pfandrechts und die Rückgabe des Besitzes an den Verpfänder oder Eigentümer den Untergang des Pfandrechts zur Folge hat. Wohl aber ist ein Pfandrecht ohne Verkaufsrecht ebenso zulässig wie eine Forderung im Vorhinein als natürliche und ein Grundpfand ohne Recht auf Zwangsvollstreckung begründet werden kann. Ein derartiges Pfandrecht kann nicht nur den Verhältnissen des einzelnen Falles in hohem Maße entsprechen; es ist bei vielen Sachen (Legitimationspapieren und anderen Urkunden, litterarischen Manuskripten, wenn nicht zugleich das Autorrecht verpfändet wird, Familienandenken und sonstigen Gegenständen von hohem Affektionswert und geringem Tauschwert) die wirtschaftlich gebotene Art des Pfandrechts. Ein gesetzgebungspolitischer Grund, es zu verbieten, besteht nicht; das Verkaufsrecht gehört so wenig zum Wesen oder „Begriffe" des Pfandsrechts, daß es bekanntlich während langer Entwicklungsperioden gar nicht bestand[274]). Nur die vor Eintritt der Verkaufsberechtigung getroffene Vereinbarung, daß dem Pfandgläubiger, wenn er nicht oder nicht rechtzeitig befriedigt wird, das Eigentum zufallen oder übertragen werden solle, ist nichtig[275]).

Bei einem Gesamtpfande kann der Pfandgläubiger, soweit nicht ein anderes bestimmt ist, die Pfänder auswählen, welche verkauft werden sollen. Er kann nur so viele Pfänder zum Verkaufe bringen, als zu seiner Befriedigung erforderlich sind[276]). Ueber die zweite Beschränkung wird in den Motiven[277]) bemerkt, sie sei nicht blos obligatorischer, sondern dinglicher Natur; der Gläubiger, der mehr verkauft, als ihm hernach erlaubt war, verkauft nicht mehr als Gläubiger und der Dritte, der von ihm kauft, obwohl er diesen Um-

---

[273]) § 1231.

[274]) Anderer Ansicht Dernburg, a. a. O. S. 733 flg. — Anders freilich auch § 1371 österr. ABGB.

[275]) § 1229. [276]) § 1230. [277]) M. III S. 828.

stand kennt, erwirbt nicht das Eigentum. Diese Vorschrift ist jedoch nicht zwingend, „denn aus einer vertragsmäßigen Abweichung von dieser Vorschrift ist keine besondere Benachteiligung und Bedrückung des Eigentümers zu befürchten; sie kann vielmehr unter Umständen, wenn die Gesamtversteigerung der verpfändeten Sachen wegen ihrer Zusammengehörigkeit oder sonstiger Umstände einen höheren Erlös für die einzelnen Objekte erwarten läßt, recht wohl auch im Interesse des Eigentümers liegen“[278]). In Betreff der zweiten Bestimmung könnte die Frage aufgeworfen werden, ob die vom Gläubiger übernommene Verpflichtung, beim Verkaufe der Pfänder eine gewisse Reihenfolge einzuhalten, eine dingliche oder nur eine obligatorische Wirkung erzeuge. Der Umstand, daß das Gesetz eine solche Vereinbarung ausdrücklich als zulässig bezeichnet, spricht für die dingliche Wirkung; ihre obligatorische Wirksamkeit wäre selbstverständlich.

Ueber das Verfahren beim Sicherungs- und Vollstreckungsverkaufe enthält das Gesetz eingehende Bestimmungen[279]). Die Bestimmungen über den Vollstreckungsverkauf werden ausdrücklich als nicht zwingend bezeichnet. Die Parteien können eine von dieser Vorschrift abweichende Art des Pfandverkaufs vereinbaren[280]). „Ein Vertrag der bezeichneten Art ist dinglicher Natur, auch wenn er nicht das Veräußerungsrecht selbst, sondern nur die Legalverbindlichkeit betrifft, nach welcher der Gläubiger in gewisser Weise bei Vermeidung der Haftung für Schadenersatz zu verfahren hat; denn auch im letzteren Falle ist der Vertrag den Rechtsnachfolgern gegenüber wirksam“[281]). Dieses muß trotz des Wegfalls des Legalschuldverhältnisses auch für das Recht des BGB. gelten. Doch werden mehrere Bestimmungen über den Vollstreckungsverkauf insofern als zwingend bezeichnet, als davon bei der Begründung des Pfandrechts (vor Eintritt der Verkaufsberechtigung) nicht abgegangen werden kann: daß der Verkauf im Wege öffentlicher Versteigerung, unter allgemeiner Bezeichnung des Pfandes, öffentlich bekannt gemacht werden müsse, daß Gold- und Silbersachen nicht zugeschlagen werden dürfen und Mangels eines genügenden Angebots durch eine zur öffentlichen Versteigerung befugte Person aus freier Hand zu einem den Gold- und Silberwert erreichenden Preise verkauft werden können[282]). Nach Eintritt der Verkaufsberechtigung kann jede Partei verlangen, daß von den

---

[278]) M. III S. 829.
[279]) § 1219—1221, 1230—1244. [280]) § 1245,1,1.
[281]) M. III S. 828. [282]) § 1235, 1237, 1240.

Förmlichkeiten abgegangen werde: einigen die Parteien sich nicht, so entscheidet das Gericht[783]). Ueber den Sicherungsverkauf bestimmt das BGB. in dieser Beziehung nichts: da die Vorschriften ohnehin selbst die Außerachtlassung aller Förmlichkeiten gestatten, deren Erfüllung nicht thunlich ist, so ist anzunehmen, daß sie, soweit dieses nicht der Fall ist, schlechthin zwingend sind.

Das Ergebnis des Verkaufs, der Erlös, besteht entweder in dem vom Käufer bar bezahlten Preise, oder, wenn der Gläubiger selbst den Zuschlag erhält, in dem Kaufpreise, der „als von ihm empfangen“ anzusehen ist[784]). Das BGB. stellt nun in Bezug auf den Erlös den Grundsatz auf, daß der Gläubiger zwar nicht blos Pfandrecht, sondern Eigentum am Erlöse, „aber Eigentum nur soweit erwirbt, als der gezahlte Erlös nach seinem Rechtsverhältnisse zu den übrigen Beteiligten ihm gebührt, und er den Erlös, soweit derselbe ihm nicht gebührt, für diejenigen inne hat, denen derselbe kraft ihres dinglichen Rechts gebührt“[785]). Soweit der Erlös dem Pfandgläubiger nicht gebührt, tritt er an Stelle des Pfandes: da er ihm beim Sicherungsverkaufe überhaupt nicht gebührt, so trifft dieses für den ganzen Erlös zu, er ist auf Verlangen des Verpfänders zu hinterlegen[786]). Daß die Parteien auch eine andere Behandlung des Erlöses vereinbaren können, ergiebt sich daraus, daß die Bestimmungen über das Meistgebot zu jenen gehören, die nach ausdrücklicher gesetzlicher Vorschrift nichtzwingend sind[787]): es liegt daher kein Grund vor, die Bestimmungen über den Erlös, die das minus darstellen, als zwingend zu betrachten.

Ueber die Rechtsfolgen der Bestellung des Nutzungspfandes wird bestimmt, daß der Gläubiger verpflichtet ist, für die Gewinnung der Nutzungen zu sorgen und Rechenschaft abzulegen, daß der Reinertrag der Nutzungen zunächst auf die Kosten und Zinsen, dann auf die geschuldete Leistung angerechnet wird und daß abweichende Vereinbarungen zulässig seien[788]). Ob dieses obligatorische Verhältnis zwischen dem Gläubiger und dem Eigentümer oder dem Verpfänder besteht, ist aus dem Wortlaute des Gesetzes nicht zu entnehmen: — die Vorschriften stimmen dem Sinne nach ganz überein mit der Fassung des § 1154,2,3 des Entwurfs I, wo sie sich jedenfalls auf das Legalschuldverhältnis zwischen E i g e n t ü m e r und Gläubiger bezogen

---

[783]) § 1246. [784]) § 1239.
[785]) M. III S. 833 flg. [786]) § 1219,2, 1247,2.
[787]) § 1239, 1245. [788]) § 1214, 954.

haben[789]); da aber das BGB. dieses Legalschuldverhältnis nicht mehr anerkennt und es durch das aus dem contractus pigneraticius sich ergebende Verhältnis zwischen dem Pfandgläubiger und Besteller überall ersetzt hat, so muß dieses auch hier angenommen werden: das führt freilich zur Folgerung, daß die Bestimmungen des BGB., obwohl sie mit denen des I. Entwurfs materiell ganz übereinstimmen, blos durch Aenderung des Systems des Gesetzes eine ganz andere Bedeutung erhalten haben.

Als eine Art Nutzpfand behandelt das BGB. auch das Pfandrecht an dem Anteile des Miteigentümers einer beweglichen Sache, wenigstens soweit es sich um eine nutzbare Sache handelt[789a]). „Da der Pfandgläubiger die Innhabung an Stelle und unter Ausschluß des Eigentümers der belasteten Quote auszuüben berechtigt ist, so muß er auch zur Ausübung aller auf die Behandlung der Sache sich beziehenden Rechte des Miteigentümers befugt sein.... Sollten Früchte oder sonstige Nutzungen von der gemeinschaftlichen Sache genommen werden, so werden die Konsequenzen aus diesem Umstande ohne Schwierigkeiten aus den §§ 1150, 1154 sich ergeben"[790]). Die §§ 1150 und 1154 des Entwurfes betrafen die Fortdauer des Pfandrechts an getrennten Bestandteilen und das Nutzpfand[791]).

Die Rechtsfolgen der Bestellung des Pfandes an dem Anteile des Miteigentümers einer beweglichen Sache sind:

1. Uebergang der Rechte, die sich aus der Gemeinschaft der Miteigentümer in Ansehung der Verwaltung der Sache und der Art ihrer Benutzung ergeben, auf den Gläubiger;

2. Recht des Pfandgläubigers, die Aufhebung der Gemeinschaft zu verlangen, nachdem die Verkaufsberechtigung eingetreten ist, ohne an die Vereinbarung der Miteigentümer über Ausschluß der Aufhebung der Gemeinschaft oder Kündigungsfrist gebunden zu sein;

3. Recht des Pfandgläubigers, vor Eintritt der Verkaufsberechtigung gemeinschaftlich mit dem Miteigentümer die Aufhebung der Gemeinschaft zu verlangen;

4. Pfandrecht des Gläubigers an den Gegenständen, die nach Aufhebung der Gemeinschaft an Stelle des Anteils getreten sind;

5. Verkaufsrecht des Gläubigers in Bezug auf den Anteil.

---

789) M. III S. 808; höchst irreführend von Haiblen zu § 1214 angeführt: er hat überall „Eigentümer" durch „Verpfänder" ersetzt.

789a) § 1258. 790) M. III S. 834. 791) = § 1212—1214.

Das Recht des Gläubigers, die Aufhebung der Gemeinschaft zu verlangen, — vor Eintritt der Verkaufsberechtigung eigentlich nur ein Zustimmungsrecht zum Antrage des Miteigentümers — ist eigentlich nur eine Vorbereitung zur Ausübung des Verkaufsrechts: es rechtfertigt sich, wie die Motive hervorheben, dadurch, „daß in der überwiegenden Anzahl der Fälle ein höherer Erlös zu erwarten ist, wenn die ganze Sache im Teilungsverfahren zum Verkaufe gestellt oder in Natur geteilt wird[771])“. Es kann daher ebenso ausgeschlossen werden, wie das Verkaufsrecht des Gläubigers überhaupt; es kann aber nicht als solches ausgeschlossen werden, sodaß der Gläubiger nur den Anteil nicht verkaufen, nicht Teilung verlangen dürfte, da dieses, wie die Motive hervorheben, in den meisten Fällen unökonomisch wäre. In Betreff des Rechts auf Verwaltung und Benutzung sind, ebenso wie beim Nutzpfande, abweichende Bestimmungen zulässig. Vom Verkaufsrecht gilt auch hier das, was über das Verkaufsrecht des Gläubigers im allgemeinen gesagt worden ist.

An dieser Stelle mag eine Bestimmung erörtert werden, die das BGB. für den Nießbrauch und das Pfandrecht an beweglichen Sachen trifft: daß im Verhältnisse zwischen dem Nießbraucher und dem Eigentümer, sowie beim Verkaufe des beweglichen Pfandes, der Besteller des dinglichen Rechts zu Gunsten des Nießbrauchers und des Pfandgläubigers als Eigentümer gilt, es sei denn, daß diese wissen, daß er nicht Eigentümer ist[772]). Diese Bestimmungen können nicht den Schutz des redlichen Dritten bezwecken, da dafür durch das Publizitätsprinzip und das Prinzip Hand muß Hand wahren, genügend gesorgt ist: sie beziehen sich vielmehr, wie aus den Motiven hervorgeht[773]), auf Thatsachen, die dem Rechtserwerbe nachfolgen, so insbesondere auf dinglich wirksame nachträgliche Vereinbarungen zwischen dem Besteller und dem Berechtigten und auf Thatsachen, die die obligatorischen Beziehungen des dinglichen Rechts berühren. Diese Ereignisse haben hiernach, wenn sie sich in der Person des Bestellers ereignen, dieselbe Wirkung, wie wenn sie sich in der Person des Eigentümers ereignet hätten, so lange der Berechtigte gutgläubig ist. Es ist also für den Fall, daß das dingliche Recht nicht vom Eigentümer bestellt worden ist, oder der Besteller aufhören würde Eigentümer zu sein, zu Gunsten des gutgläubigen Er-

---

[771]) M. III, S. 635. [772]) § 1058, 1248.
[773]) M. III, S. 843, KP. bei Haidlen zu § 1058.

werbers eine eigentümliche Gesetzeswirkung des dinglichen Vertrages angeordnet. Eine abweichende Vereinbarung ist insofern möglich, als der Nießbraucher und Pfandgläubiger auf die Begünstigung für den Fall verzichten könnte, daß der Besteller aufhören würde Eigentümer zu sein, nicht aber für den Fall, daß der Besteller nicht Eigentümer wäre: denn dieses würde Zweifel am Rechte voraussetzen, die seinen guten Glauben ausschlössen. Die analoge Anwendbarkeit des Grundsatzes auf andere dingliche Rechte, auch auf Grund ausdrücklicher Vereinbarung der Parteien, dürfte unbedenklich sein und findet eine Stütze in den Motiven[794]).

Auf alle dinglichen Nutzungsrechte, sowohl die im BGB. geregelten, als auch die in den Landesgesetzen anerkannten und nach dem Einführungsgesetze in Kraft bleibenden, bezieht sich die Bestimmung, daß der Berechtigte das Eigentum an den Erzeugnissen und sonstigen Bestandteilen einer Sache, die er sich vermöge seines Nutzungsrechts anzueignen befugt ist, mit der Trennung erwirbt[795]). Die Motive betonen, daß das dem Berechtigten auf Grund seines Nutzungsrechts Gebührende, hinter dem gesetzlichen Fruchtbegriffe zurückbleiben, aber nicht darüber hinausgehen dürfe, während in Ansehung der partikularrechtlichen Nutzungsrechte das Landesrecht den Umfang des Gebührenden bestimme[796]). Dasselbe dürfte auch in Betreff der anderen Nutzungen gelten. So weit daher nach dem BGB. oder dem Landesrechte der Umfang des Nutzungsrechts vom Parteiwillen abhängt, hängt auch der Umfang des durch Trennung bewirkten Eigentumserwerbs vom Parteiwillen ab, soweit dieses nicht der Fall ist, können die Parteien nicht vereinbaren, daß dem Nutzungsberechtigten mehr oder etwas anders als Früchte oder Nutzungen gebühre, als was nach dem Gesetze Frucht oder Nutzung ist. Dasselbe gilt auch für den Fall, daß vom Gesetze oder in gesetzlich zulässiger Weise von den Parteien der Eigentumserwerb vom Ablauf einer Frist oder von einer Bedingung abhängig gemacht worden wäre.

Ueber die Uebertragung dinglicher Rechte bestehen in der Regel keine besondern Bestimmungen: die allgemeinen Grundsätze über dingliche Rechtsgeschäfte sind dafür maßgebend. Nur die Voraussetzungen der Uebertragungen des Pfandrechts, sowohl des Grundpfandes als auch des Mobiliarpfandes, sind eingehender ge-

---

794) M. III, S. 135, 843 a. E. 795) § 954, 99—101.
796) M. III, S. 363.

regelt. Die Uebertragung des Pfandes erscheint stets als Rechtsfolge der Uebertragung der Forderung und wurde bereits an anderer Stelle erörtert. Bestimmungen über die Rechtswirkungen der Uebertragung des Pfandrechts enthält das BGB. nur in Beziehung auf das Mobiliarpfand. Der neue Pfandgläubiger hat zunächst ein Recht auf Herausgabe des Pfandes[798]). Diese Rechtsfolge kann durch Vereinbarung mit dem früheren Gläubiger nur mit obligatorischer Wirkung beschränkt werden: sie versagt insbesondere gegenüber dem Sondernachfolger des neuen Gläubigers[799]).

Das BGB. erwähnt noch eine Reihe von Rechtsgeschäften, die zwar nicht ein dingliches Recht, wohl aber dingliche Wirkungen anderer Art begründen. Soweit diese Geschäfte den Zweck haben, den Inhalt eines dinglichen Rechts zu beeinflussen, wurden sie bereits erörtert, als es sich darum handelte, was von dem gesetzlichen Inhalte eines dinglichen Rechts dem Einflusse der Parteien unterworfen ist. So weit sie aber dingliche Wirkungen anderer Art erzeugen, mögen sie hier erwähnt werden. Es handelt sich um folgende Rechsgeschäfte: Aenderung des Rangverhältnisses, Vorbehalt der Rangänderung für ein einzutragendes Recht, Bestimmung des Höchstbetrages für ein auf dem Grundstücke lastendes Recht, wofür nach den für die Zwangsversteigerung geltenden Vorschriften dem Berechtigten im Falle des Erlöschens durch den Zuschlag der Wert aus dem Erlöse zu ersetzen ist, Umwandlung eines dinglichen Rechts in ein anderes dingliches Recht durch Vertrag, Vereinbarungen der hypothekarischen Sukzession[800]).

Bei allen diesen Rechtsgeschäften ist der Parteiwille stets auf einen bestimmten Erfolg gerichtet. Der Rechtssatz, der diese Geschäfte für geeignet erklärt, diesen dinglichen Erfolg herbeizuführen, ist ein dispositiver Rechtssatz im Bülowschen Sinne. Da die dinglichen Rechtsgeschäfte nicht unter der Herrschaft des Grundsatzes der Vertragsfreiheit stehen, so vermag kein Rechtsgeschäft dingliche Wirkungen zu erzeugen, dem das Gesetz nicht diese Wirksamkeit beigelegt hat; andererseits kann ein Geschäft keine anderen dinglichen Wirkungen erzeugen, als die ausdrücklich für zulässig erklärt worden sind.

Dem Programm dieser Schrift gemäß wurde bisher stets nur die Frage ins Auge gefaßt, inwiefern es den Parteien bei Be-

---

[798]) § 1251,1. [799]) M. III, 837.
[800]) § 880—882, 1180, 1186, 1198, 1203.

stellung eines dinglichen Rechts möglich sei, den Inhalt desselben zu beeinflussen. Die Frage, ob sie dieses nachträglich durch ein Rechtsgeschäft thun können, wurde nicht aufgeworfen: denn es würde sich dann, wie mehrmals hervorgehoben wurde, nicht mehr darum handeln, ob die Rechtsfolgen der Bestellung in zwingender oder nichtzwingender Weise angeordnet sind, sondern darum, ob das nachträglich vorgenommene Geschäft verbindlich sei oder nicht. Beide Fragen greifen aber offenbar vielfach ineinander: können die Parteien den Inhalt eines dinglichen Rechts bei der Bestellung frei gestalten, so werden sie dieses auch nachträglich thun können, und umgekehrt: aber nicht immer trifft dieses zu [301]). So dürfen die Parteien bei der Bestellung einer Hypothek zweifellos einer zweiten selbständigen Forderung den Charakter eines Anspruchs auf eine Nebenleistung der durch die Hypothek versicherten Forderung einräumen [302]): durch eine nachträgliche Vereinbarung würde das schon mit Rücksicht auf eine mögliche Beeinträchtigung der Rechte Dritter nicht geschehen können.

Es ist eine der interessantesten und doch wenig untersuchten Fragen, wie sich die Autonomie der Parteien in den Rechtsfolgen eines dinglichen Rechtsgeschäfts bricht. In der Folge soll der Versuch gemacht werden, die Ergebnisse, zu denen diese Schrift bei der Erörterung der erwähnten Frage gelangt, zusammenzufassen:

Ein dingliches Rechtsgeschäft erzeugt ausschließlich Willenswirkungen in Bezug auf den Gegenstand und die Art des zu begründenden dinglichen Rechts.

Das dingliche Rechtsgeschäft bezieht sich auf den Gegenstand, über den die Parteien verfügen wollten. Das BGB. enthält hierüber nur die Auslegungsregel, daß bei Begründung des Eigentums, Bestellung des Nießbrauchs, des Wohnungsrechts und des Verkaufsrechts an unbeweglichen Sachen vermutet wird, daß sich das dingliche Recht auf das Zubehör erstrecken soll [303]). Das Grundpfand und die Reallasten ergreifen das Zubehör mit rechtlicher Notwendigkeit, so daß eine abweichende Vereinbarung ungiltig ist.

Unzulässig ist 1. die Begründung eines dinglichen Rechts an den wesentlichen Bestandteilen einer anderen Sache — was sich jedoch auf den Besitz nicht bezieht [304]) —, 2. die Begründung des

---

[301]) Vgl. § 1149, 1229. [302]) § 1115.
[303]) § 926, 1031, 1062, 1093,1/2, 1096, 1120, 1192, 1200, 1265.
[304]) § 93, 865.

Vorkaufsrechts, der Reallast, der Hypothek, Grundschuld oder Rentenschuld an einem Teile des Grundstücks oder an dem Bruchteile eines Grundstücks, der nicht in dem Anteile eines Miteigentümers besteht [304]).

Endlich müssen die formellen Voraussetzungen der Begründung eines dinglichen Rechts, (Eintragung, Uebergabe), soweit sie erforderlich sind, in Betreff aller körperlichen Gegenstände vorliegen, auf die sich das dingliche Recht erstrecken soll. Nur das Zubehör einer unbeweglichen Sache wird vom Eigentum, dem Nießbrauch und dem Pfandrecht ohne weiteres ergriffen, sobald es an der unbeweglichen Sache selbst begründet wird.

Soweit ein Rechtsgeschäft diesen Erfordernissen nicht genügt, ist es wirkungslos oder erzeugt nur obligatorische Wirkungen.

Für die Entscheidung der Frage, welches dingliche Recht die Parteien begründen wollten, kommt es ebenfalls nur auf die Erforschung des Parteiwillens nach den gewöhnlichen Grundsätzen der Willensauslegung an. Das BGB. enthält nur eine Auslegungsregel, die hierher gehört: über die Begründung des Nutzpfandes an einer fruchttragenden Sache.

Der Inhalt eines dinglichen Rechts ist zunächst vom Gesetze bestimmt. Die Begründung eines dinglichen Rechts mit dem gesetzlichen Inhalte ist Gesetzeswirkung der Bestellung des dinglichen Rechts.

Der gesetzliche Inhalt eines dinglichen Rechts ist zum Teile dem Rechte wesentlich: insoweit bildet er den Begriff des dinglichen Rechts. Die Parteien können nicht ein dingliches Recht bestellen, das dem gesetzlichen Begriffe eines dinglichen Rechts nicht entspräche: ein solches Geschäft wäre ungiltig oder würde nur obligatorische Wirkungen erzeugen. Insoweit der gesetzliche Inhalt dem Rechte nicht wesentlich ist, ist er entweder aus öffentlichen Rücksichten zwingend oder nichtzwingend angeordnet. Soweit der gesetzliche Inhalt zwingend angeordnet ist, hat eine abweichende Vereinbarung der Parteien auch keine obligatorische Wirkungen. Soweit er nicht zwingend angeordnet ist, können die Parteien mit dinglicher Wirkung etwas anderes vereinbaren und so die Gesetzeswirkungen ausdrücklich außer Kraft setzen. Insofern sie mit dinglicher Wirkung abweichende Vereibarungen treffen können, ist es

[304]) § 1095, 1106, 1114, 1192, 1200.

ihnen selbverständlich auch gestattet, dieses mit blos obligatorischer Wirkung zu thun.

Ueber den gesetzlichen Inhalt des dinglichen Rechts können die Parteien nur hinausgehen, wenn ein Rechtssatz eine solche Bestimmung ausdrücklich gestattet. Es kann in dieser Weise entweder eine besondere dingliche Wirkung oder eine obligatorische Beziehung begründet werden.

Ueberdies kann beeinflußt werden der Inhalt:

1. des Eigentums durch Bestellung dinglicher Rechte, Vormerkungen, vertragsmäßige Abänderungen des gesetzlichen Nachbarverhältnisses,

2. des Miteigentums durch dinglich wirksame Vereinbarungen der Teilnehmer,

3. des Nießbrauchs durch Ausscheidung einzelner Nutzungen,

4. der Grunddienstbarkeiten, der beschränkten persönlichen Dienstbarkeiten, der Reallasten und des Pfandrechts unmittelbar durch Bestimmungen über den Inhalt des zu bestellenden Rechts im Rahmen des gesetzlichen Begriffs.

Alle dinglichen Rechte können beeinflußt werden:

1. mit Ausnahme des Eigentums bei der Auflassung durch Setzung einer Bedingung oder Befristung,

2. indem das Eigentum der Sache, auf der sie lasten, mit dinglichen Rechten belastet, in wirksamer Weise beschränkt oder begrenzt wird.

Hat der Eigentümer auch die zum Inhalte des Eigentums gehörende Eigentümerhypothek, so kann er den Inhalt des Eigentums beeinflussen, indem er die Eigentümerhypothek löschen läßt oder den Vorrang einer anderen Hypothek einräumt.

VII.

Die Rechtsgeschäfte des Familienrechts.

Die Familienrechte und Pflichten werden nicht durch Rechtsgeschäfte begründet. Sie sind Zustandsrechte, Zustandspflichten, die sich unmittelbar aus der Thatsache ergeben, daß ein Familienverhältnis vorliegt. Dies ist selbstverständlich, wenn das Familienverhältnis ausschließlich auf der natürlichen Thatsache der Verwandtschaft beruht, trifft aber auch dann zu, wenn das Familienverhältnis durch Rechtsgeschäft begründet worden ist. Solche auf Begründung eines Familienverhältnisses gerichtete Geschäfte sind: das Verlöbnis, die Eheschließung, die Anerkennung der Ehelichkeit, die Ehelichkeitserklärung [1]).

In allen diesen Fällen ist der empirische Wille der Parteien darauf gerichtet, ein Rechtsverhältnis zu begründen, aus dem sich für sie ein gewisser Familienstand ergiebt. Der „empirische Wille" ist nach der Exner'schen Formel [2]) auf ein „du sollst sein (Gatte, Kind)", wohl auch möglicherweise auf ein „du sollst nicht sein" gerichtet; nur das ist in der Formel nicht zum Ausdrucke gebracht, daß das Verhältnis seiner Natur nach ein zweiseitiges ist, daß nicht die eine Partei für die andere, sondern beide für einander gegenseitig den Familienstand begründen. Durch diese Willensrichtung unterscheiden sich die Familiengeschäfte genügend von den andern Arten der Rechtsgeschäfte, insbesondere von den obligatorischen.

---

[1]) § 1297, 1303, 1598 (1590,2,2), 1723. [2]) Exner, Tradition S. 5.

Wie jedes andere Geschäft, wird auch das Familiengeschäft dann als wirksames Rechtsgeschäft betrachtet, wenn es Willenswirkungen erzeugt, wenn also durch das Geschäft der Familienstand dem Willen der Parteien gemäß begründet wird. Die Voraussetzungen, von denen die Verbindlichkeit der Rechtsgeschäfte abhängt, sind jedoch sehr verschieden. Bei dem Eheschließungsvertrage sind es folgende:

1) daß der Vertrag zwischen zwei Personen verschiedenen Geschlechts abgeschlossen sei: eine selbstverständliche Voraussetzung, die daher auch im BGB. nicht erwähnt wird[3]);

2) daß der Vertrag wirksam sei, daher,

a) Die Ehe mit keinem gesetzlichen Nichtigkeits- oder Anfechtungsgrunde behaftet sei[4]);

b) wenn die Ehe anfechtbar war, die Anfechtung ausgeschlossen oder verwirkt sei[5]);

c) wenn die Ehe nichtig war, die Eheschließung ins Heiratsregister eingetragen sei und die Ehegatten nach der Eheschließung durch die im Gesetze bestimmte Zeit mit einander gelebt haben, ohne daß beim Ablaufe der Frist die Nichtigkeitsklage erhoben worden wäre[6]);

d) wenn die Ehe wegen Geschäftsunfähigkeit, Bewußtlosigkeit, vorübergehender Störung der Geistesthätigkeit eines der Ehegatten zur Zeit der Eheschließung nichtig war, die Ehe von den Gatten nach Wegfall dieser Mängel bestätigt worden sei, bevor sie für nichtig erklärt oder aufgelöst worden ist[7]);

e) wenn die Ehe wegen Ehebruchs nichtig war, nachträglich Befreiung bewilligt worden sei[8]).

---

[3]) Fälle, daß Personen desselben Geschlechts einen Ehevertrag schließen, kommen bekanntlich vor. Es handelt sich in der Regel um zwei Frauen, von denen die eine eine Abenteuerin ist, die in männlichen Kleidern hergeht, die andere sich durch großen Mangel an Weltläufigkeit auszeichnet. In einem solchen Falle ist nicht ausgeschlossen, daß die wesentlichen Förmlichkeiten erfüllt werden, die Ehe ins Heiratsregister eingetragen wird und der eine Teil gutgläubig ist und es lange Zeit bleibt. Trotzdem dürfte es zweifellos sein, daß der gutgläubige Teil unter Umständen das negative Vertragsinteresse, nie aber etwa Rechte auf Grund des § 1345 geltend machen dürfte und daß die während der Gemeinschaft geborenen Kinder keinen Augenblick als ehelich gelten könnten. Nicht so zweifellos ist es, ob sich Dritte auf § 1344 berufen dürften. Daß die Gemeinschaft nie eine giltige Ehe werden kann, sie mag noch so lange fortgesetzt werden, ist wohl sicher (§ 1324).

[4]) § 1323—1328. [5]) § 1330—1335, 1350. [6]) § 1324.

[7]) § 1325. [8]) § 1328.

Die besondern Voraussetzungen der Anerkennung der ehelichen Vaterschaft sind, daß sie nicht durch einen gewillkürten Vertreter und nicht unter einer Bedingung oder Zeitbestimmung vorgenommen werde[9]). Dazu kommen die allgemeinen Voraussetzungen der Verbindlichkeit der Rechtsgeschäfte.

Die Ehelichkeitserklärung erfolgt durch einen Gnadenakt der Regierung des Bundesstaates, dem der angehört, der als ehelicher Vater anerkannt werden will. Da es sich hierbei um eine Verfügung der Staatsgewalt handelt[10]), so mag von der Erörterung der Voraussetzungen derselben abgesehen werden, die zum Teile öffentlichrechtlicher Natur sind. Eine Voraussetzung der Ehelichkeitserklärung ist der Antrag dessen, der als ehelicher Vater anerkannt werden will. Der Antrag wird durchaus als selbständiges Privatrechtsgeschäft behandelt: die Giltigkeit des Antrags ist Voraussetzung der Giltigkeit der Ehelichkeitserklärung[11]). Die Voraussetzungen der Giltigkeit des Antrags sind teils die allgemeinen Voraussetzungen der Giltigkeit obligatorischer Geschäfte[12]), teils von besonderer Art: ein gewisser Inhalt[13]), Einhaltung einer bestimmten Form, die Einwilligung der Mutter des Kindes und der Frau dessen, der den Antrag stellt[14]).

Alle diese Bestimmungen über die Voraussetzungen der Wirksamkeit der Familiengeschäfte sind in dem Sinne zwingend, wie es die Voraussetzungen der Wirksamkeit der Rechtsgeschäfte überhaupt sind. Die Parteien können nicht, selbst wenn sie das wollten, bewirken, daß ein Rechtsgeschäft, das den Voraussetzungen seiner Verbindlichkeit nicht entspricht, Willenswirkungen erzeuge. Die Willenswirkung eines Familiengeschäfts besteht in der Begründung eines Familienstandes: wenn aber auch ein Familienstand nur durch ein giltiges Familiengeschäft begründet werden kann, so können doch zweifellos Rechtsfolgen andrer Art auch durch Rechtsgeschäfte erzeugt werden, die den Voraussetzungen eines giltigen Familiengeschäfts nicht entsprechen.

Daher konnte mit Recht die Frage aufgeworfen werden, ob in dem Abschlusse des Ehevertrages, trotzdem beide Teile die Nichtigkeit der Ehe kannten, nicht unter Umständen die Absicht der Gatten

---

9) § 1598 (1595,2,2).
10) § 1723, 1734, 1732, 1733, 1724. Vgl. Fischer u. Henle, Anm. 1—3.
11) § 1723,1. Vgl Fischer u. Henle, § 1725 Anm. 2 Nr. IV, S. 937 flg.
12) Vgl. § 1729, 1731.
13) § 1725.
14) § 1725—1730.

zu finden wäre, sich gegenseitig obligatorisch zu verpflichten, das Verhältnis so zu behandeln, als bestünde eine Ehe[15]). Die eigentliche Willenswirkung der Ehe, die Begründung des Familienstandes eines Gatten, kann durch eine nichtige Ehe nicht erzeugt werden: aber einzelne Verpflichtungen von der Art, wie sie einem Gatten obliegen, können an sich allerdings durch einen obligatorischen Vertrag übernommen werden. Würde daher der nichtige Ehevertrag den Erfordernissen eines giltigen obligatorischen Vertrages entsprechen, so würde der letztere gelten, „wenn anzunehmen ist, daß dessen Geltung bei Kenntnis der Nichtigkeit gewollt sein würde“[16]). An sich ist eine derartige Absicht der Parteien gewiß möglich: doch müßte ein Vertrag dieser Art als ungiltig bezeichnet werden, da das Gesetz, wenn es die Ehe ablehnt, jedenfalls auch ein eheähnliches obligatorisches Verhältnis ablehnen will. Uebrigens sind die Rechte und Pflichten eines Ehegatten fast ausnahmslos von der Art, daß sie ohne den Familienstand des Ehegatten durch bloßen obligatorischen Vertrag nicht begründet werden können.

Dagegen begründet die nichtige Ehe, die ins Heiratsregister eingetragen ist, wenn bei der Eheschließung die vorgeschriebene Form beobachtet worden ist und die Nichtigkeit einem der Ehegatten nicht bekannt ist, 1. sobald die Nichtigkeit dem andern Gatten bekannt ist, zwar nicht die Willenswirkungen der Ehe, wohl aber für den gutgläubigen Ehegatten nach der Nichtigkeitserklärung oder Auflösung der Ehe den Anspruch auf dieselben vermögensrechtlichen Vorteile, die ihm zukommen, wenn die Ehe zur Zeit der Nichtigkeitserklärung oder Auflösung geschieden und der Ehegatte, dem die Nichtigkeit bekannt war, für allein schuldig erklärt worden wäre[17]), 2. die Ehelichkeit aller Kinder aus dieser Ehe, die im Falle der Giltigkeit der Ehe ehelich sein würden. Endlich können einem Dritten aus der Nichtigkeit einer ins Heiratsregister eingetragenen Ehe, bei deren Abschließung die gesetzliche Form beobachtet worden ist, Einwendungen gegen ein zwischen ihm und einem Ehegatten vorgenommenes Rechtsgeschäft oder gegen ein zwischen ihnen ergangenes rechtskräftiges Urteil nicht entgegengesetzt werden.

Diese Rechtsfolgen der Putativehe, sowie die Rechtsfolgen, die selbst eine nichtige Ehe zu Gunsten des gutgläubigen Dritten erzeugt, können nicht als rechtsgeschäftliche Folgen der Ehe an-

---

15) Planck zu § 1344, Anm. 1. 16) § 140.
17) § 1345.

(20

gesehen werden. Es sind Rechtsfolgen, die das Gesetz ausschließlich an die juristische Thatsache einer unter gewissen Umständen abgeschlossenen nichtigen Ehe knüpft, gleichwie nichtige Rechtsgeschäfte auch sonst Rechtsfolgen, wenn auch keine Willenswirkungen, erzeugen können: Straffolgen, Gebührenpflicht u. a. m. Die Eigentümlichkeit der Rechtsfolgen der Putativehe besteht darin, daß sie ein Teil jener Rechtsfolgen sind, die die giltige Ehe mittelbar oder unmittelbar nach sich zieht, also Rechtsfolgen, die zum Teil identisch sind mit den Willenswirkungen der Ehe, zum Teile identisch mit den Rechtsfolgen, die infolge der Willenswirkungen eintreten. Insofern kann man immerhin mit Grund behaupten, daß die nichtige Ehe nicht eine Nichtehe, ein matrionium nullum, nicht ein matrimonium non existens, ist[18]). Eine Nichtehe in diesem Sinne des Wortes wäre eine Ehe, deren Nichtigkeit auf einem Formmangel beruht und die nicht ins Heiratsregister eingetragen ist[19]). Eine Vereinbarung der Parteien bei Abschluß der nichtigen Ehe ist auf die Gestaltung der Rechtsfolgen selbstverständlich ohne Einfluß.

Die Willenswirkung der Familiengeschäfte besteht ausschließlich in der Begründung des Familienstandes. Das Verlöbnis begründet den Familienstand des Verlobten, die Ehe den Familienstand des Gatten und der Gattin, die Anerkennung der Ehelichkeit und die Ehelichkeitserklärung den Familienstand des ehelichen Vaters und des ehelichen Kindes. Diese Willenswirkungen der Familiengeschäfte gehören zu denen, die sich aus dem Begriffe ergeben. Die Parteien können sie durch eine anderweitige Vereinbarung nicht ausschließen und nicht ändern, da sie dann nicht das im Gesetz anerkannte, zur Erzeugung dieser Willenswirkung dienende, sondern ein anderes Geschäft abgeschlossen hätten.

Eine andere Wirkung als die Begründung des Familienstandes vermag ein Familiengeschäft nicht zu erzeugen. Es wäre ganz unrichtig, wenn man etwa die einzelnen Pflichten und Rechte des Gatten oder des anerkannten oder für ehelich erklärten Kindes als Wirkungen des Rechtsgeschäfts auffasien wollte, wodurch der Familienstand des Gatten oder des ehelichen Kindes begründet worden

---

[18]) Fischer in Jher. Jahrb. XXIX, S. 320 flg., 323 flg., 329 flg. Planck, Viertes Buch, S. 42. Jakobi, das persönliche Eherecht, S. 38. Fischer und Henle zu § 1323, Anm. 2, bis zu § 1324, Anm. 2, 3.

[19]) § 1324, 1344, 1345, 1699, 1771.

ist. Sie sind nicht Rechtsfolgen des Geschäfts, sondern Rechtsfolgen des Familienstandes, der in diesem Falle durch ein Geschäft begründet worden ist: sie sind aber von ganz derselben Art, der Familienstand mag durch Rechtsgeschäft oder in anderer Weise begründet worden sein. Da diese Rechte und Pflichten aber mit dem den Familienstand begründenden Geschäft in keinem inneren Zusammenhang stehen, so sind sie auch dem Einflusse der Parteien, die das Geschäft vornahmen, entrückt. Man kann bei der Verlobung nichts über die im Falle des Rücktritts zu leistende Entschädigung vereinbaren: thäte man dies, so wäre es ohne Wirkung auf die Rechte und Pflichten der Verlobten. Ebenso bedeutungslos ist jede Vereinbarung, die die Ehewerber bei Abschluß des Ehevertrages über ihre Rechte und Pflichten in der Ehe treffen würden und etwaige Vorbehalte bei der Anerkennung der Vaterschaft oder der Ehelichkeitserklärung. Auch insofern diese Geschäfte eine Aenderung des Verhältnisses der Parteien zu Dritten im Gefolge haben können, die Ehe mittelbar den Eltern der Gatten Rechte giebt und Lasten auferlegt, die Ehelichkeitserklärung die Rechte der Mutter des Kindes beeinträchtigt, handelt es sich nicht um Rechtsfolgen des Rechtsgeschäfts, sondern um Reflexwirkungen des durch die Begründung des Familienstandes geschaffenen Zustandes. Wo das Gesetz, eben wegen dieser Reflexwirkungen, die Zustimmung derer, die davon betroffen werden können, als Voraussetzung der Giltigkeit des Geschäfts fordert[70]), dort treten die Folgen doch auch ohne daß die Zustimmung gegeben worden wäre, ein, wenn das Geschäft ausnahmsweise trotz mangelnder Zustimmung verbindlich ist. Es wäre daher ungenau, wenn man das Eherecht, das Vaterschafts- und Kindschaftsrecht deswegen dem zwingenden Rechte beizählen wollte, weil etwaige Vereinbarungen, die die Parteien bei Abschluß der Ehe, Anerkennung der ehelichen Vaterschaft, Ehelichkeitserklärung treffen, unverbindlich wären. Die Rechte und Pflichten der Ehegatten, des ehelichen Vaters und des Kindes, sowie die Rechtssätze, die diese Rechte und Pflichten feststellen, haben — das Rechtsverhältnis mag in einem Rechtsgeschäft den Ursprung haben oder nicht — mit dem Gegensatze des zwingenden oder nichtzwingenden Rechts nichts zu thun, da dieser Gegensatz nur die Rechtssätze betrifft, die Anordnungen über den Thatbestand oder Rechtsfolgen der Rechtsgeschäfte enthalten, hier aber weder vom

---

[70]) § 1305, M. III S. 25, § 1726 (KP. bei Haidlen), 1738.

Thatbestande noch von Rechtsfolgen eines Rechtsgeschäfts die Rede sein kann.

Nun können allerdings sowohl Familienrechte und Pflichten, die durch Rechtsgeschäfte, als auch solche, die durch Thatsachen anderer Art begründet worden sind, durch Rechtsgeschäfte beeinflußt werden. Das BGB. erwähnt die Vereinbarung zwischen dem Vater und dem unehelichen Kinde über den Unterhalt für die Zukunft oder über eine an Stelle des Unterhalts zu gewährende Abfindung, gestattet ausdrücklich dem Vater, auf die väterliche Nutznießung zu verzichten [71]). Ueber Verträge der Ehegatten, die deren persönliche Verhältnisse unter einander regeln, enthält das BGB. keine Bestimmung, und die Motive bemerken darüber nur, daß das Institut der Ehe ein Institut der öffentlichen Ordnung sei und daß sich daraus von selbst ergebe, daß jede Vertragsbestimmung, die nach dem ganzen Sinne und Zwecke des Gesetzes gegen das familienrechtliche Verhältnis der Ehe und damit gegen die öffentliche Ordnung verstößt, als gegen die guten Sitten verstoßend, nichtig sei [72]). Es wird aber die Zulässigkeit von Vereinbarungen zwischen Ehegatten über die während des thatsächlich getrennten Lebens zu leistende Unterhaltsrente und auszufolgende Haushaltungsgegenstände vom Gesetze offenbar vorausgesetzt [73]), die Entscheidung der Frage der Verbindlichkeit der Verträge der Ehegatten über die religiöse Erziehung der Kinder den Landesgesetzen überlassen [74]). Zweifellos sind aber noch zahlreiche andere Vereinbarungen und Uebereinkommen statthaft: so daß die Frau ihren Mädchennamen mit dem Namen des Mannes führen, daß sie einen Schriftsteller- oder Künstlernamen annehmen dürfe [75]), daß das Kündigungsrecht des Mannes gegenüber gewissen Rechtsgeschäften, durch die die Frau sich zu persönlichen Dienstleistungen verpflichtet, nicht Platz greifen solle [76]). Andererseits erklären die Motive den Vertrag, womit das Recht des Ehemannes, den Wohnort zu bestimmen, beschränkt oder ausgeschlossen wird, für nichtig, da dieses Recht des Ehemannes auf dem Wesen der Ehe und der

---

71) § 1714, 1662 M. IV S. 796. „Es ist jedoch die elterliche Nutznießung an sich kein wesentlicher Bestandteil der elterlichen Gewalt und wird durch den Wegfall derselben die mit der elterlichen Gewalt verbundenen Sorge für das Vermögen des Kindes nicht berührt."

72) M. IV S. 309—§ 138. 73) § 1361 M. IV S. 633 flg.

74) Art. 134 EG.

75) § 1355, Fischer und Henle, Anm. 1, Jacobi, das persönliche Eherecht, S. 53.

76) Planck, a. a. O. S. 81.

natürlichen Stellung des Ehemannes beruht und deshalb ein absolutes Recht sei[77]). Ebenso soll es den Eltern nicht gestattet sein, bei der Scheidung der Ehe zu vereinbaren, wem von ihnen die Sorge für die Person der gemeinschaftlichen Kinder zustehen soll[78]). Auch ein Vertrag, womit die Pflicht der Frau zu Dienstleistungen im Hauswesen und Geschäfte festgelegt wird, dürfte ungiltig sein[79]).

Es liegt wohl auf der Hand, daß diese Geschäfte, selbst wenn sie sich auf Familienverhältnisse, die durch Rechtsgeschäft begründet worden sind, beziehen, selbst wenn sie gleichzeitig mit diesem Geschäfte vorgenommen worden wären, nicht als Bestandteile dieses Geschäfts sondern als durchaus selbständige Geschäfte erscheinen. Es ist nicht möglich, den Vertrag über die Religion der Kinder oder über das Kündigungsrecht des Mannes gegenüber gewissen Rechtsgeschäften der Frau als Bestandteil des Eheschließungsvertrages zu betrachten. Juristisch genommen, haben diese Geschäfte durchaus die Natur von obligatorischen Rechtsgeschäften: sie verpflichten zu einer Leistung, die „auch in einem Unterlassen bestehen kann". Ihr Zusammenhang mit dem Familienrechte ist ein rein zufälliger: er beruht ausschließlich darauf, daß die Pflicht zu Leistungen oder Unterlassungen zwischen Personen begründet wird, die miteinander in Familienbeziehungen stehen, oder daß durch den Familienstand begründete, obligatorische Verpflichtungen durch Rechtsgeschäft anerkannt, abgeändert oder aufgehoben werden. Diese Geschäfte stehen daher auch durchaus unter der Herrschaft der Grundsätze, die für obligatorische Geschäfte gelten: die Voraussetzungen der Verbindlichkeit, der Inhalt der Verbindlichkeit, die Art der Ausübung und der Geltendmachung sind bei beiden dieselben. Die Frage aber, inwiefern derartige Vereinbarungen zulässig seien, bleibt an dieser Stelle aus Gründen, die mehrmals erörtert worden sind, außer Betracht. Es kann hier unmöglich untersucht werden, ob der Inhaber der elterlichen Gewalt durch Vertrag mit dem Kinde ein zu dem Vermögen des letzteren gehörendes Erwerbsgeschäft nach den Grundsätzen über den Nießbrauch an verbrauchbaren Sachen übernehmen und das Erwerbsgeschäft sodann für eigene Rechnung und auf eigenen Namen betreiben darf[79a]). Das ist nicht eine

[77]) M. IV S. 105, 106, vgl. S. 753 flg. — § 10, 1354.

[78]) A. M. Jacobi, a. a. O. S. 52, M. IV S. 628.

[79]) A. M. Planck, a. a. O. — Ueber Rechtsgeschäfte zwischen Vater und Kind, M. IV S. 729.

[79a]) Vergl. M. IV, S. 781.

Frage nach der Natur des Rechtssatzes sondern eine Frage nach dem Umfange der Privatautonomie in Familienverhältnissen.

Die Rechtsgeschäfte des Familienrechts zerfallen daher in zwei Gruppen: zur ersten gehören die bereits erwähnten ursprünglichen (primären) familienrechtlichen Geschäfte, durch die ein Familienstand begründet wird, das Verlöbnis, die Eheschließung, die Anerkennung der Ehelichkeit, die Ehelichkeitserklärung, — zur zweiten gehören die anschließenden (sekundären) familienrechtlichen Geschäfte, durch die Pflichten, die sich aus dem Familienstande ergeben, anerkannt, abgeändert, ausgeschlossen werden. Nur die ersten sind dem Familienrechte eigentümlich, die zweiten sind ihrem Wesen nach obligatorische Rechtsgeschäfte.

Eine eigentümliche Bewandnis hat es mit der Annahme an Kindesstatt. Das römische Musterinstitut, die Adoption und Arrogation, waren Rechtsgeschäfte, die in ähnlicher Weise mit dem öffentlichen Leben zusammenhingen, wie die Ehe: der Wille der Parteien war auf Aufnahme eines Individuums in eine Familie (oder Gens) gerichtet und ihre Willenswirkung ging in der Begründung eines Familien- (oder Gentil-) standes auf. Rechte und Pflichten, die ganze gesellschaftliche und vermögensrechtliche Stellung, die die Adoption und Arrogation im Gefolge hatten, erscheinen juristisch nicht mehr als Rechtsfolgen des Rechtsgeschäfts, sondern des Familienstandes, wenn auch dieser auf ein Rechtsgeschäft zurückzuführen ist, sind daher auch jedem Einflusse der Parteivereinbarungen, von denen übrigens in den Quellen schwerlich eine Spur zu entdecken wäre, entrückt. Mit einem Worte: die Adoption und Arrogation war in Rom ein typischer Familienvertrag, der nach seiner juristischen Natur der Ehe am nächsten gestanden haben dürfte.

Denselben Charakter dürfte die Annahme an Kindesstatt überall haben, wo sie ein althergebrachtes, auf historischer Grundlage ruhendes Institut ist, wo sie, wie etwa in adeligen Familien, thatsächlich zur Ergänzung der Familie, Erhaltung des Stammes und des Namens dienen soll, wo religiöse und sakrale Rücksichten, wie noch heute in manchen Gegenden Europas, mitspielen. Aber man darf wohl behaupten, daß heutzutage weite Kreise für diese Zwecke der Annahme an Kindesstatt gar kein Gefühl mehr haben, wenn sie auch ganz wohl im Stande sind, sie mit dem Verstande zu begreifen. Wenn man heute an Kindesstatt annehmen will, so sucht man in der Regel dieses Institut ganz anderen Zwecken dienstbar zu machen: man versucht sich auf diesem Wege einen zuverlässigen, treuen Geschäftsführer, eine Wirtschafterin oder eine Krankenwärterin zu verschaffen, die durch Aufnahme in den Familienverband, durch Eröffnung von Beerbungsaussichten besonders enge, moralisch und materiell, an das Haus oder die Person des Annehmenden gefesselt werden sollen. Wo die Absicht der Parteien darauf gerichtet ist, wird ihnen mit einem Vertrage nicht gedient sein, dessen Inhalt darin besteht, daß eine Partei die andere in ihre Familie aufnimmt und ihr die Stellung eines eigenen Kindes anweist. Die Parteien werden bestrebt sein, ihre Rechte und Pflichten, wie bei einem obligatorischen Vertrage, möglichst genau abzugrenzen.

Die Gesetzgebung hat dieser modernen Auffassung der Annahme an Kindesstatt vielfach Rechnung getragen. Am weitesten geht dabei das österr. ABGB. Dieses bezeichnet es als „wesentliche rechtliche Wirkung" der Annahme an Kindesstatt: daß die angenommene Person den Namen des Wahlvaters oder den Geschlechtsnamen der Wahlmutter erhält. In der Folge wird zwar angeordnet, zwischen den Wahleltern und dem Wahlkinde und dessen Nachkommen fänden, insoweit das Gesetz keine Ausnahme macht, gleiche Rechte wie zwischen den ehelichen Eltern und Kindern statt, und der Wahlvater übernehme die väterliche Gewalt; jedoch dürfen diese Rechte zwischen Wähleltern und Wahlkindern „durch Vertrag anders bestimmt werden, insofern dadurch die wesentliche Wirkung der Annahme an Kindesstatt nicht abgeändert, noch dem Rechte eines Dritten zu nahe getreten wird"[30]). Nur der Erwerb des Namens des Wahlvaters (der Wahlmutter) durch das Kind, nicht einmal der Uebergang der väterlichen Gewalt auf den Wahlvater ist eine zwingend angeordnete Rechtsfolge der Annahme an Kindesstatt. Mit Rücksicht auf diesen der Privatautonomie gewahrten Spielraum läßt sich die Ansicht, daß auch die erbrechtlichen Ansprüche der Wahleltern und Wahlkinder im Adoptionsvertrage geregelt werden können, trotz des peremptorischen Ausspruchs: Erbverträge können nur unter Ehegatten giltig geschlossen werden[31]), ganz wohl vertreten[32]). Dem österr. ABGB. ist in dieser Frage das sächsische BGB. im wesentlichen gefolgt[33]).

[30]) § 182—184 österr. ABGB. [31]) § 602 österr. ABGB.
[32]) Schiffner in Grünhuts Zeitschrift f. Privat- und öffentl. Recht XXV S. 267 flg. [33]) § 1797, 2014 sächs. BGB.

Wird nun dieser Weg gewählt, dann legt es das Gesetz offenbar in die Hand der Parteien der Annahme an Kindesstatt den Charakter eines Familiengeschäfts, eines Geschäfts, bei dem es sich um die Begründung des Familienstandes handelt, fast ganz zu nehmen. Die Adoption des österreichischen und sächsischen Rechts ist in der That ein obligatorischer und erbrechtlicher Vertrag, bei dem es sich gar nicht um den Familienstand, sondern um die Begründung obligatorischer Rechte und Pflichten und um Erbrechte, die von den Parteien vereinbart werden, handelt. Der einzige Zusammenhang mit dem Familienstande, die Notwendigkeit der Namen des Wahlvaters oder der Wahlmutter anzunehmen, ist ein recht loser: es liegt eine ganz äußerliche, aus historischen Gründen zwingend angeordnete Gesetzeswirkung vor.

Das BGB. hat der Annahme an Kindesstatt das Gepräge eines Familiengeschäfts gewahrt[34]). Es geschah dieses nicht von ungefähr, sondern in richtiger Erkenntnis der Bedeutung des Instituts, unter ausdrücklicher Ablehnung des Grundsatzes der Vertragsfreiheit[35]). Die Annahme an Kindesstatt soll nicht Zwecken dienen, die ihr als einem Rechtsinstitute des Familienrechts fremd sein sollen, sie soll nichts sein als „ein Mittel, dem Kinde die rechtliche Stellung eines ehelichen Kindes des Annehmenden zu verschaffen"[36]). Die Verfolgung eigennütziger Zwecke durch den Annehmenden soll ausgeschlossen sein[37]). Trotzdem ist die Annahme an Kindesstatt weder mit der römischen Adoption und Arrogation noch mit einem ähnlichen modernen Institute zu vergleichen. Nicht Begründung der väterlichen Gewalt, auch nicht die Erhaltung eines erlöschenden Stammes oder Namens ist ihr Zweck, sondern sie soll einen künstlichen Ersatz für den Mangel leiblicher Kinder ermöglichen[38]). Dieses ist für die Regelung des ganzen Instituts von maßgebender Bedeutung gewesen.

Die Voraussetzungen der Verbindlichkeit der Annahme an Kindesstatt sind vor allem die allgemeinen Voraussetzungen der Verbindlichkeit der Verträge[39]), dann die besonderen, bei allen Familiengeschäften sich wiederholenden Voraussetzungen: der Vertrag kann nicht durch einen gewillkürten Vertreter und nicht unter einer Bedingung oder einer Zeitbestimmung geschlossen werden[40]).

---

34) § 1767,2. 35) M. IV S. 954 flg. 36) Denkschrift S. 357.
37) Vgl. M. IV S. 951 flg., 988, 996.
38) M. IV S. 951 flg., 956, vgl. aber M. IV S. 982, 987.
39) § 1750,2 2, 1751. 40) § 1750,1 1 (1748,2 1), 1742.

Die bei allen Familienverträgen vorausgesetzte Formfeierlichkeit besteht hier in dem Erfordernis des gerichtlichen oder notariellen Vertragsabschlusses und der Bestätigung durch das Gericht[41]). Außerdem wird die Einwilligung aller Personen gefordert, deren Interessen durch die Annahme berührt werden können[42]).

Mehrere Voraussetzungen der Verbindlichkeit der Annahme an Kindesstatt haben ausschließlich den Zweck, zu verhindern, daß der Vertrag seiner einzigen Aufgabe entfremdet werde, in dem angenommenen Kinde einen Ersatz für den Mangel leiblicher Kinder zu bieten: das Erfordernis des Mangels eigener ehelicher Abkömmlinge, die Festsetzung von Altersgrenzen für den Annehmenden und eines Altersabstandes gegenüber dem Kinde und die Bestimmung, daß ein gemeinschaftliches Kind nur von einem Ehepaar, ein angenommenes Kind, so lange das durch die Annahme begründete Verhältnis besteht, nur von dem Ehegatten des Annehmenden an Kindesstatt angenommen werden kann[43]).

Die Willenswirkungen der Annahme an Kindesstatt bestehen in der Verleihung des Familienstandes eines angenommenen Kindes. Die rechtliche Stellung des angenommenen Kindes ist im Allgemeinen nach Muster der rechtlichen Stellung des ehelichen Kindes geregelt. Eine vollständige Angleichung war selbstverständlich nicht durchführbar; so wenig sich aber das BGB. dieser Erkenntnis verschließen konnte, so mußte es doch hier, da ein analoges historisch gegebenes Institut in Deutschland nicht zu finden war, auf die Aufstellung weniger auf Zweckmäßigkeitserwägungen beruhenden Vorschriften beschränken: dahin gehört die Pflicht des Annehmenden zur Aufnahme eines Inventars über das Vermögen des Kindes und der Ausschluß des gesetzlichen Erbrechts des Annehmenden[44]). Ueberdies mußte auch das Verhältnis zu den beiderseitigen Angehörigen selbständig geregelt werden[45]).

---

[41]) § 1741,2, 1748, 1750,2, 1753, 1754, (1748,3) 1854—1856.

[42]) § 1746—1748. Die Einwilligung der Ehegatten des Annehmenden und der Eltern des Kindes ist nur dann nicht Voraussetzung der Verbindlichkeit der Annahme, wenn diese Personen zur Abgabe einer Erklärung dauernd außer Stande, oder ihr Aufenthalt dauernd unbekannt ist, endlich wenn die Einwilligung bei der Bestätigung mit Unrecht angenommen worden ist.

[43]) § 1741, 1744, 1749, (§ 1752 enthält eine Ordnungsvorschrift. Fischer und Henle, Anm. 2.)

[44]) § 1759, 1760, vgl. § 1771.

[45]) § 1763—1768.

Nur nach zwei Richtungen hin ist es den Parteien gestattet, im Annahmevertrage — nicht später[46]) — auf die Gestaltung des Rechtsverhältnisses Einfluß zu nehmen: es kann bedungen werden, daß das Kind dem neuen Namen seinen früheren Familiennamen hinzufügen und es darf die Nutznießung des Annehmenden an dem Vermögen des Kindes, sowie das Erbrecht des Kindes dem Annehmenden gegenüber ausgeschlossen werden. Man wird weiter gehen und behaupten dürfen, daß im Annahmevertrage die elterliche Nutznießung und das Erb- und Pflichtteilsrecht des Anzunehmenden nicht nur ausgeschlossen, sondern auch abweichend von den gesetzlichen Vorschriften geregelt werden könne: in den Motiven wird dieses in Betreff des Erb- und Pflichtteilsrechts des Anzunehmenden ausdrücklich hervorheben[47]). Diese der Privatautonomie gezogenen Grenzen sind enge genug, um eine Ausartung der Annahme an Kindesstatt in einen obligatorischen Vertrag, nach Art der Wahlkindschaft des österreichischen und sächsischen Rechts, unmöglich zu machen. — Hat das Gericht den Annahmevertrag bestätigt, trotzdem darin unzulässige Vereinbarungen enthalten sind, so ist er nichtig, „wenn nicht anzunehmen ist, daß er auch ohne den nichtigen Teil vorgenommen sein würde“[48]).

Vermögensrechtliche Vereinbarungen des Kindes mit seinen leiblichen Verwandten aus Anlaß der Annahme an Kindesstatt, insbesondere Erbverzichte gegenüber den leiblichen Verwandten des Kindes, sowie nachträgliche Vereinbarungen des Annehmenden und des Kindes, „wodurch die gesetzlichen Wirkungen der Annahme an Kindesstatt geändert werden“, sind anschließende Rechtsgeschäfte. Die Motive haben dieses auch anerkannt; sie heben hervor, daß solche Vereinbarungen sich rechtlich nicht als Bestandteile des Annahmevertrages charakterisieren, daß sich die Frage ihrer Wirksamkeit „in jedem einzelnen Falle nach dem Inhalte und der rechtlichen Natur des betreffenden Rechtsgeschäfts entscheidet“, daß ihre Wirksamkeit „sich nach den allgemeinen Grundsätzen richtet“[49]). Daraus ergiebt sich auch, daß die hier vertretene Auffassung des anschließenden Rechtsgeschäfts des Familienrechts mit der der Motive und wohl auch des Gesetzes übereinstimmt. Die Motive wollen Geschäfte dieser Art zwischen dem Annehmenden und dem Kind soweit

[46]) Vgl. M. IV, S. 996.
[47]) M. IV, S. 995.
[48]) § 139, M. IV, S. 996.
[49]) M. IV, S. 996.

zulassen, als „eine solche Vereinbarung zwischen leiblichen Eltern und ihren Kindern geschlossen werden kann".

Die Aufhebung der Annahme an Kindesstatt wird ebenfalls als Familiengeschäft aufgefaßt: der empirische Wille ist auf die Aufhebung des Familienstandes, auf ein „du sollst nicht sein" gerichtet[51]). Die Voraussetzungen der Wirksamkeit sind im allgemeinen dieselben wie die der Annahme[52]): nur kann, wenn ein Kind von einem Ehepaar gemeinschaftlich aufgenommen worden ist, die Annahme bei Lebzeiten beider Gatten nur von beiden zusammen aufgehoben werden[53]) und wenn sich die Annahme auf die Abkömmlinge des Kindes erstreckt, müssen auch diese der Aufhebung beistimmen. Doch wirkt die Aufhebung der Annahme nicht auf die Angehörigen der beiden Teile zurück[54]), die dabei nicht beteiligt waren: eine nach dem Tode eines Ehegatten durch Vertrag mit dem anderen erfolgte Aufhebung der gemeinschaftlichen Annahme entzieht dem Kinde nicht das Recht, den Familiennamen des Annehmenden zu führen[55]).

Das eheliche Güterrecht des BGB. ist etwas anderes, als was die gemeinrechtliche Lehre darunter verstanden hat. Einerseits regelt das BGB. in diesem Abschnitt alle vermögensrechtlichen Beziehungen der Ehegatten untereinander, diesen mag ein von ihnen aus Anlaß der Ehe abgeschlossener Vertrag zu Grunde liegen oder nicht; daher nimmt im BGB. das gesetzliche eheliche Güterrecht, das dem gemeinen Rechte kaum bekannt ist, einen großen Raum ein. Andererseits beziehen sich die Bestimmungen des BGB. nicht auf Rechtsgeschäfte, durch die Dritte aus Anlaß der Ehe in die Rechtsverhältnisse der Gatten eingreifen, (insbesondere die Bestellung einer Mitgift), und auch nicht auf Geschäfte, die zwar die Ehegatten selbst aus Anlaß der Ehe vornehmen und die nur ihr eigenes Vermögen betreffen, insofern dabei ein Recht begründet oder aufgegeben wird, das nicht Gegenstand der Auseinandersetzung nach Auflösung der Ehe sein soll, endlich nicht auf Rechtsgeschäfte, durch die Rechtsverhältnisse begründet werden, die erst nach Auflösung der Ehe wirksam werden sollen, wie die Pflicht zur Leistung des Witwengehalts. In allen diesen Fällen wird das Geschäft ausschließlich nach allgemeinen Grundsätzen beurteilt.

---

51) § 1768,1/1, 1769.
52) § 1768,1/2, 1770. 53) § 1768,2,3, 1769/2.
54) § 1765,2/2. 55) 1772/2.

Dagegen finden die Vorschriften des BGB. über das eheliche Güterrecht zweifellos Anwendung auf anschließende Verträge unter Ehegatten, die sich nicht auf ihre vermögensrechtlichen Verhältnisse, sondern auf ihre Stellung im Hause beziehen, aber die Vermögensverhältnisse immerhin berühren; so müßte eine etwaige Feststellung der Thätigkeit der Frau im Hauswesen, eine Bestimmung über die Schlüsselgewalt, über Beiträge der Gatten zum Haushalte oder die Haftung für die Sorgfalt[56]) in der Form eines Ehevertrages erfolgen. Auf andere Vereinbarungen dagegen, die blos das persönliche Verhältnis der Ehegatten betreffen[57]), können selbstverständlich nicht die Bestimmungen des ehelichen Güterrechts, sondern nur die allgemeinen Grundsätze über Rechtsgeschäfte Anwendung finden.

Das gesetzliche eheliche Güterrecht ist ebensowenig wie etwa die elterliche Nutznießung als Rechtsfolge des Eheschließungsvertrages zu betrachten. Sowohl nach der historischen Entwicklung als auch nach der dem BGB. zu Grunde liegenden Auffassung soll durch die Eingehung der Ehe unmittelbar kraft Gesetzes eine dem Zwecke der Ehe entsprechende Gestaltung der vermögensrechtlichen Verhältnisse eintreten: das gesetzliche eheliche Güterrecht ist also im wesentlichen ein Ausfluß des durch die Eheschließung für Mann und Frau geschaffenen Familienstandes. Daher hat nicht nur der Eheschließungsvertrag als solcher keinen Einfluß auf die Gestaltung des gesetzlichen Güterrechts, sondern es hängt auch der Eintritt des Güterstandes der Verwaltung und Nutznießung oder der Gütertrennung gar nicht von der Willensrichtung der Parteien, sondern von den äußern Umständen ab, unter denen die Ehe geschlossen worden ist oder fortdauert[58]).

Daraus ergiebt sich, daß der Vertrag über eheliches Güterrecht (der Ehevertrag), er mag welchen Inhalt immer haben, ein anschließender familienrechtlicher Vertrag ist. Der Wille der Parteien ist stets darauf gerichtet, andere Vermögensrechte und Pflichten für die beiden Ehegatten zu begründen, als sich nach dem Gesetze aus ihrem Familienstande ergeben. Der Ehevertrag ist also ein unter Ehegatten abgeschlossener Vertrag, durch den Rechte und

---

[56]) § 1356—1359. Vergl. M. IV, S. 266 Z. 5, die Fassung des § 1432 ist erheblich weiter als die des § 1333, Entwurf I.

[57]) So besonders § 1353—1356,1, 1361.

[58]) § 1364, 1418, 1420, 1426.

Pflichten der Ehegatten, die sich in Bezug auf ihr gegenseitiges Vermögen aus ihrem Familienstande ergeben, anerkannt, abgeändert und ausgeschlossen werden. Der Satz „Gedinge bricht Landrecht“, bringt in prägnanter Weise zum Ausdrucke, daß die durch das Landrecht anerkannten Rechte und Pflichten der Ehegatten durch das Gedinge anders gestaltet werden können.

Die Voraussetzungen der Verbindlichkeit der Eheverträge sind im Allgemeinen dieselben wie die der obligatorischen Verträge. Als Besonderheiten können nur die Anordnung gleichzeitiger Anwesenheit beider Teile und gerichtlicher oder notarieller Abschluß — bei allgemeiner Gütergemeinschaft, bei der Ausschließung und der Aufhebung der Ausschließung der fortgesetzten Gütergemeinschaft und bei der Fahrnisgemeinschaft die Anordnung des persönlichen Abschlusses — betrachtet werden[59]).

Im Allgemeinen gilt für das eheliche Güterrecht der Grundsatz der Vertragsfreiheit. Das Gesetz bringt ihn mit kurzen Worten zum Ausdrucke[60]) und die Motive erläutern dieses dahin, „daß die Ehegatten nicht nur den gesetzlichen Güterstand der ehelichen Nutznießung und Verwaltung modifizieren oder näher bestimmen, sondern auch denselben gänzlich ausschließen und die güterrechtlichen Verhältnisse durch Vertrag selbständig regeln, bezw. den gesetzlichen Güterstand nach erfolgter Aenderung oder Ausschließung wieder herstellen und den durch Vertrag begründeten Güterstand wieder ändern können. Alle Verträge dieser Art, auch diejenigen, durch welche der gesetzliche oder der vertragsmäßige, unter den Ehegatten bestehende Güterstand auch nur in einzelnen Beziehungen, namentlich in Beziehung auf einzelne Vermögensstände und Vermögensteile modifiziert wird, fallen unter den Begriff des Ehevertrages und unterliegen daher der vorgeschriebenen Form“[61]).

---

[59]) § 1434, 1437, 1508, 1549. Zweifelhaft kann es mit Rücksicht auf § 1437 scheinen, ob ein Vertrag über allgemeine Gütergemeinschaft durch einen gesetzlichen Vertreter geändert werden kann: eine solche Aenderung kann ja einer Aufhebung der allgemeinen Gütergemeinschaft gleichkommen, z. B. indem die wertvollsten Gegenstände für Vorbehaltsgut erklärt werden. Trotzdem muß die Frage bejaht werden: sonst wäre ja die Vereinbarung einer Gütergemeinschaft wenn ein Gatte nachträglich geschäftsunfähig wurde, ganz unabänderlich. Im einzelnen Falle wird der Richter entscheiden müssen, ob die Aenderung nicht in Wirklichkeit eine Aufhebung ist.

[60]) § 1432.

[61]) So M. IV S. 305, hier mit einigen Auslassungen angeführt.

Schon aus dem soeben Angeführten ergiebt sich, daß hier der Ausdruck: Vertragsfreiheit, in zwei verschiedenen Bedeutungen genommen wird. Man versteht darunter vor allem die Befugnis der Parteien, zwischen dem gesetzlichen Güterstande der Nutznießung und Verwaltung, den gesetzlich anerkannten vertragsmäßigen Güterständen und der Gütertrennung zu wählen, und bei allen nach Bedürfnis beliebige Abweichungen von der gesetzlichen Regelung zu vereinbaren; in zweiter Linie aber das Recht der Parteien, das Güterrecht ohne Rücksicht auf die im Gesetze anerkannten Güterrechtssysteme ganz frei zu vereinbaren.

Für die Beurteilung der Bedeutung der Vertragsfreiheit im engeren Sinne ist die Natur des Güterstandes der Nutznießung und Verwaltung einerseits, der der vertragsmäßigen Güterstände der Gütergemeinschaft andrerseits, maßgebend. Die Güterstände der Gütergemeinschaft sind, ebenso wie der Güterstand der Nutznießung und Verwaltung, ihrer Natur nach gesetzliche Güterstände. Wo sie heute noch gelten oder je gegolten haben, sind sie nicht dazu bestimmt, durch Ehevertrag vereinbart zu werden, sondern sie sollen von Gesetzeswegen eintreten, wenn die Ehe abgeschlossen ist; sie erscheinen, wie nach dem BGB. der gesetzliche Güterstand, nicht als Rechtsfolgen des Ehevertrages, sondern des durch den Eheschließungsvertrag begründeten Familienstandes. Von diesem historischen Charakter haben die Güterstände der Gütergemeinschaft nicht alles dadurch eingebüßt, daß sie im BGB. nur als vertragsmäßige anerkannt werden. Es genügt jetzt, damit sie eintreten, allerdings nicht mehr die Eheschließung, sondern sie müssen noch besonders vereinbart werden: ist dieses aber geschehen, so werden die sich ergebenden Rechte und Pflichten des Ehegatten so behandelt, wie wenn sie unmittelbar schon durch ihren Familienstand begründet wären. Die vermögensrechtliche Stellung der Ehegatten ist damit gegeben, daß sie, um einen dem besonders charakteristischen französischen régime nachgebildeten Ausdruck zu gebrauchen, unter der Herrschaft eines Güterstandes geheiratet haben. Der Ehevertrag erscheint gewissermaßen als Unterwerfung der Ehe unter das Recht eines Güterstandes.

Die gesetzliche Regelung der einzelnen Güterstände kann daher nicht verglichen werden mit der gesetzlichen Regelung der einzelnen obligatorischen Rechtsgeschäfte: zwischen dem, was das Gesetz über die eheliche Nutznießung und Verwaltung, die allgemeine Gütergemeinschaft, die Errungenschafts- und Fahrnisgemeinschaft und dem was es etwa über Kauf, Miete oder Schenkung bestimmt, besteht keine Analogie. Die einzelnen obligatorischen Rechtsgeschäfte sind Unterarten desselben Gattungsbegriffs (Rechtsgeschäft), die sich durch den Inhalt der bedungenen oder versprochenen Leistungen unterscheiden; die einzelnen Güterstände stehen einander als historische Individualitäten gegenüber. Die vermögensrechtliche Stellung eines Ehegatten unter der Herrschaft eines Güterstandes ist diesem Güterstande eigentümlich; jede Vereinbarung einer Abweichung oder Aenderung hat etwas von der Natur eines anschließenden familienrechtlichen Vertrages, wodurch die vermögensrechtliche Bedeutung des Familienstandes bei einer unter Herrschaft dieses Güterstandes abgeschlossenen Ehe beeinflußt werden soll. Es wäre daher auch ganz willkürlich, wenn man aus der gesetzlichen Regelung eines Güterstandes weitgehende Schlüsse auf das Recht eines anderen Güterstandes ziehen, oder das was bei einem Güterstande zwingend angeordnet ist, als Grenze der Vertragsfreiheit im ehelichen Güterrechte betrachten wollte. Im allgemeinen gilt das, was über einen Güterstand bestimmt ist, nur für diesen Güterstand und nicht für das eheliche Güterrecht im allgemeinen.

Bei jedem dieser Güterstände gehören gewisse Gestaltungen des Rechtsverhältnisses zum Begriffe: an sich nicht ungiltig kann eine Einschränkung oder Ausschließung solcher zum Begriffe gehörender Befugnisse zur Folge haben, daß nicht der von den Parteien ins Auge gefaßte, sondern ein anderer Güterstand begründet erscheint. Wird beim gesetzlichen Güterstande die eheliche Verwaltung und Nutznießung, oder auch die Nutznießung allein ausgeschlossen, so erscheint die Gütertrennung vereinbart[62]). Zum Begriffe der allgemeinen Gütergemeinschaft gehört die Begründung der Gemeinschaft am Vermögen den beiden Ehegatten als Ganzes. Es ist keine allgemeine Gütergemeinschaft, wenn nur einzelne Gegenstände des gegenwärtigen oder während der Gemeinschaft zu erwerbenden Vermögens, Gesamtgut werden sollen, selbst wenn diese Gegenstände das ganze gegenwärtige oder zu erwerbende Vermögen ausmachten[63]); durch den Ausschluß alles unbeweglichen Vermögens wird die allgemeine Gütergemeinschaft zur Fahrnisgemeinschaft[64]).

---

[62]) § 1363, 1371, 1373. Fischer und Henle, Vorbemerkung zum 6. Titel, II. Ein Ausschluß der Verwaltung hätte in dieser Allgemeinheit keinen Sinn. Ueber die Ausschließung einzelner Verwaltungsbefugnisse wird unten die Rede sein.

[63]) § 1432. [64]) § 1549, 1550, 1551, M. IV, S. 542 flg., 548 flg.

Dagegen liegt allgemeine Gütergemeinschaft vor, wenn auch einzelne Gegenstände des gegenwärtigen oder zu erwerbenden Vermögens für Vorbehaltsgut erklärt werden[65]). Auch kann, da das Miteigentum bei der Gütergemeinschaft das deutschrechtliche Sammteigentum ist, keinem der Ehegatten das Recht eingeräumt werden, über seinen Anteil am Gesamtgut oder an den einzelnen dazu gehörenden Gegenständen zu verfügen oder Teilung zu verlangen[66]).

Bei der allgemeinen Gütergemeinschaft muß für jeden Ehegatten die Gemeinschaft an jedem Gegenstande zu vollem Rechte begründet werden; wird Eigentum, ein Recht oder eine Forderung der Gemeinschaft unterworfen, so muß Gesamteigentum, Gesamtberechtigung, Gesamtgläubigerschaft für jeden Gatten entstehen[67]). Der Errungenschaftsgemeinschaft ist es wesentlich, daß der Erwerb der beiden Gatten als Ganzes Gesamtgut werde und daß das Gesamtgut nach den für den Güterstand der allgemeinen Gütergemeinschaft geltenden Vorschriften behandelt werde[68]): es ist daher keine Errungenschaftsgemeinschaft, wenn nur ein bestimmter zu erwartender Erwerb zum Gesamtgut gehören[69]), wenn an dem Gesamtgut nicht die Gemeinschaft beider Ehegatten zu vollem Rechte bestehen soll[70]). Dagegen können einzelne Erwerbe vom Gesamtgut ausgeschlossen und dem Sondergut eines Ehegatten oder dem Vorbehaltsgut der Frau zugewiesen werden[71]).

Die gesetzlichen Bestimmungen über den Güterstand der Nutznießung und Verwaltung und die Güterstände der Gütergemeinschaft lassen sich in drei Gruppen einordnen: zur ersten gehören die, die den Umfang der Befugnisse des Mannes umschreiben, zur zweiten die, die der Frau gewisse Rechte vorbehalten, zur dritten die, die das Verhältnis zu Dritten betreffen. Der Charakter der den einzelnen Gruppen gehörenden Rechtssätze soll nun im einzelnen erörtert werden.

So sehr es auch die Materialien betonen, daß die Wahrung der Autorität des Mannes durch Einräumung weitgehender Vermögensrechte im öffentlichen Interesse geboten sei[72]), so kann es

---

[65]) § 1440,1,2. [66]) § 1442, M. IV, S. 337.
[67]) § 1438. [68]) § 1519, 1524.
[69]) § 1519,1. [70]) § 1519,2.
[71]) § 1526 KP. zu diesem Paragraphen bei Haidlen: Es ist den Ehegatten unbenommen, „gewisse Einkünfte durch Vereinbarung dem Manne allein zuzuweisen".
[72]) M. IV, S. 147, 156 flg., 229 flg., 260.

doch kaum zweifelhaft sein, daß die Macht des Mannes im Ehevertrage nach Willkür beschränkt werden kann. Dieses ergiebt sich schon daraus, daß das BGB. ja selbst die Gütertrennung kennt, bei der dem Manne überhaupt keine Befugnisse in Betreff des Vermögens der Frau zustehen. Das BGB. folgt in dieser Beziehung dem deutschen Rechte, das, wie die Motive hervorheben, das Prinzip der Vertragsfreiheit nur dahin aufgefaßt hat, daß durch Ehevertrag jede Einwirkung des Mannes auf die vermögensrechtliche Sphäre der Ehefrau ausgeschlossen werden kann[73]). Dieses kann entweder so geschehen, daß Teile des der Frau gehörenden Vermögens für Sondergut erklärt werden[74]), teils so, daß die Verfügungsmacht des Mannes unmittelbar eingeschränkt wird[75]).

Mit Rücksicht auf die allgemein lautende Bestimmung: die Befugnis zur Verfügung über ein veräußerliches Recht könne nicht durch Rechtsgeschäft ausgeschlossen oder beschränkt werden[76]), könnte es zweifelhaft erscheinen, ob die Verfügungsmacht des Mannes über Ehegut aufgehoben oder beschränkt werden kann. Aber die Bestimmung trifft schon nach dem Wortlaut nur den Fall, daß die Befugnis, über ein veräußerliches Recht zu verfügen, dem Berechtigten deswegen zustehe, weil ihm das veräußerliche Recht selbst zusteht. Es handelt sich hier um die Verfügungsmacht über ein eigenes Recht, nicht um Verfügungsmacht über fremdes Recht auf Grund einer besondern gesetzlichen oder gewillkürten Ermächtigung. Die Verfügungsmacht über fremdes Recht, insbesondere die, die durch Rechtsgeschäft erteilt wird, die Verfügungsmacht des Bevollmächtigten, des Testamentsvollstreckers, des Beamten einer juristischen Person, kann zweifellos eingeschränkt und aufgehoben werden.

Folgende Befugnisse des Mannes können ihm jedoch durch anderweitige Vereinbarung nicht entzogen werden:

1. Der Anspruch des Mannes, daß die Verbindlichkeit der Frau aus einem von ihr während der Ehe, oder bei den Güter-

---

[73]) M. IV, S. 222.

[74]) § 1365, 1368, 1440,2, 1523, 1526,7, 1553,1.

[75]) Es handelt sich um folgende Bestimmungen: § 1363, 1379, 1376, 1380, 1383, 1394, 1395, 1398, 1400, 1403, 1404, 1405, 1409, 1412, 1424,1 1, 1425, 1438, 1440, 1443, 1450, 1452, 1457, 1458, 1459,1 a, 1460,1, 1461, 1519, 1520, 1527, 1529, 1530,1 a, 1549, 1547,1 2, 1548, 1549. — 1390, 1417, 1455, 1466,2, 1521—1524, 1539, 1540. — 1415,2,3, 1416, 1417, 1463,2,3, 1464, 1465, 1535, 1538, 1539, 1540. — 1413, 1414, 1415, 1461, 1462, 1556. — 1458, 1529, 1549.

[76]) § 137.

ständen der Gütergemeinschaft nach Eintritt der Gemeinschaft begangenen unerlaubten Handlung ihrem Vorbehaltsgut zur Last falle[77]). Die Vereinbarung, die Verbindlichkeit solle aus dem Gesamtgute oder dem eingebrachten Gute, also dem Teil ihres Vermögens bezahlt werden, dessen Heranziehung die Frau weniger empfindlich träfe, würde gegen die guten Sitten verstoßen, und zu Kollusionen Anlaß geben können.

2. Das Recht des Mannes, den Ersatz der verweigerten oder nicht zu erreichenden Zustimmung der Frau zu einem zur ordnungsmäßigen Verwaltung des eingebrachten Gutes oder des Gesamtguts erforderlichen Rechtsgeschäfte durch das Vormundschaftsgericht zu beantragen[78]) — bei den Güterständen der Gütergemeinschaft das Recht, auf Aufhebung der Gemeinschaft zu klagen, wenn das Gesamtgut infolge der Verbindlichkeiten der Frau, die im Verhältnisse der Gatten zu einander nicht dem Gesamtgute zur Last fallen, in solchem Maße überschuldet ist, daß ein späterer Erwerb des Mannes erheblich gefährdet wird[79]). Es dürfte kaum bestritten werden können, daß es sich hier um unverzichtbare Notstandsrechte handelt.

3. Bei dem gesetzlichen Güterstande, der Errungenschafts- und Fahrnisgemeinschaft das Recht des Mannes auf seine Kosten, den Bestand des eingebrachten Gutes unter Mitwirkung der Frau durch ein Verzeichnis und den Zustand der zum eingebrachten Gute gehörender Sachen durch Sachverständige feststellen zu lassen[80]). Es ist nicht einzusehen, welchen Zweck der Verzicht des Mannes auf ein Rechtsmittel haben könnte, das, ohne die Frau erheblich zu belästigen, für die Sicherung seiner Rechte von größtem Werte sein kann. Dafür spricht auch, daß im Rechte der Nacherbschaft die entsprechenden Bestimmungen vom Erblasser nicht außer Kraft gesetzt werden können[80a]).

Was dagegen die Rechtssätze betrifft, die der Frau gewisse Rechte dem Manne gegenüber vorbehalten, so ist es einerseits zweifellos, daß das Gesetz einer Erweiterung der Befugnisse des

---

[77]) § 1415, Z. 1, 1463,1, 1531—1536, 1549. Von der Verbindlichkeit aus einem gegen die Frau wegen einer strafbaren Handlung gerichteten Strafverfahren gilt dieses nicht, es kann selbstverständlich vereinbart werden, daß der Mann oder das Gesamtgut dafür aufkommen.

[78]) § 1379, 1447, 1525,2, 1549. [79]) § 1469, 1470, 1542, 1550.

[80]) § 1372, 1528, 1550. Auf die allgemeine Gütergemeinschaft bezieht sich dieses nicht, da es bei ihr eingebrachtes Gut nicht giebt. Vorbehaltsgut zu verzeichnen, ist Sache der Frau. Fischer und Henle zu § 1372 Anm. 2.

[80a]) § 2121, 2122, 2136.

Mannes nicht ungünstig gegenübersteht; andererseits will es aber auch der Frau eine gewisse wirtschaftliche und persönliche Selbstständigkeit wahren, sie gegen Uebervorteilung und schlechte Wirtschaft des Mannes bis zu einem gewissen Grade schützen. Es ist bekannt, daß das BGB. der Frau in dieser Beziehung oft weniger gewährt, als das bisherige Recht: man könnte vielleicht mit Grund annehmen, daß das, was es ihr gewährt, das Mindestmaß ist, unter das nicht heruntergegangen werden darf. Es wurde nun bereits mehrmals hervorgehoben, daß im allgemeinen Rechtssätze, die materielle Vorteile zuwenden, nichtzwingend, Rechtssätze, die die persönliche Selbständigkeit wahrnehmen oder Schutz vor Gefährdungen bezwecken, zwingend sind. Es ist nicht ganz unbedenklich, diesen Grundsatz auf das Ehegüterrecht anzuwenden: denn in dem Aufgeben der eigenen Persönlichkeit, in dem fast sicherungslosen Anvertrauen viel teuerer Güter als es die materiellen sind, liegt das Wesen der Ehe; und mit gutem Grunde wird stets empfohlen, auf diesem Gebiete eher zu wenig als zu viel zu regieren. Allein die Fürsorge des Rechts gilt nicht der wohlgeordneten, sondern der zerrütteten und in Auflösung begriffenen Ehe: bei der ersteren einzugreifen hat die Staatsgewalt kaum je Gelegenheit; das Recht mag wie immer beschaffen sein, es beeinflußt das eheliche Leben doch fast gar nicht, denn Ehegatten, die in guter Ehe leben, pflegen ihre Meinungsverschiedenheiten nicht vor dem Richter auszutragen — der zweiten gegenüber ist die Aufgabe des Staates keine andere, als sonst in zerrütteten Verhältnissen. Ein Blick auf die einschlägigen Bestimmungen des BGB. lehrt, daß der Mann an der Beseitigung des im Gesetze der Frau gewährten Schutzes kaum ein billigenswertes Interesse haben kann; dringt er auf eine dahin gehende Vereinbarung, so liegt der Verdacht besonders nahe, daß er damit unlautere Zwecke verfolgt und die gesetzliche Bestimmung erscheint notwendiger als je. Andererseits ist bei Eheverträgen, die fast ausnahmslos von Notaren verfaßt werden, die Gefahr außerordentlich groß, daß in vielen Gegenden die gesetzlichen Vorschriften ohne Willen, ja sogar ohne Wissen der Parteien, durch abweichende formularmäßige Vereinbarungen außer Kraft gesetzt und daß so die Absichten des Gesetzgebers ganz vereitelt werden könnten. Es wäre eine bedenkliche Verkennung des Sachverhalts, wenn man in den notariellen Gepflogenheiten einen Ausdruck des typischen Parteiwillens oder der Bedürfnisse der Bevölkerung erblicken wollte; sie hängen damit so wenig zusammen, daß ein Wechsel im Notariate nicht selten eine vollständige Umwälzung in der Kautelarjurisprudenz der Gegend zur Folge hat: jedenfalls entspricht es aber, wie bereits bei der Erörterung der Usance dargethan worden ist, nicht dem sozialen Charakter eines modernen Gesetzes, die Interessen, die es schützen will, dem herrschenden Kanzleistyl zu unterordnen. Und all dieses gewinnt den rechten Hintergrund, wenn man erwägt, wie geschäftsunerfahren die Braut und ihre Angehörigen dem Verlobten, wie wehrlos oft die Frau dem Manne in der Ehe gegenüberstehen[81]), wie wenig erfahrungsgemäß die vorgeschriebene gerichtliche und notarielle Beurkundung gerade in dieser Beziehung helfen kann. Diese Erwägungen führen zum Schlusse, daß eine Abweichung von dem gesetzlichen Güterstande oder der gesetzlichen Regelung der vertragsmäßigen Güterstände im Allgemeinen anstandslos vereinbart werden kann, soweit es sich nur darum handelt, die Stellung des Mannes materiell zu bessern, daß dagegen die Vorschriften größtenteils zwingend sind, die die Wahrung der ohnehin karg zugemessenen wirtschaftlichen oder gesellschaftlichen Selbständigkeit der Frau, den Schutz vor der schlechten Wirtschaft oder Uebervorteilung durch den Mann bezwecken. Im einzelnen ist folgendes zu bemerken:

I. Ausschließlich den materiellen Interessen der Frau gelten:

1. Die Bestimmungen, daß die Kraft Surrogationsprinzips an Stelle des Vorbehaltsguts tretenden oder auf Grund des Vorbehaltsguts erworbenen Gegenstände zum Vorbehaltsgute gehören, und die Bestimmung, daß bei der Verwaltungsgemeinschaft das von der Frau durch selbständigen Betrieb eines Erwerbsgeschäfts erworbene Vermögen Vorbehatsgut sei[82]);

2. Die Bestimmungen über den Umfang der Verpflichtung des Mannes zur Verwaltung des Gesamtguts und des eingebrachten Guts[83]);

3. Die Bestimmungen, die den Mann der Frau gegenüber für verpflichtet erklären, gewisse Lasten und Verbindlichkeiten zu tragen oder sie im Verhältnisse der Ehegatten zu einander dem eingebrachten Gute oder dem Gesamtgute aufbürden[84]);

---

[81]) Vgl. KP. bei Haidlen zu § 1391: für die Frau sei eine gesetzliche Hilfe eher geboten als für den Nießbraucher, weil sie regelmäßig nicht in der Lage ist, sich bei Eingehung der Ehe vertragsmäßig zu schützen.

[82]) § 1367, 1370, 1440,2, 1526, 1550,2.

[83]) § 1374 (mit Bezug auf § 1377, 1378, 1382, 1384, 1443,1/1).

[84]) § 1385, 1386, 1387, Z. 1, 1466,1, 1467, (dazu Mot. IV, S. 391: „Auch liegt es im Interesse der Ehefrau, wenn der Mann dasjenige, was er

4. Die Bestimmung, daß die eheliche Verwaltung und Nutznießung mit der Rechtskraft des Beschlusses endigt, durch den der Konkurs über das Vermögen des Mannes eröffnet wird. Aus den Motiven ergiebt sich, daß die Anordnung hauptsächlich auf der Erwägung beruht, daß die Frau, wenn sie bei Eingehung der Ehe die Eröffnung des Konkurses über das Vermögen des Mannes vorausgesehen hätte, die Ausschließung des gesetzlichen Güterstandes bedungen hätte; es sei eine Forderung der Billigkeit ihr die Freiheit der Entschließung unverkürzt zu geben, wenn der Konkurs wirklich eintritt. Die Anordnung kann daher nicht einen Fall treffen, wo die Parteien das Gegenteil thatsächlich gewollt haben[85]).

In allen bisher erwähnten Fällen ist daher eine abweichende Regelung des materiellen Verhältnisses, wie die Motive gelegentlich selbst anerkennen[86]), nicht ausgeschlossen; doch muß für folgende, hierher gehörende Bestimmungen aus allgemeinen Gründen eine Ausnahme gemacht werden:

1. Die Vereinbarung, daß auch das, was der Frau von einem Dritten mit der Bestimmung zugewendet wird, daß der Erwerb Vorbehaltsgut werden solle[87]), Gesamtgut werde, könnte schon wegen der damit verbundenen Reflexwirkung, die sie als Eingriff in Rechte Dritter erscheinen ließe, nur die obligatorische Verpflichtung für die Frau erzeugen, einen ihr unter solchen Bedingungen angebotenen Erwerb abzulehnen;

2. Die Haftung des Mannes für solche Verminderungen des eingebrachten Guts und des Gesamtguts, die er in der Absicht, die Frau zu benachteiligen, herbeiführt[88]), kann nicht ausgeschlossen werden;

---

zu dem Gesamtgut zu leisten hat, erst bei der Auflösung der Gemeinschaft zu leisten verpflichtet ist, da der Ehemann, wenn er sonst die Leistung bewirken müßte, in der Lage sein würde, über das Geleistete, ohne der Frau verantwortlich zu sein, zu verfügen.“) § 1519,2, 1525,2, 1529,2, 1535, 1536,1,2,4, 1537, 1540, 1549, 1550,1-1, 1556. Endlich kann sich die Frau auch giltig verpflichten, ohne Zustimmung des Mannes ein Inventar über eine an sie gefallene Erbschaft nicht zu errichten: § 1406,1, 1153,2, 1519,2, 1525,2, 1549, 1550,2.

[85]) § 1419, M. IV, S. 292.

[86]) § M. IV, S. 266, Z. 5, 3891, da § 1432 viel allgemeiner lautet als § 1335 des Entwurfes I, so ist nicht zu bezweifeln, daß nach dem BGB. ein solcher Vertrag stets als Ehevertrag gelte.

[87]) § 1369, 1440, 1526, 1549.

[88]) § 1456,2, 1359 (374), 1519,4, 1525, 1549.

3. Die Verpflichtung des Mannes, bei der Verwaltungsgemeinschaft den ehelichen Aufwand zu tragen und die ihm der Frau gegenüber obliegende Verpflichtung den Reinertrag des eingebrachten Gutes vor allem zur Bestreitung des eigenen Unterhalts, des Unterhalts der Frau und der gemeinsamen Abkömmlinge zu verwenden[89]), ist dem Einflusse der Parteien offenbar entrückt. Dasselbe gilt bei den Güterständen der Gütergemeinschaft von der Bestimmung, der eheliche Aufwand falle dem Gesamtgute zur Last[90]); dieses bedeutet nur, der Mann sei berechtigt, das Gesamtgut dafür zu verwenden und die Frau sei berechtigt, von ihm zu verlangen, daß er es dazu verwende. Würde das Gesamtgut aber nicht reichen, oder würden die Parteien es für andere Zwecke bestimmen, so müßte wieder der Mann für den ehelichen Aufwand aufkommen und wäre auch der Frau gegenüber dazu verpflichtet[91]).

4. Die Verpflichtung des Mannes der Frau gegenüber, bei der Verwaltungs- und der Errungenschaftsgemeinschaft die Kosten der Verteidigung der Frau in einem Strafverfahren zu tragen[92]), kann durch eine entgegengesetzte Vereinbarung nicht ausgeschlossen werden; eine solche Vereinbarung, die übrigens bei normalen Verhältnissen nicht denkbar ist, würde gegen die guten Sitten verstoßen. Mit Recht bemerken die Motive, daß der Mann, der die Zustimmung zu einer den Umständen nach gebotenen Verteidigung und Kostenaufwendung versagt, wegen dieser Pflichtwidrigkeit nicht günstiger gestellt sein dürfe, als wenn er die Zustimmung erteilt hätte[93]). Daher können auch diese Kosten bei den anderen Güterständen nicht dem Vorbehaltsgut aufgebürdet werden.

5. Bei den Güterständen der Gütergemeinschaft, die Verpflichtung des Mannes im Verhältnis zur Frau, für seine Verbindlichkeiten aus unerlaubten Handlungen selbst aufzukommen[94]). Eine entgegenstehende Vereinbarung würde gegen die guten Sitten verstoßen.

---

[89]) § 1389. [90]) § 1458, 1529, 1549.

[91]) An und für sich ergiebt sich dieses aus dem Gesetze nicht. Als Wirkung der Ehe wird nur die Pflicht zur Unterhaltsleistung bezeichnet; die Pflicht zur Tragung des ehelichen Aufwands ist nach dem Gesetze nicht Wirkung der Ehe, sondern des Güterstandes und trifft, je nach dem Güterstande, bald den Mann, bald das Gesamtgut. Trifft sie das Gesamtgut, so ist der Mann davon frei und an sich darüber hinaus nur zur Leistung des Unterhalts verpflichtet. Die hier vertretene Auffassung beruht daher auf Auslegung.

[92]) § 1387, Z. 2, 1529,2.

[93]) KP. bei Haidlen zu § 1387. [94]) § 1463, 1536,3, 1519.

II. Den Schutz der Frau vor Benachteiligung durch schlechte Wirtschaft oder Arglist des Mannes bezwecken folgende Bestimmungen:

1. Die Beschränkungen der Verfügungsmacht des Mannes: der Mann ist nicht berechtigt, a) die Frau durch Rechtsgeschäfte persönlich zu verpflichten oder das eingebrachte Gut haftbar zu machen[95]), b) über die zum eingebrachten Gute gehörenden Gegenstände[96]), bei der allgemeinen Gütergemeinschaft, der Errungenschaftsgemeinschaft und der Fahrnisgemeinschaft auch über das Gesamtgut im Ganzen, und über die zum Gesamtgute gehörenden Grundstücke[97]) zu verfügen, eine Verpflichtung zu einer solchen Verfügung einzugehen, eine Schenkung oder ein Schenkungsversprechen aus dem Gesamtgute zu machen oder aus dem Gesamtgute zu erfüllen[98]).

2. Das der Frau beim gesetzlichen Güterstande, der Errungenschafts- und Fahrnisgemeinschaft eingeräumte Recht der Prozeßführung über eingebrachtes Gut gegen den Mann und gegen jeden Dritten, wenn der Mann ohne die erforderliche Zustimmung über eingebrachtes Gut verfügt hat, sowie der gerichtlichen Geltendmachung des Widerspruchs gegenüber einer Zwangsvollstreckung[99]); bei der allgemeinen Gütergemeinschaft, der Errungenschafts- und Fahrnisgemeinschaft das Recht der Prozeßführung in Bezug auf ein zum Gesamtgute gehörendes Recht, worüber der Mann ohne die erforderliche Zustimmung der Frau verfügt hat[100]), sowie der Bestimmung, daß die Kosten dieser Prozesse im Verhältnisse der Ehegatten zu einander dem eingebrachten Gute oder dem Gesamtgute zur Last fallen sollen[101]).

3. Bei dem gesetzlichen Güterstande, der Errungenschafts- und Fahrnisgemeinschaft das Recht der Frau, wenn das Verhalten des Mannes die Besorgnis rechtfertigt, daß ihre Rechte in einer das eingebrachte Gut erheblich gefährdenden Weise verletzt werden, oder daß die der Frau aus der Verwaltung und Nutznießung des Mannes zustehenden Ansprüche auf Ersatz des Wertes verbrauchbarer Sachen erheblich gefährdet werden, Sicherheit zu verlangen und die Ansprüche, die ihr auf Grund der Verwaltung und Nutznießung

---

[95]) § 1375, 1410, 1413,2, 1519,2, 1525,2, 1529, 1550,2. Vgl. Planck, Vorbemerkung zum sechsten Titel des Buches 5, I, 2, Anm. 3.

[96]) § 1375, 1525,2, 1550,2.

[97]) Für die Fahrnisgemeinschaft vgl. Motive IV S. 550flg.

[98]) § 1375, 1444—1446. [99]) § 1407, Z. 2,3,4, 1525,2, 1550,2.

[100]) § 1449, 1519,2, 1549. [101]) § 1416,2 2, 1461,2/2, 1525,2/2, 1549

gegen den Mann zustehen, sofort geltend zu machen[102]), sowie unter ähnlichen, genau bestimmten Voraussetzungen die Aufhebung der Verwaltung und Nutznießung, der allgemeinen oder besonderen Gütergemeinschaft, zu verlangen[103]).

4. Beim Güterstande der Nutznießung und Verwaltung das Recht der Frau, ebenso wie des Mannes, die Feststellung des Bestandes des eingebrachten Gutes durch Aufnahme eines Verzeichnisses unter Mitwirkung des Mannes und des Zustandes des eingebrachten Gutes auf ihre Kosten durch Sachverständige zu verlangen; beim Güterstande der Nutznießung und Verwaltung, der Errungenschafts- und Fahrnisgemeinschaft das Recht der Frau über den Stand der Verwaltung vom Manne Auskunft zu verlangen[104]).

Im allgemeinen spricht alles dafür, daß die Frau auf die hier aufgezählten Befugnisse im Ehevertrage giltig nicht verzichten kann. Daran darf auch der Wortlaut der Motive nicht irre machen. Wenn diese bei Erörterung der Fälle, in denen die Aufhebung der Nutznießung und Verwaltung oder der Gütergemeinschaft für zulässig erklärt wird, auf die Frage Nachdruck legen, ob „der Frau im gegebenen Falle die Fortsetzung des Güterstandes zugemutet werden dürfe"[105]), so lehrt ein Blick in die fraglichen Bestimmungen, daß die Verhältnisse, unter denen das BGB. die Aufhebung des Güterstandes gestattet, so beschaffen sind, daß der Frau die Fortsetzung des Güterstandes nicht einmal dann zugemutet werden kann, wenn sie sich dazu im Ehevertrage, vielleicht nur durch Unterschrift einer mißverstandenen oder unverstandenen Vertragsurkunde, bereit erklärt hätte. Den Verzicht der Frau auf das Recht, die Aufhebung der Verwaltung und Nutznießung zu verlangen, wenn der Mann seiner Verpflichtung, ihr und den gemeinschaftlichen Nachkömmlingen Unterhalt zu gewähren, nicht nachkommt, wird gewiß Niemand für giltig betrachten. Dazu kommt noch, daß die der Frau eingeräumten Rechte entweder nur nach richterlicher Kognition ausgeübt werden können, oder so beschaffen sind, daß ihre Ausübung den Mann, der das eingebrachte Gut und das Gesamtgut pflichtgemäß verwaltet, nicht einmal erheblich belästigen kann, so wertvoll sie für die Frau sein mögen, wenn der Mann pflichtwidrig handelt.

---

[102]) § 1391—1394, 1525, 1550,2.

[103]) § 1418,2—3, 1468, 1542, 1549.

[104]) § 1372, 1374, 1525, 1550,2.

[105]) M. IV. S. 295 flg., 394 flg., 533 flg.

Nicht ganz zweifellos ist dagegen die zwingende Natur der Bestimmung über das Recht der Frau zur selbständigen Prozeßführung und der gesetzlichen Beschränkungen der Verfügungsmacht des Mannes. Allein in ersterer Beziehung fällt es in die Wagschale, daß das Prozeßführungsrecht der Frau eben zu dem Zwecke gegeben worden ist, um Kollusionen des Mannes mit Dritten entgegenzuwirken[106]). Gestattet man, dieses Recht der Ehefrau im Ehevertrage zu nehmen, so gestattet man, die Kollusion gewissermaßen im Ehevertrage vorzubereiten: denn es ist nicht wahrscheinlich, daß der Mann in einem andern Falle als dem der beabsichtigten Kollusion den Verzicht auf das Recht der selbständigen Prozeßführung verlangen würde. Daher sind auch die Bestimmungen über die Kosten des Prozesses zwingend. „Der Zweck, den das Gesetz verfolgt, würde", wie die Motive hervorheben, „wenn auch nicht vereitelt, so doch insofern verkümmert werden, als die Gefahr, die Kosten aus dem Vorbehaltsgute oder aus dem Ehegute tragen zu müssen, auch von der Erhebung eines an sich begründeten Prozesses abzuschrecken geeignet wäre"[107]).

Dagegen läßt es sich nicht leugnen, daß die Gründe, die den Mann veranlassen können, auf eine Erweiterung seiner Verfügungsmacht und Vertretungsmacht im Ehevertrage zu dringen, ganz legitim sein können: es wird sich in der Regel darum handeln, seinen geschäftlichen Kredit und sein geschäftliches Ansehen zu heben und ihm in den Geschäften, die er für die Frau zu führen haben wird, eine gewisse Selbständigkeit zu gewähren. Es spricht daher manches dafür, eine solche Erweiterung zu gestatten. Allein es ist fraglich, ob diese Gründe wichtig genug sind, um eine Durchbrechung des Grundsatzes zu rechtfertigen. Das Bestreben, das Vermögen der Frau geschäftlich zu verwerten, so verbreitet es auch ist, ist zwar nicht durchaus verwerflich, aber fast immer ungesund[108]). In weiten Volkskreisen herrscht noch immer der bessere Grundsatz, das Vermögen der Frau sei anzulegen, also nicht als Betriebskapital, sondern als wirtschaftliche Reserve zu behandeln. Es hat im BGB. gesetzlichen Ausdruck gefunden[109]), und wenn es bei der allgemeinen Gütergemeinschaft nur für das unbewegliche Vermögen gilt[110]), so ist zu be-

[106]) M. IV, S. 246 flg., 361, KP. bei Haidlen zu § 1407,3.
[107]) M. IV, S. 261.
[108]) Vgl. Schröder, das eheliche Güterrecht S. 8 Anm. 1.
[109]) § 1377, 1525,2, 1550,2.
[110]) § 1445. Vgl. Motive IV S. 355: „Diesem Bedürfnisse, die Ehefrau und die Kinder zu schützen . . . ."

denken, daß die allgemeine Gütergemeinschaft vorwiegend eine bäuerliche Form der Regelung der ehegüterrechtlichen Verhältnisse ist, wo einerseits das Grundstück den wesentlichsten Teil des Vermögens bildet, andrerseits der Gegensatz zwischen Betriebs- und Anlagekapital nicht scharf hervortritt. Das BGB. hat, wie sich aus den früheren Ausführungen ergiebt, den Parteien in ziemlich weitem Umfange gestattet, sich über diesen Grundsatz hinwegzusetzen; aber wenn eine Schranke errichtet wurde, so muß angenommen werden, daß sie ernst gemeint war. Und wie sich das BGB. gegenüber jeder Verwertung des Personalkredits der Frau für den Mann ablehnend verhält[11]) und zwar so ablehnend, daß die Schuldenhaftung selbst bei der allgemeinen Gütergemeinschaft ausgeschlossen wird, wo sie der ganzen historischen Entwicklung des Instituts entspricht, so soll dieses auch nicht mittelbar geschehen durch Einräumung einer über das gesetzliche Maß hinausgehenden Verfügungsmacht über das Vermögen. Daß dieses auch der Richtung entspricht, die die Rechtsentwicklung genommen hat, ergiebt sich zur Genüge aus der Zusammenstellung des bisherigen Rechts in den Motiven, die die dort gezogene Schlußfolgerung rechtfertigt, daß das Rechtsbewußtsein eine Beschränkung der Haftung der Ehefrau für die Schulden des Ehemannes auf das Gesamtgut fordert[12]).

Dazu kommt noch eine rein juristische Erwägung. Die Verfügungsmacht des Mannes, die sich auf das eheliche Güterrecht gründet, ist kein gewöhnliches Vermögensrecht, sie ist, wie sehr sich auch die Motive dagegen sträuben mögen, eine familienrechtliche Gewalt, einer der vielen Reste des eheherrlichen Mundium, die sich noch im BGB. finden. Wenn auch ein Ehevertrag zum Teile geeignet ist, eine solche familienrechtliche Gewalt zu begründen, so beruht die Giltigkeit des Vertrages keineswegs auf dem Grundsatze der Vertragsfreiheit: eine familienrechtliche Gewalt kann durch einen Vertrag nur dann begründet werden, wenn das Gesetz den Vertrag ausdrücklich für dazu geeignet erklärt. Daraus ergiebt sich aber auch, daß ein Vertrag nur in den durch das Gesetz gezogenen Grenzen eine familienrechtliche Gewalt begründen kann; sie kann weder einen weitern Umfang noch einen andern Inhalt haben, als das Gesetz ausdrücklich für zulässig erklärt.

Gewiß können die Parteien die Zwecke, die sie mit einer Erweiterung der Verfügungsmacht verfolgen, materiell durch ein

---

[11]) Vgl. auch M. IV S. 214, 318. [12]) M. IV S. 367.

besonderes Rechtsgeschäft erreichen, insbesondere durch eine dem Manne erteilte Vollmacht. Aber ein solches Rechtsgeschäft ist, selbst wenn es in dem Ehevertrag aufgenommen wäre, nicht Bestandteil des Ehevertrages, ebensowenig wie ein in den Ehevertrag aufgenommener Tausch oder Mietvertrag es ist; es wird nicht nach den den Mann begünstigenden Grundsätzen der Eheverträge, sondern nach allgemeinen Grundsätzen beurteilt, und insbesondere die Vollmacht ist nach allgemeinen Grundsätzen widerruflich. Es ergiebt sich daraus, daß eine Erweiterung der dem Manne zustehenden Vertretungs- und Verfügungsmacht über die für den Güterstand gesetzlich festgestellten Grenzen durch den Ehevertrag als solchen nicht getroffen werden kann.

III. Die wirtschaftliche und gesellschaftliche Selbständigkeit der Frau wird wahrgenommen:

1. in einer Reihe von Bestimmungen, die grundsätzlich oder nach einzelnen Richtungen die Geschäftsfähigkeit der Frau bei allen Güterständen zum Ausdrucke bringen: daß die Frau das Recht habe, sich persönlich zu einer Leistung zu verpflichten[113]), daß sie die Prozeßfähigkeit besitze[114]), daß ein einseitiges Rechtsgeschäft ihr gegenüber vorgenommen werden müsse[115]), daß sie höchstpersönliche Rechte, selbst wenn sie das Ehegut oder Gesamtgut beträfen, ausüben dürfe, daß sie das Recht der Annahme und Ausschlagung einer Erbschaft oder eines Vermächtnisses, des Verzichts auf den Pflichtteil, der Ablehnung eines Vertragsantrags oder einer Schenkung[116]) ohne Zustimmung des Mannes habe;

2. in der Bestimmung, daß das Arbeitsgeräte und das, was die Frau durch ihre Arbeit erwirbt, Vorbehaltsgut sei[117]).

Auch diese Bestimmungen müssen als zwingend angesehen werden. Daß die Geschäftsfähigkeit der Frau durch den Ehevertrag weder beschränkt noch aufgehoben werden kann, ergiebt sich aus allgemeinen Grundsätzen; einmal rechtlich anerkannt, ist sie dem Einflusse der Parteien entrückt. Dasselbe gilt von der aus der Geschäftsfähigkeit sich ergebenden Befugnis der Frau, ihre höchstpersönlichen Rechte auszuüben. Mit vielem Scharfsinn weisen die Motive darauf hin,

[113]) § 1399,1. [114]) § 1400.

[115]) § 1403,2 a.

[116]) § 1406, Z. 1, 1453. In allen diesen Fällen sprechen die Motive IV S. 241 flg., von einem „höchstpersönlichen Rechte“, einer „höchstpersönlichen Befugnis“.

[117]) § 1366, 1367.

daß der Einfluß, den die Ausübung der höchstpersönlichen Rechte auf die Vermögensverhältnisse üben kann, nicht hinreicht, um sie von der Zustimmung des Mannes abhängig zu machen: „die wirtschaftliche Grundlage des ehelichen Lebens bildet nur das der Ehefrau zustehende Vermögen, nicht die gehoffte Erbschaft", „dem Ehemanne das Recht beizulegen, gegen den Willen der Ehefrau die Geltendmachung des Pflichtteilsanspruchs durchzusetzen, kann als angemessen nicht erachtet werden"[168]).

Zwei Bestimmungen beruhen noch auf dem Bestreben, die persönliche Stellung der Frau zu verbessern:

1. Die Befugnis der Frau, bei Gefahr im Aufschube ohne die Zustimmung des Mannes und wenn es sich um Gesamtgut handelt, anstatt seiner im eigenen oder seinem Namen, ein Rechtsgeschäft vorzunehmen oder einen Rechtsstreit zu führen, wenn dieser durch Krankheit oder Abwesenheit an der Abgabe der Erklärung, Vornahme eines Rechtsgeschäfts oder Führung eines Prozesses verhindert ist; ferner ihre Befugnis, wenn der Mann ohne ausreichenden Grund die erforderliche Zustimmung zu einem Rechtsgeschäfte verweigert, das zur ordnungsmäßigen Besorgung ihrer persönlichen Angelegenheiten erforderlich ist, die Ersetzung der Zustimmung durch das Vormundschaftsgericht zu beantragen[169]). Es ist wohl klar, daß es sich hier um Notstandsrechte handelt, auf die im Ehevertrag nicht verzichtet werden kann.

2. Die Unübertragbarkeit der dem Manne kraft seiner Verwaltung und Nutznießung zustehenden Rechte, sowie das Recht der Frau auf Aufhebung der Verwaltung und Nutznießung am eingebrachten Gute und der Errungenschaftsgemeinschaft zu klagen, wenn für den Mann ein Pfleger bestellt ist. „Die durch die Ehe begründete familienrechtliche Gewalt des Ehemannes, welche demselben das Recht gewährt, das Ehegut wie ein Nießbraucher zu nutzen, ist ihrem Grunde wie ihrem Zwecke nach an die Person des Ehemannes gebunden"[170]): „in der Persönlichkeit des Ehemannes und dem persönlichen Verhältnisse der Ehegatten liegt der entscheidende Grund, aus welchem das Vermögen der Ehefrau zur Nutzung und Verwaltung überlassen wird"[171]). Mit Rücksicht

---

[168]) M. IV S. 244 flg.
[169]) § 1401, 1402, 1450, 1451, 1519,2, 1525,2, 1549, 1550,2.
[170]) M. IV, S. 213.
[171]) M. IV, S. 299 flg.

auf diesen Grund der gesetzlichen Bestimmung ist ihr zwingender Charakter wohl zweifellos.

Einen rein technischen Charakter haben die Bestimmungen, daß bei der allgemeinen Gütergemeinschaft, der Errungenschaft- und der Fahrnisgemeinschaft Gegenstände, die nicht durch Rechtsgeschäft übertragen werden können[177], vom Gesamtgut ausgeschlossen sind, und bei der Errungenschaftsgemeinschaft nach den für das eingebrachte Gut geltenden Vorschriften zu behandeln seien. Bei der Errungenschaftsgemeinschaft gehören dazu auch die Rechte, die mit dem Tode des Ehegatten erlöschen oder deren Erwerb durch den Tod eines der Ehegatten bedingt ist[177]. Dasselbe gilt von der Bestimmung, daß bei der Errungenschafts- und Fahrnisgemeinschaft Vorbehaltsgut des Mannes ausgeschlossen sei[178]. Eine abweichende Vereinbarung ist nichtig, aber eine Umgehung, die der Gesetzestechnik des BGB. Rechnung trägt, nicht ausgeschlossen. Die Kommissionsprotokolle sind so gütig, selbst anzugeben, wie das Verbot des Vorbehaltsgutes des Mannes bei der Fahrnisgemeinschaft umgangen werden kann[179].

Was endlich die Rechtssätze betrifft, die das Verhältnis zu Dritten regeln, so geht das BGB. anscheinend davon aus, daß jede giltige Vereinbarung auch Dritten gegenüber ihre Wirkung äußert: nur mit der Maßgabe, daß Einwendungen gegen ein zwischen einem Dritten und einem Ehegatten vorgenommenes Rechtsgeschäft oder gegen ein zwischen ihnen ergangenes rechtskräftiges Urteil nur dann daraus hergeleitet werden, wenn zur Zeit der Vornahme des Rechtsgeschäfts oder zur Zeit des Eintritts der Rechtshängigkeit die Vereinbarung bereits in dem Güterrechtsregister des zuständigen Amtsgerichts eingetragen, oder dem Dritten bekannt war[180]. Es gilt darnach der Grundsatz der Vertragsfreiheit auch im Verhältnis zu Dritten.

Bei näherer Betrachtung ergiebt sich jedoch, daß die Tragweite dieses Grundsatzes bei verschiedenen Rechtssätzen eine verschiedene ist. Es ist zu unterscheiden zwischen der Wirkung des Ehevertrages auf die Prozeßführung eines der Ehegatten, auf die Gläubiger eines der Ehegatten oder des Gesamtguts, und auf die von einem der Gatten abgeschlossenen Verträge, insbesondere den abgelehnten Erwerb.

---

177) § 1439, 1522, 1552. 178) § 1526,2 1555.

179) Bei Haidlen zu § 1526.

180) § 1435 — 1371, 1441, 1526,3, 1549, — 1405.

Das BGB. enthält eine Reihe von Bestimmungen, die blos den Zweck verfolgen, den Dritten vor den Nachteilen zu schützen, die für ihn aus der Unkenntnis der güterrechtlichen Verhältnisse der Ehegatten oder der Aenderung derselben entstehen könnten[176]). Es ist klar, daß Vereinbarungen der Ehegatten auf die Rechte Dritter in dieser Beziehung gar keinen Einfluß haben können.

Ebenso zweifellos ist es, daß die im Gesetze bei jedem Güterstande geregelte Art der persönlichen[177]) und sachlichen[178]) Haftung weder ausgeschlossen noch beschränkt werden kann. Die Parteien können nicht vereinbaren, daß die Haftung des Mannes oder der Frau für die Verbindlichkeiten, die ihnen nach dem Gesetze zur Last fallen, nicht eintreten, noch daß das Gesamtgut oder das eingebrachte Gut nicht haften solle, wenn die Haftung im Gesetze angeordnet ist. Nicht minder unzulässig ist eine im Ehevertrage allgemein vereinbarte Erweiterung der Haftung. Sie kann nur im einzelnen Falle dem Gläubiger gegenüber, durch Beitritt, Bürgschaftsübernahme, Verpfändung, bewirkt werden.

Der Einfluß der Parteien auf das Verhältnis zu den Gläubigern besteht also nur darin, daß sie durch Aenderung des Ehevertrages den Gläubigern ein Zwangsvollstreckungsobjekt verschaffen oder entziehen, aus Vorbehaltsgut eingebrachtes Gut, aus eingebrachtem Gut Gesamtgut machen können[179]). Die Gläubiger, sie mögen noch so sehr beeinträchtigt werden, sind nur durch ihr Anfechtungsrecht geschützt[180]). Dieses bedeutet aber keineswegs eine Erhöhung der Privatautonomie auf dem Gebiete des ehelichen Güterrechts, es bedeutet nur, daß das Gesetz dem Ehevertrage ebenso wie dem dinglichen Vertrage eine absolute Wirkung beilegt.

Die Wirkung der Rechtsgeschäfte Dritter mit einem Ehegatten richtet sich nach allgemeinen Grundsätzen: soweit zu Gunsten Dritter Besonderheiten festgestellt sind[181]), können sie durch Bestimmungen des Ehevertrages nicht ausgeschlossen werden. Was dagegen die Verfügungsmacht betrifft, so wurde bereits hervorgehoben, daß im Verhältnisse der Ehegatten zu einander die Verfügungsmacht der

---

[176]) § 1400, 1407,1, 1454, 1459,2,2, 1525,2, 1550,2. M. IV, S. 232 flg., 233, 245.

[177]) § 1388, 1410, 1423, 1424,1/2, 1459—1470, 1447. Vgl. Planck.

[178]) § 1410, 1414, 1459,1, 1460—1462.

[179]) KP. bei Haidlen zu § 1459.

[180]) Vgl. darüber Planck zu § 1368.

[181]) § 1396—1398, 1424,1,2,2, 1448.

Frau[132]) erweitert, aber nicht aufgehoben oder beschränkt, die Verfügungsmacht des Mannes beschränkt oder aufgehoben, aber nicht erweitert werden kann. Insofern derartige Vereinbarungen im Verhältnis der Ehegatten zu einander giltig sind, wirken sie auch gegenüber Dritten[133]). Insbesondere kann sich der Dritte, wenn eine im Verhältnisse der Gatten zu einander wirksame Erweiterung der Verfügungsmacht der Frau vorliegt, darauf auch dann berufen, wenn er nicht gewußt hat, „daß die Frau eine Ehefrau ist“[134]). Hierher gehören auch die Bestimmungen über das von der Frau betriebene Erwerbsgeschäft, über die Verfügungsmacht der Frau, die mit Zustimmung des Mannes ein Erwerbsgeschäft betreibt[135]).

Das Ergebnis der vorstehenden Untersuchung über das Recht der Güterstände der Nutznießung und Verwaltung und der Gütergemeinschaft läßt sich in folgender Weise zusammenfassen: Zulässig ist jede Abweichung von der gesetzlichen Regelung, insoweit sie blos eine Erhöhung der rein materiellen Vorteile zur Folge hat. Insoweit es sich um eine Abweichung von der gesetzlichen Regelung der Vertretungs- und Verfügungsmacht handelt, gilt der Grundsatz, daß eine Beschränkung der Vertretungs- und Verfügungsmacht des Mannes zulässig, eine Erweiterung derselben unzulässig; eine Erweiterung der Vertretungs- und Verfügungsmacht der Frau zulässig, eine Beschränkung unzulässig ist. Angesichts dieser anscheinenden Ungleichheit ist es nicht ganz überflüssig, daran zu erinnern, daß die Vertretungs- und Verfügungsmacht des Mannes das Vermögen der Frau oder den Anteil der Frau am Gesamtgute, die Vertretungs- und Verfügungsmacht der Frau ihr eigenes Vermögen oder ihren eigenen Anteil am Gesamtgute betrifft[135a]). Nur die Vertretungs- und Verfügungsmacht des Mannes über fremdes Vermögen kann beschränkt aber nicht erweitert, nur die Vertretungs- und Verfügungsmacht der Frau, die ihr eigenes Vermögen betrifft, kann erweitert aber nicht beschränkt werden. Dagegen ist es selbstverständlich ganz unzulässig, im Ehevertrage der Frau die Befugnis einzuräumen, den Mann zu vertreten oder über sein Vermögen zu verfügen, und wenn ihr diese Befugnis nach dem Gesetze ausnahmsweise zusteht[136]), sie

---

[132]) § 1395—1407, 1443, 1445—1454, 1444—1446.
[133]) 1376, 1378—1380, 1443, 1388, 1417.
[134]) Vgl. § 1404 [135]) § 1405, 1454.
[135a]) Vgl. Reichstagskommissionsbericht zu Buch IV S. 122.
[136]) § 1450, 1519,2, 1549.

irgendwie zu erweitern. Dafür bietet das Gesetz der Güterstände nicht die geringste Handhabe.

Sobald der Güterstand, sei es durch Auflösung der Ehe, sei es in anderer Weise, beendigt wird — beim Güterstande der Nutznießung und Verwaltung, sowie der Errungenschaftsgemeinschaft, wird der Auflösung der Ehe die Todeserklärung des Mannes gleichgestellt[137]) — tritt ein Uebergangszustand ein, der bei den Güterständen der Gütergemeinschaft mit der Auseinandersetzung, sonst aber mit der Lösung des Rechtsverhältnisses abschließt. Die Auseinandersetzung wird sehr eingehend bei der allgemeinen Gütergemeinschaft[138]), bei der Errungenschaftsgemeinschaft durch Verweisung auf die Regelung der allgemeinen Gütergemeinschaft[139]), der Uebergangszustand bei der Nutznießung und Verwaltung durch einige Bestimmungen geregelt[140]).

Den Uebergangszustand können die Parteien im Ehevertrage zweifellos anders regeln, als dieses das Gesetz thut. Sie können vereinbaren, daß der Mann das eingebrachte Gut gegen Zahlung einer bestimmten Summe behalten dürfe, daß er nur eine bestimmte Summe zu bezahlen habe, ohne das Recht zur Herausgabe des Gutes zu haben, daß nach der Auflösung der Ehe die Verwaltung durch die Frau oder einen Dritten zu besorgen sei. Es herrscht der Grundsatz der vollen Vertragsfreiheit, und die gesetzlichen Bestimmungen können nur als ergänzende[141]) oder fürsorgende[142]) Rechtssätze gelten. In Anwendung auf den Uebergangszustand sind auch die Folgerungen des Grundsatzes des deutschrechtlichen Miteigentums bei der allgemeinen Gütergemeinschaft: Unveräußerlichkeit des Anteils, Ausschluß der Teilungsklage, Nichtaufrechenbarkeit einer Forderung, die zum Gesamtgute gehört, gegen eine Forderung, deren Berichtigung nicht aus dem Gesamtgute verlangt werden kann, nur als ergänzende Normen anzusehen, obwohl sie, solange die Gütergemeinschaft besteht, durch eine Vereinbarung der Parteien nicht ausgeschlossen werden können.

Zwingend sind jedoch nach allgemeinen Grundsätzen:

1) Die Vorschrift, daß der Mann, wenn er das Landgut, das Gegenstand der Verwaltung und Nutznießung war, nach Beendigung derselben herauszugeben hat, von den vorhandenen landwirtschaft-

---

137) § 1420, 1425. 138) § 1470—1482.
139) § 1546, 1549. 140) 1421, 1422.
141) § 1421, 1424,1, 1471,1, 1472,1, 1473,1, 1546, 1549.
142) § 1422, 1424,2, 1472,2, 1473—1482, 1546, 1549.

lichen Erzeugnissen, ohne Rücksicht darauf, ob er bei Beginn der Verwaltung und Nutznießung solche Erzeugnisse übernommen hat, soviel, als zur Fortführung der Wirtschaft bis zu der Zeit erforderlich ist, zu welcher gleiche oder ähnliche Erzeugnisse voraussichtlich gewonnen werden, sowie den ganzen auf dem Landgute gewonnenen Dünger zurückzulassen hat; doch kann dabei der Ersatz der für die in größerer Menge oder besserer Beschaffenheit, als bei Beginn der Nutznießung und Verwaltung vorhanden waren, zurückzulassenden landwirtschaftlichen Erzeugnisse zu leisten ist, im Vorhinein vereinbart werden[143]);

2. Das Fortbestehen der Miete und Pacht nach Beendigung der Verwaltung und Nutznießung nach den Grundsätzen, die für den Fall der Vermietung und Verpachtung durch den Nießbraucher gelten[144]);

3. Beim Güterstande der Verwaltung und Nutznießung das Fortbestehen der Verfügungsmacht des Mannes zu Gunsten des Dritten, der bei der Vornahme eines Rechtsgeschäfts von der Beendigung der Verwaltung und Nutznießung keine Kenntnis hat[145]).

Die Bestimmungen über die Auseinandersetzung sollen nach ausdrücklicher Vorschrift des Gesetzes nur soweit gelten, als nicht eine andere Vereinbarung getroffen wird[146]). Die Vereinbarung kann sowohl im Ehevertrage als nachträglich getroffen werden[147]) und auf den Fall einer nachträglichen Vereinbarung dürfte sich die erwähnte ausdrückliche Bestimmung des Gesetzes in erster Linie beziehen. Hier kommt die Vereinbarung nur soweit in Betracht, als sie im Ehevertrage getroffen wird. Die Bestimmungen über die Auseinandersetzung haben nach der Absicht des Gesetzgebers im Verhältnisse der Parteien zu einander einen nichtzwingenden Charakter: sie sind teils ergänzend[148]), teils fürsorgend[149]).

Sie sind es ausnahmslos, nicht nur so weit sie das Verhältnis der Parteien untereinander, sondern auch, wenn sie Vereinbarungen der Parteien über die Auseinandersetzung nach Beendigung der Gütergemeinschaft oder mit Rücksicht auf die bevorstehende Beendigung der Gütergemeinschaft betreffen. Dagegen ist es nicht anzunehmen, daß die Parteien schon in einem früheren Zeitpunkte,

---

[143]) § 1421, 592, 1546,3. [144]) § 1423, 1546,3.
[145]) § 1424, 1546,2. [146]) § 1474, 1546,2.
[147]) Fischer und Henle zu diesem § Anm.
[148]) § 1476, 1477, 1478,2,2. [149]) § 1475, 1477,2, 1479.

insbesondere schon bei Abschließung der Ehe, für den Fall, daß die Ehe aus Verschulden oder wegen Geisteskrankheit eines Teils geschieden werden sollte, vereinbaren könnten, der unschuldige Teil oder der Geisteskranke könne nicht den Wert dessen zurückfordern, was er in die Gemeinschaft eingebracht hat, oder daß, wenn der Wert des Gesamtguts zur Rückerstattung nicht hinreicht, er mehr als die Hälfte des Fehlbetrages zu tragen habe, oder daß als eingebracht weniger anzusehen sei, als was bei der Errungenschaftsgemeinschaft eingebrachtes Gut sein würde[150]). Zweifellos würde eine solche Vereinbarung gegen die guten Sitten verstoßen. „Der schuldige Gatte soll keinen Gewinn machen", bemerken die Kommissionsprotokolle mit Recht, und was den Fall der Geisteskrankheit betrifft, so war der Gedanke, daß ein Ehegatte eines besonderen Schutzes bedürfe, damit der andere aus der Scheidung keinen Vorteil ziehe, nach dem Wortlaut der Protokolle auch hier maßgebend. Vom sittlichen Standpunkte ist eine beim Abschlusse der Ehe getroffene Vereinbarung, im Falle der Scheidung wegen Geisteskrankheit habe der Geisteskranke einen Teil seines Vermögens einzubüßen, wohl gerichtet. Uebrigens sollte auch, wie die Kommissionsprotokolle bemerken, durch die Vorschrift ein weiterer Schutz gegen den Mißbrauch der Scheidung wegen Geisteskrankheit geschaffen werden[151]).

Ebensowenig können die Parteien durch ihre Vereinbarung ausschließen, daß für die vor der Teilung des Gesamtguts nicht berichtigte Gesamtgutsverbindlichkeit beide Ehegatten als Gesamtschuldner haften, oder die auf die zugeteilten Gegenstände[152]) beschränkte Haftung des Gatten, für den zur Zeit der Teilung eine solche Haftung nicht besteht, darüber hinaus erweitern. Die Unzulässigkeit der ersten Vereinbarung ergiebt sich daraus, daß sie in Rechte Dritter eingreifen, die der zweiten daraus, daß, wie bereits dargelegt worden ist, jede Erweiterung der Schuldenhaftung der Gatten unzulässig ist.

Die fortgesetzte Gütergemeinschaft tritt bei der allgemeinen Gütergemeinschaft als eine nichtzwingend angeordnete Gesetzeswirkung[153]), bei der Fahrnisgemeinschaft kraft dispositiven Rechtssatzes[154]) ein und ist bei der Errungenschaftsgemeinschaft still=

---

150) § 1478,1,2 1,3. 151) KP. zu § 1478 bei Haidlen.
152) § 1480.
153) § 1508. 154) § 1557.

schweigend ausgeschlossen[155]). Die letztere Bestimmung hat jedoch nur eine rein formelle Bedeutung: die Protokolle heben zur Begründung hervor, daß die Zulassung überflüssig wäre, da die Ehegatten durch Vermächtnisvertrag eine solche Fortsetzung oder wenigstens ein ihr sehr nahe kommendes Rechtsverhältnis schaffen können. Wird die fortgesetzte Gütergemeinschaft vereinbart oder nicht ausgeschlossen, so tritt sie so ein, wie sie im Gesetze geregelt ist; die Parteien können nicht die einzelnen im Gesetze angeordneten Rechtsfolgen im Ehevertrage ändern. In diesem Sinne sind die Bestimmungen über die fortgesetzte Gütergemeinschaft zwingend[156]), und daran ändert es nichts, daß unter gewissen Voraussetzungen durch Erklärung auf den Todesfall einzelne Abkömmlinge von der Gütergemeinschaft ausgeschlossen, ihr Anteil herabgesetzt werden, der überlebende Ehegatte die Gemeinschaft ablehnen und sie aufheben kann; auch diese Befugnis des Gatten kann im Ehevertrag nicht ausgeschlossen werden, ist also eine zwingend angeordnete Rechtsfolge desselben[157]). Auch das ändert nichts daran, daß der anteilsberechtigte Abkömmling auf die ihm zustehenden Rechte verzichten und sie veräußern kann[158]). Der Grund der weitgehenden Beschränkung der Vertragsfreiheit liegt darin, daß es sich bei der fortgesetzten Gütergemeinschaft gar nicht um Rechte der Parteien, sondern um Rechte der ihnen als Dritte gegenüberstehenden Kinder handelt; die den Kindern bei der fortgesetzten Gütergemeinschaft gewährten Vorteile, die bestimmt sind, für die ihnen auferlegten erheblichen Erb- und Pflichtteilsbeschränkungen Ersatz zu bieten, sollen durch Vereinbarungen der Eltern nicht beeinträchtigt werden[159]). Diese Erwägungen, an sich gewiß ganz stichhaltig, können es aber doch nicht rechtfertigen, daß auch Vereinbarungen zu Gunsten der Kinder nur in den engen Grenzen des Gesetzes zulässig sind.

Den vier im Gesetze eingehend geregelten Güterständen steht einerseits die Gütertrennung, andrerseits der im Gesetze nicht unmittelbar erwähnte, aber vorausgesetzte, freie Ehevertrag gegenüber. Die Gütertrennung kommt hier nur soweit in Betracht, als sie vereinbart wird; tritt sie von Gesetzeswegen ein[160]), so dauert sie nur so lange fort, bis ein giltiger Ehevertrag geschlossen worden ist.

[155]) § 1519. Dazu KP. bei Haidlen S. 290.
[156]) § 1483—1517. [157]) § 1484, 1494, 1509—1516,1.
[158]) § 1491, 1501.
[159]) Schröder, das eheliche Güterrecht, S. 23 Anm. 2.
[160]) § 1364, 1418—20, 1426, 1545, 1548, 1470, 1549, 1587.

Als Vereinbarung der Gütertrennung gilt nach einem ergänzenden Rechtssatze schon die Vereinbarung des Ausschlusses der Verwaltung und Nutznießung des Mannes, und der Aufhebung der allgemeinen Gütergemeinschaft, der Errungenschaft- oder der Fahrnisgemeinschaft[161]).

Von den Bestimmungen über das gegenseitige Verhältnis des Mannes und der Frau bei der Gütertrennung müssen drei als zwingend gelten:

1. daß der Mann den ehelichen Aufwand zu tragen habe[162]). Die Vereinbarung, daß der eheliche Aufwand der Frau zur Last falle, dürfte jedoch nicht ganz wirkungslos sein: so lange die Frau im Stande ist, ihn zu tragen, kann der Mann gegen ihre Klage darauf eine Einwendung gründen.

2. daß der Anspruch des Mannes auf Leistung eines Beitrages zum ehelichen Aufwand durch die Frau nicht übertragbar ist[163]).

3. daß die Frau bei erheblicher Gefährdung des Unterhalts für sich und die gemeinschaftlichen Abkömmlinge, bei Entmündigung, der Bestellung eines Pflegers zur Besorgung seiner Vermögensangelegenheiten oder eines Abwesenheitspflegers, den Beitrag zu dem ehelichen Aufwande insoweit zur eignen Verwendung zurückbehalten könne, als zur Bestreitung des Unterhalts erforderlich ist[164]).

Die übrigen Bestimmungen[165]) stellen sich schon ihrem Wortlaute nach als nichtzwingend dar. Es wäre übrigens unrichtig, wenn man die Anordnung, es sei anzunehmen, daß die Frau, die zur Bestreitung des ehelichen Aufwandes eine Aufwendung macht, oder dem Manne zu diesem Zwecke etwas aus ihrem Vermögen überläßt, nicht die Absicht habe, Ersatz zu verlangen[166]), und die Anordnung, daß der Mann, dem die Frau ihr Vermögen ganz oder teilweise überlassen hat, die Verwaltungsüberschüsse nach freiem Ermessen verwenden könne[167]), wegen ihres Wortlauts oder der Ausführungen der Motive für Auslegungsregeln halten würde[168]).

---

161) § 1436. 162) § 1427,1.
163) § 1427,2/3. 164) § 1428.
165) § 1427,2, 1431. Zu 1427,2 M. IV S. 327 flg.
166) § 1421. 167) § 1430.
168) KP. bei Haidlen zu § 1429: Die Auslegungsregel . . . M. IV S. 247: die . . . Bestimmung . . . bezweckt, ein häufig vorkommendes, beim Mangel einer bestimmt ausgesprochenen Absicht unklares und unsicheres Verhältnis . . . durch eine dispositive Bestimmung in der Art zu regeln, wie die Parteien, wenn sie daran gedacht hätten, dasselbe voraussichtlich geregelt haben würden, und wie es die Erreichung jenes Zwecks mit sich bringt.

Es handelt sich um Folgerungen aus der historischen Stellung des Mannes in der Ehe, die das BGB. selbst in das moderne Verhältnis der Gütertrennung hinübernimmt, wenn es auch der Frau hier gestattet, sie durch eine abweichende Erklärung auszuschließen[169]).

Ueber den möglichen Inhalt des freien Ehevertrages, über den Umfang, den die Vertragsfreiheit dabei hat, enthalten weder das Gesetz noch die Motive eine Andeutung. Nur einmal wird in den Motiven bemerkt, den Ehegatten sei nicht verwehrt, ihren Güterstand nach Maßgabe des materiellen Inhalts eines fremden Rechts durch Ehevertrag zu regeln, soweit dies mit den allgemeinen Grundsätzen des Gesetzbuchs vereinbar sei[170]). Dieses ist die einzige unzweideutige Erwähnung des freien Ehevertrages in den Materialien.

Schon hieraus ergiebt sich, daß in den Motiven vorausgesetzt wird, die allgemeinen Grundsätze des Gesetzbuches seien für den freien Ehevertrag maßgebend. Auch aus andern Stellen geht dieses hervor[171]). Welche sind aber die „allgemeinen Grundsätze des Gesetzbuchs?" Daß die der Vertragsfreiheit sonst gezogenen Grenzen für den Ehevertrag im allgemeinen nicht gelten, dürfte zweifellos sein, denn als vertragsmäßige Güterstände oder als Aenderungen des gesetzlichen Güterstandes sind Verträge als verbindlich anerkannt, die als rein obligatorische oder dingliche Verträge, zwischen fremden Personen abgeschlossen, zweifellos unzulässig wären. Es ist daher eine berechtigte Frage, ob unter den „allgemeinen Grundsätzen des Gesetzbuchs" als Schranke der Vertragsfreiheit die Grundsätze des allgemeinen Vertragsrechts oder die besonderen Grundsätze des Ehevertrages zu verstehen wären.

Allgemeine Erwägungen sprechen entschieden dafür, einen freien Ehevertrag nur dann als verbindlich zu behandeln, wenn er als ein nach allgemeinen Grundsätzen verbindlicher obligatorischer oder dinglicher Vertrag erscheint. Bei den gesetzlich anerkannten Güterständen reicht die Vertragsfreiheit über die Vertragsfreiheit des dinglichen oder obligatorischen Vertrages nur soweit hinaus, daß ein dingliches Nutznießungsrecht besonderer Art, Verfügungs- und Vertretungsmacht mit dinglicher Wirkung und dingliche Ver-

---

[169]) Ebenso sind die analogen Bestimmungen im Rechtsverhältnisse zwischen Eltern und Kindern (§ 1618, 1619) Ausfluß der Stellung der Eltern in der Familie, nicht Auslegungsregeln. Hierher gehört auch in diesem Sinne § 1625.

[170]) M. IV S. 310.

[171]) M. IV S. 310, 311.

äußerungsverbote zulässig oder angeordnet sind. Wird von den Parteien dieses vereinbart, so liegt kein freier Ehevertrag, sondern einer der gesetzlich anerkannten Güterstände, vielleicht mit weitgehenden Aenderungen vor, deren Zulässigkeit nach den bereits erörterten Grundsätzen beurteilt werden muß. Dagegen enthalten weder das Gesetz noch die Materialien auch nur den geringsten Anhaltspunkt für die Annahme, daß andere Abweichungen von den für den dinglichen und obligatorischen Vertrag geltenden Grundsätzen zulässig seien; ja man darf wohl sagen, daß eine so unumschränkte Privatautonomie gerade auf diesem Gebiete unerträglich wäre. Wenn die gesetzlich anerkannten Güterstände in einzelnen Beziehungen über die Schranken des Obligationen- und Sachenrechts hinauswachsen dürfen, so handelt es sich hierbei, wie bereits hervorgehoben wurde, um historisch gegebene Individualitäten, denen das Gesetz und in noch weit höherem Grade Sitte und Gewohnheit der Gegend eine besondere Publizität verleihen, die selbstverständlich einem nach individuellem Belieben geformten Güterstande auch das Güterrechtsregister nicht vermitteln kann. Es wäre kaum einzusehen, welchen Zweck die sachenrechtlichen Beschränkungen der Vertragsfreiheit hätten, wenn bei jeder Ehe Rechtsverhältnisse mit absoluter Wirkung ohne jede Beschränkung begründet werden könnten.

Auf diesem Standpunkte stehen offenbar auch die Motive. Das Verbot der Bestimmung des Güterstandes durch Verweisung auf ein nicht mehr geltendes Gesetz wird damit begründet, daß in dem bisherigen Rechte Rechtsformen vorkommen, welche nach den allgemeinen Grundsätzen des Gesetzbuchs durch Vertrag unter den Ehegatten überhaupt nicht hergestellt werden können[172]). Und ganz allgemein wird gesagt, daß in Ermangelung einer besonderen Vorschrift auch durch Ehevertrag nichts vereinbart werden kann, was nicht nach Maßgabe der allgemeinen Grundsätze durch Vertrag bestimmt werden kann[173]). Daraus geht hervor, daß der freie Ehevertrag im Wesentlichen nur in der nach allgemeinen Grundsätzen zu beurteilenden Zuwendung dinglicher und obligatorischer Rechte, Einräumung einer nach allgemeinen Grundsätzen, insbesondere in Gemeinschafts- und Gesellschaftsverhältnissen zulässigen Vertretungs- und Verfügungsmacht und erbrechtlicher Vorteile bestehen kann. Die ehegüterrechtliche Natur des Vertrages äußert sich nur darin, daß das Rechtsverhältnis mit der Ehe als solches aufhören soll.

[172]) M. IV S. 310. [173]) M. IV S. 311.

Die Bedeutung des freien Ehevertrags besteht hauptsächlich wohl darin, daß er die Möglichkeit bietet, „den Güterstand nach Maßgabe des materiellen Inhalts eines nicht mehr geltenden oder fremden Rechts zu regeln, soweit dieses mit den allgemeinen Grundsätzen des Gesetzbuchs vereinbar ist“. In der Regel wird es hierzu jedoch eines Ehevertrages nicht bedürfen: die Bestellung der Mitgift, der Morgengabe[174]), des Witwengehalts, wird in der Form der Schenkung vor sich gehen können. Die Zuwendung des Nießbrauchs an den überlebenden Gatten kann „im Wege eines Vermächtnisvertrages“ vereinbart werden[175]).

Es kann daher den Ehegatten auch nicht gestattet werden, einen freien Ehevertrag abzuschließen, der sich zwar eng an einen der gesetzlich anerkannten Güterstände anschließt, aber eine dem Begriff dieses und jedes andern gesetzlich anerkannten Güterstandes zuwiderlaufende Vereinbarung enthält. Die Parteien können nicht eine nach Analogie der allgemeinen oder einer der besondern Gütergemeinschaften zu behandelnde Gütergemeinschaft an einzelnen Sachen oder Errungenschaftsgemeinschaft an einem bestimmten Erwerbe verabreden: dieses würde ein Samteigentum an diesen Sachen ein dingliches Verfügungsrecht des Gatten, eine dingliche Beschränkung des Veräußerungsrechts der Frau zur Folge haben, die als absolute Rechtsverhältnisse sonst nicht anerkannt sind und auch durch Ehevertrag nicht begründet werden können. Ebenso kann an einzelnen Sachen und Rechten nur der Nießbrauch, nicht die eheherrliche Verwaltung und Nutznießung begründet werden. Auch durch Kombinierung der über verschiedene Güterstände geltenden Regeln kann ein besonderer Güterstand nicht geschaffen werden. Ein Ehevertrag, der nicht in der bloßen Zuwendung dinglicher und obligatorischer Befugnisse besteht, gilt daher nur dann, wenn die Rechtsverhältnisse, die er begründet, Merkmale aufweisen, die mit den Begriffsmerkmalen eines der gesetzlich anerkannten Güterstände vollständig übereinstimmen.

Der freie Ehevertrag erscheint daher zunächst als vertragsmäßige Gütertrennung, verbunden mit Zuwendungen der Ehegatten, die bei der Auflösung der Ehe Gegenstand der Auseinandersetzung sein sollen. Es finden auf ihn im allgemeinen die Bestimmungen über die Gütertrennung Anwendung. Ueberdies ist er nicht nur den für die dinglichen und obligatorischen Verträge

[174]) M. IV S. 168. [175]) M. VI S. 541.

geltenden Beschränkungen der Vertragsfreiheit, sondern auch den besondern Beschränkungen der Vertragsfreiheit des ehelichen Güterrechts unterworfen. Es gehören hierher die Bestimmungen:

1. Daß der Güterstand nicht durch Verweisung auf ein nicht mehr geltendes oder auf ein ausländisches Gesetz bestimmt werden könne[176]).

2. Daß der Mann den ehelichen Aufwand zu tragen habe[177]).

3. Daß der Anspruch des Mannes auf Leistung des Beitrags zum ehelichen Aufwand durch die Frau nicht übertragbar sei[178]).

4. Daß die Frau, bei erheblicher Gefährdung des vom Manne ihr und den gemeinschaftlichen Abkömmlingen zu gewährenden Unterhalts, ihren Beitrag zu dem den zur Bestreitung des Unterhalts erforderlichen ehelichen Aufwand zurückbehalten könne[179]).

Doch darf man daraus nicht schließen, daß bei jedem freien Ehevertrage die Gütertrennung ausdrücklich vereinbart oder die Verwaltung und Nutznießung ausgeschlossen werden müsse. Es genügt, wenn ein Rechtsverhältnis vereinbart wird, das sich weder mit dem gesetzlichen, noch mit einem vertragsmäßigen Güterstande in Einklang bringen läßt[180]).

Ist eine einzelne Bestimmung des Ehevertrages nichtig, so ist das ganze Rechtsgeschäft nichtig, wenn nicht anzunehmen ist, daß es auch ohne den nichtigen Teil vorgenommen sein würde. Doch ist es in der Natur des Ehevertrages begründet, daß dieses nur in den seltensten Fällen wird angenommen werden können, der ganze Ehevertrag wäre nicht abgeschlossen worden ohne eine Vereinbarung, deren Nichtigkeit sich nachträglich herausgestellt hat. Dieses ist um so weniger zu vermuten, als im Falle der Nichtigkeit des Ehevertrages — das ist eine empfindliche Lücke des BGB. — der Güterstand der Nutznießung und Verwaltung und nicht Gütertrennung eintritt, die es den Parteien ermöglichen würde, re integra einen neuen Ehevertrag abzuschließen[181]).

In diesem Zusammenhange mag die Leistung der Ausstattung kurz berührt werden. Das BGB. stellt die Vermutung auf, daß der Vater, der dem Kinde eine Ausstattung giebt, sie aus dem Vermögen des Kindes gegeben hat, wenn er nur in der Lage war, sie aus dem Vermögen des Kindes zu geben[182]), daß also nicht

---

176) § 1433,1.
177) § 1427,1.
178) § 1427,2,3.
179) § 1428,1.
180) § 1429, 1430.
181) § 1436.
182) § 1625.

ein Rechtsgeschäft, sondern ein Verwaltungsakt des Vaters als gesetzlichen Vertreters des Kindes vorliegt[183]). Diese Vermutung ist keine Auslegungsregel, sondern beruht, wie schon hervorgehoben wurde, auf der Stellung des Vaters in der Familie, auf der Erwägung, „daß der Vater als gesetzlicher Vertreter des Kindes nicht nur berechtigt, sondern vermöge der ihm obliegenden Pflicht, für das Wohl des Kindes zu sorgen und dem entsprechend mit dem von ihm verwalteten Vermögen des Kindes zu verfahren, verpflichtet ist, dem Kinde aus dessen Vermögen zu den hier fraglichen Zwecken eine den Verhältnissen entsprechende Ausstattung zu gewähren, und daß er in seiner Eigenschaft als gesetzlicher Vertreter des Kindes auch keine Veranlassung hatte, bei der Gewährung der Ausstattung einen Vorbehalt zu machen, oder die Einwilligung des Kindes einzuholen, wenn er das Vermögen des letztern dazu verwenden wollte“[184]).

Ueber die Rechtsfolgen der Gewährung der Ausstattung wird nur bestimmt, daß die Gewährleistungspflicht sich unter allen Umständen nach den für die Gewährleistungspflicht des Schenkers geltenden Vorschriften bestimmt[185]). Das ist eine fürsorgende Vorschrift, die dazu bestimmt ist, die Gewährleistungspflicht auf ein Mindestmaß zu beschränken.

Die vorstehende Untersuchung ergab zwei Typen der Rechtsgeschäfte des Familienrechts: des ursprünglichen Familiengeschäfts, bei dem die Wirkung der Willenserklärung sich ausschließlich in der Begründung des Familienstandes erschöpft; und des anschließenden Familiengeschäfts, bei dem einzelne Rechte und Pflichten übernommen, abgeändert, aufgehoben werden. Nur im ersten Falle liegt ein eigentliches Familiengeschäft vor; das anschließende Familiengeschäft ist ein obligatorisches oder dingliches Geschäft, das nur insofern mit dem Familienrechte zusammenhängt, als es aus Anlaß eines Familiengeschäfts oder zur Regelung eines Familienverhältnisses vorgenommen wurde.

Die Wirkung des ursprünglichen Familiengeschäfts besteht nur in der Begründung des Familienstandes. Einzelne Rechte und Pflichten mögen sich aus dem Familienstande ergeben; eine unmittelbare Rechtsfolge des Geschäfts sind sie nicht. Die Rechtssätze, die die Rechtsfolgen anordnen, können daher, da es sich nicht um Rechts-

---

[183]) § 1625.

[184]) M. IV, S. 721.

[185]) § 1624,2.

folgen eines Rechtsgeschäfts sondern des Familienstandes handelt, weder als zwingend noch als nichtzwingend bezeichnet werden. Die aus dem Familienstande sich ergebenden Rechte und Pflichten können unter Umständen durch ein Rechtsgeschäft abgeändert oder aufgehoben werden: das Rechtsgeschäft ist aber dann ein anschließendes. Bei der Erörterung der Annahme an Kindesstatt ergab sich, daß ein Familiengeschäft sofort die Natur eines obligatorischen Rechtsgeschäfts annimmt, wenn es den Parteien nicht um Begründung eines Familienstandes sondern einzelner Rechte und Pflichten zu thun ist, und das Recht dieser Willensrichtung Rechnung trägt.

Ein Gegenstück der Annahme an Kindesstatt bildet in dieser Beziehung der vertragsmäßige Güterstand. Die Vereinbarung eines solchen ist ihrem Wesen nach ein anschließender Vertrag, dazu bestimmt, die sich aus dem gesetzlichen Güterstande ergebenden Rechte und Pflichten der Ehegatten anzuerkennen, abzuändern oder aufzuheben. Aber der historische Charakter der vertragsmäßigen Güterstände des BGB. ihre Entwicklung aus den gesetzlichen Güterständen verschiedener deutscher Volksstämme, hat ihnen sein Gepräge aufgedrückt. Die Rechte und Pflichten der Ehegatten bei den vertragsmäßigen Güterständen werden so behandelt, wie wenn sie nicht Rechtsfolgen des Ehevertrages wären, sondern sich unmittelbar aus dem Familienstande der Ehegatten bei einer unter der Herrschaft dieses Güterstandes abgeschlossenen Ehe ergäben. Damit hängt es vor allem zusammen, daß durch Vereinbarung eines Güterstandes Befugnisse und Verpflichtungen begründet werden können, wie sie sonst durch einen Vertrag nie begründet werden könnten; diese Rechte und Verbindlichkeiten sind eben nur äußerlich Rechtsfolgen eines Vertrages, ihrem Wesen nach sind sie Rechtsfolgen des Familienstandes und familienrechtlicher Natur. Darin liegt aber der Grund, daß auch jede Vereinbarung einer bloßen Abweichung von der gesetzlichen Regelung der vertragsmäßigen Güterstände gewissermaßen als anschließender Vertrag erscheint.

VIII.

Das Erbrecht.

Das mehrmals erwähnte Exnersche Schema stellt für den allgemeinen Inhalt des Parteiwillens beim obligatorischen, dinglichen und familienrechtlichen Rechtsgeschäfte (Exner selbst spricht allerdings nur von Verträgen) die drei Formeln auf: Du sollst bekommen, Du sollst haben, Du sollst sein. Die naheliegende Ergänzung durch eine Formel des erbrechtlichen Geschäfts hat Exner nicht vorgenommen, angeblich deswegen, weil sich die Ausführungen, mit denen er seine Schrift über die Tradition eingeleitet hat, nur auf die Singularsukzession bezögen[1]). Man wird aber wohl nicht fehl gehen, wenn man den wirklichen Grund dafür — denn eine Formel des erbrechtlichen Geschäfts wäre dort an sich ebenso gut angebracht, wie die des familienrechtlichen — in der Schwierigkeit sieht, beim Rechtsgeschäfte auf Todesfall eine allgemeine Formel des Willensinhalts zu finden, der hier einerseits sehr verschiedenartig ist, andererseits häufig nur als besondere Gestaltung des Willensinhalts des dinglichen und obligatorischen Rechtsgeschäfts erscheint. Es ist daher notwendig, mehrere, mindestens drei Formeln aufzustellen: für die Erbeinsetzung und die Ernennung des Testamentsvollstreckers: Du sollst (nach meinem Tode) werden; für die Zuwendung eines Vermächtnisses: Du sollst (nach meinem Tode) bekommen; einer Auflage: es soll (nach meinem Tode) geschehen[2]).

---

[1]) Exner, Tradition S. 4 Anm. 6.

[2]) Von dem dem BGB. unbekannten Vindikationsvermächtnisse (Du sollst aus meinem Nachlasse haben) kann hier abgesehen werden. Vgl. § 2286.

Für die Frage des zwingenden und nichtzwingenden Rechts kommt es daher im Erbrechte zunächst nur auf das Verhältnis der Verfügung auf Todesfall zu ihren Rechtsfolgen an: eine Rechtsfolge ist zwingend angeordnet, wenn der Erblasser sie nicht ausschließen kann, nichtzwingend, wenn ihm dieses freisteht; die Auslegungsregeln, ergänzenden, fürsorgenden Rechtssätze wollen den Willen des Erblassers auslegen, ergänzen, im Sinne des Erblassers Fürsorge treffen. Wie die Rechtssätze im Verhältnis der Parteien zu einander, etwa des Erben zum Vermächtnisnehmer oder Testamentsvollstrecker, des Vorerben zum Nacherben, wirken, darauf kommt es nicht an.

Anscheinend ging schon der römische Prätor von diesem Standpunkt aus, als er für das Edikt über die bonorum possessio die Titel feststellte: (Si tabulae testamenti exstabunt) de bonorum possessione contra tabulas, — de bonorum possessione secundum tabulas — Si tabulae testamenti nullae exstabunt. Man hört ja aus dieser Einteilung fast die Bülowsche heraus: absolutes Recht, — dispositives eventuell ergänzendes Recht[3]). Daß das Schema des Prätors, nicht Bülows, logisch fehlerhaft ist, ist aber wohl zweifellos. Das gesetzliche Erbrecht steht hinter dem testamentarischen nicht als ergänzendes Recht hinter dem dispositiven, sondern beide stehen gleichberechtigt, jedoch an verschiedene Thatbestände anknüpfend, nebeneinander: das testamentarische Erbrecht knüpft an den Tod des Erblassers mit Hinterlassung einer letztwilligen Erklärung, das gesetzliche an den Tod ohne Hinterlassung einer letztwilligen Erklärung an. Das Noterbenrecht setzt ebenso wie das testamentarische Erbrecht ein Testament voraus; es steht daher nicht dem gesetzlichen und testamentarischen Erbrechte zur Seite, sondern mit dem testamentarischen Erbrecht dem gesetzlichen Erbrecht gegenüber.

Die Rechtsgeschäfte des Erblassers, die eigentümliche erbrechtliche Folgen herbeiführen, sind nach dem BGB.[4]): das Testament, das gemeinschaftliche Testament, das dem einfachen Testamente gegenüber zahlreiche Besonderheiten aufweist, der Erbvertrag, der Erbverzicht, der Ehevertrag über allgemeine Gütergemeinschaft und Fahrnisgemeinschaft, der erste, wenn dabei die fortgesetzte Gütergemeinschaft nicht ausgeschlossen, der zweite, wenn sie vereinbart ist,

[3]) Arch. f. civ. Pr. LXIV S. 78.

[4]) Vgl. auch § 2225, 2290, 2292; auch in diesen Stellen handelt es sich um erbrechtliche Geschäfte.

endlich die in Ausgleichung zu bringenden oder in den Pflichtteil einzurechnenden Zuwendungen [5]). Die Bestimmung bei der Zuwendung, daß sie in Ausgleichung zu bringen oder in den Pflichtteil einzurechnen sei, ist es, die ihr den Charakter eines Rechtsgeschäfts auf den Todesfall verleiht.

Die Voraussetzungen der Verbindlichkeit der in Ausgleichung zu bringenden oder in den Pflichtteil einzurechnenden Zuwendungen, sowie der Eheverträge, die eine fortgesetzte Gütergemeinschaft zur Folge haben, sind die gewöhnlichen Voraussetzungen der Rechtsgeschäfte dieser Art; sie sind auf den Todesfall verbindlich, wenn sie als Rechtsgeschäfte unter Lebenden verbindlich sind [6]). Für das Testament und das gemeinschaftliche Testament stellt das Gesetz besondere Voraussetzungen auf, die zumeist auf der historischen Entwickelung der beiden Institute beruhen [7]). Die Voraussetzungen des Erbvertrages und Erbverzichts lehnen sich zum Teil an Bestimmungen über die Voraussetzungen der Rechtsgeschäfte unter Lebenden, teils an die über Rechtsgeschäfte auf Todesfall an, zum Teile sind sie diesem Geschäften eigentümlich [8]).

Das charakteristische Merkmal aller Rechtsgeschäfte auf Todesfall ist, daß sie die Willenswirkungen erst nach dem Tode des Erblassers, der sie vorgenommen hat, erzeugen sollen und erzeugen können. Das Testament und das gemeinschaftliche Testament wird aber auch erst mit dem Tode des Erblassers perfekt; bis dahin ist es frei und unverzichtbar widerruflich [9]). Eine nennenswerte Rechtsbeständigkeit erhält es blos dadurch, daß der Widerruf an strenge Formen gebunden ist [10]) und daß, so lange es nicht giltig widerrufen worden ist, stets die Möglichkeit vorliegt, daß es durch den Tod des Erblassers perfekt wird. Der Ehevertrag über fortgesetzte Gütergemeinschaft und der Erbvertrag erzeugen schon zu Lebzeiten des Erblassers eine gewisse Gebundenheit: jede spätere Verfügung von Todeswegen ist unwirksam, soweit sie das Recht des vertrags-

---

[5]) § 1937, 1939—1941, 1483—1518, 1557, 2348—2352, 2050—2057, 2315, 2316, 2331.

[6]) § 2050, 2053, 2315, 1484, 1557.

[7]) § 2061, 2229—2245, 2247, 2249—2252, 2233,2, vgl. 2254. Vgl. M. IV S. 970: „Als Voraussetzung für den Gebrauch der Form.“ 2265—2267.

[8]) 2274—2276, 2346,1/1, 2347, 2348.

[9]) § 2253,1, 2254—2258, 2289. Vgl. M. V, S. 221, (Unzulässigkeit des Verzichts auf den Widerruf der Ernennung eines Testamentsvollstreckers).

[10]) § 2253—2258.

mäßig Bedachten beeinträchtigen würde[11]), beim Erbvertrage auch eine in der Absicht der Beeinträchtigung des Vertragserben gemachte Schenkung; die Beschädigung, Zerstörung oder Beseitigung des Gegenstandes eines vertragsmäßig angeordneten Vermächtnisses verpflichtet den Erben zur Leistung des Werts[12]). Die Gebundenheit gehört jedoch nicht zum Begriffe des Erbvertrages. Durch Vereinbarung des Rücktrittsrechts kann der Erbvertrag in dieser Beziehung dem Testamente gleichgestellt werden, wird aber dadurch nicht zum Testament, denn er unterliegt nach wie vor den Vorschriften über Erbverträge[13]). Wie jeder andere Vertrag kann auch der Erbvertrag von den Parteien einverständlich aufgehoben werden: er kann aber nach dem Tode einer Partei nicht aufgehoben werden, und ist insofern widerstandsfähiger, als andere Verträge, bei denen in einem solchen Falle die Erben des Verstorbenen an dessen Stelle treten[14]). Der Vertrag über fortgesetzte Gütergemeinschaft erzeugt für die Parteien dieselbe Gebundenheit, wie der Vertrag über Gütergemeinschaft überhaupt. Das gemeinschaftliche Testament wirkt wie ein gewöhnliches Testament, so lange die beiden Ehegatten leben, ebenso die Verfügungen des Ueberlebenden, wenn er das vom Vorverstorbenen Hinterlassene ausschlägt; wenn der Ueberlebende die Zuwendung des Vorverstorbenen ausgeschlagen, und nachdem er sie angenommen hat, ist seine Verfügung unwiderruflich. Die Bestimmung bei der Zuwendung, die deren Ausgleichung, Einrechnung in den Pflichtteil anordnet, sowie die kraft Gesetzes eintretende Ausgleichungspflicht und Einrechenbarkeit in den Pflichtteil kann vom Erblasser jederzeit geändert werden, wie sich dieses aus dem stets das Wollen des Erblassers beziehenden Wortlaute des Gesetzes zur Genüge ergiebt[15]). Der Erbverzicht hat nur die Aenderung der gesetzlichen oder vom Erblasser bereits angeordneten Erbfolge zur Folge, enthält aber keinerlei Anordnung über die Erbfolge, an die sich der Erblasser etwa binden könnte. Eine Gebundenheit des Erblassers ist daher hier nicht denkbar; soll sie eintreten, dann liegt in Wahrheit ein Erbvertrag vor[16]).

---

[11]) § 1483,1/2,2, 2278, 2279, 2289. [12]) § 2250—2288.

[13]) § 2293. M. V, S. 342: „... weil ein Zweifel in der Richtung möglich wäre, ob nicht der Erbeinsetzungsvertrag durch den Vorbehalt den Charakter eines Testaments annehme".

[14]) § 2290—2292. [15]) § 2050, 2053, 2315.

[16]) § 2346. M. V, S. 471 flg., § 2351, 2352 („wer eingesetzt oder mit einem Vermögen bedacht ist").

Der mögliche Inhalt eines erbrechtlichen Geschäfts wird in einer Reihe dispositiver Rechtssätze bestimmt. Als Zuwendungen werden bezeichnet: die Erbeinsetzung mit ihrer Unterart, der Einsetzung eines Nacherben, Vermächtnisse und Auflagen. Den Charakter einer Zuwendung hat jedoch offenbar auch die in einer letztwilligen Verfügung erfolgte Bestimmung der Person, an die die in einem Vertrage zu Gunsten eines Dritten vereinbarte Leistung erfolgen solle. Gewissermaßen negative Zuwendungen sind: Ausschließung eines Verwandten oder des Ehegatten von der gesetzlichen Erbfolge, Pflichtteilsentziehungen, Ausschließung der Fortsetzung der Gütergemeinschaft durch den Gatten oder mit einem Abkömmlinge, Kürzung, Entziehung oder Beschränkung des Anteils an derselben, Zuwendung des dem Abkömmlinge entzogenen Anteils an der fortgesetzten Gemeinschaft an einen Dritten. Den Inhalt einer letztwilligen Verfügung können ferner bilden: Bestimmungen über die Auseinandersetzung der Erben, die Pflichtteilslast, Einrechnung vom Vorausempfangenen in den Erbteil oder den Pflichtteil, über die Teilung des Gesamtguts bei der fortgesetzten Gütergemeinschaft, Anordnungen über ein bereits vorgenommenes erbrechtliches Geschäft (Widerruf eines Testaments, Aufhebung eines Erbvertrages), familiengüterrechtliche Anordnungen (Bestimmung einer Zuwendung an die Frau zum Vorbehaltsgut, einer Zuwendung an das Kind zum freien Vermögen), endlich rein familienrechtliche Anordnungen: Anerkennung der Ehelichkeit eines Kindes, Benennung eines Vormundes, Anordnung eines Beistandes für die die elterliche Gewalt ausübende Mutter, Bestimmungen über den Umfang und den Wirkungskreis des Beistandes, Ausschließung von der Vormundschaft, Anordnungen über die Verwaltung des einem Mündel Zugewendeten durch den Vormund, Anordnung oder Untersagung der Einsetzung des Familienrats, Benennung eines Mitgliedes des Familienrats, Ausschließung von der Mitgliedschaft des Familienrats, Bestimmung bei der Zuwendung an einen Mündel, daß dem Gewalthaber oder dem Vormund die Verwaltung nicht zustehen solle. Das Gesetz enthält nur Bestimmungen über die Erbeinsetzung, das Vermächtnis, die Auflage und die Ernennung des Testamentsvollstreckers; die andern Verfügungen erzeugen blos die Willenswirkung, um deren Willen sie vorgenommen werden[17]).

---

[17]) Vgl. Strohal, Erbrecht, S. 24 flg. — § 1937—1941, 2044, 2048, 2189, 2197, 2254—2258, 2271, 2272, 2290—2292, 2324, 2336, 2338,

Für die letztwilligen Verfügungen gilt der Grundsatz, daß sie nicht in der Weise getroffen werden können, daß ein anderer zu bestimmen habe, ob sie gelten sollen oder nicht[18]). Bei Erbeinsetzungen, Vermächtnissen und Auflagen kann auch die Bestimmung der Person, die die Zuwendung erhalten soll, und des Gegenstandes der Zuwendung nicht einem anderen überlassen werden[19]). Die Bestimmung der Person, an die die Leistung erfolgen soll bei der Auflage, so wie der Person des Testamentsvollstreckers, kann der Erblasser dagegen einem Dritten überlassen[20]); er kann auch das Nachlaßgericht ersuchen, den Testamentsvollstrecker zu ernennen. Im Uebrigen werden noch von den erbrechtlichen Anordnungen die Erbeinsetzung, das Vermächtnis, die Auflage und die Ernennung des Testamentsvollstreckers eingehend geregelt[21]).

Den Kern aller Erbrechtssysteme, die mit dem römischen eine Gesamtnachfolge anerkennen, bildet die Erbfolge. Der Erbe rückt dem Abgeschiedenen nach, tritt an dessen Stelle in den Mittelpunkt des hinterlassenen Vermögens und nimmt in dieser Vermögenssphäre dieselbe rechtliche Stellung ein, welche der Erblasser bisher inne hatte[22]). Die Bedeutung der Erbeinsetzung beruht auf der dem Erblasser vom Gesetze verliehenen Macht, durch seine Erklärung den zu bestimmen, der nach seinem Tode der Mittelpunkt des hinterlassenen Vermögens, Träger der Rechte und Verbindlichkeiten werden soll.

Die Willenswirkung der Erbeinsetzung ist die Bestimmung des Erben. In dieser Beziehung gewährt das Gesetz der Privatautonomie fast unbeschränkte Freiheit: der Erblasser kann nicht nur jede physische und juristische Person[23]) zum Erben einsetzen, er kann auch das Erbrecht durch Bestimmung des Erbteils[24]), der Gegenstände, die der Erbe als Erbteil erhalten soll[25]) gegenständlich, er kann es durch Setzung aufschiebender oder auflösender Bedingungen[26]), die bei Rechtsgeschäften im allgemeinen zulässig sind, eines Anfangs- oder Endtermins, zeitlich begrenzen.

1369, 1509, 1511, 1514, 1598,3/2, 1651 Z. 2, 1687 Z. 1, 1688,3, 1776, 1777, 1782, 1803, 1858, 1859,2, 1861, 1867, 1886 Z. 3, 1909,3, 1508—1516, 1557.

18) § 2065,1. 19) § 2065,2. 20) § 2193/1, 2198 1.

21) § 2200,1. 22) Unger, Erbrecht, § 2.

23) Art. 10, EG. 24) § 1951,3, 2087,1, 2088.

25) § 2087,2, Fischer und Henle zu § 2174, Anm. 1, Strohal, § 11, vergl. Unger, § 80 Anm. 4,6.

26) Vergl. § 2066 2, 2067,2, 2074—2076, 2096, 2100—2146, 2177, 2190, 2196.

Beschränkt ist der Erblasser nur insofern, als er:

1. nicht jede Erbfolge überhaupt ausschließen kann[27]),

2. nicht den Anfangstermin für die Erbfolge überhaupt hinausrücken kann, sodaß die Erbfolge nicht unmittelbar nach dem Erbfalle, sondern erst nach Ablauf einer Frist eintrete[28]),

3. die Nacherbfolge nicht für eine längere Frist als für eine solche von 30 Jahren vom Erbfalle an, anordnen kann, es sei denn, daß die Nacherbfolge für den Fall angeordnet ist, daß in der Person des Vorerben oder Nacherben ein bestimmtes Ereignis eintritt oder daß der Nacherbe der noch nicht geborene Bruder oder die noch nicht geborene Schwester eines Vorerben sein soll[29]).

Den Inhalt des dem Erben zustehenden Rechts kann der Erblasser dagegen **unmittelbar** im allgemeinen überhaupt nicht beeinflussen. Er kann den Erben zu nichts anderem machen als zum Subjekte der auf ihn übergehenden Rechte und Verbindlichkeiten. Nur **mittelbar** kann der Erblasser die rechtliche Stellung des Erben beeinflussen: durch Vermächtnisse und Auflagen[30]), sowie durch Ernennung eines Testamentsvollstreckers[31]), wodurch auch mittelbar Verfügungsbeschränkungen angeordnet werden können[32]). Es verhält sich daher mit dem Erbrechte ähnlich wie mit dem Eigentum: seine Begrenzung ist eine natürliche, gegebene, und der Einfluß, den die Parteien auf seinen Inhalt nehmen können, nur ein rein negativer, indem sie einzelne Befugnisse, die sonst dem Berechtigten zuständen, ausscheiden und einem anderen zuweisen.

Das bisher Gesagte gilt im Wesentlichen auch vom Vorerben und Nacherben, so weit das Verhältnis nach außen in Betracht kommt. Nach außen ist der Vorerbe und der Nacherbe während der ihm zugemessenen Zeit Erbe. Der Erblasser kann seine Stellung nur insofern beeinflussen, als er die Stellung des Erben überhaupt beeinflussen kann[33]). Auf die gegenseitigen Beziehungen des Vorerben und des Nacherben dagegen kann der Erblasser frei bestimmend einwirken: seine Verfügungen erzeugen Willenswirkungen[34]), soweit das BGB. darüber Anordnungen enthält, handelt es sich

---

[27]) Vergl. § 2066/2, 2067/2, 2100—2146, 2177, 2191.

[28]) § 1922, 1923, 2101,1, 2,2, 2108,1.

[29]) § 2109. [30]) § 2147—2196.

[31]) § 2211, 2212, 2214, 2217. [32]) § 2211, 2214.

[33]) § 2139, 2143—2145. Vgl. M. V S. 81 flg., 93, KP. bei Haidlen zu § 2124.

[34]) § 2136—2139, 2140, KP. bei Haidlen zu § 2138.

um fürsorgende Rechtssätze. Der Wille des Erblassers geht dahin, dem Nacherben den Stamm der Erbschaft zuzuwenden und zu erhalten[35]). Die Bestimmungen des Gesetzes verfolgen den Zweck, dem Nacherben den Nachlaß im Sinne des Erblassers zu sichern, ihm insbesondere zur Wahrung seiner Rechte auf den Stamm des Nachlasses die erforderlichen Rechtsmittel an die Hand zu geben[36]). Wie sonst hat auch hier das BGB. die Aufgabe der Gesetzgebung bei zeitlich begrenzten Berechtigungen, wenn auch schwerlich ganz verkannt[37]), so doch jedenfalls nicht genügend wahrgenommen. Das Gesetz hat es insbesondere der gesetzgebungspolitisch verfehlten Zulassung einer Einsetzung des Nacherben auf das, was von der Erbschaft bis Eintritt der Nacherbfolge übrig bleiben wird, zu Liebe unterlassen, die fürsorgenden Rechtsnormen, die nicht blos das Interesse des Nacherben zu wahren bestimmt sind, sondern auch das Volksvermögen vor Raubbau schützen sollten, zu zwingenden Gesetzeswirkungen der Anordnung der Nacherbfolge auszugestalten, so daß es also dem Erblasser gestattet ist, den Vorerben von einer ganzen Reihe volkswirtschaftlich gebotener Beschränkungen und Verpflichtungen zu befreien. Dies kann um so verhängnisvoller werden, als es hier nicht der Berechtigte selbst, sondern der Erblasser, also ein Dritter ist, dem das Gesetz gestattet, Rechte preiszugeben, die nicht blos dem Berechtigten, sondern der Allgemeinheit zu dienen bestimmt wären[38]). Zwingend sind nur die Bestimmungen, daß der Vorerbe nicht berechtigt sei, in Betreff des Nachlasses unentgeltliche Rechtsgeschäfte vorzunehmen, daß der Vorerbe dem Nacherben gegenüber die gewöhnlichen Erhaltungskosten trage, daß eine Verfügung des Erblassers unzulässig sei, die die Erbschaft in höherm oder geringerm Maße, als es das Gesetz bestimmt, dem Arrest, der Zwangsvollstreckung oder den Verfügungen des Konkursmassenverwalters aussetzt, oder dem Vorerben von der Pflicht dem Nacherben auf Verlangen eine in vorgeschriebener Form auf Kosten der Erbschaft aufgenommenes Verzeichnis der zur Erbschaft gehörenden Gegenstände mitzuteilen, befreit, oder die endlich dem Vorerben oder dem Nacherben das Recht nimmt, den Zustand der zur Erbschaft gehörenden Sachen auf seine Kosten durch Sachverständige feststellen zu lassen. Folgerichtig muß auch die Bestimmung, daß der Vorerbe, der über einen Nach-

[35]) KP. bei Haidlen zu § 2113. [36]) § 2111—2135.
[37]) Vgl. KP. bei Haidlen zu § 2124. [38]) Besonders § 2127—2131.

laßgegenstand unentgeltlich oder zur Erfüllung eines Schenkungsversprechens verfügt, dem Nacherben zum Schadenersatze verpflichtet ist, als zwingend betrachtet werden[39]. Aus allgemeinen Gründen darf der Erblasser dem Vorerben die Haftung für Arglist[40] und die Verpflichtung nicht erlassen, bei Herausgabe eines zur Erbschaft gehörenden Landguts von den bei Beendigung der Pacht vorhandenen landwirtschaftlichen Erzeugnissen soviel, als zur Fortführung der Wirtschaft bis zu der Zeit erforderlich ist, zu welcher gleiche oder ähnliche Erzeugnisse voraussichtlich wieder gewonnen werden, gegen Ersatz des Werts, soweit derselbe den Wert der übernommenen Erzeugnisse übersteigt, und den ganzen auf dem Gute gewonnenen Dünger ohne Anspruch auf Wertersatz zurückzulassen[41]. Zwingend ist endlich auch die Bestimmung, die den Nacherben dem Vorerben gegenüber verpflichtet, seine Einwilligung zu einer Verfügung des Nacherben zu erteilen, die zur ordnungsmäßigen Verwaltung, insbesondere zur Berichtigung von Nachlaßverbindlichkeiten erforderlich ist, wenn sie der Vorerbe allein nicht mit Wirkung gegen den Nacherben vornehmen kann, und zwar auf Verlangen des Vorerben auf dessen Kosten in öffentlich beglaubigter Form[42]. Die Motive bezeichnen diese Vorschrift mit Recht als im Interesse des Vorerben unentbehrlich, der sonst wesentlich gehindert sein würde, über den Nachlaß zu verfügen, während sie das Interesse der Nacherben nicht wesentlich beeinträchtigt[43]. Daß die Bestimmung im Gesetze nicht unter denen angeführt wird, die der Erblasser nicht außer Kraft setzen kann[44], hat darin den Grund, weil die Vorschrift nur die Beschränkungen und Verpflichtungen des **Vorerben** aufzählt, von denen der Erblasser ihn befreien kann, und hier eine Beschränkung und Verpflichtung des Nacherben, nicht des Vorerben, vorliegt.

Das **Vermächtnis** begründet immer nur eine Forderung auf Leistung des vermachten Gegenstandes[45]. Eine Verfügung auf Todesfall, die nicht eine Erbeinsetzung enthält, ist nicht geeignet, ein dingliches Recht zu begründen[46]; es muß ein nach allgemeinen Grundsätzen wirksames dingliches Rechtsgeschäft hinzutreten. Die Bestimmungen sind in dem Sinne zwingend, in dem die Vorschriften

[39]) § 2113, 2115, 2121, 2122, 2124,1; vgl. Denkschrift S. 418 flg.

[40]) § 2131, 2138,2. Vgl. **Unger**, § 48 zu Anm. 14: „jedoch nicht arglistig . . .“

[41]) § 2123, 593.

[42]) § 2120.

[43]) M. V S. 116 flg.

[44]) § 2136.

[45]) § 1939, 2174.

[46]) M. V S. 133 flg., 176.

über die Erfordernisse des dinglichen Rechtsgeschäfts zwingend sind: das Vermächtnis eines dinglichen Rechts ist nicht ungiltig aber es erzeugt nur obligatorische Wirkungen, selbst wenn der Wille des Erblassers auf unmittelbare Begründung eines dinglichen Rechts gerichtet wäre. Gegenstand eines Vermächtnisses kann alles sein, was Gegenstand einer Verbindlichkeit sein kann: die Grenzen der Vermächtnisfreiheit fallen im Allgemeinen mit den Grenzen der Vertragsfreiheit zusammen[47]. Der Erblasser kann jedoch

1. den Beschwerten nicht verpflichten, dem Bedachten einen Gegenstand zu verschaffen, dessen Verschaffung ihm nur mit unverhältnismäßigem Aufwande möglich ist[48]: dieses ergiebt sich daraus, daß das Gesetz dieses Vermächtnisses dem Vermächtnisse gleichstellt, zu dessen Verschaffung der Beschwerte außer Stande ist;

2. ein Vermächtnis nicht unter einer aufschiebenden Bedingung oder einer Zeitbestimmung hinterlassen, die erst nach dreißig Jahren eintreten, es sei denn, daß die Bedingung in einem Ereignisse in der Person des Beschwerten oder Bedachten besteht, oder daß es sich um ein Vermächtnis zu Gunsten des Bruders oder der Schwester des mit dem Vermächtnisse beschwerten Erben, Nacherben oder Vermächtnisnehmers handelt[49].

Die **Auflage** unterscheidet sich dadurch vom Vermächtnis, daß sie nicht in der Zuwendung an eine Person, sondern in der Zuwendung für einen Zweck besteht. Gegenstand der auferlegten Leistung kann alles sein was Gegenstand einer Verbindlichkeit sein kann[50]. Ein dingliches Recht kann selbstverständlich auch durch eine Auflage nicht begründet werden.

Die Erbeinsetzungen, Vermächtnisse und Auflagen sind die einzigen im BGB. anerkannten Zuwendungen von Todeswegen. Ihre Begriffsbestimmungen haben dieselbe Bedeutung wie die Begriffsbestimmungen dinglicher Rechte: sie sind insofern zwingend, als eine Zuwendung unverbindlich ist, wenn sie nicht unter den Begriff einer dieser gesetzlich anerkannten Zuwendungen fällt. Daher ist das Vermächtnis der ganzen Erbschaft oder eines Bruchteils der Erbschaft unverbindlich. Das Gesetz entscheidet zwar die Frage nicht unmittelbar, und die Motive schließen die Annahme nicht aus, daß man die Frage als offene behandelt wissen wollte, aber das Gesetz kennt ein solches Vermächtnis nicht, sondern nur ein Ver-

---

47) § 2170,2 2, 2171, 2172,1.

48) § 2170,2 1.

49) § 2162, 2163.

50) § 2192, 2171.

mächtnis einzelner Gegenstände. Andrerseits kann dem Erblasser nicht gestattet werden, durch erbrechtliche Verfügung ein Rechtsverhältnis so zu begründen, wie es das Gesetz für den Fall der Uebernahme eines Vermögens durch Vertrag bestimmt[51]). Zweifellos zulässig ist dagegen ein Vermächtnis, das ähnliche Verpflichtungen zum Gegenstand hat, wie sie dem Verkäufer einer Erbschaft obliegen, so wie das Vermächtnis des reinen Werts einer Erbschaft oder aller einzelner zur Erbschaft gehörender Gegenstände[52]). Die donatio mortis causa (Schenkungsversprechen, Schuldversprechen oder Schuldanerkenntnis unter der Bedingung, daß der Beschenkte den Schenker überlebt) betrachtet das BGB. entweder als Erbeinsetzungs- oder Vermächtnisvertrag oder als Schenkung unter Lebenden, je nachdem nur ein Versprechen gegeben oder die Schenkung vollzogen ist[53]). Das condicionis implendae causa zu Leistende wollen die Motive gar nicht als Zuwendung gelten lassen; die andere Person habe keinen Anspruch auf das zu Leistende[54]). Es erscheint gerade deswegen als Auflage, zu deren Begriff es gehört, daß die andere Person keinen Anspruch auf das zu Leistende habe; der Umstand, daß die Auflage „eine selbständige Bedeutung und nicht wie die Bedingung den Charakter einer Nebenbestimmung hat[55])", kann als entscheidend nicht betrachtet werden.

Die so zahlreichen Auslegungsregeln[56]) und ergänzenden Rechts-

---

[51]) § 419. [52]) M. V S. 83 flg. [53]) § 2301 M. V S. 350 flg.
[54]) M. V S. 9 flg. [55]) M. V S. 11.
[56]) § 2052 (RP. bei Haidlen: „Auslegungsregel"! Es handelt sich um die Auslegung der letzwilligen Verfügung, nicht der Zuwendung). § 2066 (M. V, S. 37: „Auslegungsregel"), 2067 (M. V, S. 36: „Auslegungsregel"), 2068 (M. V, S. 37: „Auslegungsregel"), 2069 (M. V, S. 38: „Auslegungsregel"), 2070 (M. V, S. 38: „Auslegungsregel"), 2071 (M. V, S. 39: „Auslegungsregel"), 2074 (M. V, S. 24: „Auslegungsregel), 2087 (M. V, S. 61: „Auslegungsregel"), 2088 (M. V, S. 63: . . . „ist der Wille des Erblassers erkennbar . . ."), 2089 (. . . nach dem Willen des Erblassers . . .), 2093 und 2097 (M. 75: „Auslegungsregel"), 2098 (M. V, S. 77: „von weiteren Auslegungsregeln . . ."), 2101 (M. V, S. 12 flg.), 2101 (M. V, S. 75, 76: „Auslegungsregel"), 2103 (M. V, S. 73 allerdings: dispositive Vorschrift), 2106 (M. V, S. 89: „Wird auf den vermutlichen Willen des Erblassers gesehen"), 2107 (M. V, S. 89: „Dispositivvorschrift . . ." „In der That wird voraussichtlich als Wille des Erblassers anzunehmen sein . . ."), 2137 (M. V, S. 132: „Auslegungsregel"), 2138 (RP. bei Haidlen: „Beschränkt sich jedoch der Erblasser darauf, den Nacherben lediglich auf den Ueberrest zu, so entspricht es einen Intentionen . . ."), 2148 (M. V, S. 37: „Auslegungsregel"), 2149 (M. V, S. 64: „Auslegungsregel"), 2150 (M. V, S. 139: „Wenn ein solches Vorausvermächtnis angeordnet ist, so will sichtbar der Erblasser . . .").

normen[57]), die sich auf erbrechtliche Geschäfte beziehen, regeln auch hier die Rechtsfolgen nur so weit, als sie als Willenswirkungen

---

2142, 2155 (M. V, S. 173: „Vielmehr wird in der Regel der Erblasser an ein dem Verhältnisse des Bedachten entsprechende Sache gedacht haben ..."), 2156, 2157, 2160 (trotz des entgegenstehenden Wortlauts), 1161 (M. V, S. 190: „Eine Thatfrage oder eine Willensauslegung ...), 2164, 2165 (M. V, S. 166 sprechen von „dispositiven Vorschriften", es sind aber offenbar „Auslegungsregeln", was auch die Aenderung in der Fassung „im Zweifel", „insofern nicht ein anderer Wille des Erblassers erhellt", zum Ausdrucke zu bringen bestimmt sein dürfte. Vgl. M. V, S. 166: In der Regel wird der Erblasser ... nicht mehr haben zuwenden wollen, als ihm selbst gebührte ... S. 167: „War der Gegenstand bereits zur Zeit der Anordnung des Vermächtnisses verpfändet, so ist anzunehmen, daß der Erblasser bei der Anordnung davon ausging, der Bedachte solle den Gegenstand so erhalten, wie er ihn selbst hatte, also mit der Belastung durch das Pfandrecht"), 2166 (KP. bei Haidlen: „dieses darf als die Absicht des Erblassers angesehen werden"), 2169 (KP. bei Haidlen: „regelmäßig nicht gewollt ...". „Es werde dem Willen des Erblassers offensichtlich widersprechen". Abs. 4 bezeichnen die Motive V, S. 147 als „Dispositivvorschrift", also ergänzenden Rechtssatz, aber mit Unrecht. Vgl. M. V, S. 147: „Allein wird auf den Willen des Erblassers gesehen ..." Es handelt sich um eine nähere Bestimmung der in den vorangehenden Absätzen enthaltenen Auslegungsregel im Sinne des Erblassers), 2670 (M. V, S. 148: In Wirklichkeit ging der Wille des Erblassers dahin, „der Beschwerte solle verpflichtet sein, den vermachten Gegenstand zu verschaffen ..."), 2172,2 (KP. bei Haidlen: Ablehnung weiterer Auslegungsregeln ...), 2173 (M. V, S. 156, 157: Auslegungsregel! KP. bei Haidlen: Auslegungsregel), 1178 (Kein Vorvermächtnis bis zum Anfalle! Die in den Motiven V, S. 180) auf die „Natur der Dinge" zurückgeführte Unvererblichkeit des Rechts beruht offenbar auf Willensauslegung), 2179, 2181 (M. V, S. 31: Die den mutmaßlichen Willen des Erblassers zur Geltung bringende Vorschrift ...), 2183, 2191, 2194 (M. V, S. 215: „Als berechtigte Personen sind, auf den vermutlichen Willen des Erblassers gesehen, zunächst der Testamentsvollstrecker, wenn ein solcher vorhanden und der Erbe, einschließlich des Miterben, zu bezeichnen"), 2195, 2196 (KP. bei Haidlen: „Es muß ein aus dem vermutlichen Willen des Erblassers geschöpfter Rechtssatz Aushilfe bieten"), 2269, 2279,2 (KP. bei Haidlen zu § 2269: „Für die Aufnahme der Vorschrift des § 2269 war die Erwägung entscheidend, daß die Ehegatten bei ihren gemeinschaftlichen letzwilligen Verfügungen von der Annahme ausgehen, ihr Vermögen sei ein einheitliches"), 2304 (M. V, S. 391: „Auslegungsregel" ... „Eine dispositive Vorschrift kann aber nicht gegeben werden, da eine Erklärung der bezeichneten Art nicht lückenhaft, sondern nur ihrem Sinne nach zweifelhaft ist"), 2320 (M. V, S. 422: „Weil dieses dem anzunehmenden Willen des Erblassers in der Regel entsprechen wird"), 2321, 2322 (M. V, S. 423: „Weil es dem anzunehmenden Willen des Erblassers in der Regel entsprechen wird", S. 424: „Weil der Wille des Erblassers anzunehmen ist ..."), 2324.

[57]) § 2073 (in den KP. bei Haidlen zu § 2073 mit Unrecht als Auslegungsregel bezeichnet) 2077 (M. V S. 54: „Dispositivvorschrift". Sie soll

des Rechtsgeschäfts erscheinen: sie bestimmen die Person des Erben[58], bei Vermächtnissen des Bedachten[59] und Beschwerten[60], die Größe des Anteils[61], bei Vermächtnissen den Gegenstand[62], die Bedeutung der aufschiebenden oder auflösenden Bedingung, des Anfangs- oder des Endtermins[63]. Die Bestimmung, daß das Recht des Ersatzerben dem Anwachsungsrecht vorgeht, bringt nur die allgemeine Regel zum konkreten Ausdrucke, daß ergänzende Normen durch ausdrückliche Erklärung ausgeschlossen werden[64]. Ihre Aufnahme ins BGB. verdankt sie nur dem Umstande, daß das römische Recht, die Anwachsung im allgemeinen als zwingende Gesetzeswirkung behandelt, obwohl es den in Rede stehenden Fall in derselben Weise entscheidet.

Fürsorgenden Charakter haben die beiden Umdeutungen des Parteiwillens: die Umdeutung der den Vorteil eines Dritten be-

---

für einen Fall gelten, an den der Erblasser bei der Vornahme des Rechtsgeschäfts nicht gedacht hat), 2090 (M. V. „Dispositivvorschrift"), 2091 (M. V S. 65: „Dispositivnorm"), 2092 (M. V S. 66: „Dispositivvorschriften, nicht Auslegungsregeln"), 2093, 2094 (M. 5 S. 71: „Dispositivvorschrift, welche sich auf den anzubeharrenden Willen des Erblassers stützt"; S. 72: „Dispositivvorschrift"), 2095 („Bestimmung für einen Fall, an den der Erblasser gewöhnlich nicht denkt", M. V S. 73: „Dem Willen des Erblassers widerspricht die Entscheidung nicht"), 2101 (M. V S. 86: „Dispositivvorschrift"), 2105 (M. V S. 87: „Dispositivvorschrift"), 2108,2 („Sofern nicht ein anderer Wille des Erblassers anzunehmen ist"), 2110 (RP. bei Haidlen: „wird man dem mutmaßlichen Willen des Erblassers am meisten gerecht"), 2147 (M. V S. 136: „die dispositive Vorschrift"), 2142,2 (M. V S. 120: „Dispositivregel, daß der Wille des Erblassers in dem letzteren Sinne auszulegen ist"), 2151,3/1,2, 2153,2/1, 2154,2/1, 2155,3, 2156—2160, 2161/2, 2167 (RP. bei Haidlen: „Es bedarf bei dem regelmäßig zu erwartenden Mangel diesbezüglicher letztwilliger Anordnungen einer gesetzlichen Vorschrift"), 2168 (eine der des § 2167 analoge Bestimmung über Gesamtgrund- und Rentenschulden), 2169, 2171, 2172 (haben den Charakter ergänzender Rechtsnormen, insofern sie sich auf einen erst nach der Errichtung des erbrechtlichen Rechtsgeschäfts eingetretenen Fall beziehen), 2179, 2182 (Die Rechtssätze über Gewährleistung können bei den Vermächtnissen nur als ergänzende gelten), 2184, 2185, 2188 (M. V S. 207 sprechen von einer „Dispositivvorschrift", die sie allerdings auf den „Willen des Erblassers" gründen), 2188 (M. V S. 207: „In der Regel wird er dem Willen des Erblassers entsprechen"), 2194 (M. IV S. 215: „Der Entwurf bezeichnet als solche weitere Berechtigte . . ."), 2318 (M. V. S. 420), 2324.

[58]) § 2066—2071, 2087,1, 2088, 2104, 2105, 2107, 2108,2, 2139, 2142,2.

[59]) § 2151,2,3/1, 2153,1/2,2/2, 2154,1/2,2/2, 2155,2, 2193,2,3.

[60]) § 2095, 2147, 2150, 2161. [61]) § 2312,1/2.

[62]) § 2066—2071, 2087,2, 2149—2151,1,3/1,3, 2152, 2153,1/1,2/1, 2154,1/1,2/1, 2160, 2176, 2179, 2190, 2191.

[63]) § 2066/2, 2067/2, 2074. [64]) § 2099.

zweckenden Bedingung einer letztwilligen Zuwendung in eine Bedingung, die als eingetreten zu gelten habe, wenn der Dritte die zum Eintritte erforderliche Mitwirkung verweigert und bei der Zuwendung unter der lediglich in der Willkür des Bedachten liegenden Bedingung der Unterlassung oder des fortgesetzten Thuns während eines Zeitraums von unbestimmter Dauer die Umdeutung dieser Bedingung in die auflösende Bedingung, daß der Bedachte die Handlung vornimmt oder das Thun unterläßt. Dasselbe gilt von dem dem Bedachten eingeräumten Recht, wenn der Beschwerte zur Verschaffung des vermachten Gegenstandes außer Stande ist, den Wert desselben zu fordern und der dem Bedachten eingeräumten facultas alternativa, wenn die Verschaffung des vermachten Gegenstandes nur mit unverhältnismäßigen Aufwendungen möglich ist, sich durch Entrichtung des Wertes zu befreien[65]. Eine ganz allgemein gehaltene Fürsorgenorm tritt im Gewande der Auslegungsregel auf: von mehreren an sich zulässigen Auslegungen sei die vorzuziehen, bei welcher die Verfügung Erfolg haben kann[66]. In einigen wenigen Fällen sind Gesetzeswirkungen letztwilliger Zuwendungen mit Berücksichtigung öffentlicher Interessen angeordnet worden: die Zuwendung an die Armen ohne nähere Bestimmung, soll so aufgefaßt werden, als gelten sie der öffentlichen Armenkasse der Gemeinde, in deren Bezirk der Erblasser seinen letzten Wohnsitz gehabt hat, mit der Auflage, das Zugewendete unter Arme zu verteilen; die im öffentlichen Interesse liegende Vollziehung einer Auflage kann auch die zuständige Behörde fordern[67]. Sozialpolitische Erwägungen liegen der Bestimmung zu Grunde, bei der Anordnung des Erblassers, der einem Miterben das Recht einräumt, ein zum Nachlasse gehörendes Landgut zu übernehmen, sei anzunehmen, daß das Landgut zu dem nach dem Reinertrage, den es nach seiner bisherigen wirtschaftlichen Bestimmung bei ordnungsmäßiger Bewirtschaftung nachhaltig gewähren kann, zu berechnenden Ertragswerte anzusetzen sei[68]. In allen diesen Fällen sind die Gesetzeswirkungen nicht zwingend. Die Bestimmung des Erblassers, daß ein Landgut von einem Erben zu einem Preis zu übernehmen sei, der den Ertragswert nicht erreicht oder den Schätzungswert übersteigt, ist nichtig.

---

[65]) § 2075 (M. V S. 29: „gegenüber einer ungeschickten Ausdrucksweise des Erblassers, um welche es sich zumeist handeln wird" . . .), 2076 (M. V S. 27 flg. sprechen von einer Auslegungsregel), 2170,2.

[66]) § 2084. [67]) § 2072, 2194,2, 2049.

[68]) § 2049, 2312.

Für die Fälle, in denen eine nähere Bestimmung des Vermächtnisses oder der Auflage[69]) des Bedachten, Beschwerten oder des Gegenstandes nicht vom Erblasser selbst vorgenommen, sondern einem andern überlassen wurde[70]), enthält das Gesetz Vorschriften über die Form und die Fristen der Ausübung des Bestimmungsrechts. Es handelt sich hier ausschließlich um ergänzende Normen, die nicht in Anwendung kommen sollen, wenn sich aus der letztwilligen Verfügung eine andere Anordnung ergiebt.

Dem Testamentsvollstrecker wollen die Motive eine absolute Rechtsstellung geben, da nicht blos der Erbe in seinen Befugnissen obligatorisch beschränkt, sondern ein gegen Jedermann wirksames Verhältnis begründet werden soll[71]). „Soweit im BGB. Rechtsgeschäfte absoluten Charakters behandelt werden, ist regelmäßig davon ausgegangen, eine nähere Angaben nicht enthaltende Willenserklärung sei, sofern nur darin die charakteristische Bezeichnung des Rechtsgeschäfts enthalten ist, als auf Herbeiführung der ausgedehntesten Wirkungen gerichtet anzusehen. Dem Erklärenden bleibt darin die Bestimmung von Beschränkungen überlassen, deren Grenze, ohne daß das Rechtsgeschäft in ein Rechtsgeschäft anderer Art übergeht, sich aus der besonderen Natur des zu begründenden Rechts ergab. So ist namentlich im Sachenrechte verfahren. Dieses Verfahren ist praktisch zweckmäßig, weil es für den Erklärenden leichter ist, Einzelheiten eines durch das Gesetz gegebenen Rechtsinhalts zu verneinen, als dispositiv zu bestimmen, wie weit der Inhalt des Rechts zu reichen hat“[72]).

Den Motiven zufolge ist also die Bestellung des Testamentsvollstreckers Willenswirkung, der Inhalt des dem Testamentsvollstrecker nach dem Gesetze zustehenden Rechts Gesetzeswirkung der Ernennung. Jede einzelne nach dem Gesetze im Rechtsinhalt ent-

---

[69]) § 2065—2071, 2074, 2089—2094, 2096—2098, 2104, 2105, 2110, 2137, 2138,1, 2185.

[70]) § 2065—2071, 2110, 2149, 2150, 2151,3 1, 2155,1,3, 2156, 2157—2159, 2164, 2170, 2172,2, 2174, 2173, 2176—2179, 2182—2185, 2188, 2189.

[71]) M. V S. 217 flg.

[72]) M. V S. 226 K.P. bei Haidlen zu § 2209. Die in den Motiven am Schlusse angeführte Zweckmäßigkeitserwägung ist hinfällig. Es kommt in Betracht, daß die wenigsten Erblasser Rechtskenntnis genug besitzen, um die ihnen nicht erwünschten Einzelheiten „eines durch das Gesetz gegebenen Rechtsinhalts zu verneinen“. Trotzdem ist die Methode nicht zu verwerfen, sobald sich diese Einzelheiten aus anderen Gründen gesetzgebungspolitisch rechtfertigen lassen, ihr Eintritt also an sich wünschenswert ist.

haltene Befugnis muß, wie die Motive annehmen, hier durch ausdrückliche Verfügung des Erblassers ausgeschlossen werden, wenn sie dem Erblasser nicht erwünscht ist, ähnlich wie im Sachenrechte durch Vereinbarung der Parteien, worauf die Motive ausdrücklich verweisen.

Einzelnen Phasen der historischen Entwicklung des Rechtsinstituts des Testamentsvollstreckers mag diese Auffassung entsprechen. Aber heutzutage hat der Testamentsvollstrecker nicht einem allgemeinen Durchschnittsbedürfnisse zu dienen, sondern seine Ernennung ist in der Regel durch besonders geartete Verhältnisse geboten und es sollte der Privatautonomie überlassen werden seine Aufgaben und Befugnisse im einzelnen Falle diesen Verhältnissen gemäß zu bestimmen. Man konnte nicht umhin dieser Entwickelung auch im Gesetze einigermaßen Rechnung zu tragen. Der in den Motiven zum Ausdruck gebrachte Gedanke beherrschte noch fast vollständig die Regelung des Instituts im Entwurf erster Lesung, die späteren Entwürfe und das BGB. gaben ihn jedoch wenigstens in zahlreichen Einzelheiten preis, obwohl sie grundsätzlich daran festhalten. Schon nach dem Entwurf erster Lesung sollten die Vorschriften über die Rechte des Testamentsvollstreckers insoweit keine Anwendung finden, „als der Wille des Erblassers erhellt, daß das eine oder das andere Recht dem Vollstrecker ganz oder zum Teile nicht zustehen soll“ (§ 1905). Nach dem BGB. hat der Testamentsvollstrecker die ihm nach dem Gesetze zukommenden Rechte nicht, „soweit anzunehmen ist, daß sie ihm nach dem Willen des Erblassers nicht zustehen sollen“ [73]. Hiernach ist es in erster Linie Sache der Willensauslegung, die rechtliche Stellung des Testamentsvollstreckers zu bestimmen.

Die Stellung des Testamentsvollstreckers soll demgemäß dem mutmaßlichen Willen des Erblassers entsprechen [74]. Die sich darauf beziehenden gesetzlichen Bestimmungen sind daher vorwiegend Auslegungsregeln [75]. Als ergänzender Rechtssatz erscheint die Anordnung, die dem Erben das Recht zur Verfügung über einen der Verwaltung des Testamentsvollstreckers unterliegenden Nachlaßgegenstand abspricht und nur dem Testamentsvollstrecker das Recht zuerkennt, ein seiner Verwaltung unterliegendes Recht geltend zu

---

[73]) § 2208,1/1. Vergl. dazu Fischer und Henle, Vorbemerkung zum § 2197 u. § 2203, Anm. 1.

[74]) Vergl. schon die Mot. V, S. 228, ferner KP. bei Haidlen, zu 2205, 2211, 2217.

[75]) § 2203—2205, 2224.

machen und die der Verwaltung des Testamentsvollstreckers unterliegenden Nachlaßgegenstände auch dem Zugriffsrechte der Gläubiger des Erben entzieht[76]). Fürsorgend sind die Bestimmungen über die kausale Beschränkung des Rechts des Testamentsvollstreckers Verbindlichkeiten für den Nachlaß einzugehen[77]) und das Recht des Erben, vom Testamentsvollstrecker gegen Sicherheit für die Berichtigung von Nachlaßverbindlichkeiten, die nicht auf einem Vermächtnis oder einer Auflage beruhen und für die Vollziehung bedingter und betagter Vermächtnisse[78]) die Ausfolgung der Nachlaßgegenstände zu verlangen, deren dieser zur Erfüllung seiner Obliegenheiten offenbar nicht bedarf. Auch die Zustimmung über das Recht des Testamentsvollstreckers auf angemessene Vergütung für die Führung seines Amtes ist offenbar fürsorgender Natur[79]).

Dem Bestreben, die Anpassungsfähigkeit des Testamentsvollstreckers an individuelle Bedürfnisse zu fördern, entspricht es, daß im BGB., zumeist im Gegensatze zum Entwurf erster Lesung, neben dem normalen Testamentsvollstrecker zahlreiche Arten von Testamentsvollstreckern mit besonders ausgestattetem Wirkungskreise anerkannt erscheinen: es ist wieder Sache der Willensauslegung festzustellen, von welcher Art der vom Erblasser ernannte Testamentsvollstrecker ist. Es können mehrere Testamentsvollstrecker ernannt und in diesem Falle deren Befugnisse beliebig abgegrenzt, oder auch der ernannte Testamentsvollstrecker ermächtigt werden, einen oder mehrere Mitvollstrecker zu ernennen; es kann für den Fall, daß der ernannte wegfällt, ein anderer Testamentsvollstrecker ernannt, oder der ernannte Testamentsvollstrecker zur Ernennung eines Nachfolgers ermächtigt werden; es kann ein nur beaufsichtigender Testamentsvollstrecker mit oder ohne das Recht vom Erben die Ausführung der Verfügungen des Erblassers zu verlangen, es kann ein Testamentsvollstrecker nur für einzelne Nachlaßgegenstände, nur zur Verwaltung des Nachlasses ohne andere Aufgaben, als die der Verwaltung ernannt werden, der Testamentsvollstrecker kann mit der Bestimmung ernannt werden, daß er die Verwaltung des Nachlasses nach der Erledigung der ihm sonst zugewiesenen Aufgaben fortzuführen hat, er kann zu dem Zwecke ernannt werden, um bis zu dem Eintritte der angeordneten Nacherbfolge die Rechte des Nacherben aus-

---

[76]) § 2211,1, 2212, 2214.
[77]) § 2206, KP. bei Haidlen zu demselben §.
[78]) 2217. [79]) 2221.

zuüben und dessen Pflichten zu erfüllen, um für die Ausführung der einem Vermächtnisnehmer auferlegten Beschwerungen zu sorgen[80].

Zwingend sind dagegen nachstehende Rechtsfolgen angeordnet:

1. die Unwirksamkeit der Ernennung eines Testamentsvollstreckers, der zur Zeit, da er das Amt anzutreten hat, geschäftsunfähig, in seiner Geschäftsfähigkeit beschränkt oder wegen Gebrechlichkeit zur Besorgung seiner Angelegenheit einen Pfleger erhalten hat[81];

2. die allfällige passive Prozeßlegitimation des Testamentsvollstreckers: sie hängt von objektiven Voraussetzungen, nicht von der Anordnung des Erblassers ab[82];

3. folgende Verpflichtungen des Testamentsvollstreckers:

a) zur Mitteilung eines auf Kosten des Nachlasses ordnungsgemäß aufgenommenen Verzeichnisses der seiner Verwaltung unterliegenden Nachlaßgegenstände und zur erforderlichen Beihilfe zur Aufnahme des Inventars[83],

b) zur ordnungsmäßigen Verwaltung des Nachlasses im Sinne der Anordnungen der letztwilligen Verfügung des Erblassers, so weit sie nicht durch das Nachlaßgericht außer Kraft gesetzt worden sind: der Erblasser kann daher dieses Maß der den Testamentsvollstrecker treffenden Haftung nicht herabsetzen[84],

c) zur Erteilung der Auskunft über den Stand der Testamentsvollstreckung an den Erben, Ablegung der Rechenschaft nach deren Beendigung, bei länger dauernder Verwaltung zur jährlichen Rechnungslage, Herausgabe dessen, was er zur Ausführung der Testamentsvollstreckung erhalten oder aus der Testamentsvollstreckung erlangt hat, Verzinsung des an den Erben herauszugebenden oder für die Testamentsvollstreckung zu verwendenden Geldes, wenn es der Testamentsvollstrecker für sich verwenden sollte, von der Zeit der Verwendung an: bei gestatteter Uebertragung des Testamentsvollstreckeramts zur Vertretung eines ihm bei der Uebertragung zur Last fallenden Verschuldens und des Verschuldens eines Gehilfen wie seines eigenen[85].

---

[80]) § 2197, 2199, 2208,1/2,2, (M.P. bei Haidlen zu diesem §) 2209, 2222, 2223.

[81]) § 2201. [82]) § 2213. [83]) § 2215, 2220.

[84]) § 2216 (nur diese Bedeutung kann die Anführung des § 2216 in § 2220 haben), 2219, 2220.

[85]) § 664,1/2,3, 666—668, 2218, 2220. In den übrigen §§ handelt es sich nicht um Verpflichtungen des Testamentsvollstreckers.

4. Recht des Testamentsvollstreckers und anderer Beteiligten, beim Nachlaßgericht zu beantragen, daß Anordnungen des Erblassers über die Verwaltung des Nachlasses außer Kraft gesetzt werden, und Recht des Nachlaßgerichts auf solch einen Antrag, soweit thunlich nach Anhörung der Beteiligten, die durch letzwillige Verfügung getroffenen Anordnungen außer Kraft zu setzen, wenn die Befolgung den Nachlaß erheblich gefährden würde[86].

5. Erlöschen des Amts des Testamentsvollstreckers bei Eintritt der Geschäftsfähigkeit, Pflegschaft wegen Gebrechlichkeit, ferner infolge der Kündigung und Entlassung[87].

6. Verpflichtung des Erben, dem Testamentsvollstecker die Einwillignng zur Eingehung der zur ordnungsmäßigen Verwaltung erforderlichen Verbindlichkeiten für den Nachlaß zu erteilen[88].

Der zwingende Charakter der letzten Vorschrift ergiebt sich aus den Erwägungen, die für den zwingenden Charakter der Bestimmung über die analoge Verpflichtung des Nacherben gegenüber dem Vorerben angeführt werden. Im übrigen ergiebt sich derselbe aus dem Wortlaut des Gesetzes.

Daß das Amt des Testamentsvollstreckers mit dem Tode erlischt[89], ergiebt sich „aus dem Begriffe". Als Amt begründet es nur eine persönliche Stellung: dem Bedürfnisse, dem Testamentsvollstrecker einen Einfluß auf die Wahl des Nachfolgers einzuräumen, wurde Rechnung getragen, indem es dem Erblasser gestattet wurde, dem Testamentsvollstrecker zu ermächtigen, den Nachfolger zu ernennen.

Die im Gesetz enthaltene Regelung der Stellung des Testamentsvollstreckers ist erschöpfend: wie im allgemeinen erbrechtliche Verfügungen nur soweit giltig sind, als sie im Gesetze als wirksam anerkannt werden, so kann der Erblasser auch dem Testamentsvollstrecker nicht einen andern oder einen weitergehenden Wirkungskreis beilegen, als das Gesetz bestimmt, wie dieses auch die Kommissionsprotokolle gelegentlich hervorheben[90]. Er kann daher auch nicht ein vererbliches Testamentsvollstreckeramt anordnen.

So sehr das BGB. auch den Grundsatz der Testirfreiheit hoch hält, so läßt es ihn doch nicht zeitlich unbeschränkt nachwirken: es geht vielmehr davon aus, daß alle durch erbrechtliche Geschäfte

---

86) § 2216,2.

87) 2225—2227.

88) § 2206.

89) § 2225.

90) Bei Haidlen zu § 2208.

begründeten obligatorischen Ansprüche[91]) und Beschränkungen der Verfügungsfreiheit[92]) in dreissig Jahren hinfällig werden, mit Ausnahme der Anordnungen, die von einem Ereignisse abhängig gemacht werden, das in der Person des Bedachten oder Beschwerten, des Begünstigten oder Beschränkten, eintreten soll, wenn dieser zur Zeit des Erbfalls lebt und der Zuwendungen an den Bruder oder die Schwester des Beschwerten[93]).

Die Willenswirkung des Erbverzichts ist die Verhinderung der Berufung: „der Verzichtende ist von der gesetzlichen Erbfolge ausgeschlossen, wie wenn er zur Zeit des Erbfalls nicht mehr lebte; er hat kein Pflichtteilsrecht[94]).“ Eine eigentümliche Gesetzeswirkung des Erbverzichts ist es, daß er auch gegen die Abkömmlinge des Verzichtenden wirken kann[94a]); er erscheint dann als Vertrag über die Rechte eines Dritten, denn die Abkömmlinge haben, wie die Motive[95]) anerkennen, nicht ein abgeleitetes, sondern ein selbständiges Erbrecht. Der Verzicht wirkt daher gegen die Abkömmlinge auch dann, wenn sie nicht Erben des Verzichtenden geworden sind: denn sind sie Erben des Verzichtenden, so müssen sie ja ohnehin als seine Gesamtnachfolger einen von ihm abgeschlossenen Vertrag gegen sich gelten lassen. Besondere vom Gesetze zugelassene Arten des Erbverzichts sind: der auf das Pflichtteilsrecht beschränkte Erbverzicht, der Verzicht auf das gesetzliche Erbrecht zu Gunsten eines andern, der Verzicht auf die Zuwendung oder das Vermächtnis in einem Testamente oder Erbvertrage[96]). Eine im Gesetze nicht erwähnte aber offenbar zulässige und in den Motiven[97]) als zulässig behandelte Art ist der Verzicht des Pflichtteilsberechtigten blos auf sein gesetzliches Erbrecht, nicht auf das Pflichtteilsrecht. Gesetzliche Auslegungsregeln des Erbverzichts sind: der Verzicht auf das gesetzliche Erbrecht zu Gunsten eines Dritten solle nur für den Fall, daß der Dritte Erbe wird, und der Verzicht eines Abkömmlings des Erblassers nur zu Gunsten der andern Abkömmlinge und des Ehegatten des Erblassers gelten[98]). Auch die Anordnung, daß der Verzicht eines Abkömmlings oder Anverwandten des Erblassers auf das gesetzliche

---

91) § 2162, 2044 (wirkt nur obligatorisch).
92) § 2109, 2210. 93) § 2044, 2109,2, 2163.
94) § 2346, 2310,2, 2346,1,2. — M. V S. 470 flg. Unger § 30 Anm. 10.
94a) § 2349. 95) M. V S. 481.
96) § 2346,1, 2350, 2352. 97) M. V S. 472.
98) § 2350 (KP. bei Haidlen zu diesem §).

Erbrecht, sich auf die Abkömmlinge des Verzichtenden erstrecke, wenn nicht ein anderes bestimmt wird, ist offenbar eine Auslegungsregel, obwohl die Fassung, wie die Kommissionsprotokolle ergeben, andeuten soll, daß es sich nicht um eine solche, sondern um eine „Dispositivvorschrift“ handle[99]). Es wird aber hier, wie sonst häufig, unter Auslegungsregel und Dispositivvorschrift etwas anderes verstanden als in dieser Schrift.

Der Ehevertrag über *fortgesetzte allgemeine Gütergemeinschaft und Fahrnisgemeinschaft* bewirkt die Fortdauer des unaufgeteilten Gesamtguts und verleiht dem überlebenden Ehegatten in Ansehung des Gesamtguts im allgemeinen die rechtliche Stellung des Mannes, den anteilsberechtigten Abkömmlingen die rechtliche Stellung der Frau[100]). Es ist eine vertragsmäßige Erbeinsetzung des überlebenden Ehegatten und der anteilsberechtigten Abkömmlinge auf den Anteil des Verstorbenen am Gesamtgut als Sondervermögen, wobei die Auseinandersetzung ausgeschlossen ist und dem überlebenden Ehegatten in Betreff des ganzen Gesamtguts Befugnisse eingeräumt werden, die die eines von allen Verpflichtungen befreiten Testamentsvollstreckers nicht wesentlich überschreiten. Die Ehegatten können weder durch letztwillige Verfügung noch durch Vertrag dem überlebenden Ehegatten oder den Abkömmlingen größere oder geringere Rechte in Betreff des Gesamtguts einräumen, als ihnen nach dem Gesetze zukommen: eine Bestimmung, die nach den Motiven[101]) nur den Zweck hat, die anteilsberechtigten Abkömmlinge vor Benachteiligung durch letztwillige Verfügung oder Vertrag zu schützen, sie aber in Wirklichkeit auch vor Begünstigung bewahrt[101a]).

Was endlich die *Verkümmerung der Rechtsfolgen* eines erbrechtlichen Geschäfts betrifft, so ist zwischen dem Testamente einerseits, dem Erbvertrage und dem Gütergemeinschaftsvertrage und dem die Mitte zwischen denselben haltenden gemeinschaftlichen Testamente andererseits zu unterscheiden. Da das Testament, wie bereits erwähnt worden ist, bis zum Tode des Erblassers überhaupt nicht perfekt ist und seine Rechtsbeständigkeit nur aus dem Umstande schöpft, daß für den Widerruf eine Form vorgeschrieben ist, und daß es, wenn der Erblasser stirbt ohne es widerrufen zu haben, perfekt wird,

---

[99]) § 2349 (KP. bei Haidlen).
[100]) § 1487. Vgl. 1485, 1496—1507.
[101]) M. IV S. 424. [101a]) Vgl. oben S. 214.

so kann zu Lebzeiten des Erblassers von einer Verkümmerung der Rechtsfolgen nicht die Rede sein. Nach dem Tode kann sie eintreten infolge der Anfechtung durch die Beteiligten wegen Willensmängel, Irrtums im Beweggrunde oder Drohung und wegen Uebergehung eines Pflichtteilsberechtigten, dessen Vorhandensein dem Erblasser bei der Testamentserrichtung nicht bekannt war, der noch nicht geboren oder nicht pflichtteilsberechtigt war[107]). Die Anfechtbarkeit kann, mit Ausnahme der wegen Drohung, durch ein Verbot des Erblassers ausgeschlossen werden, da sie überhaupt nur dann eintreten soll, wenn anzunehmen ist, daß der Erblasser bei Kenntnis der Sachlage die letztwillige Verfügung nicht getroffen hätte.

Die Rechtswirkungen des Erbvertrages, da er schon bei Lebzeiten des Erblassers dessen Gebundenheit zur Folge hat, können schon bei Lebzeiten desselben verkümmert werden durch Anfechtung des Erblassers und nach seinem Tode durch Anfechtung der Beteiligten wegen Willensmängel, Irrtums im Beweggrunde, Drohung oder wegen Uebergehung eines Pflichtteilsberechtigten. Der Erblasser kann auf das Anfechtungsrecht bis auf das wegen Drohung verzichten und die Anfechtung nach seinem Tode ausschließen, da das Anfechtungsrecht ihm überhaupt nur dann zusteht, wenn anzunehmen ist, daß er bei Kenntnis der Sachlage den Erbvertrag nicht abgeschlossen hätte[103]).

Eine einzelne Verfügung des Erbvertrages kann verkümmert werden durch Rücktritt des Erblassers wegen Verfehlungen des Bedachten; ein Rücktrittsrecht steht ihm auch dann zu, wenn die Verfügung mit Rücksicht auf eine rechtsgeschäftliche Verpflichtung des Bedachten, dem Erblasser für dessen Lebenszeit wiederkehrende Leistungen zu entrichten, getroffen wurde, und die Verpflichtung vor dem Tode des Erblassers aufgehoben wird[104]). Der Erblasser kann wohl auf das ihm im letzten Falle zustehende Rücktrittsrecht, nicht aber auf das Rücktrittsrecht wegen Verfehlungen des Bedachten im Vorhinein verzichten, da dieses contra bonos mores wäre.

Für die Verkümmerung der Rechtsfolgen eines gemeinschaftlichen Testaments gelten, wenn beide Ehegatten gestorben sind, die Grundsätze des gewöhnlichen Testaments; nach dem Tode eines Ehegatten für den Ueberlebenden bis zur Ausschlagung und nach Annahme des ihm im Testamente Zugewendeten die Grundsätze des

---

[107]) § 2078—2083. [103]) § 2281—2283, 2285.
[104]) § 2294—2297.

Erbvertrages[105]): nur das Rücktrittsrecht wegen Aufhebung der rechtsgeschäftlichen Verpflichtung des Bedachten zu wiederkehrenden Leistungen findet hier keine Anwendung. Die Frage der Verzichtbarkeit des Anfechtungs- und Rücktrittsrechts richtet sich nach den im gegebenen Falle anwendbaren Bestimmungen. Für den Erbverzicht bestimmt das Gesetz nichts besonderes: er ist daher nach den Grundsätzen, die für Verträge gelten, zu beurteilen.

Die Frage, ob die Unwirksamkeit einer erbrechtlichen Verfügung oder Unvollständigkeit des Rechtsgeschäfts die Unwirksamkeit des ganzen Rechtsgeschäfts zur Folge haben, erklärt das BGB. ähnlich wie bei Rechtsgeschäften unter Lebenden für eine Auslegungsfrage: das Rechtsgeschäft ist wirksam, wenn anzunehmen ist, daß der Erblasser seine Wirksamkeit nicht von der Wirksamkeit der unwirksamen Verfügung oder der Ergänzung abhängig machen wollte[106]). Dieses gilt auch von den in einem gemeinschaftlichen Testamente angeordneten Erbeinsetzungen, Vermächtnissen und Zuwendungen, sowie von Erbverträgen, und zwar selbst dann, wenn die Unwirksamkeit infolge des Widerrufs oder Rücktritts eingetreten ist[107]): ist anzunehmen, daß die Verfügung des einen Teils nicht ohne die Verfügung des andern getroffen sein würde, so hat die Unwirksamkeit einer Verfügung die Unwirksamkeit des ganzen Geschäfts zur Folge.

Die Erbunwürdigkeit hat nicht die Unwirksamkeit der letztwilligen Verfügung, sondern nur Anfechtbarkeit des Erwerbs zur Folge. Die Anfechtung des Erwerbes wegen Unwürdigkeit des Erwerbenden macht das Geschäft selbst, worauf der Erwerb beruht, nicht unwirksam, sie hat daher nie einen Einfluß auf die letztwillige Verfügung als solche[108]).

Die erbrechtliche Willenserklärung erzeugt *Willenswirkungen*, sobald der Erbfall eintritt; sie setzt nicht mehr, wie im gemeinen Recht in der Regel, den Antritt der Erbschaft voraus. Die Erbfolge, sie mag auf dem Gesetze oder auf einem Rechtsgeschäfte beruhen, ergreift den Erben ohne sein Hinzuthun, die Vermächtnisse fallen dem Bedachten in den Schoß. Insoferne jedoch der Eintritt der Willenswirkung ein gewisses Verhalten, Handlungen oder Unterlassungen, insbesondere die Annahme oder Nichtausschlagung des

---

105) § 2271. Es dürfte zweifellos sein, daß der Erblasser das Testament in diesem Falle ebenso anfechten kann, wie er einen Erbvertrag anfechten könnte.

106) § 2085, 2086. 107) § 2270, 2298.

108) § 2339—2345, 1506.

Bedachten oder eines Dritten voraussetzt, sind diese selbstverständlich jeder Beeinflussung durch den Erblasser entrückt.

Ein einfaches oder gemeinschaftliches Testament oder ein Erbvertrag, der den Pflichtteilsberechtigten nicht ein gewisses Maß materieller Vorteile zuwendet, hat die Entstehung von Pflichtteilsansprüchen zur Folge. Der Pflichtteilsanspruch besteht in einer Forderung des Pflichtteilsberechtigten an den Nachlaß: die Forderung ist nicht begründet, wenn eine Verfügung von Todeswegen nicht vorhanden ist, oder blos als Vereinbarung der fortgesetzten Gütergemeinschaft erscheint, auch nicht, wenn der Erblasser im Testamente oder Erbvertrage den Pflichtteilsberechtigten in was immer für einer Weise so viel zugewendet hat, als sie auf Grund ihres Pflichtteilsanspruchs fordern könnten; der Pflichtteilsanspruch ist daher eine zwingend angeordnete Gesetzeswirkung eines Testaments oder Erbvertrages, die die Pflichtteilsberechtigten nicht klaglos stellen. Ist dies dagegen geschehen, so entsteht der Pflichtteilsanspruch nicht; denn ein Recht darauf, daß ihm der Erblasser den Pflichtteilsanspruch als solchen zuwende, hat der Pflichtteilsberechtigte nicht.

Das Testament, das gemeinschaftliche Testament und der Erbvertag unterscheiden sich von einander im wesentlichen durch den Grad der Gebundenheit, den sie zur Folge haben, kaum aber durch die Art der Willenswirkungen, die sie nach der Absicht der Parteien zu erzeugen bestimmt sind. Die andern Arten erbrechtlicher Geschäfte, der Erbverzicht, der Ehevertrag über fortgesetzte Gütergemeinschaft und die Zuwendungen mit Ausgleichungs- und Einrechnungspflicht werden hauptsächlich durch ihren eigentümlichen Willensinhalt charakterisiert.

Die Gesamtnachfolge ist jedoch längst nicht mehr notwendig das, was sie im späteren römischen Rechte war: successio in universum ius quod defunctus habuit. Das BGB. kennt vielmehr, die von Justinian angebahnte Entwicklung abschließend, zwei wesentlich verschiedene Arten der Gesamtnachfolge: mit Vereinigung und mit Trennung der Vermögensmassen. Ein Fall der Gesamtnachfolge mit Vereinigung der Vermögensmassen ist der Erwerb der Erbschaft mit unbeschränkter Haftung für die Verbindlichkeiten, auch der Erwerb eines Anteils einer solchen Erbschaft[100]. Fälle einer Gesamtnachfolge mit Trennung der Vermögensmassen sind der Erwerb der Erbschaft mit beschränkter Haftung für Verbindlichkeiten und der

[100]) § 2033.

Anfall des Vermögens eines Vereins an den Fiskus[110]; hierher gehört wohl auch die Vereinigung von juristischen Personen öffentlichen Rechts, — mit Unrecht will Brockhausen[111]) hier wegen Trennung der Vermögensmassen keine Gesamtnachfolge annehmen. Bei beiden Arten der Gesamtnachfolge wird der Gesamtnachfolger mit einem Schlage Mittelpunkt aller zum erworbenen Vermögen gehörenden Rechte und Verbindlichkeiten: aber im ersten Falle haftet er für die Verbindlichkeiten persönlich, im zweiten nur mit dem Bestande des erworbenen Vermögens. Der Erwerb der Erbschaft erzeugt im ersten Falle analoge Rechtsfolgen, wie der Erwerb eines dinglichen Rechts, das mit einem Legalschuldverhältnis (mit obligatorischen Beziehungen) behaftet ist, im zweiten Falle, wie der Erwerb eines mit einem Pfandrechte behafteten dinglichen Rechts: dort wird der Erwerber durch den Erwerb persönlich verpflichtet, hier haftet er nur mit dem erworbenen dinglichen Rechte. Hierbei verschlägt es gar nicht, daß auch der beschränkt haftende Erbe formell persönlich haftet: der Gegensatz der persönlichen und sachlichen Haftung tritt beim Erbrechte nur deswegen stärker hervor, als beim Erwerbe dinglicher Rechte, weil der Erbe nicht in der Lage ist, sich durch Preisgabe des Erwerbs von seiner persönlichen Haftung zu befreien: eine Dereliktion des Erbrechts giebt es nicht[112]). Das BGB. hält, wie das römische Recht, grundsätzlich an der Vereinigung der Vermögensmassen fest, doch kann sowohl der an sich persönlich haftende Erbe, als auch die Nachlaßgläubiger, durch bestimmte Rechtshandlungen eine Trennung der Vermögensmassen bewirken[113]).

Mit den Willenswirkungen der letztwilligen Verfügung hat es eine eigene Bewandnis. Sie bilden gewissermaßen eine Belastung des Nachlasses: jeder endgiltige erbrechtliche Erwerb

---

[110]) § 46.

[111]) Vereinigung und Trennung der Gemeinden S. 74 flg. Ebenso das Handelsgericht Wien in dem in der Neuen freien Presse, Abendblatt vom 29. Januar 1898 veröffentlichten Urteile in Sachen der Kommune Wien wider die Imperial Continental Gas Association. — Die Auflösung des Vereins hat keine Gesamtnachfolge zur Folge. Das führt zu höchst verkünstelten Konstruktionen, um den Gläubiger vor Benachteiligung zu schützen. Planck zu § 302 Abs. 4; § 53 HGB.

[112]) M. V. S. 110 flg. Anders bei der fortgesetzten Gütergemeinschaft § 1491.

[113]) Strohal S. 128; Wendt Arch. f. civ. Pr. LXXXVI S. 358 flg. a. A. Hachenburg Vortr. S. 308 flg.

aus dem Nachlasse verpflichtet den Erwerber, er mag der Bedachte sein oder an Stelle des Bedachten den Erwerb gemacht haben, zur Erfüllung der Verbindlichkeiten, die der Erblasser dem Nachlasse, dem erworbenen Teil des Nachlasses oder dem erworbenen Nachlaßgegenstande auferlegt hat[114]): es hängt nunmehr nur noch vom Verhalten des Erwerbers ab, ob die Belastung den Bedachten als persönlichen Schuldner ergreifen oder sich auf den Nachlaß beschränken wird[115]). Für das Schicksal des Nachlasses sind daher außer der Willenserklärung des Erblassers jener Komplex juristischer Thatsachen entscheidend, die den endgiltigen Erwerb des Bedachten gestalten.

An sich ist jede giltige Verfügung des Erblassers auch voll wirksam: nur bei Erbeinsetzungen tritt, wenn die Bruchteile das Ganze übersteigen, eine verhältnismäßige Minderung ein. Sobald aber die Massen getrennt sind, erscheint die Wirksamkeit der Verfügung des Erblassers auf das beschränkt, worüber er die Verfügungsmacht hatte, auf den Nachlaß nach Abzug der Verbindlichkeiten. Die von wem immer bewirkte Trennung der Vermögensmassen hat daher die Verpflichtung des Erben blos zur klassenmäßigen Befriedigung der auf dem Nachlasse haftenden Verbindlichkeiten zur Folge, zunächst der Nachlaßschulden, dann der Pflichtteilsansprüche, endlich der Vermächtnisse und Auflagen. An der Begrenzung durch Pflichtteilsansprüche prallt jede Verfügung eines Testaments und Erbvertrages ab[116]), jede Beeinflussung der Höhe des Pflichtteils durch den Erblasser ist ausgeschlossen. Eine Ausnahme bildet das dem Erblasser eingeräumte Recht, den Betrag zu bestimmen, mit dem ein von einem Miterben zu übernehmendes Landgut bei der Berechnung des Pflichtteils zu berücksichtigen ist, falls dieser Betrag den Ertragswert des Landguts erreicht und den Schätzungswert nicht übersteigt.

Die Ausgleichungspflicht und Anrechenbarkeit der Zuwendungen in den Pflichtteil beruht teils auf einer ausdrücklich getroffenen oder durch Willensauslegung ermittelten[117]) Bestimmung des Zuwendenden[118]), teils ist sie eine nicht zwingend angeordnete Gesetzes-

---

[114]) § 2095, 2159, 2161, 2192.
[115]) § 1970—2063, 2144, 2145, 2186, 2187.
[116]) § 2306,1 1,2, 2311, 2316,3, 2318,2, 2319, 2325—2330, — 1505.
[117]) Hachenburg Vorträge S. 423.
[118]) § 2050,3, 2315,1, 2316,1,4, 1503,2,3.

wirkung gewisser Zuwendungen[119]). Wenn die Motive davon ausgehen, das Gesetz ordne diese Rechtsfolgen mit Rücksicht auf den anzunehmenden Willen des Erblassers an[120]), und das Gesetz dieser Auffassung sogar offenbar Rechnung trägt[121]), so kann man dieses als legislativpolitischen Grund der Vorschriften immerhin gelten lassen; ganz unzulässig wäre es aber, daraus zu schließen, daß es sich hier etwa um Auslegungsregeln handle. Die Ausgleichungspflicht und Anrechenbarkeit sind entweder Willenswirkungen oder nicht zwingend angeordnete Gesetzeswirkungen der Zuwendung[122]). Die Bestimmung über die Ausgleichung bei der testamentarischen Erbfolge enthält wohl eine Auslegungsregel[123]), aber nicht für die Feststellung des Sinnes der Zuwendung, sondern für die Auslegung des Testaments.

Die Handlungen der Bedachten, Beteiligten und des Gerichts, die zur endgiltigen Gestaltung der erbschaftlichen Verhältnisse auf Grund der Erklärung des Erblassers führen sollen, die Rechte, die der Erbe oder dritte Personen durch die bloße Thatsache des Erbfalls erwerben, können vom Erblasser nicht beeinflußt werden. Die gerichtliche Nachlaßfürsorge und Nachlaßpflegschaft, das Inventarrecht, das Recht des Erben, vorläufige Verfügungen vorzunehmen, die Art der Haftung des Erben gegenüber den Nachlaßgläubigern, das Rechtsverhältnis der Erben, das Recht der Mutter des zu erwartenden Erben oder Nacherben auf Unterhalt, das Wahlrecht und Anfechtungsrecht des Pflichtteilsberechtigten[124]) können vom Erblasser weder ausgeschlossen noch geändert werden. Die Vornahme oder Unterlassung einer dieser Handlungen kann auch nicht zur Bedingung der Zuwendung gemacht werden: insbesondere heben die Motive ausdrücklich hervor, daß der Erblasser den Erben nicht unter der Bedingung der Annahme einsetzen und so den Grundsatz des Erwerbes kraft des Gesetzes, durch seinen Willen ändern dürfe[125]). Ob die Zuwendung ungiltig oder die Bedingung als nicht beigesetzt zu betrachten ist, ist Auslegungsfrage. Im Zweifel ist diejenige Auslegung vorzuziehen, „bei welcher die Verfügung

---

[119]) § 2050,1,2, 2051, 2054, 2316,1,4, 2327, 1503.

[120]) M. V S. 690, 703, 705, MP. bei Haidlen zu § 2051.

[121]) § 2053. [122]) § 2055—2057, 2315,2, 2316, 2327.

[123]) § 2052 (MP. bei Haidlen zu diesem §).

[124]) § 1960, 1961, 1970—2010, 1959, 2014—2017, 2013, 2011, 2012, 2058—2063, 1963, 2101, 2306,1,2, 2308—1488.

[125]) M. V S. 492.

Erfolg haben kann"[176]): die Bedingung ist daher wohl in der Regel als nicht beigesetzt zu betrachten. — Wohl kann der Erblasser in das Verhältnis zu den Gläubigern insoferne eingreifen, als er einem Erben die Berichtigung einer Nachlaßschuld als Vorausvermächtnis der Befreiung an die Miterben zuweisen kann[177]). Aber das Verhältnis zu den Nachlaßgläubigern wird dadurch nicht berührt.

Das BGB. enthält Bestimmungen, die die letztwillige Verfügung vor Verlust, Fälschung oder Entstellung schützen, den Beteiligten und der Oeffentlichkeit (jedem, der „ein rechtliches Interesse glaubhaft macht") ermöglicht, von derselben Kenntnis zu nehmen, sich Gewißheit darüber zu verschaffen, wer an Stelle des Erblassers als Genießer und Verfüger des Nachlasses tritt, und in welcher Weise durch die letztwillige Verfügung veranlaßte Erklärungen abzugeben seien, regelt endlich die Legitimation der Erben durch den Erbschein, bei der fortgesetzten Gütergemeinschaft die Legitimation des Ehegatten durch ein Zeugnis über die fortgesetzte Gütergemeinschaft[178]). Es ist klar, daß eine Anordnung des Erblassers diese, das Interesse Dritter oder der Allgemeinheit wahrende Vorschriften, nicht beeinflussen kann.

Aus dem Grundsatze, jede Zuwendung auf Todesfall werde von Gesetzeswegen erworben, ergiebt sich, daß nicht der Erwerb, sondern nur die Ausschlagung, die Ablehnung der fortgesetzten Gütergemeinschaft und der Verzicht auf dieselbe, rechtsgeschäftlicher Natur sind. Die Annahme der Erbschaft, des Vermächtnisses, bedeutet nur den Verzicht auf das Ausschlagungsrecht. Das Gesetz bestimmt daher nicht die Voraussetzungen des Erwerbs, sondern nur die Voraussetzungen einer giltigen Ausschlagung[179]) und Annahme[180]). Von der letzten sagen die Motive, daß sie auch „stillschweigend" geschehen könne[181]): was darunter zu verstehen ist, ist nicht ganz klar[182]), da die pro herede gestio nach ausdrücklicher Vorschrift des Gesetzes die Wirkung der Annahme nicht mehr haben soll[183]).

---

[176]) § 2084, 2085. [177]) Vgl. § 2324 Halbsatz 1.

[178]) § 2259—2264, 2272, 2300, 1491, 1492, 1495, 1953,3, 2146, 2198, 2199, 2202, 2226,2, 2273, 2300.

[179]) § 1943—1949,2, 1950—1952, 2142,1, 2180, 1484, 1491. (Der Verzicht auf die Anteile am Gesamtgute der fortgesetzten Gütergemeinschaft gehört allerdings nicht hierher, da er nicht die Folge hat, daß der Erwerb des Anteils als nicht erfolgt gelten würde.)

[180]) § 1943, 1946—1949, 1950, 1951, 2180. [181]) M. V S. 494 flg.

[182]) Hachenburg Vorträge S. 363. [183]) § 1959, M. V S. 536 flg.

Es gehört dazu wohl, daß der Erbe „mit der angefallenen Erbschaft nach Willkür geschaltet und gewaltet habe“[134]). „Die Anfechtung der Annahme gilt als Ausschlagung, die Anfechtung der Ausschlagung gilt als Annahme“[135]): sie erzeugen von Rechtswegen dieselben Wirkungen. In der Anfechtung der Ausschlagung mit Hachenburg[136]) eine „stillschweigende“ Annahme zu erblicken, ist überflüssig, umso überflüssiger, als dann die Anfechtung der Annahme eine „stillschweigende“ Ausschlagung wäre, die das Gesetz nicht kennt. — Nach einer Auslegungsregel soll sich die Ausschlagung im Zweifel auf alle Berufungsgründe erstrecken, die dem Erben zur Zeit seiner Erklärung bekannt sind[137]).

Aus dem Gesetze ergiebt sich, daß mit der Annahme keine andere Willenswirkung verbunden werden kann, als die des Verzichts auf die Ausschlagung, mit der Ausschlagung keine andere, als die, daß der Anfall als nicht erfolgt gilt[138]). Man kann daher dabei insbesondere nicht auf das Recht verzichten, die Annahme oder Ausschlagung anzufechten[139]). Ein solcher Verzicht kann nur durch Erklärung gegenüber der Person, der er zu Gute kommt, verbindlich vorgenommen werden. Dagegen ist der Verzicht auf die Anfechtung der Annahme und Ausschlagung eines Vermächtnisses in demselben Maße zulässig, wie der Verzicht auf die Anfechtbarkeit eines Rechtsgeschäfts unter Lebenden und kann bei der Annahme und Ausschlagung vereinbart werden. Der Grund des Unterschiedes liegt darin, daß die Annahme oder Ausschlagung der Erbschaft eine nichtempfangsbedürftige[140]), dagegen die Annahme oder Ausschlagung des Vermächtnisses eine empfangsbedürftige Willenserklärung[141]) ist, mit der eine andere dem Empfänger gegenüber abzugebende Erklärung ganz wohl zu einer Einheit verbunden werden kann.

Die Annahme (= Nichtausschlagung) eines durch Einsetzung eines Nacherben, Ernennung eines Testamentsvollstreckers, eine Teilungsanordnung oder Einsetzung als Nacherben beschränkten oder mit einem Vermächtnis oder einer Auflage beschwerten, die Hälfte des gesetzlichen Erbteils übersteigenden Erbteils, sowie die Annahme eines solchen Anteils aus einer Nacherbschaft, durch den

---

134) R. V S. 496. 135) § 1957,1.
136) a. a. O. 137) § 1949,2.
138) § 1943, 1953,1, 2308. 139) § 1954, 1957.
140) Planck Bd. I S. 162 flg., Cosack Bd. I S. 147.
141) § 2180,2,3, 2308.

Pflichtteilsberechtigten, nimmt ihm das Recht, den Pflichtteil zu verlangen; die Annahme (= Nichtausschlagung) eines Vermächtnisses nimmt ihm das Recht auf den Pflichtteil, soweit als der Wert des Vermächtnisses reicht[117]). Das sind Gesetzeswirkungen der Unterlassung der Ausschlagung, keineswegs aber Willenswirkungen einer „stillschweigenden Willenserklärung“: sie treten nicht nur dann ein, wenn die Willensauslegung ergiebt, daß sie nicht gewollt sind, sondern selbst dann, wenn sie durch ausdrückliche Verwahrung ausgeschlossen sein sollten. Sie können jedoch insofern nicht als zwingend bezeichnet werden, als mit dem mit dem Pflichtteil Beschwerten etwas anders vereinbart werden kann.

Der Erbfall giebt in der Regel Anlaß zu einer Anzahl dinglicher, obligatorischer und liberatorischer Geschäfte unter Lebenden: insbesondere zu Gesellschafts-, Kaufverträgen, Teilungen, Erfüllungen. Diese Geschäfte erhalten durch ihren Anlaß oft eine besondere Färbung: rechtlich gilt von ihnen nichts Besonderes. Das Vermächtnis des Nießbrauchs wird vom Beschwerten durch Bestellung des Nießbrauchs zu Gunsten des Bedachten erfüllt: hat der Erblasser eine Erweiterung des Rechts über den gesetzlichen Inhalt hinaus, oder eine Beschränkung des gesetzlichen Inhalts angeordnet, so bildet die Anordnung die lex rei dicta, die in den dinglichen Bestellungsvertrag aufgenommen wird; ihre Wirksamkeit wird nach allgemeinen Grundsätzen beurteilt. Ist bei der Bestellung des Nießbrauchs die Anordnung des Erblassers nicht berücksichtigt worden, so hat sie auch keine dingliche Wirkung, es hat bei der obligatorischen Wirkung der Anordnung sein Bewenden. Daneben giebt es allerdings noch dingliche und obligatorische Rechtsgeschäfte, die eine durch den Erbfall geschaffene Rechtslage voraussetzen, so der im Entwurf I. Lesung (§ 2129) erwähnte Verzicht des Erben auf das Inventarrecht: da das BGB. jedoch im allgemeinen diese Geschäfte nicht erwähnt und besonders regelt, so werden sie ausschließlich nach den für dingliche und obligatorische Rechtsgeschäfte geltenden Grundsätzen beurteilt. Eine Ausnahme besteht nur:

1. Für die Rechtsgeschäfte der Miterben bis zur Auseinandersetzung. Diese werden geregelt durch Verweisung auf die Bestimmungen über die Gemeinschaft[118]).

[117]) § 2306, 2307,1.

[118]) § 2038,2, Hachenburg, Vorträge S. 421.

2. Für die Veräußerung der Rechte, die dem Erben auf Grund der Erbfolge zustehen. Es ist zu unterscheiden:

1. Der Erbschaftskauf. Er setzt zu seiner Giltigkeit gerichtliche oder notarielle Beurkundung voraus[144]) und begründet ein rein obligatorisches Verhältnis, das im Besondern vom Inhalte des Vertrages abhängt, im allgemeinen aber darauf gerichtet ist, daß die Kontrahenten verpflichtet sind, „einander dasjenige zu gewähren, was sie haben würden, wenn nicht der Verkäufer, sondern der Käufer Erbe geworden wäre“[145]). Der Erbschaftskauf wurde demgemäß in den beiden ersten Entwürfen im Obligationenrechte behandelt[146]). Aus diesem Begriffe des Erbschaftskaufs ergiebt sich die Verpflichtung des Verkäufers zur Uebertragung aller zur Zeit des Verkaufs vorhandenen Erbschaftsgegenstände, mit allen Vorteilen, die sich aus dem Wegfall eines Vermächtnisses, einer Auflage oder der Ausgleichungspflicht eines Miterben ergeben, und dessen, was er an ihrer Statt erhalten hat, die Verpflichtung zum Ersatze der von ihm vorgenommenen oder verschuldeten Wertverminderungen, wenn sie dem Käufer bei Abschluß des Vertrages nicht bekannt waren; andererseits die Beschränkung der Gewährleistung des Verkäufers auf die Haftung für die Richtigkeit und Unbeschränktheit des Erbrechts und dafür, daß das Inventarrecht nicht erloschen ist[147]), ferner die Verpflichtung des Käufers gegenüber dem Verkäufer zur Erfüllung der Nachlaßverbindlichkeiten. Auf Willensauslegung beruht die Vorschrift, daß Familienpapiere und Familienbilder im Zweifel nicht als mitverkauft gelten, daß sich der Verkauf auf das nicht mitbeziehe, was der Verkäufer als Vorausvermächtnis oder nach Abschluß des Kaufs durch Nacherbfolge, oder infolge des Wegfalls eines Miterben erhält, die Ersatzpflicht des Käufers für die Berichtigung einer Nachlaßverbindlichkeit durch den Verkäufer, bei Schenkung einer Erbschaft die Be-

144) § 2371, 2385,1.

145) M. II S. 353.

146) M. II S. 352.

147) § 2372, 2376, 2378 (M. II S. 355) „entspricht dem Prinzip“ § 2374 (M. I S. 352) „maßgebend ist die Rücksicht auf das Prinzip und der regelmäßige Parteiintention“, § 2375 (M. II S. 357) „entspricht dem Prinzipe wie dem vermutlichen Parteiwillen“, § 2376 (M. II S. 358) „ist in der besondern Natur des Vertragsgegenstandes als eines Inbegriffs von Vermögensgegenständen wie in der Intention der Parteien begründet“. § 2378 (M. II S. 361) „die Verpflichtung entspricht dem Prinzipe von der Intention der Parteien“, 2385,2.

schränkung der Haftung des Verkäufers auf die Arglist[148]). Ergänzend sind die Bestimmungen über die Verteilung der Nutzungen und Lasten, über die Tragung der Gefahr, Ersatzpflicht des Käufers für Verwendungen[149]). Gesetzeswirkungen des Erbschaftskaufs sind: Haftung des Käufers gegenüber den Nachlaßgläubigern, Inventarrecht des Käufers und die Anzeigepflicht des Verkäufers[150]); nach allgemeinen Grundsätzen können sie durch eine Vereinbarung der Parteien nicht ausgeschlossen werden.

2. Für die Veräußerung des Anteils am Nachlasse durch den Miterben. Voraussetzung der Verbindlichkeit ist ebenfalls gerichtliche oder notarielle Beurkundung[151]). Willenswirkung ist: Austritt des Miterben aus der Erbengemeinschaft, Eintritt des Erwerbers an Stelle des Miterben: der Vertrag hat dingliche Wirkung[152]). Gesetzeswirkung ist die Entstehung eines dinglichen vererblichen, gegen den Käufer nach der Uebertragung des Anteils gegen den Verkäufer bis zur Uebertragung durch zwei Monate auszuübenden Vorkaufsrechts[153]), sowie der Verpflichtung des Verkäufers zur unverzüglichen Anzeige der Uebertragung an die Miterben. Die Fortdauer der Haftung des Erben für die durch seine Verwaltung begründeten Ansprüche ist selbstverständlich[154]). *Im Erbrechte werden daher drei Arten von Rechtsgeschäften behandelt:* die erbrechtlichen Verfügungen, die Rechtsgeschäfte, die zur endgiltigen Gestaltung des erbrechtlichen Erwerbes führen sollen, und die durch Erbfall veranlaßten Rechtsgeschäfte unter Lebenden. In den erbrechtlichen Verfügungen gelangt der Grundsatz der Testierfreiheit zum Ausdrucke.

Die Testierfreiheit besteht in folgenden Rechten des Erblassers:

1. dem Rechte, sich einen oder mehrere gleichzeitig oder nach einander folgende Erben zu ernennen oder einen gesetzlichen Erben auszuschließen;
2. dem Rechte, aus dem reinen Nachlasse Zuwendungen zu machen;
3. dem Rechte, einen Nachlaßverwalter zu ernennen;
4. dem Rechte, familienrechtliche Anordnungen zu treffen.

---

148) § 2378, 2373. 149) § 2378,2, 2381.

150) § 2382—2384. 151) § 2033, 2037.

152) Vgl. bei *Haidlen* zu § 2033, *Strohal*, S. 121 flg., *Hachenburg*, S. 419 flg.

153) § 2034, 2035, 2036, 2037.

154) § 2036,2.

Durch Ernennung des Erben wird ein absolutes, durch Zuwendungen und Ernennung eines Nachlaßverwalters ein relatives Rechtsverhältnis begründet. Das Verhältnis des Willens zum Rechtserfolg richtet sich auch hier nach dem für die obligatorischen und absoluten Rechtsverhältnisse geltenden Grundsätzen.

Andere erbrechtliche Verfügungen als die hier erwähnten kann der Erblasser auf Todesfall nicht vornehmen; aber diese der Testierfreiheit im Gesetze gezogenen Grenzen sind zum Mindesten in Betreff der Zuwendungen so weit, daß fast für jeden Willen das Erblassers sich ein gesetzlich wirksamer Ausdruck finden lassen dürfte. Die Beschränkungen sind im Allgemeinen ohne grundsätzliche Bedeutung.

Rechtsgeschäfte des Erwerbers und Dritter, die zur endgiltigen Gestaltung des erbrechtlichen Erwerbes führen sollen, und die aus Anlaß des Erbfalls vorgenommenen Geschäfte erscheinen als dingliche oder obligatorische Rechtsgeschäfte unter Lebenden.

IX.

Zusammenfassung der Ergebnisse.

Aus der vorstehenden Darstellung ergiebt sich wohl zur Genüge, daß die herrschende Lehre vom zwingenden und nichtzwingenden Rechtssatze nach vielen Richtungen einer Ergänzung und einer Berichtigung bedarf. Wenn man bisher davon ausging, es handle sich dabei um eine allgemeine Eigenschaft aller Rechtssätze, so beruhte dieses offenbar auf einer unberechtigten Verwechslung mit der Frage der Giltigkeit der Rechtsgeschäfte im allgemeinen. Nur so war es möglich, das gesetzliche Erbrecht als „dispositiv" zu betrachten, während damit doch nur gesagt sein sollte, daß es nicht eintritt, wenn ein giltiges Testament hinterlassen worden ist, nur so war es möglich zu fragen, ob die Bestimmungen über die Rechtsfähigkeit oder die Verjährung zwingend seien, während es sich nur darum handelte, ob man auf die durch diese Bestimmungen gewährleistete rechtliche Stellung durch ein giltiges Rechtsgeschäft verzichten, die damit gewährten Vorteile giltig veräußern könne.

Scheidet man diese Fälle aus, so ergiebt sich, daß die Frage nur das Verhältnis des Rechtssatzes zum Rechtsgeschäft betrifft; es handelt sich also um ein Problem, das auf das engste mit der Lehre vom Rechtsgeschäft zusammenhängt. Es wurde in dieser Schrift der Versuch gemacht, dieses Problem in der Gestalt, die es im Rechte des BGB. angenommen hat, in allen seinen Verzweigungen zu verfolgen. Es sollen nun die Ergebnisse dieser Einzeluntersuchungen gewissermaßen zu einem kurzen Abschnitt zu-

zusammengefaßt werden, wie er nach meiner Ansicht, wenn der in dieser Schrift vertretene Standpunkt richtig ist, in die Lehr- und Handbücher des deutschen bürgerlichen Rechts, und zwar in die Lehre vom Rechtsgeschäft aufzunehmen wäre. Der Darstellung liegt die Auffassung zu Grunde, daß die deutsche Privatrechtswissenschaft der Zukunft eine Wissenschaft des deutschen bürgerlichen Rechts sein wird, daß sie aber nicht blos die besondere Gestaltung juristischer Probleme in diesem Rechte, sondern, wie bisher die gemeinrechtliche Rechtswissenschaft, auch im Besonderen das Allgemeingiltige, das Recht als solches, zu erfassen haben wird.

Es mag gestattet sein bei dieser Zusammenfassung zunächst vom wichtigsten Institute des Verkehrsrechts, dem Vertrage, auszugehen. Nach dem BGB. ist offenbar weder jede Vereinbarung, welchen Inhalt sie auch haben möge, noch auch jede Vereinbarung, die einen gewissen Inhalt hat, ein verbindlicher Vertrag. Als Verträge sind vor Allem nur die Vereinbarungen zu betrachten, die, wie einst die römischen contractus, vom Rechte als Elemente der Rechtsordnung anerkannt sind; die Vereinbarungen des gesellschaftlichen Lebens fallen, wie die römischen pacta, außerhalb des Rechtsgebiets. Doch wird auch einzelnen contractus die Verbindlichkeit schlechterdings oder unter der Voraussetzung, daß sie angefochten werden, abgesprochen, in anderen Fällen nur die Fähigkeit, verkümmerte, unvollständige Wirkungen zu erzeugen, zugestanden. Aber selbst ein Vertrag, der einen rechtlich anerkannten Inhalt hat, ist im einzelnen Falle doch nur verbindlich, wenn alle Voraussetzungen vorliegen, von denen das Recht die Verbindlichkeit eines Vertrages dieser Art abhängig macht. Ist dies nicht der Fall, so steht er einem wegen seines Inhaltes nichtigen Vertrage gleich und wird wie dieser behandelt.

Das Recht macht daher die Verbindlichkeit des Vertrages teils von seinem Inhalte, teils von den Umständen abhängig, unter denen er zustande gekommen ist. Die Bestimmungen über die Voraussetzungen der Verbindlichkeit des Vertrages sind alle in dem Sinne zwingend, daß der Vertrag, der diesen Bestimmungen nicht entspricht, auch dann ungiltig bleibt, wenn die Parteien ausdrücklich vereinbaren sollten, er solle trotz des Mangels giltig sein, sie würden den Mangel nicht geltend machen. Wäre den Parteien eine solche Vereinbarung gestattet, dann würde das Recht die Voraussetzung in ihrer Eigenschaft als Voraussetzung fallen lassen. Das Recht, das die Wirksamkeit eines Rechtsgeschäfts von gewissen Voraussetzungen abhängig macht, kann es nicht zugleich vom Parteiwillen abhängig machen, ob die Wirksamkeit des Rechtsgeschäfts im einzelnen Falle thatsächlich von den Voraussetzungen abhängt.

Dies gilt jedoch nur von dem Vertrag, der keine anderen als rein obligatorische Wirkungen erzeugen soll. Es gilt daher nicht:

1. für die vertragsmäßige Begründung einer juristischen Person (Vereinsgründung);

2. für den Vertrag, der gegenüber Dritten, insbesondere gegenüber dem Nachfolger in ein dingliches Recht, obligatorische Wirkungen erzeugen soll;

3. für den dinglichen Vertrag;

4. für den Familienvertrag.

Der Vertrag, der einer dieser Kategorien angehört, erzeugt über die obligatorischen hinausgehende, weiterreichende Wirkungen nur dann, wenn er nicht nur den Voraussetzungen der Verbindlichkeit eines obligatorischen Vertrages, sondern den besonderen Voraussetzungen entspricht, die das Recht für die bestimmte Vertragskategorie aufstellt. Die besondern Voraussetzungen betreffen vor Allem den Inhalt. Das Recht beschränkt sich nicht, wie bei den obligatorischen Verträgen, darauf, zu bestimmen, welche Verträge unwirksam sein sollen, sondern bezeichnet positiv, welchen Inhalt die Verträge, um verbindlich zu sein, haben müssen. Die Zahl der Verträge, die eine juristische Person, ein gegen Dritte wirksames obligatorisches Recht, ein dingliches Recht oder einen Familienstand zu begründen vermögen, ist eine geschlossene. Aber auch die Erfordernisse des Zustandekommens, insbesondere in Bezug auf die Form, sind fast ausnahmslos strenger als die der obligatorischen Verträge.

Die besonderen Voraussetzungen dieser Verträge haben aber nicht dieselbe Bedeutung, wie die allgemeinen Voraussetzungen der Verbindlichkeit der Verträge. Ein Vertrag, der den besonderen Voraussetzungen nicht entspricht, vermag allerdings nicht die Wirkungen zu erzeugen, die diesen Kategorien der Verträge eigentümlich sind; aber er kann immerhin ein obligatorisches Rechtsverhältnis begründen, wenn der von den Parteien angestrebte Zweck sich durch Schaffung rein obligatorischer Rechte und Verbindlichkeiten auch nur annähernd erreichen läßt, und wenn dies der Absicht der Parteien nicht zuwiderläuft. Bei den eigentlichen Familienverträgen versagt dieses allerdings, denn diese sollen überhaupt nur einen Familienstand und keinerlei Rechte oder Verbindlichkeiten begründen; aber als unmittelbare Folgen des durch den Vertrag begründeten Familienstandes und als mittelbare Folgen des Familienvertrages entstehen doch Rechte und Verbindlichkeiten, die zum Teile wenigstens auch durch einen obligatorischen Vertrag begründet werden könnten. Es konnte daher immerhin (von Planck) die Frage aufgeworfen werden, ob in dem Abschlusse eines Ehevertrages, trotzdem beide Teile die Nichtigkeit der Ehe kannten, nicht die Absicht der Ehegatten zu finden sei, sich gegenseitig obligatorisch zu verpflichten, das Verhältnis so zu behandeln, als bestünde eine Ehe, ob also in einem solchen nichtigen Ehevertrage nicht ein rechtswirksamer obligatorischer Vertrag erblickt werden könnte. Anders verhält es sich, wenn das Recht einen Vertrag, der Wirkungen erzeugen soll, die über die obligatorischen hinausgehen, für nichtig erklärt: dann kann er auch keine obligatorischen Wirkungen erzeugen, denn es mangelt nicht eine Voraussetzung für den Eintritt der besonderen Wirkungen, sondern eine allgemeine Voraussetzung für die Giltigkeit des Vertrages.

Der obligatorische Vertrag ist daher gewissermaßen die allgemeine Zufluchtsstätte; nicht blos der Vertrag wirkt obligatorisch, bei dem die Absicht der Parteien im Vorhinein nur auf obligatorische Wirkungen gerichtet war, sondern auch der Vertrag, der die beabsichtigten weiter gehenden Wirkungen nicht zu erzeugen vermag. Die gesetzlichen Bestimmungen über die Voraussetzungen der Verträge, die Wirkungen erzeugen sollen, die über die obligatorischen hinausgehen, sind daher in dem Sinne zwingend, daß die Parteien nicht vereinbaren können, ein Vertrag, der diesen Voraussetzungen nicht entspricht, erzeuge die weitergehenden Wirkungen; aber die Parteien können in der Regel vereinbaren, daß der Vertrag, dem die Voraussetzungen der besonderen Wirksamkeit abgehen, obligatorische Folgen erzeugen solle, die den beabsichtigten besonderen Wirkungen nach Möglichkeit gleichkommen. In diesem Sinne sind die Bestimmungen nichtzwingend.

Es gehören daher zum Thatbestande eines verbindlichen Vertrages zunächst die Umstände, die das Recht als die Voraussetzungen der Verbindlichkeit der Verträge überhaupt bezeichnet, zum Thatbestande eines Vertrages, durch den eine juristische Person, ein gegen Dritte wirksames obligatorisches oder ein dingliches Recht oder ein Familienstand begründet werden soll, gehören die Umstände, die das Recht als Voraussetzungen für den Eintritt dieser besonderen Wirkungen bezeichnet. Bestimmte konkrete Wirkungen können aber auch noch von andern Umständen abhängig gemacht werden: vor allem davon, daß sie ausdrücklich vereinbart werden, sie treten aber unter Umständen auch ohne besondere Vereinbarung ein. So ist die Kündbarkeit des Dienstvertrages verschieden geregelt, je nach der vereinbarten Dauer, der Art des Verhältnisses und der Bemessung der Bezüge. Auch diese Umstände gehören zum Thatbestande, denn sie müssen vorhanden sein, damit die vom Rechte angeordneten Rechtsfolgen eintreten. Von den Voraussetzungen unterscheiden sie sich aber dadurch, daß sie nicht zu den Umständen gehören, von deren Vorhandensein die Verbindlichkeit des Vertrages abhängt.

Von diesen nicht zu den Voraussetzungen gehörenden Thatumständen haben die Begriffsbestimmungen eine allgemeine Bedeutung. Da die verschiedenen Arten von Verträgen in verschiedener Weise geregelt sind, so ergiebt sich für das Gesetz die Notwendigkeit, durch die Feststellung des „Begriffs" einer Vertragsart, zu bestimmen, wie der Vertrag beschaffen sein muß, auf den sich die gesetzliche Regelung bezieht. Sind die gesetzlichen Bestimmungen über die Voraussetzungen der Verbindlichkeit der Rechtsgeschäfte stets in einem gewissen Sinne zwingend, so stehen ihnen die Bestimmungen über die nicht zu den Voraussetzungen gehörenden Elemente des Thatbestandes mit Einschluß der Begriffsbestimmungen als nichtzwingende gegenüber. Ob für Mängel nach den Grundsätzen gehaftet wird, die für die Gewährleistung beim Kaufe, oder nach denen, die bei der Schenkung gelten, hängt im Allgemeinen davon ab, ob der Vertrag als Kauf oder als Schenkung erscheint, aber die Parteien können beim Abschlusse eines Kaufvertrages vereinbaren, daß die Gewährleistung nach den Grundsätzen, die für die Schenkung bestehen, stattfinde. Wenn ein Darlehen von mehr als 300 Mk. gewährt wird, so kann bestimmt werden, daß die Kündigungsfrist nur einen Monat betragen solle, obwohl diese Frist nach dem Gesetze nur bei Darlehen von geringerem Betrage gilt.

Was bisher über den Vertrag gesagt worden ist, gilt im Wesentlichen auch vom einseitigen Geschäfte, insbesondere von einseitigen erbrechtlichen Verfügungen. Die einseitigen Rechtsgeschäfte erzeugen jedoch nach dem BGB. auch obligatorische Wirkungen nur dann, wenn sie einen bestimmten Inhalt haben: ihre Zahl ist daher eine geschlossene.

Bei den Rechtsfolgen des Rechtsgeschäfts sind die Willenswirkungen und die Gesetzeswirkungen zu unterscheiden. Die Willenswirkungen sind die Rechtsfolgen, die das Recht den Parteien zu Liebe eintreten läßt, denen zu Liebe die Parteien das Rechtsgeschäft vorgenommen haben. Die Gesetzeswirkungen treten ohne Rücksicht auf den Parteiwillen, unter Umständen sogar gegen den Parteiwillen ein. Willenswirkungen kann nur ein giltiges, Gesetzeswirkungen kann jedes Rechtsgeschäft erzeugen. Den Gesetzeswirkungen liegt jedenfalls ein öffentliches Interesse zu Grunde, aber auch die Willenswirkungen treten im öffentlichen Interesse ein: der ganze Verkehr, der doch gewiß im öffentlichen Interesse liegt, beruht ja auf dem Grundsatze der Verbindlichkeit der Verträge, also darauf, daß Rechtsgeschäfte Willenswirkungen erzeugen. Der Gegensatz zwischen Willenswirkungen und Gesetzeswirkungen steht also in keinem Zusammenhange mit dem Gegensatze des öffentlichen und Privatinteresses, sondern er beruht darauf, daß die Willenswirkungen deswegen eintreten, weil es dem öffentlichen Interesse entspricht, daß ein Rechtsgeschäft Rechtsfolgen nach sich ziehe, die dem Parteiwillen entsprechen, Gesetzeswirkungen deswegen, weil gewisse Rechtsfolgen selbst dann dem öffentlichen Interesse zu Liebe eintreten sollen, wenn sie nicht gewollt sind.

Den Mittelpunkt der Gesetzeswirkungen bilden die Rechtsfolgen, die kraft des dispositiven Rechtssatzes im Bülowschen Sinne eintreten: des Rechtssatzes, der den Befehl der Parteien zum Rechtsbefehl macht, der anordnet, das, was die Parteien wollen, soll im Wege Rechtens erzwingbar sein. Um den dispositiven Rechtssatz herum gruppieren sich die Auslegensregeln, die ergänzenden und fürsorgenden Rechtssätze. Die Wirkungen, die sie erzeugen, sind Willenswirkungen, denn sie sollen der erklärten Absicht der Parteien dienen; aber es liegt ihnen nicht, wie dem dispositiven Rechtssatz, unmittelbar der Parteiwille zu Grunde, sondern die Annahme des Rechts, die Rechtsfolgen entsprächen dem, was die Parteien gewollt haben würden, wenn sie an den Fall gedacht hätten, was die Partei sich ausbedungen hätte, wenn sie vorsichtig und geschäftskundig genug gewesen wäre.

Die Willenswirkungen sind nie zwingend angeordnet; sie vermögen dem abweichenden Parteiwillen gegenüber keinen Widerstand zu leisten. Die Gesetzeswirkungen sind teils zwingend, teils nichtzwingend: sie weichen, wenn sie nicht zwingend angeordnet sind, wohl einer abweichenden Vereinbarung der Parteien, doch ist im Einzelnen ihre Widerstandskraft dem Parteiwillen gegenüber verschieden.

Die durch Rechtsgeschäfte begründeten Rechtsverhältnisse sind entweder absolute oder relative (obligatorische), je nachdem das Rechtsverhältnis nur von den Personen beachtet werden muß, die es begründet haben, oder für Jedermann die Verpflichtung begründet werden soll, das Rechtsverhältnis zu beachten. Im Einzelnen haben auf den Gegensatz zweifellos historische Zufälligkeiten beträchtlich eingewirkt, im Allgemeine liegt ihm die Idee zu Grunde, die Institute, auf denen die soziale und wirtschaftliche Organisation der menschlichen Gesellschaft beruht, absolut zu gestalten, bei denen, die individuellen Bedürfnissen dienen sollen, nur eine relative, obligatorische Gestaltung zuzulassen.

Schon aus dem Gesagten ergiebt sich, daß bei der Begründung der obligatorischen Rechtsverhältnisse Willenswirkungen, bei der Begründung absoluter Rechtsverhältnisse Gesetzeswirkungen vorwiegen, da bei dem ersten das individuelle, bei dem zweiten das soziale Moment offenbar in den Vordergrund tritt. Andererseits ist es aber klar, daß die Zahl der Institute, auf dem die soziale und wirtschaftliche Organisation der menschlichen Gesellschaft beruht, eine geschlossene ist, daß also absolute Rechtsverhältnisse nicht, wie die obligatorischen nach freier Willkür, von den Parteien geschaffen werden können, sondern nur als durch die geschichtliche Entwicklung gegeben, hingenommen werden müssen.

Der Spielraum für Willenswirkungen bei absoluten Rechtsverhältnissen beschränkt sich im Wesentlichen auf die Art und den Gegenstand des Verhältnisses: es soll das Verhältnis begründet werden, das die Parteien wollen, es soll sich auf die Gegenstände beziehen, worauf die Parteien es bezogen wissen wollen. Der Inhalt des absoluten Rechtsverhältnisses hängt im einzelnen nicht vom Parteiwillen ab: es wird so begründet, wie es durch die historische Entwicklung und die sozialen Zustände gebildet ist, es muß in allen wesentlichen Beziehungen mit einer bereits gegebenen Organisationsform der menschlichen Gesellschaft übereinstimmen. Hier gilt der Grundsatz c'est à prendre ou à laisser. Es steht den Parteien frei, ein absolutes Rechtsverhältnis zu begründen oder dieses zu unterlassen, wird es aber begründet, so muß es so begründet werden, wie es durch das positive Recht anerkannt ist. Nur in verhältnismäßig unwesentlichen Beziehungen können die Parteien Abweichungen vom gesetzlichen Inhalt anordnen. Die Rechtsvorschriften, die den Inhalt absoluter Rechtsverhältnisse bestimmen, stellen daher im Allgemeinen Gesetzeswirkungen des Rechtsgeschäfts fest, wodurch das Verhältnis begründet wird; die Gesetzeswirkungen sind vorwiegend zwingend, zum geringeren Teile nichtzwingend angeordnet.

Ein empfindlicher Mangel ist es, daß das BGB. die praepositio, im Gegensatz zum römischen Rechte und dem Handelsrechte, als solche nicht kennt, sie also ganz nach dem Rechte der Vollmacht beurteilt wissen will, die nur ein relatives Verhältnis schafft. Und doch begründet der Akt, wodurch ich jemand in die Lage setze, nach Außen als verfügungsberechtigt zu gelten, ein von jedermann zu beachtendes, absolutes Rechtsverhältnis, auf das nicht das Recht der relativen, sondern das der absoluten Rechtsverhältnisse anzuwenden wäre.

Nachtrag.

Der Gegensatz der ergänzenden Rechtssätze und der Auslegungsregeln tritt vielleicht am schärfsten hervor bei den Verträgen, für die das Gesetz eine bestimmte Form vorschreibt. Haben die Parteien in einem solchen Falle neben dem Vertrage eine formlose Vereinbarung abgeschlossen, die einer gesetzlichen Auslegungsregel widerstreitet, so kann diese nicht zur Anwendung kommen, da es sicher ist, daß sie dem Willen der Parteien nicht entspricht. Dagegen könnte die Anwendung eines ergänzenden Rechtssatzes durch eine formlose Uebereinkunft nicht ausgeschlossen werden.

Paragraphenregister.

(Das Paragraphenregister ist von Herrn stud. iur. Joseph Tuttnauer verfaßt.)

Die römischen Ziffern beziehen sich auf die Abschnitte, die kleinen arabischen daneben auf die Anmerkungen.

§	
122	IV$_{209}$, V$_{51}$
123	IV$_{187}$, V$_{14\ 68}$
124	IV$_{19}$
125	II$_{67}$
126 bis	
129	II$_{39}$
127	V$_{74}$
127,2	IV$_{148}$
130 bis	
132	II$_{27}$
133	IV$_{8}$
134	II$_{69}$
135	II$_{73}$
137	I$_{73}$, VII$_{67}$
137 bis	
38, 40	II$_{72}$
138	II$_{69}$
139	II$_{66}$, IV$_{4\ 181}$, VI$_{45\ 76\ 80\ 179}$, VI$_{194}$, VII$_{48}$
140	II$_{11\ 78}$, III$_{18}$, IV$_{8}$, VI$_{45\ 179}$, VI$_{193}$, VII$_{18}$
141	II$_{66}$, V$_{66}$
142	II$_{77a}$
144	II$_{80}$
145	II$_{51}$
145 bis	
146	II$_{12}$
148	II$_{81}$
149	II$_{81}$
157	IV$_{8\ 145}$
158	IV$_{8\ 11}$, VI$_{89}$
159	IV$_{8\ 11}$
160	IV$_{76\ 78}$
161	IV$_{83\ 186}$
161,1,2	II$_{70}$
162	IV$_{76\ 78}$
163	IV$_{70}$, VI$_{83\ 186}$
164,1,1	IV$_{6}$
164,1,2	IV$_{4}$
164 bis	
166	II$_{13}$
166,2	III$_{3}$
168	II$_{79}$
169	IV$_{100}$
169 bis	
174	II$_{35}$
175	IV$_{147}$

§	
176	IV$_{190}$, V$_{36\ 64a}$
177	II$_{27}$
178	IV$_{189}$, V$_{16a\ 71}$
180	II$_{28}$
180,2	II$_{78}$, V$_{16a\ 71}$
181	II$_{27}$
182	II$_{24}$
182 bis	
184	III$_{3}$
184	II$_{34}$
185,1	II$_{33}$
185,2	II$_{39}$
186	I$_{63}$
186 bis	
193	IV$_{65}$
193	IV$_{197}$, V$_{69\ 86}$
194	I$_{81}$
194 bis	
223	IV$_{190}$
225	V$_{30\ 79}$
226 bis	
231	I$_{86}$, IV$_{211}$, V$_{32\ 70}$
227	I$_{21\ 64}$
232 bis	
240	I$_{86}$, IV$_{66}$, V$_{82\ 70}$
241	IV$_{15}$
241 bis	
301	I$_{40}$
242	IV$_{15\ 187}$
243	IV$_{73}$
244	IV$_{191}$, V$_{87\ 78}$
245	IV$_{72}$
246	IV$_{89\ 112}$
247	IV$_{189}$, V$_{15\ 63}$
248	II$_{13\ 69}$
249	I$_{64}$
249 bis	
253	IV$_{78}$
249 bis	
250	IV$_{79}$
250	IV$_{141}$
254	IV$_{70}$
255	IV$_{81}$
256	IV$_{15\ 90}$
257	IV$_{15}$
258	IV$_{89}$
259 bis	
261	IV$_{217}$

§	
262	IV$_{110}$
263	V$_{52\ 75}$
263,1	IV$_{214}$
263,2	IV$_{72}$
264	IV$_{81}$
264,2	IV$_{71}$
265	IV$_{85}$
265,2	IV$_{72}$
266	IV$_{210}$
267	IV$_{72}$
268	IV$_{201}$, V$_{48}$
269	IV$_{108}$
270	IV$_{188a}$
270,3	IV$_{115}$
271	IV$_{106}$
271,2	IV$_{109}$
272	IV$_{106}$
273	IV$_{211}$, V$_{68\ 75}$
274	IV$_{211}$, V$_{63\ 75}$
275	IV$_{72\ 77}$
276 bis	
279	IV$_{70}$
276,2	IV$_{187}$, V$_{11\ 61}$
278	IV$_{72}$
280	IV$_{72\ 77\ 78\ 83}$
281	IV$_{67}$
281,1	IV$_{81}$
281,2	IV$_{89}$
282	IV$_{218}$, V$_{56\ 75}$
283 bis	
290	IV$_{71}$
286,1,2	IV$_{74}$
287	IV$_{70}$
288	IV$_{80}$
288,2	IV$_{74}$
289	IV$_{79}$
289 bis	
291	IV$_{80}$
290	IV$_{76}$
291	IV$_{79}$
292,2	IV$_{87}$
292	IV$_{87}$
300,2	IV$_{70}$
300	IV$_{77}$
301	IV$_{80}$
302	IV$_{74}$
303,2	IV$_{83}$
303	IV$_{141}$
304	IV$_{76\ 97}$

§	
438	IV_{49}
439,2	IV_{150}
439,2 bis	
442	IV_{36}
440,1	IV_{219}
440,2	IV_{72}
440,2—4	IV_{78}
441	IV_{270}
442	IV_{218}, $V_{64\ 75}$
443	IV_{192}, $V_{11\ 61}$
444	IV_{147}
445	IV_{220}
446	IV_{73}
447	IV_{77}
447,1/2	IV_{73}
448	IV_{157}
449	IV_{137}
450	IV_{75}
452	IV_{80}
453	IV_{50}
454	IV_{220}
455	IV_{71}
456	I_{16}
456 bis	
458	II_{75}
459	IV_{36}
459,1/2	IV_{141}
459,1	IV_{146}
459 bis	
493	IV_{189}
460,2/2	IV_{189}, $V_{11\ 61}$
462	$IV_{94\ 95}$
463	IV_{78}
467	$IV_{117\ 124}$
467 bis	
471	IV_{94}
468,1	IV_{5}
470	IV_{124}
471 bis	
473	IV_{93}
472 bis	
475	IV_{85}
474	IV_{94}
475	IV_{94}
476	$IV_{94\ 192}$, $V_{11\ 81}$
477,1/2	$V_{30\ 79}$
477 bis	
479	IV_{140}
480,1	IV_{96}
480,1/2	$V_{30\ 78}$
482	$IV_{94\ 190}$
485	IV_{190}
486	II_{18}
487 bis	
489	IV_{94}
490,1/2	$V_{30\ 79}$
490 bis	
492	IV_{190}
491	IV_{96}
492	IV_{94}
493	$IV_{94\ 96}$, $V_{80\ 79}$
494	III_{4}, IV_{11}
495,1/1	III_{5}
495,4	IV_{149}
496	$IV_{6\ 187}$
497	$IV_{107\ a}$, V_{7}
497,1	II_{34}
497,2	IV_{51}
498	I_{87}, IV_{6}
499	$IV_{36\ 72}$
500	$IV_{75\ 98}$
501	IV_{79}
502	IV_{124}
503	IV_{180}, $V_{33\ 80}$
504	III_{5}, IV_{11}
505,1	II_{34}
505,1/1,2	$IV_{107\ a}$
505,2	$IV_{61\ a}$
506	II_{78}
507	$IV_{79\ 18}$
508	IV_{78}
509	IV_{127}
510,1	IV_{141}
510,1/2	IV_{140}
510,7/2	IV_{180}, V_{33}
511	IV_{67}
512	IV_{184}, $V_{11\ 18}$ VI_{180}
513	IV_{124}
514	IV_{53}
515	IV_{120}
516	III_{3}
516,2	II_{6}
516,2/2	I_{17}
517	III_{11}
518	$II_{8\ 39\ 40}$
519	II_{76}
520	IV_{61}
520,2	V_{90}
521	IV_{70}
522	IV_{98}
523	IV_{79}
524	$IV_{70\ 187}$
524,2/1	IV_{6}
524,2	IV_{76}
525	IV_{11}
525,1/1	IV_{6}
526	IV_{127}
527	IV_{98}
527,1	IV_{71}
528	II_{75}
528,1/2,2	IV_{139}
529	IV_{190}
530 bis	
534	IV_{188}, $V_{72\ 84}$
532	IV_{190}
533	$V_{56\ 60}$
535	III_{4}, IV_{11}
536	IV_{86}
537	$IV_{86\ 93}$
538	$IV_{76\ 79}$
538,2	IV_{71}
539	IV_{36}
540	IV_{149}
541	IV_{36}
542	$IV_{70\ 91\ 94}$, V_{56}
542 bis	
553	IV_{71}
542,2	IV_{140}, V_{75}
542,3	IV_{216}
543	$IV_{11\ 94}$
543,2	IV_{72}
544	IV_{189}, $V_{10\ 15\ 68}$
545	IV_{141}
546	$IV_{166\ a}$
547	$IV_{75\ 97\ 155}$
547,2/2	IV_{86}
548	IV_{15}
549	$IV_{11\ 168}$
549,1/2	IV_{189}, $V_{17\ 68}$
550	IV_{11}
551	IV_{167}
552/1	IV_{219}
552,2	$IV_{87\ 93}$
553	$IV_{91\ 130}$
554	$IV_{87\ 71\ 91\ 180}$
534,1/2,2	IV_{139}

§	
555	IV_{80}
556.1 2	IV_{11}
556,3	IV_{203}, $V_{47\ 69}$
557	$IV_{71\ 78}$
558	IV_{190}, V_{79}
558,2	I_{70}
559 bis	
563	IV_{189}
564	IV_{87}
565	IV_{161}
566,1	II_{20}
567	$V_{19\ 83}$
568	IV_{161}
569	IV_{87}
570	IV_{189}, $V_{18\ 19}$
571 bis	
577	II_{75}, IV_{200}
571 bis	
578	IV_{187}, $V_{46\ 47\ 69}$
578	II_{17}
579	IV_{200}
580	IV_{210}
581 flg.	I_{81}
581	III_{4}, $IV_{11\ 75\ 97}$ $IV_{94\ 189\ 190}$, $V_{17\ 47\ 63\ 68}$
581,2	II_{73}, $IV_{93\ 101\ 187}$
582	IV_{167}
583	IV_{37}
584	IV_{167}
585	IV_{189}
586 bis	
589	IV_{167}
588	$IV_{31\ 37}$
588,2 2	IV_{74}
590	IV_{270}
591	IV_{15}
592	IV_{74}, VII_{113}
593	IV_{194}, $V_{40\ 65}$, VIII_{41}
594	IV_{167}
595	IV_{161}
596	IV_{270}
596,2	IV_{87}
597	$IV_{71\ 187}$, V_{27}
598	III_{4}, IV_{11}
599	IV_{70}
600	$IV_{10\ 187}$, $V_{11\ 61}$
601	$IV_{75\ 97\ 144}$

§	
601,2 2	IV_{88}
602	IV_{15}
603	$IV_{4\ 11}$
604	IV_{203}
604,1 2 1	IV_{11}
604,2 2	IV_{179}
604,3	IV_{104}
604,4	$V_{47\ 69}$
605	$IV_{91\ 179}$, V_{5}
605 3. 2	IV_{181}
605 3. 3	IV_{97}
606	IV_{190}
607	III_{4}, IV_{11}
608	$IV_{64\ 104}$
609	$IV_{137\ 181}$
610	II_{79}, $IV_{76\ 90}$
611	III_{4}, IV_{11}
612,1	IV_{4}
612,2	IV_{144}
613	IV_{51}
614	IV_{152}
615	IV_{71}
615 1	IV_{75}
615 2	IV_{87}
616	IV_{194}, $V_{41\ 65}$
616,2	IV_{82}
617	IV_{207}, $V_{26\ 49\ 64}$ V_{69}
618	IV_{197}, $V_{37\ 65}$
619	$V_{37\ 49\ 56\ 65\ 69}$
620	IV_{11}
621 bis	
623	IV_{161}
624	IV_{190}, $V_{18\ 65}$
625	IV_{71}
626	IV_{189}, V_{70}
627	$IV_{91\ 199}$
628	IV_{93}
628,1	IV_{86}
628,2	IV_{79}
629	IV_{194}, $V_{41\ 65}$
630	IV_{195}, $V_{41\ 65}$
631	III_{3}, IV_{11}
632,1	IV_{4}
632,2	IV_{146}
633	$IV_{86\ 140}$
633,3	$IV_{71\ 79}$
634 bis	
636	$IV_{74\ 95}$

§	
635	$IV_{77\ 78}$
635 2	IV_{146}
636	IV_{71}
636,2	IV_{218}, $V_{56\ 74}$
637	IV_{187}, $V_{11\ 41}$
638	IV_{190}
638,1	$V_{20\ 79}$
639	IV_{198}
640	$IV_{11\ 89}$
641	IV_{188}
641,1	IV_{93}
641,2	IV_{96}
642 bis	
644,2	IV_{71}
644	IV_{78}
644,1 1,2	IV_{77}
645	IV_{88}
646	IV_{270}
647	IV_{189}
648	IV_{197}, $V_{42\ 73}$
649	II_{79}, $IV_{87\ 91\ 93}$ V_{109}
650	$IV_{91\ 93\ 189}$
651	III_{17}
652	IV_{154}
653,1	IV_{4}
654	IV_{187}, $V_{11\ 61}$
655	IV_{184}, $V_{11\ 61}$
656	II_{74}
657	II_{7}, $IV_{4\ 11}$
658	II_{71}, IV_{40}, V_{22} V_{72}
658,1	IV_{188}
658,2	V_{58}
658,2 2	V_{59}
659,1	IV_{87}
659,2 1	IV_{171}
660	IV_{175}
661	II_{41}
662	III_{3}
663	I_{19}
664	IV_{34}
664,1 2,3	VIII_{85}
664,2	II_{72}
665 2	IV_{141}
666	IV_{183}
666 bis	
668	IV_{85}
667	IV_{70}

§	
668	IV_{60}
669	IV_{75}
670	IV_{71}
671	IV_{100}, V_{78}
671,1	IV_{106}
671,2	V_{19}
672 2	IV_{99}
673,1	IV_{97}
673,2	IV_{99}
674	II_{32}, IV_{100}
675	IV_{100}
677 bis	
684	I_{14}
684	$IV_{70\ 71}$
688	III_{47}, IV_{11}
689	IV_{4}
690	IV_{70}
691	IV_{84}
692	II_{13}
692 2	IV_{141}
693	IV_{71}
694	IV_{71}
695	IV_{85}
696	IV_{179}
697	IV_{111}
698	IV_{75}
699,1	IV_{157}
699,2	IV_{19}
700	II_{39}, III_{17}
701 bis	
703	IV_{199}
701,3	$V_{37\ 77}$
704	IV_{169}
705	III_{3}
706,1	IV_{177}
706,2	IV_{61}
706,3	IV_{5}
707	IV_{219}
708	IV_{70}
709	IV_{116}
710	IV_{5}
710 2	IV_{114}
711	IV_{116}
712	$IV_{19\ 75\ 78}$
712,1	$IV_{119\ 189}$
712,2	IV_{189}
713	IV_{218}
714	II_{33}
715	II_{33}

§	
716	$IV_{133\ 183}$, $V_{76\ 78}$
717	II_{77}
718	IV_{189}
719,1	II_{77}
719,1 a.E.	IV_{219}
720	IV_{204}
721	II_{78}, IV_{133}
722,1	IV_{173}
722,2	IV_{58}
723	IV_{109}, $V_{19\ 78}$
723,1	IV_{91}
724	$IV_{91\ 109}$, $V_{19\ 78}$
725	IV_{204}
726	IV_{87}
727	$IV_{97\ 99}$
728	IV_{96}
729	IV_{1090}
730	II_{33}
730 bis	
735	IV_{218}
731 bis	
735	$V_{64\ 78}$
736	IV_{3}
737	IV_{108}
738	IV_{77}
739	IV_{28}
740	IV_{28}
740,1	II_{33}
740,2	IV_{133}
741 bis	
758	I_{13}
742	VI_{88}
746	II_{75}, VI_{87}
748	VI_{86}
749	IV_{189}, $V_{19\ 78}$
749,2	I_{74}
749,2,3	VI_{87}
749,3	II_{59}
750	IV_{97}
751	II_{75}, IV_{207}
	$VI_{87\ 88}$
754	II_{77}
755	II_{75}
756	II_{75}
758	$V_{37\ 78}$
759,1	IV_{68a}
759,2	IV_{61}
759 bis	
761	I_{47}

§	
760	IV_{15}
761	II_{39}
762 bis	
769	II_{74}
763	II_{37}
765	III_{3}
766	$II_{39\ 40}$
767,1 1,2	IV_{84}
767,1 2,3	IV_{204}
768	IV_{75}
768,1	III_{3}
768,2	IV_{204}
769	$IV_{84\ 88}$
770	IV_{84}
771 bis	
773	IV_{135}
774	IV_{159}
775	IV_{135}
776	IV_{204}
777	IV_{164}
778	III_{14}, IV_{138}
779	III_{3}
780	II_{39}, III_{3}
781	II_{39}, III_{3}
782	IV_{219}
783	II_{39}, III_{5}, IV_{11}
784	IV_{79}
784,2	II_{79}
785	IV_{147}
786	IV_{190}
787	IV_{66}
788	IV_{189}
789	IV_{141}
790	IV_{189}, $V_{24\ 64}$
791	IV_{219}
792	II_{39}
792,2 2	II_{77}
792,3	IV_{77}
793	III_{3}
793,1 1	IV_{6}
796	II_{37}, IV_{93}
797	IV_{147}
799	IV_{11}
801 bis	
804	IV_{190}
801,3	$V_{72\ 80}$, VI_{758}
809 bis	
811	I_{17}

§	
812 bis	
822	I_{12}
823 bis	
853	I_{11}
854	I_{70}
854,1	II_{57}
854,2	$II_{58\ 90}$
855	I_{70}, $II_{57\ 58}$
856	I_{37}, II_{50}
857	I_{71}
858	I_{70}
858 bis	
863	I_{48}
858,2	II_{57}
864	I_{31}
865	I_{31}, $VI_{37\ 51\ 204}$
865 bis	
867	I_{48}
867	I_{18}
868	I_{70}, II_{57}
869	I_{46}
870	II_{57}
871	I_{70}, II_{57}
872	I_{65}
873	$II_{71\ 43}$
873 bis	
875	II_{48}
874	II_{71}
875	$II_{73\ 43}$
876	II_{44}
877	$II_{43\ 48\ 48}$
878	II_{43}
879	$I_{44\ 54\ a}$
880	II_{70}, $VI_{107\ 108}$
880,2/1	$II_{43\ 48}$
880,2/2,3	II_{45}
880 bis	
882	VI_{300}
881	I_{44}
881 bis	
885	II_{48}
882	I_{44}, II_{70}
883	II_{73}
883 bis	
885	$I_{30\ 45}$, II_{70}
884	II_{70}
885	I_{14}, II_{43}
886	I_{14}
887	I_{38}
888	I_{45}
889	I_{35}, VI_{98}
890	I_{98}
891	I_{44}, II_{43}
892	I_{38} b, II_{45}
893	I_{67}
894	I_{44}
899	I_{44}
900	I_{73}
900,2	I_{78}
902	$I_{31\ 37}$, $V_{37\ 70}$
903	II_{70}
903 bis	
924	I_{47}, VI_{87}
912	I_{77}
912 bis	
918	VI_{85}
914,1,2/1	I_{73}
914,2 2	$II_{71\ 43\ 40}$
917	$I_{73\ a}$
917,1	I_{79}
917,2	II_{43}
918	I_{77}
919	VI_{88}
921	VI_{87}
922	VI_{87}
924	$I_{81\ 88\ 37}$
925	$II_{71\ 48\ 71}$, VI_{84}
925,2	VI_{109}
926	$I_{47\ 87}$, $II_{71\ 48}$, $VI_{77\ 57\ 208}$
926,2	II_{47}
927	$I_{73\ 83}$, VI_{85}
928	$II_{43\ 49}$
928,1	II_{73}
928,2	II_{77}, VI_{84}
929	II_{57}, $VI_{8\ 80}$
929,2	VI_{47}
930	II_{85}, $VI_{47\ 48}$
931	$II_{43\ 54}$, $VI_{47\ 49}$
932 bis	
934	II_{46}
932 bis	
935,1 1	II_{47}
934	VI_{47}
935,1 2	II_{46}
936	$I_{33\ a}$
937	VI_{71}
937 bis	
945	I_{78}
945	VI_{71}
946 bis	
951	I_{74}
952,1/2,2	I_{34}, VI_{74}
953	I_{47}
953 flg.	I_{81}
953 bis	
957	I_{76}
954	I_{48}, $VI_{110\ 788\ 798}$
956	$II_{71\ 48\ 44\ 57}$, $IV_{104\ a}$
957	$II_{71\ 47}$
958,2	II_{77}
958 bis	
964	I_{75}
959	$II_{73\ 43\ 58}$
965 bis	
976	I_{77}
971 vgl.	
Nachtrag	I_{19}
985 bis	
1006	I_{50}
985 bis	
1004	VI_{87}
1001	IV_{70}
1005	I_{18}
1005/1	VI_{143}
1006	I_{45}, VI_{99}
1007	I_{49}
1008	II_{70}
1009 bis	
1011	I_{69}
1010	$II_{43\ 49}$, $VI_{98\ 99}$
1012	II_{70}
1012 bis	
1014	VI_{185}
1013	II_{70}
1014	II_{70}
1016	VI_{137}
1017	$II_{46\ 48\ 49}$
1017,2	I_{81}
1018	II_{70}, $VI_{148\ 145}$, VI_{150}
1019	VI_{148}
1020	$VI_{58\ 151\ 152}$
1021	$VI_{84\ 70\ 149\ 158}$
1022	$VI_{149\ 156}$

§	
1023	VI$_{67\ 157\ 174}$
1024	I$_{14a}$, VI$_{148}$
1025	VI$_{148}$
1026	VI$_{148}$
1027	I$_{37}$, VI$_{14\ 69\ 143}$
1028	I$_{31\ 35}$, VI$_{148\ 152}$
1029	I$_{58}$, VI$_{69\ 143}$
1030	I$_{67}$, II$_{70}$, VI$_{110}$
1030,2	VI$_{111}$
1031	I$_{67}$, II$_{71\ 43\ 69}$, VI$_{77\ 57\ 303}$
1032	II$_{71\ 43\ 47}$, VI$_{67}$
1032,2	II$_{31\ 36}$
1033	I$_{39}$
1034 bis	
1037	I$_{50}$, VI$_{118a\ 172\ 174}$
1035	VI$_{71\ 69\ 173}$
1036	VI$_{54\ 110\ 111}$
1036,2	VI$_{118a\ 119}$
1037	VI$_{110\ 170}$
1038	VI$_{118a\ 177}$
1039	VI$_{45\ 173\ 174}$
1039,1,3	VI$_{118a}$
1039 bis	
1042	I$_{40}$
1040	VI$_{110\ 118}$
1041	VI$_{170}$
1042	VI$_{118a}$
1043	VI$_{170}$
1044	VI$_{118a\ 120}$
1044 bis	
1047	I$_{19}$
1045	VI$_{170}$
1046	VI$_{170}$
1047	VI$_{170}$
1048	VI$_{74\ 37\ 66\ 100\ 121}$
1049	I$_{13\ 14}$, VI$_{170}$
1049 bis	
1055	I$_{19}$
1050	VI$_{110}$
1051	I$_{38}$, VI$_{118a\ 174}$
1052	I$_{39}$, VI$_{174}$
1053	I$_{50}$, VI$_{173}$
1054	VI$_{118a\ 174}$
1055	I$_{50}$, VI$_{174\ 179}$
1055,1	VI$_{116}$
1055,2	VI$_{118a}$
1056	IV$_{700\ 701\ 702b}$

§	
1056	V$_{67}$
1057	I$_{13}$, VI$_{137}$
1057 bis	
1061	I$_{40}$
1058	II$_{47}$, VI$_{220}$
1059	II$_{72}$, VI$_{117}$
1060	I$_{14a}$, VI$_{190}$
1061	VI$_{117}$
1061,1	VI$_{110}$
1062	I$_{67}$, II$_{71\ 40}$, VI$_{77\ 57\ 303}$
1063	I$_{34\ 35}$, II$_{43}$, VI$_{98\ 100—107}$
1063 bis	
1067	I$_{40}$
1064	II$_{73\ 25}$
1065	I$_{53}$, VI$_{66\ 69}$, VI$_{100\ 136}$
1066	VI$_{313}$
1067	II$_{1\ 143\ 47\ 57}$, VI$_{136}$
1067,1/1	IV$_{36}$
1068	II$_{70\ 43\ 47}$, IV$_{36}$, VI$_{110}$
1068,2	II$_{71}$
1068 bis	
1070	I$_{40}$
1069	II$_{47\ 57\ 58\ 54}$, VI$_{47}$
1069,2	II$_{72}$, VI$_{44}$
1071	II$_{39\ 47}$
1072	I$_{34\ 35}$, II$_{73\ 43\ 49}$, II$_{58}$
1073	IV$_{36}$, VI$_{110}$
1073 bis	
1068	I$_{40}$
1074	VI$_{110}$
1074,2	IV$_{147\ 147a}$
1074,1,3	IV$_{36}$
1075	II$_{49}$
1076 bis	
1079	IV$_{147}$, VI$_{110}$
1077 bis	
1084	IV$_{147a}$
1081	VI$_{110}$
1084	II$_{47\ 57}$, IV$_{36}$
1085	I$_{78}$, II$_{70\ 71\ 43\ 47}$, II$_{49\ 57\ 58\ 54}$, VI$_{19\ 100}$

§	
1086 bis	
1089	IV$_{703}$, V$_{67}$
1090	I$_{14a}$, II$_{70}$, VI$_{113}$
1091	VI$_{17}$
1092	II$_{72}$
1093	I$_{47}$
1093,1,2	VI$_{27\ 57\ 303}$
1094	II$_{70}$
1095	VI$_{35\ 193}$
1096	I$_{47}$, II$_{70}$, VI$_{73}$, VI$_{36\ 37\ 303}$
1097	VI$_{181}$
1098,2	VI$_{187}$
1099 bis	
1102	VI$_{187}$
1103,1	VI$_{147}$
1103,2	VI$_{142}$
1104	VI$_{257}$
1105	II$_{70}$
1106	II$_{70}$, VI$_{35\ 56\ 306}$
1107	VI$_{187}$
1108	VI$_{154}$
1109	VI$_{145}$
1109,2,2	II$_{70}$
1110	VI$_{140\ 142}$
1111,2	II$_{72}$
1112	VI$_{257}$
1113	II$_{70}$, VI$_{191}$
1114	II$_{70}$, VI$_{55\ 56\ 306}$
1115	VI$_{307}$
1116	VI$_{270}$
1116,2,2	II$_{69}$
1116,2,2,3	II$_{70}$
1116,3	II$_{74}$
1117	II$_{50}$
1118	VI$_{270a}$
1119	VI$_{270a}$
1120	VI$_{72\ 274\ 808}$
1120 bis	
1122	VI$_{17}$
1121 bis	
1122	II$_{47}$
1121 bis	
1127	VI$_{227}$
1123,1	VI$_{197\ 225}$
1124,2	II$_{72}$
1125	VI$_{225}$
1126	II$_{72}$

§	
1126,1	VI_{726}
1127	VI_{726}
1127,2	VI_{731}
1128	VI_{727}
1130	VI_{262}
1131	VI_{779}
1132	II_{70}, VI_{197}
1132,1	VI_{197}
1132,1/2	VI_{706}
1133 bis	
1135	VI_{788}
1135	$VI_{77\ 69}$
1136	VI_{754}
1137	VI_{755}
1138 bis	
1140	II_{45}
1141	VI_{741}
1142	VI_{734}
1143	$VI_{97\ 216}$
1143 bis	
1145	VI_{236}
1146	VI_{770^a}
1147	VI_{745}
1148	$VI_{69\ 740}$
1149	$VI_{740\ 754\ 801}$
1150	$VI_{734-736}$
1152	VI_{770}
1153,1	IV_{199^a}
1153,2	V_{3rd}
1154	II_{51}
1155 bis	
1159	II_{45}
1160,2	II_{49}
1160 bis	
1162	VI_{756}
1161	VIII_{56}
1163	I_{70}, $II_{70\ 49}$, $VI_{96\ 237}$
1164	$II_{70\ 49}$, VI_{216} VI_{217}
1165	VI_{218}
1167	VI_{219}
1168	$I_{79\ 49}$, $VI_{96\ 237}$
1169	I_{56}, VI_{751}
1170	$I_{33\ 49}$, VI_{757}
1171	I_{35}, VI_{757}
1172	VI_{97}
1173,2	II_{49}
1173,1/1	VI_{757}
1173,2	VI_{716}
1174	II_{49}, VI_{716}
1174,2	VI_{717}
1175	II_{49}
1175,1/1	VI_{740}
1175,1/2	$VI_{737\ 741}$
1176	VI_{742}
1177	$VI_{198\ 199}$
1177,2	VI_{701}
1178	VI_{733}
1179	II_{70}, $VI_{103\ 108}$ VI_{798}
1180	$II_{74\ 48\ 49}$, VI_{800}
1181,1	VI_{779}
1181,2	VI_{743}
1182,2	VI_{749}
1183	$II_{73\ 47\ 94}$, $VI_{103\ 109\ 210}$
1184	II_{70}
1186	$II_{74\ 49}$, VI_{800}
1187	VI_{197}
1188	I_{33}, $II_{43\ 49}$ $VI_{757\ 758}$
1188,1	II_{49}
1189	$II_{7a\ 33\ 43}$, IV_{5}
1189,1/1	VI_{711}
1189,1/2	II_{49}
1190	II_{70}, VI_{197}
1190,2	VI_{771}
1190,4	VI_{709}
1191	II_{70}, VI_{197}
1192	$II_{49\ 50\ 51}$, VI_{55} $VI_{56\ 197\ 208}$ $VI_{216\ 217\ 220}$ $VI_{720^a\ 727}$ $VI_{724-727}$ $VI_{723-737}$ $VI_{734\ 757\ 803}$ VI_{805}
1193	$VI_{717\ 800}$
1194	$VI_{717\ 745\ 746\ 748}$ VI_{749}
1195	$II_{70\ 50\ 51}$, VI_{56} VI_{197}
1196	$II_{70\ 48\ 49}$
1197,1	VI_{105}
1198	$II_{74\ 49}$, VI_{210}
1199	II_{70}, VI_{197}
1200	$II_{50\ 51}$, $VI_{55\ 56}$
1200	$VI_{708\ 716\ 81}$ $VI_{720\ 720^a\ 727}$ $VI_{774-787}$ $VI_{788-787}$ $VI_{745\ 748\ 749}$ $VI_{749\ 754\ 757}$ $VI_{803\ 805}$
1201	VI_{703}
1202	VI_{717}
1203	$II_{74\ 49}$, VI_{300}
1204	II_{70}, VI_{197}
1205,1/2	II_{52}
1205,2	VI_{50}
1205 bis	
1207	VI_{47}
1206	II_{54}
1207	$II_{46\ 47\ 59}$
1208	I_{34^a}
1209	$I_{44\ 54^a}$
1210	VI_{767}
1211	VI_{769}
1212	VI_{765}
1212 bis	
1214	VI_{791}
1213	II_{70}
1214	$VI_{198\ 795}$
1215	VI_{767}
1216	I_{14}
1217	VI_{762}
1218	VI_{767}
1219	VI_{711}
1219,2	$VI_{767\ 796}$
1219 bis	
1221	VI_{779}
1220	VI_{762}
1222	VI_{197}
1223 bis	
1225	VI_{762}
1225	$VI_{716\ 785}$
1226	VI_{746}
1227	$VI_{66\ 69\ 197}$
1228	VI_{772}
1229	$VI_{775\ 801}$
1230	VI_{776}
1230 bis	
1241	VI_{779}
1231	VI_{778}
1232	I_{31^a}
1235	VI_{762}

§	
1237	VI$_{787}$
1239	VI$_{784\ 787}$
1240	VI$_{787}$
1242	II$_{44\ 46}$
1244	II$_{44}$
1245	II$_{46}$, VI$_{71\ 783\ 787}$
1245,1 1	VI$_{780}$
1245,2	VI$_{78}$
1246	VI$_{788}$
1247 2	VI$_{788}$
1248	II$_{47}$, VI$_{783\ 783}$
1249	VI$_{788}$
1250	II$_{46\ 47}$
1250,1 1	II$_{54}$
1250,1	V$_{37}$d
1250,2	V$_{37}$b $_{46a}$
1251,1	IV$_{203\ a}$, VI$_{290}$
1251,2	V$_{47}$
1252	VI$_{770}$
1252,2	IV$_{190a}$
1253	I$_{34\ a}$, VI$_{770}$
1254	VI$_{790}$
1255	II$_{43}$
1255,1	II$_{50}$
1255,2/1	II$_{48}$
1256	I$_{34\ 38}$, VI$_{107\ 270}$
1256,1 1	VI$_{97}$
1256,1/2	VI$_{108}$
1258	VI$_{107\ 290a}$
1259	VI$_{107}$
1260	II$_{57}$
1261	I$_{34a}$
1265	VI$_{77\ 58\ 303}$
1270	II$_{7\ 8\ 33}$, IV$_{5}$
1270 2	VI$_{193}$
1272	I$_{33a}$
1273	I$_{33}$, II$_{70}$, VI$_{107}$
1274	II$_{47\ 58\ 64}$, VI$_{47}$
1274,2	VI$_{91}$
1276	II$_{55}$
1276,1/1	II$_{48}$
1277	VI$_{89}$
1279	II$_{57}$
1280 bis	
1281	IV$_{141}$
1281 bis	
1286	IV$_{142a}$
1284	VI$_{14\ 107}$
1287	II$_{49}$

§	
1288	IV$_{147a}$
1289 1	IV$_{147a}$
1291	IV$_{143a}$
1292	II$_{43}$
1293	II$_{43}$
1294	IV$_{147a}$
1297	VII$_{1}$
1297,2	IV$_{188}$, V$_{12}$
1303	VII$_{1}$
1305	VII$_{70}$
1323 bis	
1323	VII$_{4\ 10}$
1324	VII$_{5\ 6}$
1325	VII$_{7}$
1328	VII$_{8}$
1330 bis	
1335	VII$_{5}$
1344	VII$_{3\ 10}$
1345	VII$_{3\ 17\ 19}$
1347	IV$_{175a}$
1353 bis	
1362	I$_{7}$
1353 bis	
1356,1	VII$_{67}$
1355	VII$_{91}$
1356 bis	
1359	VII$_{86}$
1357	II$_{33}$
1358,1.2/1	V$_{18a}$
1358,1.1 2	V$_{71}$
1359	VII$_{88}$
1361	VII$_{67}$
1363	VII$_{85\ 86}$
1364	VII$_{73\ 88\ 180}$
1365	VII$_{85}$
1366	VII$_{117}$
1367	VII$_{89\ 117}$
1368	IV$_{183}$, VII$_{64}$
1369	II$_{15\ a}$, VII$_{87}$, VIII$_{17}$
1370	VII$_{87}$
1371	VII$_{85\ 128}$
1372	VII$_{80\ 104}$
1373	VII$_{85}$
1374	VII$_{83\ 104}$
1375	II$_{33}$, VII$_{85\ 86\ 88}$
1376	II$_{33}$, VII$_{85\ 188}$
1376 3.1	II$_{44}$
1377	VII$_{83\ 109}$

§	
1378	VII$_{83}$
1378 bis	
1380	VII$_{189}$
1379	II$_{34}$, VII$_{85\ 76}$
1379,2	II$_{44}$
1380	II$_{34}$, VII$_{85}$
1381	III$_{37}$
1382	II$_{37}$, VII$_{83}$
1383	VII$_{85}$
1384	VII$_{83}$
1385	VII$_{84}$
1386	VII$_{81}$
1387 3.1	VII$_{84}$
1387 3.2	VII$_{92}$
1388	VII$_{177\ 183}$
1389	VII$_{89}$
1390	VII$_{85}$
1391 bis	
1394	VII$_{107}$
1394	VII$_{85}$
1395	II$_{34}$, VII$_{85}$
1395 bis	
1407	VII$_{187}$
1396	II$_{34}$
1396 bis	
1398	VII$_{131}$
1397	V$_{10a}$
1398	II$_{34}$, VII$_{85}$
1399	II$_{36}$
1399,1	VII$_{118}$
1400	VII$_{85\ 114\ 196}$
1401	II$_{34}$, VII$_{119}$
1402	II$_{34}$, VII$_{119}$
1403	II$_{35}$, VII$_{85}$
1403,2	VII$_{115}$
1404	II$_{46\ 47}$, VII$_{85\ 184}$
1405	VII$_{85\ 185\ 186}$
1405 bis	
1407	II$_{34}$
1406, 3.1	VII$_{84\ 118}$
1407, 3.1	VII$_{196}$
1407, 3.2,3.4	VII$_{99}$
1408	II$_{7}$
1409	II$_{34}$, VII$_{85}$
1410 f	VII$_{85\ 177\ 178}$
1412	II$_{34}$, VII$_{85}$
1413	VII$_{85}$
1414	VII$_{85\ 120}$

§	
1902 bis	
1909	II$_{33}$
1909,1 2	II$_{158}$
1909,3	VIII$_{17}$
1915	II$_{33\ 38}$
1922	VIII$_{78}$
1922 bis	
1936	I$_{37}$
1923	VIII$_{78}$
1937	VIII$_{5}$
1937 bis	
1941	VIII$_{17}$
1939	VIII$_{45}$
1939 bis	
1941	VIII$_{5}$
1943	VIII$_{135}$
1945 bis	
1949,2	VIII$_{170\ 131}$
1950	VIII$_{120}$
1950 bis	
1952	VIII$_{190}$
1951	VIII$_{120}$
1951,3	VIII$_{74}$
1953	VI$_{67}$
1953,1	VIII$_{130}$
1953,3	VIII$_{178}$
1957	VIII$_{130}$
1959	VIII$_{193\ 130}$
1960	VIII$_{171}$
1963	VIII$_{174}$
1964	VIII$_{174}$
1967 bis	
2043	I$_{37}$
1970 bis	
2017	VIII$_{174}$
1978 bis	
2063	VIII$_{113}$
2033	II$_{707}$, VIII$_{109}$
2034	VIII$_{153}$
2035	VIII$_{153}$
2036	VIII$_{153}$
2036,2	VIII$_{153}$
2037	VIII$_{153}$
2038,2	VIII$_{148}$
2044	VIII$_{17\ 91\ 93}$
2045 bis	
2047	I$_{37}$
2049	VIII$_{68\ 67}$
2050	VIII$_{6\ 15}$
2050,1,2	VIII$_{119}$
2050,3	VIII$_{119}$
2050 bis	
2051	I$_{37}$
2050 bis	
2057	VIII$_{5}$
2051	VIII$_{119}$
2052	VIII$_{58\ 173}$
2053	VIII$_{6\ 15\ 171}$
2053 bis	
2063	I$_{87}$
2054	VIII$_{119}$
2055 bis	
2057	VIII$_{177}$
2058 bis	
2063	VIII$_{174}$
2064	VIII$_{7}$
2065,1	VIII$_{18}$
2065,2	VIII$_{10}$
2066	VIII$_{58}$
2066 2	VIII$_{76\ 77\ 63}$
2066 bis	
2071	VIII$_{58\ 59\ 61\ 63}$
2067	VIII$_{58\ 63}$
2067 2	VIII$_{76\ 77\ 64}$
2068	VIII$_{58}$
2069	VIII$_{58}$
2070	VIII$_{58}$
2071	VIII$_{58}$
2072	VIII$_{67}$
2073	IV$_{113}$, VIII$_{59}$
2074	VIII$_{58\ 61}$
2075	VIII$_{65}$
2074 bis	
2076	VIII$_{76}$
2076	VIII$_{65}$
2077	VIII$_{59}$
2078 bis	
2083	VIII$_{107}$
2084	VIII$_{98\ 178}$
2085	VIII$_{109\ 178}$
2086	VIII$_{108}$
2087	VIII$_{58}$
2087,1	VIII$_{58}$
2087,2	VIII$_{75\ 80\ 67}$
2088	VIII$_{58\ 61}$
2089	VIII$_{58}$
2089 bis	
2094	VIII$_{61}$
2090	VIII$_{58}$
2091	VIII$_{58}$
2092	VIII$_{58}$
2093	VIII$_{58\ 59}$
2094	VIII$_{58}$
2095	VIII$_{58\ 60\ 114}$
2096	VIII$_{74}$
2096 bis	
2098	VIII$_{61}$
2097	VIII$_{58}$
2099	VIII$_{60\ 64}$
2100 bis	
2146	VIII$_{76\ 77}$
2101	VIII$_{59\ 174}$
2101,1 2,2	VIII$_{98}$
2103	VIII$_{59}$
2104	VIII$_{58\ 59\ 61}$
2104,1	VIII$_{61}$
2105	VIII$_{58\ 59}$
2105,1	VIII$_{61}$
2106	VIII$_{58}$
2107	VIII$_{58\ 59\ 61}$
2108,1	VIII$_{70}$
2108,2	VIII$_{58}$
2108,2	VIII$_{59\ 61}$
2109	VIII$_{98\ 97}$
2109,2	VIII$_{98}$
2110	VIII$_{59\ 61\ 62}$
2111 bis	
2135	VIII$_{96}$
2113	VIII$_{39}$
2115	VIII$_{39}$
2120	VIII$_{87}$
2121	VII$_{908}$, VIII$_{39}$
2122	VII$_{908}$, VIII$_{39}$
2123	VIII$_{11}$
2124,1	VIII$_{39}$
2127 bis	
2131	VIII$_{38}$
2131	VIII$_{40}$
2136	VII$_{908}$, VIII$_{44}$
2136 bis	
2139	VIII$_{34}$
2137	VIII$_{58\ 61}$
2138	VIII$_{58}$
2138,1	VIII$_{61}$
2138,2	VIII$_{80}$
2139	VIII$_{33\ 58\ 91}$
2140	VIII$_{34}$

§	
2142	VIII_{56}
2142,1	VIII_{129}
2142,2	$VIII_{54\ 58\ 61}$
2143	I_{35}
2143 bis	
2145	VIII_{33}
2144	VIII_{115}
2145	VIII_{116}
2146	VIII_{128}
2147	$VIII_{58\ 60\ 83}$
2147 bis	
2196	VIII_{30}
2148	VIII_{58}
2149	VIII_{82}
2149 bis	
2151	
1,3 1,3	VIII_{58}
2150	$VIII_{56\ 60\ 87}$
2151,2,3 1	$VIII_{57\ 58\ 63\ 70}$
2152	VIII_{58}
2153	
1 1,2,1	VIII_{58}
2153	
1 2,2 2	VIII_{70}
2153,2,1	IV_{130} VIII_{58}
2154	
1/2,2 2	VIII_{70}
2154	
1/1,2 1	VIII_{58}
2154,2/1	VIII_{58}
2155	$VIII_{58\ 70}$
2155,2	VIII_{57}
2155,1,3	$VIII_{59\ 62}$
2156	$VIII_{56\ 82}$
2156 bis	
2160	VIII_{58}
2157	VIII_{58}
2157 bis	
2159	VIII_{62}
2159	VIII_{114}
2160	$VIII_{58\ 59\ 62}$
2161	$VIII_{80\ 88\ 114}$
2161,2	VIII_{58}
2162	$VIII_{40\ 91}$
2163	$VIII_{40\ 91}$
2164	$VIII_{56\ 62}$
2165	IV_{130} VIII_{58}
2166	VIII_{58}
2166,2	VIII_{63}

§	
2167	VIII_{59}
2169	$VIII_{58\ 59}$
2170	$VIII_{58\ 67}$
2170,2 1	$VIII_{48\ 83}$
2170,2 2	$VIII_{47\ 60}$
2171	$VIII_{47\ 50\ 59}$
2172	VIII_{59}
2172,1	VIII_{67}
2172,2	$VIII_{58\ 62}$
2173	$VIII_{58\ 82}$
2174	$VIII_{65\ 67}$
2175	I_{33}
2176	$VIII_{82\ 59}$
2176 bis	
2179	VIII_{82}
2177	$VIII_{56\ 71}$
2178	VIII_{58}
2179	$VIII_{58\ 59\ 62\ 129}$
2180	VIII_{130}
2180,2,3	VIII_{111}
2181	VIII_{58}
2182	VIII_{58}
2182 bis	
2185	VIII_{87}
2183	VIII_{58}
2184	VIII_{58}
2185	VIII_{61}
2186	VIII_{115}
2187	VIII_{115}
2188	$VIII_{82\ 83}$
2189	$VIII_{17\ 87}$
2190	$VIII_{28\ 59}$
2191	$VIII_{27\ 56\ 59}$
2192	$VIII_{59\ 114}$
2193,1	VIII_{70}
2193,2,3	$VIII_{57\ 70}$
2194	$VIII_{58\ 59}$
2194,2	VIII_{87}
2195	VIII_{58}
2196	$VIII_{28\ 58}$
2197	$VIII_{17\ 80}$
2198	VIII_{129}
2198,1	VIII_{70}
2199	$VIII_{80\ 129}$
2200	VIII_{21}
2201	VIII_{81}
2203	VIII_{129}
2205	VIII_{75}

§	
2206	$VIII_{77\ 88}$
2208,1 1	VIII_{73}
2208,1 2,2	VIII_{80}
2209	VIII_{80}
2210	VIII_{97}
2211	$VIII_{31\ 82\ 78}$
2212	$VIII_{81\ 78}$
2213	VIII_{87}
2214	$VIII_{81\ 82\ 70}$
2215	VIII_{83}
2216	VIII_{88}
2217	$VIII_{81\ 78}$
2218	VIII_{85}
2219	VIII_{81}
2220	$VIII_{88\ 84\ 85}$
2221	VIII_{70}
2222	VIII_{80}
2223	VIII_{80}
2224	VIII_{75}
2225	VIII_{4}
2225 bis	
2227	VIII_{87}
2226	VIII_{128}
2229 bis	
2245	VIII_{7}
2233,2	VIII_{7}
2247	VIII_{7}
2249 bis	
2252	VIII_{7}
2253,1	VIII_{8}
2253 bis	
2258	VIII_{18}
2254	VIII_{7}
2254 bis	
2258	$VIII_{9\ 17}$
2256 bis	
2288	VIII_{17}
2259 bis	
2264	VIII_{128}
2265 bis	
2267	VIII_{7}
2269	VIII_{38}
2270	VIII_{107}
2271	VIII_{17}
2272	$VIII_{17\ 128}$
2273	VIII_{128}
2274 bis	
2276	VIII_{8}
2278	VIII_{11}

Einführungsgesetz zum Bürgerlichen Gesetzbuche

Allg. d. Handelsgesetzbuch

Oesterr. Grundbuchsordnung

Das Oesterr. allg. bürgerliche Gesetzbuch

Handelsgesetzbuch

Grundbuchordnung

Vergl. auch die Berichtigungen.

Berichtigungen.

S. 16 Anm. 30 Zeile 11 von unten statt 4—6 lies 2—6.
S. 16 „ 30 „ 11 „ „ ist nach 111 einzuschalten 107, 110, 112, 115.
S. 17 „ 35 „ 17 „ „ „ „ 34 „ 35.
S. 17 „ 35 „ 17 „ „ „ „ 41,2 „ 157.
S. 17 „ 35 „ 17 „ „ „ „ 414 „ 794.
S. 17 „ 35 „ 17 „ „ statt Vortrag lies Vertrag.
S. 17 „ 37 „ 14 „ „ „ 796 lies 795.
S. 39 „ 37 „ 5 „ „ „ 604,7 lies 604,1.
S. 46 „ 61 „ 2 „ „ ist nach Auslegungsregel einzuschalten 329.
S. 66 „ 182 „ 5 „ „ statt 460,2,2 lies 460/2.
S. 70 „ 204 „ 4 „ „ „ 425,11 „ 415,I/1.
S. 72 „ 219 „ 5 „ „ ist nach 266 einzuschalten 436.
S. 72 „ 220 „ 1 „ „ „ „ z. B. „ 136.
S. 78 „ 11 „ 5 „ „ statt 460,2,2 lies 460/2.
S. 89 „ 61 „ 3 „ „ „ 460,2,2 „ 460/2.
S. 130 „ 94 „ 4 „ „ ist am Schlusse einzuschalten: hierher gehört auch § 1197,2.
S. 142 „ 112 „ 7 „ „ „ „ „ „ 1111.
S. 157 „ 218 „ 8 „ „ „ nach 1165 „ 1166.
S. 200 — Text „ 2 „ oben „ „ Nutznießung einzuschalten: und die Errungenschaftsgemeinschaft.
S. 200 „ 85 „ 6 „ unten „ „ S. 292 einzuschalten 1543.
S. 211 — Text „ 5 „ oben haben die Worte: sowie der Errungenschaftsgemeinschaft — wegzubleiben.
S. 211 — „ „ 9 „ „ ist nach: des Mannes — einzuschalten: bei der Errungenschaftsgemeinschaft auch die der Frau.
S. 211 „ 137 „ 4 von unten ist nach 1425 einzuschalten 1544.
S. 211 „ 142 „ 1 „ „ „ „ 1473—1482 einzuschalten 1481.
S. 216 „ 169 „ 3 „ „ „ „ 1625 „ 685,2.
S. 233 „ 56 „ 32 „ „ „ „ angesehen werden „ 2168.
S. 239 „ 80 „ 7 „ „ „ „ 2199 „ 2207.

Druck von Bernhard Vopelius in Jena.